BAEDEKER

MECKLENBURG-VORPOMMERN

www.baedeker.com

Verlag Karl Baedeker

Top-Reiseziele

»MV tut gut!« Der Slogan der Tourismuswerbung des nordostdeutschen Bundeslandes lockt an tolle Strände und herrliche Seen, in geschichtsträchtige Städte und zu altehrwürdigen Schlössern. Lange Sonnentage verwöhnen den Ostseestrand. Landschaft und maritimes Flair bieten reichlich Gelegenheit für sportliche Aktivitäten, Besichtigungen und erholsamen Urlaub.

❶ ✶✶ Nationalpark Jasmund
Hier findet man die imposantesten der legendären Kreidefelsen der Insel Rügen.
Seite 301

❷ ✶✶ Insel Hiddensee
Berühmtheiten wie Gerhart Hauptmann schätzten und schätzen die Insel.
Seite 199

❸ ✶✶ Nationalpark Vorpommersche Boddenlandschaft
163 Brutvogelarten und Tausende Zugvögel rasten und leben am Küstensteifen zwischen Ribnitz und Rügen.
Seite 157

❹ ✶✶ Insel Rügen
Deutschlands größte Insel zieht Urlauber magisch an.
Seite 282

❺ ✶✶ Fischland · Darß · Zingst
Herrlich relaxen kann man auf »Meck Pomms« schönster Halbinsel.
Seite 154

❻ ✶✶ Stralsund
Ozeaneum, Altstadt (UNESCO-Welterbe), Kultur und Küche laden zu einem Besuch ein.
Seite 331

❼ ✶✶ Freilichtmuseum Klockenhagen
Pflichtstopp an der B 105, mit Kräutergarten, Museumsprogramm und Gastronomie
Seite 260

❽ ✶✶ Warnemünde
Kreuzfahrt- und Segelmekka mit Sonnenpromenade und viel Flair
Seite 278

9 ✶✶ Bad Doberan
Einstige Sommerresidenz der mecklenburgischen Herzöge mit einem Höhepunkt sakraler Baukunst
Seite 134

10 ✶✶ Rostock
Hafen, Hanse, »Rostocker Sieben«, Zoo – Tradition an der Ostsee
Seite 263

11 ✶✶ Greifswald
Altstadt, Universität und Caspar David Friedrich spielen hier eine große Rolle.
Seite 173

12 ✶✶ Insel Usedom
Die »Badewanne Berlins« hatte es schon Kaiser Wilhelm II. angetan.
Seite 354

13 ✶✶ Mecklenburgische Schweiz
Eine höchst abwechslungsreiche, von der Eiszeit geprägte Landschaft
Seite 218

14 ✶✶ Wismar
Charmante Kultur- und Hansestadt, UNESCO-Welterbe
Seite 372

15 ✶✶ Güstrow
Barlach-Stadt mit Renaissanceschloss im Herzen Mecklenburgs
Seite 185

16 ✶✶ Schwerin
Landeshauptstadt mit Märchenschloss und Festspielen
Seite 310

17 ✶✶ Müritz-Nationalpark
Herrliche Seen, geheimnisvolle Moore, dichte Wälder
Seite 228

18 ✶✶ Müritz
Am zweitgrößten deutschen Binnengewässer überwintern viele Seeadler.
Seite 222

19 ✶✶ Feldberger Seenlandschaft
Paradies für Wasserwanderer und Naturliebhaber
Seite 150

20 ✶✶ Ludwigslust
»Versailles des Nordens« im Herzen der Griesen Gegend
Seite 209

Lust auf ...

... Spuren deutscher Schriftsteller in ländlicher Ostsee-Atmosphäre, ein typisches Einkaufserlebnis, auf Kunst in Museen und Ateliers, auf Radeln durch schöne Landschaften so kurz oder lang, wie es Ihnen gefällt, und auf prächtig angelegte Gärten? In Mecklenburg-Vorpommern sind Sie richtig.

LITERATEN

- **Gerhart Hauptmann** ►
  Die Gedenkstätte in Haus Seedorn auf Hiddensee erinnert an den Schriftsteller.
  Seite 203
- **Uwe Johnson**
  Sein fiktives »Jerichow« liegt im Klützer Winkel.
  Seite 206
- **Hans Fallada**
  Er ließ sich von Carwitz in der schönen Feldberger Seenlandschaft inspirieren.
  Seite 153
- **Fritz Reuter**
  Der »Goethe der Niederdeutschen«, machte »Mäkelborger Platt« berühmt.
  Seite 256

MÄRKTE

- ◄ **Karls Bauernmarkt**
  Der Bauernmarkt in Röversbagen bei Rostock ist der größte Deutschlands.
  Seite 124
- **Kloster Zarrentin**
  Am Schaalsee öffnen der Markt »Anno 1500« (Ende Mai), der Klostermarkt »Kunst und Werk« (Ende Aug.) und der Weihnachtsmarkt.
  Seite 198
- **Rostocker Fischmarkt**
  Hummer, Austern, Ostseefisch: Hier treffen sich die Feinschmecker.
  Seite 268

RADWANDERN

- **Ostseeküstenradweg** ►
  Er verbindet Berlin mit Usedom und besteht aus vielen Einzeltouren.
  Seite 100
- **Naturpark Mecklenburgisches Elbetal**
  Die Radwege durch die Auenlandschaft sind gut ausgebaut.
  Seite 149
- **Ueckermünder Heide**
  Ein 300 km langes Netz an Wegen erschließt die Region.
  Seite 351

PARKS UND GÄRTEN

- **Rosenpark Rosarium Groß Siemen**
  3500 Rosen verströmen von Mai bis September betörende Düfte.
  Seite 123
- ◄ **Schlossgarten Neustrelitz**
  Mit barocker »Götterallee«, Orangerie und Schlosskirche
  Seite 240
- **Rhododendron-Park Graal-Müritz**
  Mit 2500 Pflanzen einer der größten seiner Art in Deutschland
  Seite 124

KUNST

- **Pommersches Landesmuseum** ►
  Alt und Neu verbinden Sammlung und Sonderausstellungen .
  Seiten 174
- **Atelier Otto Niemeyer-Holstein**
  Diese Stätte gehört zum Pflichtprogramm eines Usedom-Besuchs.
  Seite 366
- **Kunsthalle Wittenhagen**
  Erste Adresse für Bildende Kunst, Lesungen, Konzerte und Kunsthandwerk
  Seite 154

HINTERGRUND

12 Zwischen Ostsee und Müritz

14 Fakten
15 Natur und Umwelt
19 Bevölkerung · Wirtschaft
22 Mecklenburg-Vorpommern auf einen Blick
24 Willkommen im Alltag

26 Geschichte
27 Entwicklungen an der Ostsee
32 Infografik: Die Hanse – Die »Gleichgesinnten«
34 Special: Geschichte der Hanse – Eine gewappnete Schar

42 Kunst und Kultur
43 Kunstgeschichte
44 Special: Der Goldschatz von Hiddensee
53 Niederdeutsche Sprache

54 Berühmte Persönlichkeiten

ERLEBEN UND GENIESSEN

62 Essen und Trinken
63 Weit mehr als Hausmannskost
64 Special: Bismarcks Hering
66 Special: Gerne deftig!
70 Special: Wein aus dem Norden

72 Feiertage · Feste · Events
73 Immer etwas los …
74 Special: Hanse Sail – Schiffe, Wind und Meer

78 Mit Kindern unterwegs
79 Familienland MVP

82 Shopping

84 Übernachten
85 In Hütten und Palästen
86 Special: Schlosshotels – Wie die Prinzessin auf der Erbse …

92 Urlaub aktiv
93 Meistens am Wasser
94 Special: Pack die Badehose ein!
96 Special: Bootsferien für Einsteiger

TOUREN

108 Touren durch Mecklenburg-Vorpommern

Die Burg von Neustadt-Glewe

Der Strand von Prerow ist breit genug zum »einsamen« Sonnenbaden.

109 Unterwegs in Mecklenburg-Vorpommern
110 Durch Mecklenburgs Westen
113 Von See zu See
117 Auf der Deutschen Alleenstraße
120 Durch Vorpommern bis zum Kap Arkona
123 Von Strandkorb zu Strandkorb

REISEZIELE VON A BIS Z

128 Anklam
132 ! Infografik: Otto Lilienthal – Fliegen wie ein Vogel
134 Bad Doberan
143 Barth
147 Dömitz
150 Feldberger Seenlandschaft
154 Fischland · Darß · Zingst
160 ! Infografik: Kraniche – Zwischenstopp am Bodden
165 Friedland
167 Gadebusch
169 Goldberg

PREISKATEGORIEN
Restaurants
(Preis für ein Hauptgericht)
€€€€ = über 25 €
€€€ = 20 – 25 €
€€ = 10 – 20 €
€ = unter 20 €
Hotels (Preis für ein DZ)
€€€€ = über 130 €
€€€ = 100 – 130 €
€€ = 80 – 100 €
€ = unter 80 €

Hinweis
Gebührenpflichtige Servicenummern sind mit einem Stern gekennzeichnet: *0180....

173 Greifswald
178 Infografik: Gas aus Russland
183 Grimmen
185 Güstrow
188 Special: Ernst Barlach – Auf der Suche nach Wahrheit
197 Hagenow
199 Hiddensee
204 Klützer Winkel
209 Ludwigslust
216 Malchow
218 Mecklenburgische Schweiz
222 Müritz
228 Müritz-Nationalpark
229 Neubrandenburg
238 Neustrelitz
245 Parchim
247 Pasewalk
249 Plau am See
252 Reuterstadt Stavenhagen
254 Special: Fritz Reuter – Der Volksdichter
255 Ribnitz-Damgarten
258 Special: Bernstein – Das Gold des Meeres
263 Rostock
276 Infografik: Parade der Großsegler
282 Rügen
296 3D: Prora – Der Koloss von Rügen
310 Schwerin
316 3D: Schloss Schwerin – Herzogliche Pracht
326 Sternberg
331 Stralsund
342 3D: Museumshaus – Dokument aus Stein
347 Teterow
351 Ueckermünde
354 Usedom
370 Special: Rätselhaftes Vineta
372 Wismar
383 Wolgast

PRAKTISCHE INFORMATIONEN

390 Anreise · Reiseplanung
393 Auskunft
393 Literatur
395 Medien
396 Nationalparks · Naturparks
398 Notrufe
398 Preise · Vergünstigungen
400 Reisezeit
401 Sicherheit
401 Sprache
402 Verkehr

408 Register
413 Verzeichnis der Karten und Grafiken
414 Bildnachweis
415 atmosfair
416 Impressum
420 Kurioses Mecklenburg-Vorpommern

nachdenken • klimabewusst reisen
atmosfair

Wie gemalt präsentiert sich das Meer, hier der Blick von der Viktoriasicht auf Rügen.

HINTERGRUND

Verständlich geschrieben und schnell nachzuschlagen: Wissenswertes über Land und Leute, über Geschichte, Wirtschaft und Alltagsleben und über jene Persönlichkeiten der Region, die Großes geschaffen haben.

Zwischen Ostsee und Müritz

Ganz im Nordosten der Bundesrepublik Deutschland liegt jenes Land mit den stillen Seen, den endlosen Alleen, den hell leuchtenden Kreidefelsen und einer faszinierenden Küstenlandschaft. Ein Bilderbuchland, dieses Mecklenburg-Vorpommern? Nun, das vielleicht nicht, aber ein schönes Fleckchen Deutschland mit einer langen Tradition als Urlaubsregion ist es allemal.

An der Ostseeküste bei Bad Doberan hat alles angefangen, damals 1793, als der Herzog von Mecklenburg-Schwerin auf dem heiligen Damm das erste Kurbad einrichten ließ. Heute ist Heiligendamm eines von vielen Seebädern an der Ostseeküste Mecklenburg-Vorpommerns und bei Weitem nicht das bekannteste. Egal, ob auf Deutschlands größter Ostseeinsel Rügen, auf Usedom, der einstigen »Badewanne Berlins«, oder auf der schmalen Halbinsel Fischland – überall warten auf den Urlauber kilometerlange Sandstrände, ein unberührtes Hinterland und der Charme alter Seebäder. Deren Gesicht ist von den Ferienvillen aus der Vorkriegszeit ebenso geprägt wie von den kleinbürgerlichen Ferienkolonien aus DDR-Zeiten. Neue »Resorts«, Hotels und Freizeiteinrichtungen schossen wie Pilze aus dem Boden, viel Geld floss und fließt nach wie vor in den Um- bzw. Neubau von Wellness-Einrichtungen. Fast jedes Seebad brüstet sich mit der Renovierung oder der Neukonstruktion einer Seebrücke, an der wie in früheren Zeiten die Ausflugsschiffe anlegen. Auch die klimatischen Voraussetzungen für einen Badeurlaub sind gut, denn nirgendwo sonst scheint die Sonne in Deutschland so häufig wie auf Rügen und Usedom.

ZAUBER EHRWÜRDIGER HANSESTÄDTE

Die Geschichte, die dem Besucher in den Badeorten an der Ostseeküste begegnet, ist verhältnismäßig jung im Vergleich zu der langen Vergangenheit, die sich in den Stadtbildern spiegelt. Bei einem Spaziergang durch die kopfsteingepflasterten Altstadtgassen von Stralsund oder Wismar begegnet man auf Schritt und Tritt eindrucksvollen Zeugnissen einer wirtschaftlichen Blüte während der Hansezeit. Neben reich ausgestatteten Kirchen und Klöstern sind dies vor allem die Stadtbefestigungen mit ihren Toren und Türmen sowie die stattlichen gotischen Kaufmannshäuser. In Schwerin, Neubrandenburg und an vielen anderen Orten lässt sich die berühmte Backsteingotik bestens studieren.

Angleridylle am Krakower See – was will man mehr?

STILLES HINTERLAND, SEEN UND ALLEEN

Für das Hinterland der Städte, das Herz der Region, muss man sich Zeit nehmen. Auf schmalen Alleen fährt man durch die Landschaft mit den Wiesen, den waldbedeckten Hügeln und den über 2000 Seen, die ideale Voraussetzungen für Wasserwanderungen bieten. Der Dornröschenschlaf, in dem das Land viele Jahre lag, kommt heute den Urlaubern zugute. In der häufig noch unberührten Natur tauchen aus dem Morgennebel Schwärme von Kranichen auf, an der Müritz ziehen noch Fischadler ihre Kreise. In vielen Dörfern scheint die Zeit stehengeblieben zu sein. Keine Ortskernsanierung ist über ihr Kulturerbe hinweggewalzt, es gibt kaum Industrie und bislang zerschneiden nur wenige Asphaltpisten das Idyll. In den Wäldern stößt man auf Kreise großer Steine, auf Findlinge und Hünengräber – anrührende Zeugnisse der Vorgeschichte. Und unter den Eichen von Ivenack wandelt man im Schatten von über 1000 Jahre alten Bäumen. Freilich ist auch Mecklenburg-Vorpommern längst in der Gegenwart angekommen – nicht unbedingt sanft: Die Menschen leiden unter der hohen Arbeitslosigkeit. Viele verlassen das Land, weil sie hier keine Zukunft sehen. Der Wunsch, den Anschluss an die Zeit zu finden, wird nicht selten auf Kosten der Natur erfüllt: So sind die überwiegend im 19. Jh. gepflanzten Alleen, die als Wahrzeichen der Region gelten, vielfach in ihrem Bestand gefährdet, hat doch der Ausbau des Straßennetzes Priorität. Nach wie vor bilden aber die Naturschönheiten das größte Kapital des Landes – das meinte vermutlich auch der Mundartdichter Fritz Reuter, als er bemerkte: »Als uns Herrgott die Welt erschaffen ded, fung he bi Mecklnborg an.«

Fakten

Natur und Umwelt

Was hat es mit den Bodden auf sich? Wie hoch sind eigentlich die Berge in der Mecklenburgischen Schweiz? Wo stehen die ältesten Eichen des Landes? In diesem Kapitel dreht sich alles um die geologischen Besonderheiten Mecklenburg-Vorpommerns und um seine tierischen und pflanzlichen Bewohner.

NATURRAUM

Geformt von Meer und Eis

Geologisch gehört Mecklenburg-Vorpommern zur **Norddeutschen Senke**. Vor etwa 300 Mio. Jahren wurden hier mächtige Gesteinspakete abgelagert. In der Kreidezeit (vor 140 – 65 Mio. Jahren) ruhten sie verborgen unter einem flachen und warmen Meer mit fossilienreichen Kalken. An manchen Stellen, z. B. am Steilufer der Stubbenkammer auf Rügen, wurden diese Kalke emporgehoben. Im Tertiär (vor 65 Mio. Jahren) zog sich das Meer zurück und es bildete sich der heutige Küstenverlauf. Besonders die letzte **Weichsel-Kaltzeit** mit diversen Eiszeitphasen (115 000 – 9700 v. Chr.) hinterließ Spuren. Der Norden des Landes lag für Jahrtausende unter einem Eispanzer, an dessen Rand sich Urstromtäler, Toteisseen, Zungenbecken und später Moore bildeten. Größere Sandgebiete wie die Ueckermünder Heide oder die Rostocker Heide gehen auf die Mündungsgebiete alter Flüsse zurück, die Sand und Schutt mit sich führten. In Mecklenburg-Vorpommern ist die Landschaft also alles andere als einförmig: Hier gibt es Steil- und Boddenküste und kilometerlange Sandstrände, rund 2000 Seen liegen eingebettet inmitten flacher Hügel, Wälder, Wiesen und Felder. Das Land hat gleich an mehreren landschaftlichen Großräumen Anteil: Von Nord nach Süd sind dies die Ostseeküste, das Nordostmecklenburgische Flachland und die hügelige Mecklenburger Seenplatte.

> **?** BAEDEKER WISSEN
>
> *Der Bodden*
>
> Europaweit kommen nur an der mecklenburgisch-vorpommerschen Ostseeküste die sogenannten Bodden vor. Das sind Meeresteile, die durch Inseln bzw. Halbinseln vom offenen Wasser der Ostsee abgeschnitten wurden und nur noch über eine sehr enge Öffnung mit dem Meer in Verbindung stehen – deswegen ist hier das Wasser auch nicht so salzhaltig wie weiter draußen.

Blick vom Röthelberg bei Burg Schlitz auf die eiszeitlich geprägte Mecklenburgische Schweiz

OSTSEEKÜSTE

Boddenküste

An Mecklenburg-Vorpommerns Küsten (Länge: 1700 km) wechseln sich Flachufer, nehrungsähnliche Seesandebenen und mit Dünen besetzte Strandwälle sowie Steilufer ab. Breite **Sandstrände** erstrecken sich an den Flachufern und vor den meisten Steilhängen. Die Buchten der **Bodden** sind lang und seicht, dichte Schilfgürtel säumen die stark zerklüfteten Uferränder. Am Ostrand der Wismarer Bucht kann man die Boddenbildung studieren: Hier wird das Salzhaff durch die Halbinsel Wustrow vom offenen Meer abgetrennt. Landschaftlich besonders eindrucksvoll sind die Bodden zwischen der Halbinsel Fischland-Darß-Zingst und dem Festland, zwischen den Inseln Hiddensee und Rügen und innerhalb der Insel Rügen. Die größten Bodden sind der Greifswalder Bodden, das Achterwasser als die Verbreiterung des Peenestroms und das Oderhaff. Übrigens: Alle Flüsse des Bundeslands fließen in einen Bodden, keiner mündet ins offene Meer. Die Küstenlandschaft ist keineswegs so flach, wie man das an der Ostsee erwarten würde. Die bekannteste Steilküste Mecklenburg-Vorpommerns findet man an der Ostseite von Rügen mit ihren weiß leuchtenden **Kreidefelsen**.

NORDOSTMECKLENBURGISCHES FLACHLAND

Schweiz en miniature

Hinter der Küstenlinie schließt sich – etwa zwischen den Städten Güstrow, Malchin, Neubrandenburg und Prenzlau – das nordostmecklenburgische Flachland an. In der südlich angrenzenden Beckenzone liegen einige der größeren **Seen** des norddeutschen Tieflands wie der Kumerower See, der Malchiner See, der Tollensesee und die Uckerseen. Wegen seiner vielen bewaldeten, maximal 128 m hohen Hügel wird das Gebiet zwischen Teterow und Malchin auch **Mecklenburgische Schweiz** genannt.

MECKLENBURGISCHE SEENPLATTE

Das Herz des Landes

Die mecklenburgischen Seen zwischen Schwerin im Nordwesten und Neustrelitz im Südosten bilden das landschaftliche »Herz« von Mecklenburg-Vorpommern. Das mit Abstand größte Gewässer der Mecklenburgischen Seenplatte ist die **Müritz**. Ganz im Westen des Seengebiets erstreckt sich der Schweriner See, an den sich östlich das Sternberg-Krakower Seengebiet anschließt. Noch weiter im Süden setzt sich das Gewässerband zwischen Plau und Waren mit den sogenannten Großen Seen fort, zu denen neben der Müritz der Plauer See, der Fleesensee und der Kölpinsee zählen. Im Südosten der Großen Seen folgt die Neustrelitzer Kleinseenplatte, (u. a. mit Useriner

Beeindruckende Kraft der Natur: Kreidefelsen im Nationalpark Jasmund auf der Insel Rügen

See, Woblitzsee, Zierker See und Großem Labussee). Den östlichen Abschluss der Seenplatte bildet die **Feldberger Seenlandschaft**. Im Bereich der Neustrelitzer und der Feldberger Seen bestimmen Sanderflächen die Landschaft, auf denen sich Heidegebiete und ziemlich dichte Wälder (Kiefern, Buchen und Eichen) ausbreiten. Zahlreiche Wasserwege und Kanäle verbinden die Seen miteinander.

NATURSCHUTZGEBIETE

Schutz für weite Landesteile

Mecklenburg-Vorpommern schützt mit drei Nationalparks, sieben Naturparks, einem globalen UNESCO-Geopark, zwei Biosphärenreservaten und zahlreichen Natur-, Vogel- und Landschaftsschutzgebieten fast 35 % der Landesfläche. Zum Erhalt der noch in großen Teilen natürlichen Landschaften Mecklenburg-Vorpommerns haben die ehemaligen Staatsjagd- und Grenzgebiete der DDR sowie die Truppenübungsplätze der Sowjets beigetragen, da sie für die Bevölkerung unzugänglich waren. Daneben gab es zu DDR-Zeiten viele Natur- und Landschaftsschutzgebiete, dank derer herausragende Naturräume bis in die heutige Zeit erhalten geblieben sind.

PFLANZEN

Wälder Felder, Seen (5,5 % der Landesfläche) und Wälder (21 % der Landesfläche) prägen das Landschaftsbild. In den Mischwäldern sind etwa 20 Baumarten heimisch, insbesondere Kiefer und Buche. An der Küste wachsen Strandhafer und Strandnelke sowie Sanddorn, zudem die vom Aussterben bedrohten und deshalb geschützten Pflanzen Meerkohl und Stranddistel. Erlenbrüche, Röhrichte und Salzwiesen sind charakteristisch für die Boddengewässer. Sie sind Lebensraum und Brutgebiet für zahlreiche Vogelarten, ebenso wie die breiten Schilfgürtel, welche die meisten Seen in Mecklenburg-Vorpommern umgeben.

? BAEDEKER WISSEN

Altes Holz

In Ivenack sind die Eichen bis zu 1000 Jahre alt und in Mönchhagen wächst eine der ältesten Eiben Deutschlands. Sie ist mindestens 500, eventuell 700 Jahre alt. Bizarr sind auch die auf den Dünen böigem Wind trotzenden Kiefern. Sie heißen »Windflüchter«, da die Kronen nur auf der windabgewandten Seite wachsen. An Waldrändern gedeihen manchmal »Sonnendreher«, plattdeutsch »Sündreyer«: Ihre Baumkronen folgen dem Lauf der Sonne und führen zur Verzwirbelung des Stamms. Das Prinzip wird heute für Energiesparhäuser (Photovoltaik) genutzt. Auch Sonnenblumen sind Sonnendreher (vgl. ihren franz. Name »tourne de sol«, italienisch »girasole«).

TIERE

Viele **Wasservögel** leben sowohl an den Seen als auch an der Küste. Hier gibt es vor allem **Möwen**, u. a. die Sturmmöwe, die Silbermöwe mit dem roten Punkt auf dem gelben Schnabel und die Lachmöwe, die man im Sommer an ihrem braunen Kopf erkennt. Der Möwenbestand darf nicht zu groß werden, da die Tiere die Eier und Jungvögel seltener Arten fressen. An den Seen nisten Enten, Gänse und Höckerschwäne. In Mecklenburg-Vorpommern horsten wieder 260 See- und 170 Fischadlerpaare. Besonders gut sind sie im Müritz-Nationalpark zu beobachten. Jedes Jahr im Spätherbst lockt der Zug der **Kraniche** in den Nationalpark Vorpommersche Boddenlandschaft. Zum Naturschauspiel sammeln sich bis zu 60 000 Kraniche. In Mecklenburg-Vorpommern leben 1200 Brutpaare, mehr als die Hälfte aller Brutpaare in Deutschland (▶ Baedeker Wissen S. 160). Große Kormorankolonien finden sich bei Niederhof am Strelasund und bei Groß Giewitz am Torgelower See, wo auch Graureiher horsten. Neben dem Weißstorch, der feuchte Wiesen und Auen liebt, kommen Mäusebussarde und Habichte vor.

Große Bereiche der Boddenküste sind als Vogelreservate ausgewiesen.

Ostsee, Binnenseen und Flüsse sind der Lebensraum vieler **Fischarten**. Die wichtigsten Meeresfische sind Hering, Steinbutt, Flunder, Hornfisch, Aal sowie Dorsch. Im Frühjahr sammeln sich oft große **Heringsschwärme** im Greifswalder Bodden. An Süßwasserfischen wären vor allem Hecht, Plötze, Blei, Barsch, Zander und Karpfen zu nennen. In einigen Seen leben seit der letzten Eiszeit sogar noch Maränen, das sind bis zu 40 cm lange Fische.

Bevölkerung · Wirtschaft

Mecklenburg-Vorpommern ist mit 71 Einwohner pro Quadratkilometer das am dünnsten besiedelte Bundesland. Auch bei der Wirtschaftskraft hinkt es den anderen Ländern hinterher, doch die Situation bessert sich allmählich.

BEVÖLKERUNG

Rückläufige Bevölkerung

Die Einwohnerzahl hatte sich nach dem Zweiten Weltkrieg durch den Zuzug von Vertriebenen erhöht. Später verzeichnete man rückläufige Geburtenraten vor allem im landwirtschaftlichen Binnenland. Nach der Wende setzte ein **Bevölkerungsexodus** ein. In den 1990er-Jahren wanderten jährlich bis zu 40 000 meist jüngere Menschen in den Westen ab, weil sie in der Heimat keine berufliche Perspektive hatten. Mittlerweile hat sich diese Entwicklung stark abgeschwächt, trotzdem gibt es nach wie vor einen deutlich negativen Wanderungssaldo. Insgesamt haben seit der Wende mehr als 250 000 Menschen das Bundesland verlassen. Trotz wieder stabiler Geburtenzahlen (2010: 13 337) und einem Zuzug von Studenten (2011: über 40 000 Studierende) lebten im August 2011 nur noch 1,64 Mio. Menschen im Bundesland, davon 202 735 in Rostock. Immerhin wurde der Abwanderungstrend 2010 mehr als halbiert (–53,7 %).

WIRTSCHAFT

Grundlagen

Mecklenburg-Vorpommern ist bis heute das wirtschaftlich schwächste Bundesland, die tiefrote Laterne trägt die Region Vorpommern. Doch die Situation bessert sich, auch wenn die schwere Finanzkrise seit 2008 Auswirkungen z. B. im verarbeitenden Gewerbe hat, stieg das **Bruttoinlandsprodukt** 2010 gegenüber 2009 um 1,1 % auf nunmehr 35,78 Mrd. Euro. Dennoch liegt es nur auf 78,3 % des EU-Durchschnittswerts (100 %) und deutlich unter dem gesamtdeutschen Niveau (115 %). Wachstumsbranchen in Mecklenburg-Vorpommern sind vor allem die Wirtschaftsbereiche Gastgewerbe, Handel, Verkehr, Verarbeitung, Unternehmensdienstleistung und Finanzierung. Fest etabliert ist der Tourismus mit neuen Ferienanlagen und Freizeiteinrichtungen mit 5,1 Mrd. Euro Umsatz im Jahr 2010 und 173 000 Erwerbstätigen.

Strukturprobleme

Dennoch gibt es schwerwiegende Strukturprobleme. Während die wirtschaftliche Entwicklung an der Küste mit staatlicher Unterstützung positiv verläuft, blutet das Hinterland immer mehr aus. Die Umstrukturierung der Wirtschaft nach der Wende hat zu einem **massiven Arbeitsplatzverlust in der Landwirtschaft** und im produzierenden Gewerbe geführt. Von den 727 600 Erwerbstätigen im Land arbeiteten 2010 nur 27 800 in der Landwirtschaft. Die durchschnittliche Größe eines Betriebs beträgt 286 ha. Dennoch sorgten 53 874 umsatzsteuerpflichtige Unternehmen dafür, dass 44,3 % der Bevölkerung ihren Lebensunterhalt aus Erwerbstätigkeit beziehen konnten. Allerdings sind auch 15 % der Bevölkerung auf staatliche finanzielle Hilfen angewiesen (Bundesrepublik: 9,5 %). Die Arbeitslosenquote betrug 2011 12,7 % (Winter 2012: 14,0 %). Infrastrukturell sorgten 2010 39 Krankenhäuser und 62 Vorsorge- und Reha-Einrichtungen für die Gesundheitsversorgung.

? BAEDEKER WISSEN

Fakten zur Landwirtschaft

Mit 1,3 Mio. ha (davon 1 Mio. ha Ackerland) werden ca. 64 % des Landes landwirtschaftlich genutzt. 761 000 Schweine und 563 000 Rinder tummelten sich 2010 in Ställen und auf Weiden. 4800 Betriebe erzeugten 1,4 Mrd. l Milch, 485 Mio. Eier wurden ausgeliefert. Bereits 800 Betriebe setzen auf nachhaltigen Öko-Landbau (9 % der Nutzfläche).

Neue Arbeitsplätze entstehen derzeit vor allem im Dienstleistungsbereich. Große Hoffnungen setzt man auf den Ausbau der Universitätsstädte, auf die Entwicklung der Medizintechnik, der Biotechnologie und den Ausbau erneuerbarer Energieträger. Trotz teurer Verkehrsprojekte wie dem Ausbau der **Autobahnen** helfen strukturschwachen Regionen eher behutsame Entwicklungen im Bereich des ländlichen Tourismus, die Abwanderung und die Arbeitslosigkeit zu stoppen.

Nach der Wende wurden die Landwirtschaftlichen Produktionsgenossenschaften (LPG) aufgelöst, viele Agrarflächen stillgelegt und viele Beschäftigte entlassen. Unter der EU-Agrarpolitik mussten neue Produktionsformen gefunden werden. Die größtenteils schlechten Böden Mecklenburg-Vorpommerns werden mehr und mehr extensiv bewirtschaftet. Neben der Grünlandnutzung werden vor allem Kartoffeln, Zuckerrüben, Raps und Getreide angebaut. Neben exportfähigen Qualitätsprodukten kommt der Biolandwirtschaft mehr und mehr Bedeutung zu.

? BAEDEKER WISSEN

Ökologisches Bewusstsein

Urlaubsreisen vermehren die klimaschädlichen Abgase. Die Aufforstung von Wäldern hilft, das Treibhausgas Kohlendioxid abzubauen. In Mecklenburg-Vorpommern kann man durch den Kauf der sogenannten Waldaktie zur Aufforstung und so zum Umweltschutz beitragen. Wer will, kann sogar eigenhändig Bäume pflanzen. Die Aktion wurde vom Tourismusverband und vom Landesumweltministerium ins Leben gerufen (www.waldaktie.de). Preis pro Waldaktie: 10 €.

Ein beachtlicher Wirtschaftsfaktor ist die **Forstwirtschaft**. Allerdings wird sehr viel Holz eingeschlagen, denn die Holz verarbeitenden Betriebe und der Trend zu Holzheizungen entwickelten eine große Nachfrage. Der Weg zu einer nachhaltigen Waldbewirtschaftung, die ökologische Belange umfassend berücksichtigt, ist noch weit.

Fischerei

Der älteste Wirtschaftszweig des Landes ist die Küstenfischerei. Früher hatte sie als Erwerbszweig große Bedeutung, heute müht sie sich im internationalen Konkurrenzkampf. Im Hafen von Sassnitz steht Deutschlands größte und modernste **Fischkonservenfabrik**, deren Brat-, Räucher- und sonstige Fischspezialitäten europaweit und bis nach Übersee vertrieben werden. Die Binnenfischerei in den Seen wird vor allem für die Deckung des lokalen Bedarfs betrieben. Doch so mancher Aal und Karpfen aus Mecklenburg-Vorpommern findet sich inzwischen auch auf süddeutschen Fischtheken.

Industrie

Mit Unterstützung der öffentlichen Hand sind in jüngerer Zeit nicht nur in den Hafenstädten an der Ostseeküste, sondern punktuell auch im Hinterland lukrative Industrieanlagen modernisiert oder ganz neu aufgebaut worden. Dazu gehören Metallverarbeitung, Schiffbaubetriebe ebenso wie neue Produktionslinien von Großbäckereien, Fleisch- und Wurstfabriken oder Lebensmittelkonservenfabriken.

Jobmaschine Tourismus

Größte Hoffnungen ruhen auf dem Tourismus. Von ihm profitieren vor allem die Küste und die landschaftlich attraktiven Gebiete der Mecklenburgischen Seenplatte. Die Gesamtzahl der Gästeübernachtungen in Mecklenburg-Vorpommern betrug 2010 27,7 Mio. in Beherbergungsstätten, davon 6,67 Mio. auf Campingplätzen.

Mecklenburg-Vorpommern auf einen Blick

Lage:
Norddeutsches Tiefland

Fläche:
23 191 km²

Einwohner: **1,64 Mio.**
Im Vergleich Hamburg:
1,796 Mio. Einwohner

Bevölkerungsdichte:
71 Einwohner/km²
(geringste Siedlungsdichte aller deutschen Bundesländer)

▶ Verwaltung

Landeshauptstadt: **Schwerin**

Neuordnung des Landes mit der Kreisgebietsreform vom 4.9.2011

Einwohnerzahlen der Landkreise und Kreissitze:

Mecklenburgische Seenplatte:
272 922 / Neubrandenburg

Vorpommern-Greifswald:
245 733 / Greifswald

Vorpommern-Rügen:
230 743 / Stralsund

Ludwigslust-Parchim:
218 362 / Parchim

Rostock:
216 189 / Güstrow

Nordwestmecklenburg:
160 423 / Wismar

Kreisfreie Städte:
Rostock: 202 735
Schwerin: 95 220

▶ Wappen und Flagge

▶ Naturraum

2033 Seen mit insgesamt ca. **738 km²** Fläche (entspricht **25 %** der Seenfläche in Deutschland)

Küste: ca. **1712 km**, davon **354 km** Ostseeküste und **1358 km** Boddenküste

Höchste Erhebung:
Helpter Berge bei Woldegk **(179 ü.d.M.)**

Längster Fluss:
Müritz-Elde-Wasserstraße **(184 km)**

Größter See: Müritz, **117 km²**
(größter See Deutschlands nach dem Bodensee)

Klima

Usedom und Rügen sind die sonnenreichsten Regionen Deutschlands (Sonnenscheindauer ca. 5h/Tag im Jahresdurchschnitt).

Wirtschaft

Bruttoinlandsprodukt (BIP): **35,78 Mrd. EUR** (2010)
Davon entfallen auf die einzelnen Wirtschaftsbereiche: Land/Forstwirtschaft, Fischerei: **2,4 %**, Produz. Gewerbe: **18,5 %**, Dienstleistungen: **79,1 %**

Beschäftigte: Handel, Gastgewerbe, Verkehr: **25 %**
Sonstige Dienstleistungen: **53 %**
Produzierendes Gewerbe (Industrie, Bauwirtschaft, Bergbau/Energie): **18 %**
Land- und Forstwirtschaft, Fischerei: **4 %**

Arbeitslosenquote:
12,7 % (2011)

Klimastation Rostock

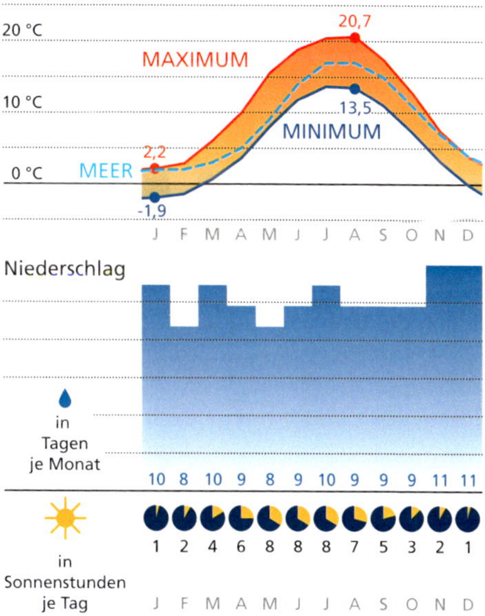

Die größten Seen der Mecklenburgischen Seenplatte

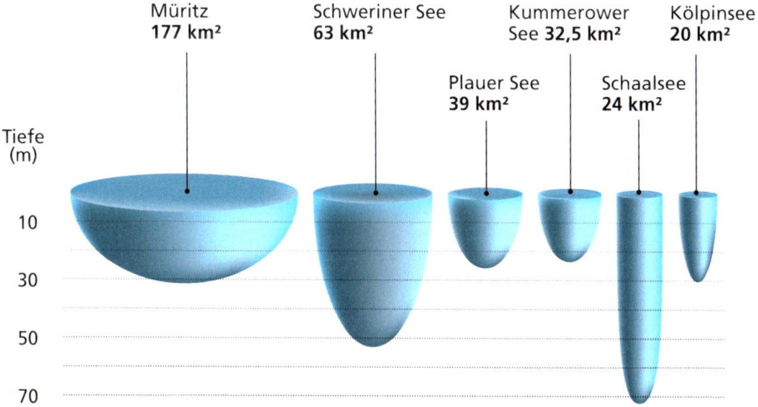

Willkommen im Alltag

Mecklenburg-Vorpommern einmal abseits der Touristenpfade erleben und »ganz normale« Leute treffen – dazu einige Tipps von der Baedeker-Redaktion.

COUCHSURFING, WOHNUNGSTAUSCH

Private Pensionen und B&Bs bieten die Möglichkeit, mit den Vermietern in Kontakt zu treten. Ein neuer Trend wird aber noch persönlicher: Immer beliebter bei jungen Travellern wird das preiswerte Couchsurfing bei unbekannten Gastgebern, von denen ein Drittel weltweit Deutsche sind. Über 1 Mio. »freie Sofas für Reisende« sind z.B. bei www.couchsurfing.org registriert. Couchsurfing-Hochburgen in Mecklenburg-Vorpommern sind die Unistädte Rostock und Greifswald. Den Wohnungs- oder Haustausch zur Ferienzeit nutzen vor allem Paare.

www.couchsurfing.org
www.wohnungtausch.de.

RAN AN DIE MISTKARRE: MITMACHHÖFE

Traktor fahren, Kühe melken, Heuen, Holzhacken, Käse und Joghurt zubereiten, gar Brot backen oder Schafe hüten? Noch dazu viel über die Gastgeber und das Leben im ländlichen Mecklenburg-Vorpommern authentisch kennenlernen? Solche Urlaube auf Höfen mit aktiver Landwirtschaft bieten Mitmachhöfe, die beispielsweise hier zu finden sind:

Landsichten Deutschland
c/o Landtourismus Marketing GmbH
Haus der Land- und Ernährungswirtschaft
Claire-Waldoff-Str. 7
10117 Berlin
Tel. 030 28 44 41 19 10,
www.landsichten.de

INDIVIDUELLE FÜHRUNGEN

Fachlich qualifizierte Führungen weit über kunsthistorische Details hinaus und mit vielen vertiefenden Kontaktmöglichkeiten bieten zahlreiche Anbieter, z. B. die Stadt Usedom auf Usedom.

Historische Stadtführung »Anno 1749«
Fr. 11.00 Uhr ab Anklamer Tor
(nur Aug., Sept.)
Dauer: 90 Min., Ticket: 3 €
Buchung: Tel. 038372 7 08 90

ARBEIT IN ÖKOPROJEKTEN UND -BETRIEBEN

Die Möglichkeit, zwei oder mehr Tage auf ökologischen Höfen und in Ökoprojekten gegen Kost und Logis mitzuhelfen und so Vielfältiges über die aktuelle lokale wie regionale Situation der Biolandwirtschaft zu erfahren, vermittelt die Organisation WWOOF (Worldwide Opportunities on Organic Farms) Deutschland.

Freiwillige Helfer auf
ökologischen Höfen e.V.
Postfach 21 02 59
01263 Dresden, www.wwoof.de

SCHLOSS- UND DORFFESTIVALS

Sehr gute Möglichkeiten, mit Einheimischen in Kontakt zu treten, bieten lokale Schloss-, Gutshofs- und Dorffeste, im Rahmen derer oft erstaunlich facettenreiche Programme zum Besten gegeben werden. Beispielsweise stellt der Kulturverein Weitblick in Bugewitz (300 Einw.) jährlich 26 Veranstaltungen (Konzerte, Kunst, Theater und Lesungen) auf die Beine – noch ist das ein Geheimtipp, möglicherweise aber nicht mehr allzu lange: Seine Fangemeinde wächst stetig!

Mit 100 Konzerten selbst an winzigen Veranstaltungsorten wie der Scheune des Pfarrhofs in Volkenshagen (Mönchhagen) nahe Graal-Müritz sind die sommerlichen Festspiele ebenfalls ein guter Tipp für all diejenigen, die den direkten Kontakte zu den hier lebenden Menschen suchen.

www.weitblick-bugewitz.de
www.festspiele-mv.de
www.kulturportal-mv.de

Geschichte

Entwicklungen an der Ostsee

Einwanderung der Slawen, Aufstieg der Hanse, Krieg und Frieden mit den Nachbarn zu Lande und zur See, DDR und Wiedervereinigung – die Regionen Mecklenburg-Vorpommerns blicken auf eine bewegte Geschichte zurück.

STEINZEIT UND METALLZEIT

10.–4. Jt. v. Chr.	Rentierjäger durchstreifen den Raum.
ab 3500 v. Chr	Erste Bauern, Großsteingräber entstehen.
ab 600 v. Chr.	Germanenstämme besiedeln das Land.

Eiszeitliche Jäger und erste Bauern

Die ältesten Funde, die auf die Anwesenheit von Menschen im Gebiet des heutigen Mecklenburg-Vorpommern schließen lassen, sind beispielsweise bei Parchim, auf dem Fischland und am Saaler Bodden gefundene Knochenharpunen und Stielspitzen aus Feuerstein. Sie datieren auf das 9. bis 8. Jt. v. Chr. Zwei bei Garz auf der Insel Rügen entdeckte Pfeilspitzen aus Rentiergeweih und eine im nahen Gingst ausgegrabene, aus Horn geschnitzte Harpune stammen vom Ende der Altsteinzeit (8. Jt. v. Chr.). Funde aus der **Mittelsteinzeit** belegen, dass bis 3000 v. Chr. im gesamten Gebiet nomadisierende Jäger, Sammler und Fischer gelebt haben. In der **Jungsteinzeit** (3000 – 1800 v. Chr.) wurden die Menschen allmählich sesshaft, trieben Ackerbau und Viehzucht. Sie stellten reich verzierte Töpferwaren her und webten Textilien. Bei Litzow auf Rügen wurden über 20 000 Pfeil- und Lanzenspitzen, Messer, Beile, Faustkeile und andere Waffen aus Feuerstein entdeckt. Viele dieser steinzeitlichen Gerätschaften kann man heute im Kulturhistorischen Museum in Stralsund bewundern.

Auffälligstes Erbe aus dieser Zeit sind die **Großsteingräber** (Megalithkultur), die noch an vielen Stellen des Landes zu finden sind und in denen die ersten Bauern ihre Toten bestatteten. Die einfachste und älteste Form des Megalithgrabs ist der Dolmen, der in seiner ursprünglichen Form nur aus zwei liegenden Tragsteinen, einem kleineren Schlussstein an der Schmalseite und einer einzigen Deckplatte bestand. Häufig anzutreffen sind aber auch die Ganggräber, bei denen riesige Findlinge zu einem länglichen, kastenartigen Bestattungsraum angeordnet und mit Erde überdeckt wurden. Die volkstümliche Bezeichnung »Hünengräber« für die mächtigen Megalithgräber entstand vermutlich im Mittelalter aus dem Glauben

Die rekonstruierte Slawenburg von Groß Raden

heraus, nur Hünen seien in der Lage gewesen, solche Steinmassen aufeinander zu türmen.

Metallzeiten

Als die Menschen in der **Bronzezeit** (1800 – 600 v. Chr.) entdecken, wie man Metall gewinnt und bearbeitet, entstehen neue Geräte, Waffen, Gefäße und Schmuckstücke. Bronze wird aus süd- und südosteuropäischen Gebieten im Tausch gegen heimische Erzeugnisse eingeführt. Der Südosten von Mecklenburg-Vorpommern wird von der **Urnenfelderkultur** (Lausitzer Kultur) beeinflusst. Zwischen 600 v. Chr. und 600 n. Chr. löst **Eisen** die Bronze ab. Innerhalb der germanischen Stämme bildet sich die Stammesherrschaft mit Heerführern an der Spitze heraus.

GERMANEN UND SLAWEN

4./5. Jh.	Zeit der Völkerwanderung; die Germanen verlassen die Siedlungsgebiete zwischen Elbe und Oder gen Süden.
6./7. Jh.	Slawen dringen an der Küste ins dünn besiedelte Land ein.
983	Der Slawenaufstand gegen die beginnende Ostkolonisierung unter den Ottonen beendet für zwei Jahrhunderte Zuzüge aus dem Westen.
995	Erste urkundliche Erwähnung der Mikelenburg nahe dem heutigen Dorf Mecklenburg

Slawen folgen auf Germanen

Während der **Völkerwanderung** (5. Jh.) verlassen die germanischen Stämme das Gebiet zwischen Elbe und Oder. Ende des 6. Jh.s/Anfang des 7. Jh.s **wandern slawische Stämme in das nur noch dünn besiedelte Gebiet ein**, u. a. die Wilzen und Pomoranen. Die Warnower nehmen die Gebiete an der Elde und am Oberlauf der Warnow in Besitz, die Tollenser siedeln am Tollensesee. An der Küste lassen sich vor allem die Obotriten nieder, auf Rügen landeten die Ranen, die zum Stamm der Liutizen gehören. Noch heute verraten die Dorfnamen, die auf die Silben -in, -ow, -itz oder -gast enden, den slawischen Ursprung vieler Ortsgründungen. Einzelne Handwerke wie Töpferei und Holzverarbeitung werden zu hoher Blüte gebracht. Die Handelsbeziehungen der Slawen reichen damals bis weit in den Vorderen Orient. Die Grenze zwischen Obotriten und Sachsen, der sogenannte **Limes Saxoniae**, verläuft von der Kieler Förde bis zur Elbe bei Lauenburg.

? BAEDEKER WISSEN

Limes Saxoniae

Der Sachsenwall entstand vermutlich in der Zeit um das Jahr 810 nach dem letzten Aufenthalt von Karl dem Großen im deutschen Norden. Die Befestigung folgt zumeist Flüssen und Feuchtgebieten, ist aber kaum mit ähnlichen Anlagen der Römer vergleichbar und war für Überfälle der slawischen Obodriten kein Hindernis.

Unter **König Heinrich I.** dringen die Sachsen weit in das slawische Land ein. Sie stoßen bis an die Oder vor und schlagen mehrere slawische Stämme, z. B. die Wilzen und Obotriten. Die Christianisierung der Slawen, die von den Bistümern Brandenburg und Havelberg ausgeht, hat zunächst nur einen geringen Erfolg. Nach dem Tod von Kaiser Otto II. führt ab dem Sommer 983 ein großer slawischer Aufstand zur Beendigung der Ostkolonisation. König Otto III. erwähnt am 10. September 995 erstmals urkundlich die Mikelenburg (beim Dorf Mecklenburg, südlich Wismar). 965 oder 973 soll sie auch der im Auftrag des Kalifen von Córdoba reisende jüdische Gesandte Ibrāhīm ibn Ya'qūb als Nakons Burg erwähnt haben.

Die Mecklenburg

FRÜHE CHRISTEN

12. Jh.	Zwangs-Christianisierung der slawischen Bevölkerung
1160	Der letzte Slawenfürst fällt im Kampf gegen Heinrich den Löwen; Gründung Schwerins.
1167	Pribislaw wird zum Begründer des mecklenburgischen Herzogshauses.
1171	Einweihung des Schweriner Doms, Klostergründungen
1168–1227	Vorherrschaft der Dänen

Die erste Missionsreise von Bischof Otto von Bamberg nach Pommern findet 1124 im Auftrag des polnischen Königs statt. Die systematische **Christianisierung** der Bevölkerung beginnt. Der Sachsenherzog **Heinrich der Löwe** erobert im Kampf gegen den Obotritenfürsten **Niklot** das Land, um im Auftrag von Kaiser Friedrich I. Barbarossa die Christianisierung voranzutreiben. Niklot fällt

Untergang der Slawen

Die unscheinbare Lieper Kirche auf Usedom stammt noch aus der Zeit der Christianisierung.

1160; die Slawen werden christianisiert. Zur Festigung seiner Herrschaft gründet Heinrich der Löwe **Schwerin**. Der Bischofssitz wird aus dem Dorf Mecklenburg hierher verlegt. Er belehnt 1167 Niklots Sohn Pribislaw nach dessen Taufe mit dem größten Teil des späteren mecklenburgischen Gebiets. Pribislaws Sohn Borwin heiratet Mathilde, Tochter Heinrichs des Löwen, und gründet damit die mecklenburgische Herzogsdynastie, die bis 1918 regiert. Verbündet mit dem Dänenkönig Waldemar I. unterwirft Heinrich auch die Slawen in Pommern. Bogislaw von Pommern erhält 1181 das Herzogtum Pommern und wird dadurch wie Pribislaw Reichsfürst. Da die Herrschaft in Mecklenburg, Pommern und auf Rügen jeweils an alle männlichen Erben fällt, kommt es später oft zu Landesteilungen.

Dänisches Intermezzo

Heinrich der Löwe wird durch seinen Machtkampf mit Kaiser **Friedrich Barbarossa** davon abgehalten, weiterhin auf die Geschicke des neu entstandenen Territorialstaats einzuwirken. In dieses Machtvakuum stoßen die Dänen vor. 1168 erobern sie unter **Waldemar I.** die Tempelburg Arkona und machen das Fürstentum Rügen lehnsabhängig. **Waldemar II.** von Dänemark wird 1223 von Graf Heinrich von Schwerin gefangen genommen und erst 1225, nach dem Verzicht auf deutsche Gebiete, wieder freigelassen. 1227 endet die dänische Oberhoheit über Mecklenburg und Pommern.

ZEIT DER HANSE

13. Jh.	Deutsche Siedler wandern ein.
1281	Zusammenschluss der Wendischen Hanse
1348	Die sächsische Lehenshoheit endet.
1419	Erste Universität Nordeuropas in Rostock gegründet; 1456 folgt Greifswald.
1535/1549	Der protestantische Glaube wird Landesreligion.

Deutsche Einwanderer

Mit der Festigung der deutschen Herrschaft setzt die Einwanderung von Bauern und Handwerkern aus Westfalen, vom Niederrhein und der Nordseeküste ein. Die Einwanderer erhalten Boden zu günstigen Bedingungen. Sie roden Waldgebiete und kultivieren Sumpfniederungen. Die Slawen gehen allmählich in der neuen Bevölkerung auf.

Die Wendische Hanse

Aus der »Gemeinschaft deutscher Gotlandfahrer«, einem Zusammenschluss von Kaufleuten mit Stützpunkt in Wisby, entsteht die Hanse, die sich zur bedeutendsten Fernhandelsvereinigung des Mittelalters entwickelt. In Rostock schließen sich 1281 **Lübeck, Rostock, Wismar, Stralsund** und **Greifswald** zur Wendischen Hanse zusammen, weitere Städte kommen hinzu. **Dänemark** verliert 1370 seinen Krieg gegen das Bündnis der großen Hansestädte und muss im Frieden von

Stralsund den Sund und den Sundzoll aufgeben. Fortan beherrscht die **Hanse** den Ostseehandel (►Baedeker Wissen S. 32 und 34).

Alle Macht in einer Hand

Karl IV. erhebt **Albrecht II.** und **Johann** 1348 zu reichsunmittelbaren Herzögen von Mecklenburg, womit die sächsische Lehenshoheit endet. Auch den Herzögen von Pommern überträgt man ihr Land als Reichslehen. Nach dem Aussterben aller anderen Stammeslinien in Mecklenburg vereinigt **Heinrich IV.** 1471 das Land. Unter **Bogislaw X.** wird drei Jahre später, nach dem Aussterben aller Teillinien, auch Pommern von einem Herrscher regiert.

Protestantismus

In Mecklenburg und Pommern verbreitet sich ab 1520 die lutherische Lehre. Durch Beschluss des Landtags zu Treptow (13. Dezember 1534) wird der **protestantische Glauben** 1535 Landesreligion in Pommern. Am 20. Juni 1549 verkündet der Sternberger Landtag auch für Mecklenburg die Einführung der protestantischen Landeskirche. Damit ist die Macht der katholischen Kirche gebrochen.

UNTER SCHWEDEN UND PREUSSEN

1618 – 1648	Schwere Verwüstungen durch den Dreißigjährigen Krieg
1669	Die Hanse tagt zum letzten Mal.
1701	Teilungen Mecklenburgs und Pommerns
1755	Erste Verfassung tritt in Kraft.
1793	In Heiligendamm wird das erste deutsche Ostseebad eingerichtet.

Während des **Dreißigjährigen Krieges** schließt sich Mecklenburg **Dänemark** an und wird in die Kämpfe mit dem Kaiser verwickelt. Die beiden Herzöge von Mecklenburg und Pommern werden abgesetzt. Kaiser Ferdinand II. belehnt 1628 **Albrecht von Wallenstein** mit Mecklenburg. Dieser vollzieht Reformen, durch die sich der Adels- und Ständestaat in einen Beamtenstaat verwandelt. Mit Hilfe von Schwedenkönig **Gustav Adolf II.** gewinnen die Herzöge von Pommern und Mecklenburg 1631 ihre Länder zurück, womit die alte Adelsherrschaft wieder eintritt.

Alljährlich erinnert man sich in Stralsund an die Belagerung durch General Wallenstein.

Die »Gleichgesinnten«

Im 12. Jh. entwickelte sich aus einer Gemeinschaft von Kaufleuten ein loser Städte- und Handelsbund, der zunehmende Bedeutung und Macht im europäischen Fernhandel erhielt. Die Hanse (althochdeutsch »hansa« = eine Gruppe Gleichgesinnter) verfolgte gemeinsame Wirtschaftsinteressen, erleichterte den überregionalen Seehandel und bot Schutz gegen Piraterie. In ihrer Blütezeit gehörten ihr Kaufleute aus etwa 200 europäischen Städten an. Ende des 15. Jh.s verfiel der Bund mehr und mehr.

Kogge (ca. 24 m)
Typisches Handelsschiff der Hanse, vor allem zwischen 12. und 14. Jh. im Einsatz

Fleute (ca. 50 m)
Holländischer Schiffstyp, m
dem im 18. Jh. der Kolonia
handel organisiert wurde

Klipper (ca. 85 m)
Die größten und schnellsten Holz-Segelschiffe der Geschichte, vor allem 19. Jh.

Containerschiff (bis 397 m)
Kann bis zu 11 000 je 6 m lange Container transportieren.

▶ **Farben der Hanse**
Der Hansewimpel und alle Windfähnchen haben die Farben Weiß und Rot.

▶ **Hansestädte**
Heute führen 19 deutsche Städte den Titel Hansestadt, davon sieben auf dem KFZ-Kennzeichen:

Hamburg (HH)

Bremen (HB)

Schleswig Holstein
Lübeck (HL)

Mecklenburg Vorpommern

Wismar (HWI)

Rostock (HRO)

Demmin

Greifswald (HGW)

Stralsund (HST)

Anklam

Niedersachsen
Lüneburg
Stade

Nordrhein-Westfalen
Wipperfürth

Sachsen Anhalt
Seehausen
Salzwedel
Stendal
Havelberg
Osterburg
Gardelegen
Werben

Eine gewappnete Schar

Backsteingotik, bauchige Schiffe und ein standhafter Bund mittelalterlicher Städte – daran denkt, wer von der Hanse hört. Vom 13. bis ins 17. Jh. funktionierte die Fernhandelsvereinigung, und mindestens zwei Jahrhunderte lang war sie eine der mächtigsten politischen Kräfte im Ostseeraum.

Hervorgegangen aus einer Gemeinschaft von Kaufleuten, entwickelte sich die Hanse zu einem Städtebund, der sich 1356 in Lübeck zusammenschloss. Aber dieser Bund war keine fest gefügte Organisation, sondern im Sinne des althochdeutschen Begriffs **»hense«** eine Schar Gleichgesinnter. Obwohl der Hanse im Lauf der Zeit mehr als 200 Städte angehören sollten, gab es weder eine vollständige Mitgliederliste noch eine geschriebene Verfassung oder eine gemeinsame Flotte. Mit den Stadtgründungen der **Ostkolonisation** verlagerte sich das Gewicht der Hanse zunehmend in den Ostseeraum. Dort verlief damals auch die nordeuropäische Hauptverkehrsader, die vom russischen Nowgorod bis ins flandrische Brügge und weiter nach London führte. Die wendischen Städte **Wismar, Stralsund, Greifswald und Rostock** lenkten viele Jahre die Geschicke der Hanse, und zwar **unter Führung von Lübeck** – damals nach Köln und Braunschweig die drittgrößte Stadt im deutschsprachigen Raum. Es galt, die **Interessen der Fernkaufleute** durchzusetzen, die – unbehindert durch Seeräuber und Konkurrenten – ihren Geschäften nachgehen wollten.

Koggensiegel der Hanse

Hering, Pelz und Bier

Aus Nowgorod kamen Pelze und Wachs, aus Brügge feine Tuche, aus Wismar und Rostock das Bier. Stockfisch und Hering gab es in Skandinavien, und das Salz zum Einlegen lieferten die Lübecker. So standen einzelne Städte für bestimmte Waren, die oft von spezialisierten Handwerkern gefertigt wurden. In den wendischen Städten konnte man z. B. Paternostermacher (Hersteller von Bernstein-Rosenkränzen) oder Stockfischweicher bei der Arbeit sehen. Übers Meer transportiert wurden die kostbaren Güter in bauchigen Segelschiffen, den **Koggen.** Sie konnten ca. 200 t laden und waren, obwohl sie

Sanierte Speicher an den ehemaligen Kaianlagen der Hansestadt Rostock

nur ein Segel trugen, relativ wendig und schnell. Doch nicht immer schnell genug – dann nämlich, wenn sie von **Seeräubern** aufgebracht wurden.

Störtebeker störte

Seit Mitte des 13. Jh.s störten Piraten den Warenfluss auf der Ostsee empfindlich, doch keineswegs immer auf eigene Faust: Ausgestattet mit Kaperbriefen griffen **Störtebeker und die Vitalienbrüder** im Auftrag einzelner Städte in so manchen Konflikt ein, unterliefen Belagerungen, überfielen feindliche Schiffe und blockierten Handelswege, räuberten also durchaus im Sinne der Hansemitglieder. Keinem der reichen Kaufleute dürfte es allerdings recht gewesen sein, dass die **Likedeeler**, wie sich die Vitalienbrüder selber nannten, ihre Beute zu gleichen Stücken unter der Mannschaft aufteilten. Streng achteten die Kaufleute darauf, dass weder Krämer noch Handwerker ein Wörtchen mitzureden hatten. Das führte zu zahlreichen Unruhen: In Rostock sind von 1286 bis 1427 vier **Aufstände** bezeugt. Auch Stralsund und Lübeck wurden von Unruhen erschüttert. Mit meist blutigen Händen stellte das Patriziat die Eintracht innerhalb der Stadtmauern wieder her.

Wollten die Patrizier die Kraft der Hanse einsetzen, beriefen sie einen Hansetag ein. Jede Stadt schickte **Ratssendeboten**, denen der Fragenkatalog zur Beratung schon in der Heimatstadt vorgelegen hatte, sodass bei dem Treffen nur noch ein Konsens hergestellt werden musste. Ohne ging es nicht: Ihre Einigkeit nach außen war vielleicht das wichtigste Prinzip der Hanse, dieses ansonsten eher unverbindlichen Bundes. Die Bedeutenden unter ihnen, an die wichtige Fürstenrechte wie Zoll, Marktgerichtsbarkeit und Münze übergegangen waren, vertraten damit zumeist die Interessen zweier Stände, die der Kaufleute und jene des Adels. **Zum letzten Mal tagte die Hanse 1669** in Lübeck; der Verfall der Hanse hatte schon früher eingesetzt, denn nun verlagerte sich der Handel unaufhaltsam in die Nordsee.

Im **Westfälischen Frieden** muss Mecklenburg Wismar mit der Insel Poel und das Amt Neukloster an Schweden abtreten, erhält jedoch die Bistümer Schwerin und Ratzeburg. Schweden bekommt Vorpommern mit Stettin und der Insel Wollin sowie einen Streifen östlich der Oder. Das Land ist durch den Krieg schwer verwüstet und ausgeplündert. Die Bevölkerung ist auf ein Sechstel geschrumpft.

Bauernlegen

Die Gutsbesitzer vermehren ihren Landbesitz, indem sie sich wüst gewordene, ehemals von freien Bauern bebaute Felder aneignen und die Bewirtschaftung übernehmen – das berüchtigte **Bauernlegen**. Dadurch beginnt die Entwicklung hin zum Großgrundbesitz. Begünstigt bzw. von der Obrigkeit für rechtmäßig erklärt wird diese Entwicklung durch die Stettiner Bauernordnung, die 1645 von den Schweden für ganz Pommern bestätigt wird und die Erbuntertänigkeit der Bauern festlegt. In Mecklenburg werden 1654 die Leibeigenschaft und Erbuntertänigkeit ebenfalls gesetzlich verankert.

Landesteilungen

Mecklenburg und Vorpommern werden in den **Nordischen Krieg** verwickelt (1700 – 1720). Nach dem Krieg, im Frieden zwischen Preußen und Schweden, wird Vorpommern geteilt: Das Gebiet nördlich der Peene mit Stralsund, Greifswald und Wolgast sowie die Insel Rü-

Bereits im Jahr 1887 begann die Entwicklung der auf der Insel Rügen gelegenen Ortschaft Sellin zum mondänen Seebad.

gen bleiben schwedisch; die Region südlich der Peene sowie die Inseln Usedom und Wollin fallen an Brandenburg-Preußen. Im »Hamburger Vergleich« wird Mecklenburg 1701 wegen Erbauseinandersetzungen in Mecklenburg-Schwerin und Mecklenburg-Strelitz aufgeteilt.

Mächtige Ritter

Der Versuch Herzog Carl Leopolds von Mecklenburg, eine absolutistische Herrschaft aufzubauen und die Macht der grundbesitzenden Ritterschaft einzudämmen, misslingt. Der Landesherr einigt sich 1755 mit den Ständen in Mecklenburg auf den **»Landesgrundgesetzlichen Erbvergleich«**, eine Art erste »Verfassung« Mecklenburgs, die bis 1918 gilt. Der Ritterschaft wird u. a. die unumschränkte Herrschaft über ihre Untertanen zugesichert. Viele Menschen sind Anfang des 19. Jh.s so bitterarm, dass sie die Heimat verlassen, um ihr Glück in **Amerika** zu suchen.

Napoleon und Preußen

In den **Napoleonischen Kriegen** werden die mecklenburgischen Staaten besetzt und müssen 1812 Truppen für den Russlandfeldzug Napoleons I. stellen. Im folgenden Jahr schließen sie sich der Allianz gegen Napoleon an. Als Ergebnis des Wiener Kongresses 1815 werden Mecklenburg-Schwerin und Mecklenburg-Strelitz Großherzogtümer. Schwedisch-Pommern und Rügen gehen an **Preußen** über. 1820 wird die Leibeigenschaft aufgehoben.

Beginn des Bädertourismus

1793 wird mit **Heiligendamm** das erste deutsche Ostseebad gegründet. Doch so richtig in Mode kommt das Bad im Meer erst in der zweiten Hälfte des 19. Jh.s. Vor allem die Ferienorte auf Usedom entwickeln sich – u. a. dank der Erreichbarkeit per Eisenbahn – zu beliebten Badeadressen. Viele Fischerdörfer verwandeln sich innerhalb weniger Jahrzehnte in Badeorte mit Villen, Pensionen und Seebrücken.

EPOCHE DER WELTKRIEGE

1919	Mecklenburg-Schwerin und Mecklenburg-Strelitz werden Freistaaten der Deutschen Republik.
1934	Die beiden Mecklenburgs werden vereinigt.
1942	Bombardierung von Rostock, Stralsund und Wismar
1945	Sowjetisch besetzt, Grenze Vorpommerns zu Polen wird gezogen.

Deutsches Reich

Während der **Märzrevolution** 1848 kommt es auch in Mecklenburg zu Aufständen. Für kurze Zeit existiert eine liberale Verfassung. 1850 kehrt man wieder zur alten ständischen Verfassung zurück. 1867 tritt Mecklenburg dem Norddeutschen Bund und ein Jahr später dem Deutschen Zollverein bei, 1871 dem neu gegründeten **Deutschen Reich**. Im Zuge der **Novemberrevolution** 1918 am Ende des Ersten

Weltkriegs kommt es auch in Mecklenburg zu Aufständen. Großherzog Adolf Friedrich VI. von Mecklenburg-Strelitz begeht Selbstmord, Großherzog Friedrich Franz IV. von Mecklenburg-Schwerin dankt ab. Beide Länder werden zu Freistaaten der **Weimarer Republik**. Aufgrund der Weltwirtschaftskrise Ende der 1920er-Jahre wird 1930 das Osthilfegesetz zur Unterstützung wirtschaftsschwacher bäuerlicher Großbetriebe erlassen.

Drittes Reich 1933 wird **Adolf Hitler** zum Reichskanzler gewählt, die systematische Verfolgung von Juden, Sozialdemokraten, Gewerkschaftern und Kommunisten beginnt. Mecklenburg-Schwerin und Mecklenburg-Strelitz werden 1934 zu Mecklenburg vereinigt. Rüstungsbetriebe entstehen u. a. in Rostock und Wismar. Im **Zweiten Weltkrieg** werden ab 1942 Rostock, Stralsund und Wismar von den Alliierten bombardiert. Bei Kriegsende sind viele Städte stark zerstört.

Nachkriegszeit Im Mai 1945 ist das Land bis zur Linie Wismar-Schwerin von der **Roten Armee** besetzt, westlich davon stehen die Engländer. Im Juli 1945 wird ganz Mecklenburg **sowjetische Besatzungszone**. Auf der Potsdamer Konferenz im August desselben Jahres legen die Siegermächte die **Oder-Neiße-Grenze** und damit die Grenze Vorpommerns zu Polen fest. Hinterpommern fällt an Polen. Mecklenburg, der westliche Teil Vorpommerns und das Amt Neuhaus werden zum Land Mecklenburg-Vorpommern vereinigt (ab 1947 nur noch Mecklenburg genannt), Schwerin wird Landeshauptstadt. Die **Bodenreform** enteignet alle Landwirtschaftsbetriebe über 100 ha sowie die Betriebe von als Kriegsverbrecher Verurteilten. Das Land wird an Neubauern (Landarbeiter, Vertriebene) verteilt.

DDR UND BUNDESREPUBLIK DEUTSCHLAND

7.10.1949	Gründung der Deutschen Demokratischen Republik (DDR)
1952	Mecklenburg wird aufgeteilt.
9.11.1989	Mauerfall, Grenzen zur Bundesrepublik werden geöffnet.
3.10.1990	Wiedervereinigung und freie Wahlen, Mecklenburg-Vorpommern wird Bundesland.

DDR-Zeit Bei den Landtagswahlen 1946 wird die **SED**, die durch Zusammenschluss der KPD und der SPD entstanden ist, stärkste Partei. Sie beginnt, politisch Andersdenkende auszuschalten. Durch die Vertriebenen steigt die Bevölkerungszahl um knapp die Hälfte. Banken sowie Gewerbe- und Industriebetriebe werden verstaatlicht. Die SED beschließt 1952 den »planmäßigen Aufbau des Sozialismus«. Durch die Verwaltungsreform werden die Länder Mecklenburg und Vorpommern aufgehoben und in die Bezirke Rostock, Schwerin und

Auf den Spuren der ehemaligen innderdeutschen Grenze: Dieser Grenzstein der DDR erinnert an die Teilung des Ortes Schadeland.

Neubrandenburg (die beiden Letztgenannten erhalten Gebiete von Brandenburg) gegliedert. Die Regierung lässt Sperren entlang der »Staatsgrenze« zur Bundesrepublik Deutschland errichten, die **Nationale Volksarmee** (NVA) wird aufgebaut. Ebenfalls in den 1950er-Jahren beginnt man mit der Gründung **Landwirtschaftlicher Produktionsgenossenschaften** (LPGs), wobei die noch freien landwirtschaftlichen Betriebe zwangskollektiviert werden. Im geteilten Berlin entsteht 1961 an der deutsch-deutschen Grenze die **Mauer**.

Zusammenbruch

1971 wird **Walter Ulbricht**, unter dessen Führung die SED eine alles beherrschende Rolle im Staat eingenommen hat, von **Erich Honecker** abgelöst. Die Unzufriedenheit der DDR-Bürger auf der einen und die staatlichen Repressionen gegen freie Meinungsäußerungen auf der anderen Seite nehmen in den 1970er- und 1980er-Jahren zu. Es kommt auch in Mecklenburg-Vorpommern zu Ausbürgerungen und zu den berühmt gewordenen **»Montagsdemonstrationen«**. Im Herbst 1989 treten Regierung und SED-Politbüro zurück. Die DDR-Grenzen werden am 9. November geöffnet. Am 18. März 1990 geht aus den ersten freien Wahlen in der DDR die »Allianz für Deutschland« (CDU, DSU, DA) als stärkste Gruppierung hervor. Am 3. Oktober 1990 schließt sich die DDR der Bundesrepublik an. Mecklenburg-Vorpommern, das sich aus den ehemaligen Bezirken Rostock, Schwerin und dem größten Teil des Bezirks Neubrandenburg zusammensetzt, wird Bundesland. Bei den ersten freien Wahlen zum neu zu konstituierenden Landtag erreicht die CDU 38,8 % und bildet mit der FDP eine Koalition. Die Minderheitsregierung führt Ministerpräsident Alfred Gomolka (CDU).

1990er-Jahre Das Land kämpft mit einer überdurchschnittlich hohen Arbeitslosigkeit, die durch die wirtschaftliche Umstrukturierung ausgelöst wurde. Rund 50 000 Arbeiter demonstrieren am 20. Februar 1991 für den Erhalt der angeschlagenen Schiffbauindustrie an der Ostsee. In Rostock-Lichtenhagen kommt es im August 1992 zu **ausländerfeindlichen Ausschreitungen**. Mit zahlreichen Veranstaltungen feiert Mecklenburg 1995 sein tausendjähriges »Bestehen«: Am 10. September 995 erschien der Name erstmals in einer Urkunde. Nach den Landtagswahlen 1998 bildet sich zum ersten Mal in der Geschichte der Bundesrepublik eine Koalitionsregierung aus SPD und PDS, die

Die 2007 eröffnete Rügenbrücke zwischen Stralsund und Rügen

2002 bestätigt, jedoch 2006 von einer großen Koalition aus SPD und CDU abgelöst wird. Bei der Landtagswahl 2006 sorgt die NPD für negative Schlagzeilen, die knapp 8 % der Wählerstimmen erhält. Seit Oktober 2008 ist Erwin Sellering (SPD) Ministerpräsident, 2011 beginnt seine zweite Amtszeit. Die NPD bekommt noch 6 % der Stimmen.

Stralsund und Wismar werden ins **UNESCO-Welterbe** aufgenommen. 2003 findet in Rostock die Internationale Gartenbauausstellung (IGA) statt. 2007 treffen sich die Staats- und Regierungschefs von acht Industrienationen zum von großen Demonstrationen begleiteten **G8-Gipfel** in Heiligendamm. Im Oktober 2007 wird die neue Rügen-Brücke von Bundeskanzlerin Angela Merkel feierlich eröffnet. 2009 findet die **Bundesgartenschau in Schwerin** statt. Verwaltungskosten spart die Kreisgebietsreform 2011: Die Anzahl der Landkreise wird auf sechs, die der kreisfreien Städte auf zwei (Schwerin, Rostock) reduziert. Bei den Landtagswahlen erringt die NPD 6,0 % der Zweitstimmen und 5 der 71 zu vergebenden Sitze. Die SPD siegt mit 35,6 % und 27 Sitzen, die CDU erhält 18, die Linke 14, die Grünen 7 Sitze. Die FDP ist nicht mehr im Landtag vertreten, die neue Piratenpartei kommt auf 1,9 %. Im 21. Jh.

Kunst und Kultur

Kunstgeschichte

Die Backsteingotik ist in diesem Kapitel ebenso Thema wie die Frage, was Putbus auf Rügen mit dem berühmten englischen Seebad Bath gemeinsam hat und was die Zerstörungen des Zweiten Weltkriegs für die Architektur in den sozialistisch regierten Städten bedeutete.

FRÜHZEIT

Kunst der frühen Slawen

Ab dem 6. Jh. n. Chr. besiedelten slawische Stämme das Land. An exponierten Stellen legten die Slawen Fliehburgen mit mächtigen Erdwällen an, die auch als Markt und als Kultplatz dienten. Die wichtigste Festung der Ranen befand sich am Kap Arkona an der Nordspitze der Insel Rügen. Die **Jaromarsburg** besaß einen prächtigen Tempel aus Holz mit zahlreichen Standbildern des slawischen Gottes Swantewit. Die Rekonstruktion einer großen, aus dem 9. und 10. Jh. stammenden slawischen Siedlung kann man im Archäologischen Freilichtmuseum in Groß Raden besichtigen. Künstlerische Zeugnisse aus der slawischen Zeit gibt es allerdings nur wenige. Bedeutendster Fund aus dieser Epoche ist der auf Hiddensee entdeckte **Goldschmuck**, der den Einfluss skandinavischer Kunst verrät (▶Baedeker Wissen S. 44).

ROMANIK

Klöster

Den folgenreichsten Einschnitt erlebte die Region durch die Unterwerfung und Christianisierung der slawischen Bevölkerung im Zuge des Wenden-Feldzugs Heinrichs des Löwen 1147. Vorposten und kulturelle Zentren der Kolonisation waren die Klöster. Benediktinermönche gründeten 1153 das **erste Kloster** in Stolpe, die Zisterzienser 1171 eine Niederlassung in Doberan und 1172 in Dargun. Von 1190 bis 1232 dauerte der Bau der ersten Doberaner Klosterkirche. Ebenso wie die Klosterbauten in Dargun und Eldena entstand sie unter dem Einfluss der burgundischen Zisterzienserarchitektur. Zwischen 1171 und 1248 entstand der Vorgängerbau des Schweriner Doms nach dem Vorbild des Lübecker und Ratzeburger Doms, Mecklenburgs erste Bischofskirche. Der älteste **Ziegelsteinbau** auf Rügen ist die Marienkirche in Bergen.

Dank liebevoller Restaurierung gewannen viele der über 600 Bäderarchitekturvillen und Pensionen ihren früheren Charme zurück.

Der Goldschatz von Hiddensee

Ende des 19. Jh.s gab der Sandstrand bei Neuendorf nach zwei schweren Sturmfluten einen Schatz aus purem Gold frei: einen Halsring, zehn kreuzförmige Anhänger, vier Zwischenanhänger und eine Schalenfibel (Brosche). Er gilt als das erlesenste Beispiel für die Goldschmiedekunst der Wikinger, ist unermesslich wertvoll – und voller Rätsel.

»Es war am 14. November 1872, dem Tag nach der großen **Sturmflut**, welche an der ganzen deutschen Ostseeküste zahlreiche Verheerungen angerichtet hatte, als die Fischersfrau Striesow aus Neuendorf (...) auf der zum größten Teil weggespülten Düne ein **blinkendes Metall** fand«, berichtete 1880 der erste Direktor des Stralsunder Kulturhistorischen Museums, Rudolf Baier. Zu diesen ersten zehn kamen nach der Sturmflut 1874 weitere sechs Teile hinzu. Der »Goldschmuck von Hiddensee« (auch: »Hiddenseeschmuck«) wurde um 970 n. Chr. angefertigt, vermutlich von Goldschmieden der Wikinger aus Dänemark oder Norwegen.

Eine Kette mit kreuzförmigem Anhänger ist jetzt die Amtskette der Gemeinde Hiddensee.

Räuber und Künstler

Wikinger verbreiteten damals Angst und Schrecken entlang der Küsten von Nord- und Ostsee. Sie brandschatzten die Klöster, raubten Dörfer und Städte aus, erpressten Lösegeld. Doch sie waren auch geniale Schiffbauer, geschickte Händler, wagemutige Pioniere und künstlerisch begnadete **Goldschmiede**.

600 g Feingold

Die runde Brosche, **Scheibenfibel** genannt, misst 8 cm im Durchmesser, vier kunstvoll ineinander verschlungene Tierfiguren winden sich über die Oberfläche. Der **Halsring aus gedrehten Goldsträngen** ist mit 152,8 g das schwerste Stück des Schatzes. Die zehn kreuzförmigen **Anhänger** sind aufwendig mit Flechtbändern und Vogelköpfen verziert. Flechtbanddekor tragen auch die vier kleinen Stücke, die vermutlich als Zwischenglieder dienten. Insgesamt wiegt der Schmuck **fast 600 g**, ist aus reinstem Gold und schöner als jedes andere Schmuckstück dieser Epoche, einer

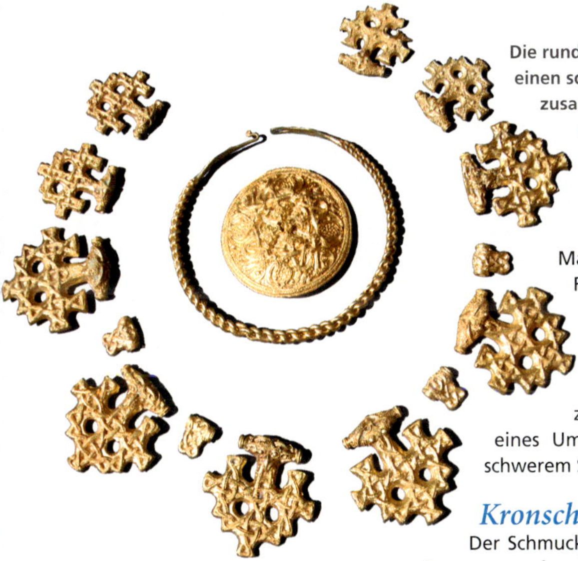

Die runde Brosche hielt einen schweren Umhang zusammen, die übrigen Teile dienten als Halsschmuck.

Zeit großer Umwälzungen: **Harald Blauzahn** (um 910–987 n. Chr.), seit 958 König von Dänemark und ab 970 auch von Norwegen, ließ sich 960 am Poppostein bei Schleswig taufen. Nachfolger **Olav (Olaf) Tryggvason** (963 – 1000) christianisierte die Wikinger.

Abwehrzauber

Dass die kreuzförmigen Ornamente auf dem Goldschmuck ein **christliches Kreuz** symbolisieren sollen, bezweifeln Archäologen. Für sie gehören alle Verzierungen zweifelsfrei zum **skandinavischen Tierstil**. Im germanisch-heidnischen Glauben wurde Tieren magische Kräfte zugeschrieben und Tierfiguren als **Abwehrzauber** getragen. Doch wie gehört der Schmuck zusammen? Handelte es sich um ein einziges Kollier oder um Teile mehrerer Ketten? Gehörte er einem Mann oder einer Frau? Die extrem große Brosche spricht eher für einen Mann, denn sie diente zum Schließen eines Umhangs aus sehr schwerem Stoff.

Kronschatz?

Der Schmuck kann nur einer Person **aus der obersten Gesellschaftsschicht des dänisch-norwegischen Königshauses** gehört haben. War er Teil des Kronschatzes von Harald Blauzahn? Wollte Blauzahn, 970 verheiratet mit der Obotriten-Prinzessin Tove von Mecklenburg, mit ihm neue slawische **Verbündete** gewinnen?

Experten sind sich jedenfalls sicher, dass der Schatz nicht angespült wurde, sondern – etwa nach einem Schiffbruch oder Piratenangriff – gezielt in einem Krug im Sand vergraben wurde, um ihn später wieder zu bergen.

Eine Replik des Goldschatzes ist heute im Kulturhistorischen Museum Stralsund ausgestellt, Nachbildungen sind in der Hansestadt zu kaufen. Im Kulturhistorischen Museum prunkt auch der 1905/1908 entdeckte **Peenemünder Wikinger-Goldschatz** (11. Jh.; Replik im Museum Wolgast).

Architektur der Städte Siedler aus Sachsen und Westfalen gründeten neue Niederlassungen. Diese durch einen Mauerring, Türme und Tortürme befestigten Städte mit **schachbrettartigem Grundriss** wurden an Fernstraßen errichtet. Im Zentrum lag der meist quadratische Marktplatz mit Kirche und Rathaus. In vielen Städten in Mecklenburg-Vorpommern ist diese auf das Mittelalter zurückgehende Struktur noch gut zu erkennen. Prächtig gestaltete Tortürme besitzen u. a. noch Stralsund, Rostock, Friedland und Anklam. Ein besonders schönes Beispiel für eine nahezu vollständig erhaltene **Stadtbefestigung** findet man in Neubrandenburg mit einer imposanten, von Wiekhäusern besetzten Stadtmauer und vier Stadttoren.

BACKSTEINGOTIK

Hanse prägt Baustil Den Beginn der politisch und kulturgeschichtlich wichtigsten Epoche Mecklenburgs markiert die Gründung der **Hanse** 1161. Lübeck, lange Zeit Haupt der Hanse, prägte die Rechtsorganisation wie auch die Architektur der jüngeren Hansestädte entlang der Ostseeküste. Aus dem Wunsch heraus, Reichtum und Selbstbewusstsein gegenüber den Fürsten zu demonstrieren, gaben die Hanse-Kaufleute **repräsentative Stadthäuser und große Kirchenbauten** in Auftrag. Durch den Mangel an natürlichem Sand- oder Haustein erlebte die **Backsteinarchitektur**, d. h. die Fassadenverblendung mit gebrannten Ziegeln, in Mecklenburg-Vorpommern eine enorme Blüte. Ihre individuelle Note erhielten die Fassaden durch bänderartig aneinandergereihte Schmuckziegel, versetzte Steine oder Wandvorlagen sowie durch den Wechsel zwischen glasierten und unglasierten, zwischen roten und grünen, ockerfarbenen oder schwarzen Ziegeln. In hervorragender Weise ist dies am Beinhaus des Doberaner Münsters, an der Fassade des Stralsunder Rathauses und an vielen Gebäuden in der Stralsunder Altstadt zu sehen.

Prächtige Stadtarchitektur Die zunächst bescheidenen **Rathäuser** wurden erst repräsentativer, als man ihre Fassaden nach dem Vorbild Lübecks mit prächtigen Giebeln versah. Das Beispiel machte Schule: In Rostock ist der zinnengeschmückte Backsteingiebel des Rathauses noch hinter der jüngeren Putzfassade zu erkennen und das Stralsunder Rathaus übertrifft sein Lübecker Vorbild durch aufwendigere Ornamentik. Das **Patrizierhaus** entwickelte sich als eigenständiger Bautyp aus den Erfordernissen der Kaufmannschaft. Es vereinte Kontor, Lagerräume und Wohnhaus unter einem Dach. Diese meist nur 8 bis 10 m breiten Giebelhäuser erschlossen sich über den »hohe Diele« genannten zentralen Raum im Erdgeschoss. Über Seilwinden gelangten die Waren in die darüber liegenden Speichergeschosse. Die Wohnräume und das Kontor befanden sich im ersten und zweiten Stock, die Schlafräu-

Neubrandenburg: In schönster Backsteingotik präsentiert sich das kunstvoll gestaltete Stargarder Tor.

me waren in den sogenannten Kemladen, den zum Hof hin orientierten Anbauten, untergebracht.
Das Mittelalter, insbesondere das 13. und 14. Jh., war die Zeit der großen städtischen **Kirchenbauprojekte**. Die Nikolaikirche in Stralsund (Baubeginn: 1270) machte den Anfang. In Rostock baute man die mächtige Marienkirche, in Schwerin den Dom, in Stralsund kam im Verlauf des 15. Jh.s die Marienkirche hinzu, in Wismar entstanden mit Marien-, Nikolai- und Georgenkirche ebenfalls drei monumentale Gotteshäuser. Das viel zitierte Vorbild für alle diese Kirchen war die Lübecker Marienkirche, die wiederum dem Bautyp nordfranzösischer Kathedralen mit Umgangschor und Kapellenkranz glich. **Lübecks Einfluss** spiegelte sich auch in der Bildhauerei und in der Malerei wider, die parallel zur Blütezeit des Kirchenbaus ein hohes Niveau erreichten. Zu den produktivsten Werkstätten gehörte die des Doberaner Klosters.

Dorfkirchen

Fast jeder noch so kleine Ort in Mecklenburg-Vorpommern besitzt eine gotische Backsteinkirche, meist umgeben von einem Friedhof mit alten Bäumen. Diese Kirchen fallen kleiner und bescheidener aus, sind jedoch aufgrund ihres Bauschmucks und ihrer Ausstattung sehenswert. Leider sind nur wenige geöffnet. Insgesamt besitzt Mecklenburg-Vorpommern ca. 150 herausragende architektonische Zeugnisse der Backsteingotik.

RENAISSANCE

Zeit des Umbruchs

Für die Kunst und Architektur des 16. Jh.s von Bedeutung waren die Krise der Kirche, der allmähliche Untergang der Hanse sowie die Tatsache, dass die Fürsten auf Kosten der freien Städte ihre Vormachtstellung zurückeroberten. Hinzu kamen Teilungen von Ländereien. Zur wichtigen neuen Bauaufgabe wurden daher die Schlösser der Landesherren und Adeligen: Mecklenburg-Vorpommern besitzt noch ca. 2200 von einst 2880 Schlössern, Burgen, Guts- und Herrenhäusern.

Schlösser und Herrensitze

Der bedeutendste Schlossbau der Renaissance in Mecklenburg-Vorpommern ist das **Schloss von Güstrow** (errichtet ab 1558). Die Anlage mit ihrem stark gegliederten Verputz, dem Innenhof mit Loggien und seinen reich stuckierten Sälen vereint italienische und französische Schlossbauprinzipien. Stärkere italienische Einflüsse zeigt das Neue Lange Haus des **Fürstenhofs in Wismar**. Mit seinen Portalrahmungen und Relieffriesen aus Sandstein und der Gliederung durch Terrakottabänder vor hellem Verputz lehnt sich der Bau stilistisch an den Palazzo Rovereto in Ferrara an. Ähnliche Fassadenelemente treten auch am Schloss in Gadebusch und an den Schlössern Mellenthin und Basedow auf. Das **Schweriner Schloss** geht ebenfalls auf einen Renaissancebau zurück. Lünettengiebel und reich ornamentierte Terrakottafriese gliedern die zwei erhaltenen Renaissanceflügel des Gebäudes, das im 19. Jh. grundlegend umgestaltet wurde. Ein reizvolles Beispiel für die Spätrenaissance ist die über der Gruft Herzog Adolf Friedrichs um 1634 errichtete Loggia an der ehemaligen Klosterkirche von Doberan, die niederländische Einflüsse verrät.

BAROCK

Architektur

Im 17. Jh. schlug die Stunde der Landjunker. Sie brachten ganze Landstriche, die durch den Dreißigjährigen Krieg entvölkert waren, und Bauernland in ihren Besitz ein. Ihre Schlossbauprojekte übertrafen sogar die herzoglichen Bauten. Eines der frühesten Beispiele ist das im Stil des flämischen Frühklassizismus durch Charles Philippe Dieussart errichtete **Schloss Rossewitz**. Mit dem Barock begann sich auch in Mecklenburg ein recht weit verbreiteter, am französischen Vorbild orientierter Schlosstyp durchzusetzen: der lang gestreckte, von einem Walmdach bekrönte Bau mit betonter Mittelachse. Mit **Schloss Bothmer bei Klütz** errichtete der Hannoveraner Baumeister Johann Friedrich Künnecke zwischen 1726 und 1732 die wohl imposanteste Anlage ihrer Art in Mecklenburg. Nach dem englischen Vorbild von Blenheim Castle gruppieren sich um einen Ehrenhof drei Flügelbauten und Verbindungstrakte. Saal und Treppenhaus sind mit feinen Rokoko-Stuckierungen ausgeschmückt.

Schloss Bothmer bei Klütz ist eine imposante Barockanlage.

Residenzstädte

Die Teilung des Landes ab 1701 in die zwei Herrschaftsbereiche der Herzogtümer Mecklenburg-Neustrelitz und Mecklenburg-Schwerin hatte zur Folge, dass mit **Neustrelitz** und **Ludwigslust** zwei neue Residenzstädte angelegt wurden. Beide Gründungen zeigen der absolutistischen Herrschaftsform und Stadtplanung entsprechend einen **Idealgrundriss**. Neustrelitz entstand über einem kreuzförmigen Raster, Ludwigslust ist auf eine Achse ausgerichtet, die auf das ab 1772 bzw. 1776 erbaute spätbarocke Schloss zuführt.

Parkanlagen

Um die Barockschlösser wurden ausgedehnte Gärten im französischen Stil angelegt. Strenge Axialität bestimmte auch diese durch Hecken und Zierrabatten fast architektonisch gegliederten Parks. Stilelemente der einstigen Anlagen sind in Neustrelitz, im Park von Schloss Bothmer bei Klütz und im Schlosspark von Schwerin erhalten. Der bedeutendste Schlosspark liegt in Ludwigslust. Mit 127 ha Fläche ist die Anlage nach dem Landschaftspark der Burg Schlitz (180 ha) eine der größten im Land. Im 19. Jh. wurde der Park von **Peter Joseph Lenné** in einen weitläufigen englischen Garten umgestaltet.

19. JAHRHUNDERT

Klassizismus

Um 1800 setzte sich die antikisierende Formensprache des Klassizismus gegen das Rokoko durch. Angewendet wurde der neue Stil vor allem an öffentlichen Bauten, aber auch an Patrizierhäusern und in der Architektur der **Ostseebäder**. Mit Heiligendamm wurde 1793 das erste Seebad auf deutschem Boden gegründet und Carl Theodor Severin gestaltete die benachbarte Stadt Doberan um einen zentralen

Park in klassizistischen Formen neu. Fast eine kleine Idealstadt entstand in Putbus auf Rügen, wo Fürst Malte ab 1810 nach dem Muster des englischen Seebades Bath um einen runden Platz eine einheitliche Stadtanlage mit Theater und Kurgebäuden errichten ließ. In Neustrelitz wurde die Orangerie im Schlosspark nach Plänen des Hofbaumeisters Friedrich Wilhelm Buttel zur Antikensammlung umgebaut, die man zudem im spätklassizistischen Stil ausgemalt hat. Mit dem Umzug der mecklenburgischen Herzöge in ihre **Residenz Schwerin** erhielt die Stadt neue repräsentative Gebäude: Marstall, Kasernen und Torhäuschen. Vor allem Georg Adolph Demmler bestimmte das Gesicht der Stadt (►Berühmte Persönlichkeiten S. 55).

Malerei der Romantik

Die romantischen Maler haben das Bild, das sich viele heute von der Ostseeküste machen, stark geprägt. Man denke nur an Caspar David Friedrichs Darstellung der Rügener Kreidefelsen. Mit **Philipp Otto Runge** und **Georg Friedrich Kersting** stammen zwei weitere bedeutende romantische Maler aus der Region. Auch sie suchten die naturgewaltige Stimmung einsamer Gebirgszüge oder menschenleerer Küsten. Die Landschaftsbilder von **Caspar David Friedrich** sind keine Kopien einer realen Ansicht, sondern Kompositionen aus unterschiedlichen Naturausschnitten, die er auf seinen Reisen skizziert hatte. Wo Menschen seine Bilder bevölkern, werden sie angesichts der gewaltigen Natur klein und unbedeutend. Friedrichs naturreligiös verklärte Darstellungen der Klosterruine Eldena sind auch als Ausdruck einer einsetzenden Mittelalter-Verehrung zu werten, die sich in der Denkmalschutzidee und der Strömung der Neugotik niederschlug. Am Rathaus in Stralsund entfernte man die barocken Putzfassaden, um den gotischen Backstein freizulegen. Andernorts versuchte man, das vermeintliche mittelalterliche Bild der Kirchen wiederherzustellen. Dieser Sehnsucht nach historischen Stilen verdankt Schwerin den Umbau des Schlosses in einen märchenhaften Neorenaissancebau. In Rostock entstanden zur selben Zeit mit der Universität und dem Umbau des Ständehauses von Gotthilf Ludwig Möckel Bauten im Stil der Backsteingotik.

20. JAHRHUNDERT

Aufschwung der Ostseebäder

Zu Beginn des 20. Jh.s erlebte die Küstenregion von Mecklenburg-Vorpommern einen wirtschaftlichen Aufschwung durch den Tourismus. Die von Gärten umgebenen, weiß getünchten Villen und Pensionshäuser wurden zum Markenzeichen der Badeorte. Ihr wichtigstes Kennzeichen sind die Holzbalkone bzw. die verglasten

Ein bisschen übertrieben hat Caspar David Friedrich schon – ganz so spitz sind die »Kreidefelsen« auf Rügen nicht.

Veranden, die meist die gesamte Fassadenbreite einnehmen. Die filigrane, oft reich verzierte Fachwerkkonstruktion dieser Vorbauten weist sowohl Einflüsse des **Jugendstils** als auch Übernahmen lokaler Traditionen und die Architektur der Gutshäuser auf. Die moderne, sachliche Architektur der 1920er-Jahre ist bis auf wenige Ausnahmen wie das Kurhaus in Warnemünde in Mecklenburg-Vorpommern nur sehr selten vertreten. Verbreitet hingegen sind expressionistische Bauten, welche die Tradition der Backsteingotik aufgreifen.

Nachkriegsarchitektur

Der Wiederaufbau der im Zweiten Weltkrieg zerstörten Städte folgte anfangs dem Stildiktat eines historisierenden Klassizismus Stalinscher Prägung. Die Rostocker Lange Straße übersetzt quasi die Berliner Stalinallee in Backsteinarchitektur. Unübersehbar ist aber auch die Ähnlichkeit mit den Gebäuden von Fritz Schumacher aus den 1920er-Jahren in der Hamburger Steinstraße.

Plattenbau

Wie überall in den Ländern des Ostblocks dominierten etwa ab den 1960er-Jahren die industriell vorgefertigten Plattenbausiedlungen. Beispiele findet man an der Peripherie der größeren Städte, z. B. in Rostock-Lichtenhagen. Ein Umdenken begann in den 1970er-Jahren mit der Altstadtsanierung von Rostock und Greifswald. Auch hier entstanden Plattenbauten, doch deren Fassaden erhielten industriell vorgefertigte Schmuckelemente, die an mittelalterliche Backsteinhäuser erinnern.

Niederdeutsches Hallenhaus

Bescheidener war es um die Wohnkultur der Landbevölkerung bestellt. Über Jahrhunderte hielt sich die traditionelle Bauweise des niederdeutschen Hallenhauses, das wohl durch **Siedler aus Niedersachsen** im 12. Jh. eingebracht worden war. Dieses für die Regionen zwischen Elbe und Oder typische Bauernhaus in **Holzfachwerk** war zugleich Wohnung, Stall und Scheune. Kennzeichen sind das meist strohgedeckte Walmdach und die Tordurchfahrt an der Giebelseite. Zwei Ständerreihen tragen das Dach und teilen das Innere des Gebäudes in die breite Diele und die schmaleren, »Kübbungen« genannten Räume. Im vorderen Teil befinden sich Stallungen und Gesinderäume, im hinteren Bereich liegen die Wohnräume der Bauern. Drei Typen von Hallenhäusern gibt es in Mecklenburg-Vorpommern: das **Durchgangshaus** mit einer von Giebel zu Giebel reichenden Diele, das **Fletthaus** mit einem quer stehenden Wohnbereich und das schornsteinlose **Rookhuus** (Rauchhaus). Beim ihm wurde der Rauch aus einem offenen Herd durch das ganze Haus geleitet und auch zum Heizen und Räuchern genutzt. In den beiden Freilichtmuseen in Schwerin-Mueß und in Klockenhagen bei Ribnitz-Damgarten sind schöne Beispiele niederdeutscher Bauernhofarchitektur zu besichtigen. Das älteste Hallenhaus Mecklenburg-Vorpommerns steht in Alt-Damerow bei Parchim. Es wurde 1607 erbaut und 1655 erneuert.

Niederdeutsche Sprache

Niederdeutsch oder Plattdeutsch war im Mittelalter die Verkehrssprache in Norddeutschland. Erst ab dem 16. Jh. wurde es durch das Hochdeutsche ersetzt. Zu den vielen Varianten des Niederdeutschen gehört auch das mecklenburgische und das vorpommersche Platt.

Erste Niederschrift

Von dem, was die Plattdeutsch sprechenden Handwerker und Kaufleute des Mittelalters sich erzählten, ist nichts überliefert. Erst Mitte des 15. Jh.s gab Mecklenburg seinen literarischen Auftakt mit dem **Redentiner Osterspiel**, das zu den bedeutendsten Schöpfungen des spätmittelalterlichen Dramas gehört. Es wurde 1464 in Mittelniederdeutsch verfasst, entweder von einem Doberaner Mönch oder in Lübeck, wo 1463 der inhaltlich verwandte »Lübecker Totentanz« gemalt wurde. Zu den letzten literarischen Werken in Mittelniederdeutsch zählen die »Niederdeutschen Scherzgedichte« von Johann Lauremberg (1652).

Wiedergeburt des Niederdeutschen

Mehr als 150 Jahre später erweckte Johann Heinrich Voß (►Berühmte Persönlichkeiten S. 59) das Niederdeutsche wieder zu neuem Leben, als er die beiden Idyllen »De Winterawend« (1777) und »De Geldhapers« (1778/1802) veröffentlichte. Zu Beginn des 19. Jh.s erfreuten sich plattdeutsche Märchen aus Vorpommern allergrößter Beliebtheit. Zwei fanden Eingang in die berühmte Sammlung von »Kinder- und Hausmärchen« der Gebrüder Grimm: Philipp Otto Runge hatte »Von dem Fischer un syner Fru« und »Von dem Machandelboom« in vorpommerscher Mundart festgehalten. Die von Ernst Moritz Arndt 1818 verfassten 22 plattdeutschen **Märchen** gingen zwar nicht in den deutschen Märchenschatz ein, übten aber beachtlichen Einfluss auf die neuniederdeutsche Literatur aus.

Niederdeutsch bis heute

In der zweiten Hälfte des 19. Jh.s machten **Fritz Reuter** (►Baedeker Wissen S. 254) und **John Brinckman** das mecklenburgische Platt sozusagen literarisch salonfähig. 1859 schrieb der später berühmt gewordene Fritz Reuter sein Prosawerk »Ut de Franzosentid«. Der aus Rostock stammende John Brinckman (1814 – 1870) erschloss der plattdeutschen Literatur mit seinem »Schiemannsgarn« (1868) neue Stoffe. Viele seiner Themen und Figuren stammen aus dem Hafenmilieu sowie aus der Welt der einfachen Menschen vom platten Land. Plattdeutsch wird heute vor allem in vielen Schwänken und Theaterstücken gesprochen – vorwiegend natürlich an der Fritz-Reuter-Bühne in Schwerin, die neben dem Hamburger Ohnsorg-Theater das einzige plattdeutsche Berufsschauspiel-Ensemble in Deutschland hat.

Berühmte Persönlichkeiten

ERNST MORITZ ARNDT (1769 – 1860)

Über Ernst Moritz Arndt urteilte einer seiner Biografen, es habe seit Luthers Tagen »keinen gewaltigeren Warner, keinen geistvolleren Zeitkritiker und keinen herzvolleren Erzieher« als ihn gegeben. Arndt wurde am 26. Dezember 1769 in Groß Schoritz auf Rügen geboren. In Greifswald und Jena studierte er evangelische Theologie, Geschichte und Sprachen. 1798/1799 begab er sich auf Bildungsreisen. 1806 wurde er Professor an der Universität Greifswald. Hier verfasste er seine »Geschichte Germaniens und Europas« und die Kampfschrift »Versuch einer Geschichte der Leibeigenschaft in Pommern und Rügen«. Arndts Vater war noch Leibeigener gewesen. Doch Ernst Moritz Arndt setzte sich nicht nur für die Bauernbefreiung ein, er kämpfte auch gegen die napoleonische Fremdherrschaft und für die Freiheit und Einheit Deutschlands. 1808 wurde ihm die Professur für Philologie von den Franzosen entzogen, doch Arndt setzte sein Engagement für die Freiheitsbewegung fort. Der Erfolg kam spät: 1840 stieg er zum Rektor an der Universität von Bonn auf, 1848 wurde er als Abgeordneter in die Frankfurter Nationalversammlung gewählt. Hier erlebte der Vorkämpfer demokratischer Freiheit den Zusammenbruch der vielversprechenden Bewegung.

Historiker und Freiheitskämpfer

GEORG ADOLPH DEMMLER (1804 – 1886)

Der gebürtige Berliner und Schinkel-Schüler gilt als der bedeutendste mecklenburgische Baumeister des 19. Jh.s. Vor allem Schwerin, der heutigen Landeshauptstadt, hat Demmler als Baumeister und Stadtplaner seinen Stempel aufgedrückt. Bereits mit 19 Jahren erhielt Demmler den Auftrag zum Entwurf des dortigen Regierungsgebäudes, später lieferte er die Pläne für den Marstall und das Arsenal. Auch am Bau des großherzoglichen Schlosses in Schwerin war Demmler beteiligt, bis ihm 1851 vom Großherzog wegen seiner demokratischen Gesinnung die Bauleitung entzogen wurde. Mit 73 Jahren ging Demmler für die Sozialdemokraten in den Reichstag.

Aufrechter Baumeister

HANS FALLADA (1893 – 1947)

»Kleiner Mann – was nun?« – mit diesem Roman schrieb Hans Fallada Literaturgeschichte. Mit außergewöhnlicher Beobachtungsgabe und subtilem Humor ausgestattet, gelangen ihm überzeugende Milieuschilderungen, die von den Sorgen und Nöten, vom alltäglichen Existenzkampf der kleinen Leute erzählen. Bevor aus Rudolf

Schriftsteller mit bunter Biografie

Berühmter Historiker: Ernst Moritz Arndt

Ditzen, so sein bürgerlicher Name, der Schriftsteller Fallada wurde, arbeitete er in verschiedenen anderen Berufen, zuerst machte er eine Landwirtschaftslehre, dann war er als Buchhalter, Nachtwächter, Wirtschaftsinspektor, Reporter und Anzeigenwerber tätig. 1933 erwarb Fallada das Landgut Carwitz bei Feldberg. Hier lebte er zurückgezogen bis 1945. Von der sowjetischen Besatzungsmacht wurde der Schriftsteller 1945 als Bürgermeister eingesetzt, beendete aber nach einigen Wochen seine Amtszeit, da er der Aufgabe nicht gewachsen war. 1945 kehrte er nach Berlin zurück. Alkohol- und Morphiumabhängigkeit hatten Fallada fast sein ganzes Leben begleitet. Zwei Jahre nach seinem Umzug starb er schwer krank.

CASPAR DAVID FRIEDRICH (1774 – 1840)

Zu Lebzeiten verkannter Maler

Caspar David Friedrich, geboren in Greifswald als Sohn eines Seifensieders und völlig verarmt gestorben, gilt heute als bedeutendster Landschaftsmaler der Romantik. Nach dem Studium an der Kopenhagener Kunstakademie ließ er sich in Dresden nieder, wo er im Mittelpunkt eines Malerkreises stand, zu dem auch Philipp Otto Runge und Georg Friedrich Kersting gehörten. Ausgangspunkt seiner Malerei war die Naturanschauung. Auf Wanderungen durch das Riesengebirge, den Harz, das Elbetal und auf Rügen fertigte er zahlreiche Skizzen an. Sechsmal, zwischen 1801 und 1826, besuchte er die Insel. Doch Landschaften und Naturphänomene wurden nicht um ihrer selbst willen festgehalten, sie dienten als Symbole für menschliche Empfindungen und Zustände, sie waren Ausdruck für Melancholie, Trauer, Einsamkeit, aber auch für das Streben nach Befreiung – sowohl im gesellschaftlich-politischen als auch im seelischen Sinne. Obwohl Friedrich Naturstudien als Vorlagen für seine Gemälde benutzte, waren die Bilder selbst kunstvoll komponierte Fantasielandschaften. Als Friedrich 1840 starb, war seine Naturphilosophie bei seinen Zeitgenossen längst nicht mehr gefragt. Erst im Verlauf des 20. Jh.s hat sein Werk wieder die verdiente Anerkennung gefunden.

GERHART HAUPTMANN (1862 – 1946)

Schriftsteller und Nobelpreisträger

Auf Hiddensee verbrachten viele Schriftsteller, Künstler und prominente Persönlichkeiten gerne den Sommer, einer davon galt als der unumschränkte »Inselkönig«: Gerhart Hauptmann. Fast 60 Jahre lang, zwischen 1885 und 1943, zog es ihn auf die Insel, auf der er 1930 das Haus »Seedorn« erwarb. Der Gastwirtssohn aus dem schlesischen Obersalzbrunn sorgte gleich mit seinem Erstlingswerk, dem sozialkritischen Bühnenstück »Vor Sonnenaufgang« (1889), für Furore. Das Stück wurde verboten, verhalf aber dem naturalistischen

Drama in Deutschland zum Durchbruch. Mit dem Theaterstück »Die Weber« gelang Hauptmann drei Jahre später ein Drama, das zu einem Schlüsselwerk des Naturalismus werden sollte. Weiter verfasste der Dichter Komödien, historische Dramen und Sagen, Mythen und Märchenspiele. Als »deutschen Kulturträger« versuchten die Nationalsozialisten Hauptmann, der 1912 mit dem Nobelpreis ausgezeichnet worden war, zu vereinnahmen. Der humanistisch gesinnte Literat distanzierte sich zwar von den braunen Machthabern, allerdings nicht so deutlich, wie es viele eigentlich von ihm erwartet hatten. Hoch betagt starb der Dichter kurz vor der geplanten Übersiedlung nach Berlin 1946 im schlesischen Agnetendorf. Seine Grabstätte befindet sich in Kloster auf Hiddensee, wo auch sein zu einer Gedenkstätte umgewandelter Sommersitz zu besichtigen ist.

OTTO LILIENTHAL (1848 – 1896)

Flugpionier

Der in Anklam geborene Otto Lilienthal war einer der Väter der Luftfahrt. Gemeinsam mit seinem Bruder Gustav hat er Untersuchungen über die Flugkünste der Vögel angestellt. Ab 1871 befasste er sich zudem mit der Erforschung des Luftwiderstands. 1874 erkannte Otto Lilienthal die Vorzüge von flach gewölbten Tragflächen. Seine Untersuchungen und Experimente waren richtungweisend für die Entwicklung der Luftfahrt. 1889 erschien sein Werk »Der Vogelflug als Grundlage der Fliegerkunst«, in dem er seine Beobachtungen auf ihre Gesetzesmäßigkeiten hin prüfte. Von 1891 bis 1896 führte Lilienthal mit eigens von ihm entwickelten Gleitflugapparaten zahlreiche erfolgreiche Flüge durch. Zunächst legte er zwar nur 15 m zurück, erreichte aber später bis zu ca. 300 m. Bei einem seiner Flugversuche verunglückte Otto Lilienthal tödlich. An seinen reichen Erfahrungsschatz sollten die amerikanischen Brüder Wright anknüpfen.

LUISE, KÖNIGIN VON PREUSSEN (1776 – 1810)

Mutige Monarchin

Ihre berühmte Fahrt nach Tilsit, wo sie im Juli 1807 als Fürsprecherin des geschlagenen Preußen bei Napoleon um mildere Friedensbedingungen vorsprach, machte sie zu einer Symbolfigur des nationalen Widerstands und zu einer verehrten, romantisch verklärten Heldin. Als die gebürtige Prinzessin Luise von Mecklenburg-Strelitz, die 1793 mit dem preußischen Thronfolger Friedrich Wilhelm vermählt worden war, 1810 im mit nur 34 Jahren auf dem elterlichen Sommersitz in Hohenzieritz verstarb, trauerte ein ganzes Volk um seine Königin. Luise wurde im Mausoleum in Berlin-Charlottenburg beigesetzt. Eine Kopie ihrer Grabstatue von Christian Daniel Rauch befindet sich in dem Gedächtnistempel im Schlosspark von Neustrelitz.

PHILIPP OTTO RUNGE (1777 – 1810)

Maler

Im Städtchen Wolgast wurde der romantische Maler Philipp Otto Runge geboren. Sein Elternhaus ist heute als Museum zugänglich. Es beherbergt eine recht ungewöhnliche Ausstellung, die durchaus einen Besuch verdient. Philipp Otto Runge war einer der wichtigsten Vertreter der romantischen Malerei in Deutschland. Nach dem Studium an der Kopenhagener Akademie und in Dresden lebte er in Hamburg, wo heute auch die meisten seiner Bilder zu sehen sind. Als sein Hauptwerk gilt der Zyklus »Vier Tageszeiten«, bei dem die vier Tages- und Jahreszeiten symbolisch sind für die Schöpfung und das Leben des Menschen. Berühmt sind auch Runges Porträts, die sich durch einen übersteigerten Realismus auszeichnen. In seinen kunsttheoretischen Schriften setzte sich der Maler wegweisend mit der Farbenlehre auseinander. Runge starb im Alter von 33 Jahren in Hamburg und wurde – ebenso wie Caspar David Friedrich – erst im beginnenden 20. Jh. wiederentdeckt.

HEINRICH SCHLIEMANN (1822 – 1890)

Troja machte ihn berühmt, doch Heinrich Schliemann ging auch als Wegbereiter der modernen Archäologie in die Geschichte ein. Seine »Karriere« mutet exotisch an: Der in Neubuckow Geborene erlernte bereits während seiner kaufmännischen Lehre und danach 20 Fremdsprachen im Selbststudium. Als Großkaufmann erwarb Schliemann ein riesiges Vermögen, das er für Bildungsreisen nach Ägypten, Indien, China, Japan und Mittelamerika ausgab. Ab 1866 studierte Schliemann in Paris Archäologie und promovierte in Rostock. Von Athen aus, seinem Wohnsitz ab 1870, führte Schliemann aus eigenen Mitteln umfangreiche Ausgrabungen an den antiken Stätten Troja, Mykene, Orchomenos und Tiryns durch – getragen von der Idee, die bei Homer genannten Stätten zu finden. Dabei entwickelte er neue Methoden, z. B. die systematische Auswertung der literarischen Quellen oder die topografische Erkundung des Ausgrabungsgebiets. In den Berliner Museen werden seine trojanischen Fundstücke aufbewahrt.

Er entdeckte den Schatz des Priamos.

KLAUS STÖRTEBEKER (UM 1360 – 1401)

Pirat im Auftrag der Hanse

Der sagenumwobene Held gilt als der berühmteste deutsche Seeräuber. Störtebeker, der in Ruschvitz auf der Halbinsel Jasmund, in Wismar oder in Rotenburg (Wümme) geboren wurde, war ursprünglich in Diensten der Hanse, ehe er sich den »Vitalienbrüdern« anschloss. Die Schätze, die die trinkfesten Piraten auf den Hansekoggen erbeuteten, teilten sie gerecht untereinander auf. Störtebeker habe, so erzählt der Volksmund, auf Rügen mehrere Verstecke gehabt, u. a. in den Felsen der Stubbenkammer. Als die Piraterie lästig wurde, nahm die Hamburger Flotte Störtebeker vor Helgoland gefangen. Am 20. Oktober 1401 soll er wie 73 seiner Kumpane enthauptet worden sein. Die Freibeuterlegende lebt in den Störtebeker-Festspielen in Ralswiek weiter. Forschungen von 2007 legen allerdings nahe, dass es sich bei Störtebeker eher um Johann Störtebeker aus Danzig handelte, einen Kaufmann und Fehdehelfer, der nicht vor 1413 starb.

JOHANN HEINRICH VOSS (1751 – 1826)

Übersetzer von Homers Odyssee

Durch seine Übersetzung von Homers »Odyssee« erschloss er dem Bürgertum die antike Kultur: Johann Heinrich Voß, in Sommerstorf bei Waren geborener Dichter und Übersetzer, Demokrat und Gegner des Feudalabsolutismus. Voß arbeitete als Hauslehrer und studierte unter schwierigen Bedingungen Theologie, dann Philologie und Literatur in Göttingen. Nach Beendigung seiner Universitätslaufbahn ging Voß als Privatgelehrter wieder seinen Interessen nach – zuerst in Jena, ab 1805 in Heidelberg, wo er bis zu seinem Tod lebte. Voß machte nicht nur die »Märchen aus Tausendundeiner Nacht« in Deutschland bekannt, er übersetzte auch mit seinen beiden Söhnen Shakespeares Schauspiele und Werke der klassischen Antike.

EHM WELK (1884 – 1966)

Sozialistischer Autor

Der in Biesenbrow in Brandenburg als Emil Welk geborene Autor veröffentlichte auch unter dem Pseudonym Thomas Trimm. Wegen seiner sozialistischen Gesinnung musste er 1934 seine Stelle als Chefredakteur im Berliner Ullstein-Verlag niederlegen. Er wurde verhaftet und war bis 1937 im Gefängnis und im KZ Oranienburg eingekerkert. Anschließend wurde Welk freier Schriftsteller in Berlin, von 1950 bis zu seinem Tod 1966 lebte er in Bad Doberan. Welk verfasste volkstümliche Romane und Tiergeschichten, zudem war er Dramatiker und Drehbuchautor. Berühmt wurde er durch seinen realistischen heiteren Dorfroman »Die Heiden von Kummerow« (1937), dessen Fortsetzung unter dem Titel »Die Gerechten von Kummerow« 1943 erschien.

337
Strandkorbvermietung
Erdmann

ERLEBEN UND GENIESSEN

Wo sind die schönsten Strände? Welche Radtour sollte man wählen, welche Feste nicht verpassen? Wo gibt es leckere Küche, die auch der Dichter Fritz Reuter schätzte? Die Antworten auf solche und weitere Fragen finden Sie auf den folgenden Seiten.

Essen und Trinken

Weit mehr als Hausmannskost

Vorbei sind die Zeiten deftiger, zu fetter Bauernküche, die Mecklenburg-Vorpommern über Jahrhunderte prägte. Der biederen, durch schwedische Einflüsse mit süßsaurem Einschlag ausgestatteten Hausmannskost rücken nun überall Erzeuger wie Köche zu Leibe.

Nouvelle Cuisine à la MVP

Wiederentdeckte **historische Rezepte** und edle **Gutshofküche** werden in den Restaurants verfeinert und der gesunden Küche des 21. Jh.s angepasst. Was aber bleibt und vermutlich immer bleiben wird, ist die Passion für Klassiker wie »Himmel und Erde« und Mecklenburger Rippenbraten, die selten auf der Speisekarte fehlen.

WAS KOMMT AUF DEN TISCH?

Kartoffeln (»Tüften«, »Tüffel«, »Nudln«)

Nach Getreide, Zuckerrüben und Raps ist die Kartoffel viertwichtigstes Anbauerzeugnis und **wichtigster Bestandteil** der heimischen Küche. Als »Tüfte« oder »Tüffel« genießt der Erdapfel spätestens seit dem vermeintlichen **»Kartoffelerlass« des Alten Fritz** Kultstatus – auch in der Uckermark, wo er selbstverständlich »Nudl« heißt. Diese Bezeichnung könnte von eingewanderten Hugenotten stammen, z. B. Pastor Pierre Theremin, der 1716 die Kartoffel »Nodolus« (Knöllchen) nannte. Schon Hans Fallada räsonierte in Carwitz über diesen Sprachwirrwarr. Im Herbst finden zahlreiche **Tüften-/Nudl-Wochen** statt, auf denen die Bandbreite der Kartoffelkochkunst vorgeführt und manch »Nudlschluck« (Kartoffelschnaps) gereicht wird.

Hinweis
Gebührenpflichtige Servicenummern sind mit einem Stern gekennzeichnet: *0180 …

Fisch

Die **Hochsee- und Küstenfischerei** erbringt jährlich 16 000 t Fisch. Der größte Erzeuger Rügen Fisch (Sassnitz; 750 Mitarbeiter) exportiert in 103 Länder. Ob im März zu den Wismarer Heringstagen (www.heringstage-wismar.de), zum **Warnemünder Fischmarkt** mit Heringsfest oder zu Rostocks Dorschwochen (Sept./Okt.): Fangfrischer Fisch – als »Braten Maischull« (Gebratene Maischolle), gesotten oder gebacken – ist als Bodden- oder Hochseefisch die Küstenspezialität schlechthin. Wieder auf der Speisekarte aufgetaucht ist der für seine magere, feste Textur gerühmte **Ostsee-Schnäpel** (auch Steinlachs genannt). Der Hornfisch (Hornhecht, Maifisch) laicht im

Deftige Spezialität: Gebratene Maischolle, serviert auf Bratkartoffeln und Speck

Bismarcks Hering

»Silber des Meeres« wird der Hering genannt, weniger, weil er in silbrig glänzenden Schwärmen durchs Meer zieht, sondern weil er viel Geld in die Kassen von Fischern und Händlern spült. Eine der Spezialitäten, die sich aus dem kleinen, besonders schmackhaften Ostseehering herstellen lassen, ist der berühmte Bismarckhering, der bereits einem Reichs- und einem Bundeskanzler »gut geschmeckt« hat.

Der säuerliche Fisch wird häufig als Brot- und Brötchenbelag gegessen.

Bismarckhering darf sich jeder sauer eingelegte, entgrätete Hering nennen. Nach Originalrezept mariniert ihn heute allerdings nur **Fischhändler Henry Rasmus** aus Stralsund (www.bismarckhering.com).

In der alten Hansestadt kennt jedes Kind die Geschichte der berühmten Fischspezialität. Um 1850 unterhielt der **Braumeister und Kaufmann Johannes Wiechmann** am Alten Markt ein Geschäft mit Schankstube. Seine Frau Caroline bereitete das Essen für die Gäste zu und wagte sich außer an traditionelle Hausmannskost auch an eigene Kreationen. Mit Erfolg: Ihre fangfrisch sauer eingelegten Heringe, mild gewürzt und zart, fanden reißenden Absatz bei der Kundschaft. Johannes Wiechmann lachte das Glück auch anderweitig, gewann er doch 1000 Reichstaler in der Lotterie. Solchermaßen finanziell gepolstert, stieg er groß in den Fischhandel ein und **gründete die erste Fischkonservenfabrik in Stralsund.** Carolines Heringe wurden fortan, in Holzfässchen einge-

legt, auch an weit entfernt lebende Feinschmecker versandt.
Ob Wiechmann nur ein Händchen für gutes Marketing hatte oder ob seine Verehrung für **Reichskanzler Otto von Bismarck** den Ausschlag gab, ist nicht bekannt, jedenfalls sandte er Bismarck ein Fässchen der sauren Heringe zu und bat ihn 1871 »untertänigst«, als Namensgeber für diese Spezialität zu fungieren. Dem Reichskanzler, einem Liebhaber von Fischgerichten aller Art, schmeckte der Hering offenbar, und er gestattete den Vertrieb als »Bismarck-Hering«.

Es kann nur einen geben

Ein schwerer Bombenangriff vernichtete Wiechmanns Fabrik im Zweiten Weltkrieg, und das geheim gehaltene Originalrezept des Herings geriet in Vergessenheit. Bis wieder ein findiger Stralsunder Fischmann auf den Plan trat – **Henry Rasmus**: »Nach langen Recherchen ist es mir gelungen, die Urenkel des Fischhändlers Wiechmann ausfindig zu machen und mit ihnen in Verbindung zu treten. Von ihnen erhielt ich das lange verschollen geglaubte Rezept für diese Köstlichkeit und ab dem 12. Februar 2001 wird sie wieder von mir hergestellt und in meiner Fischhandlung vertrieben.« Dies schrieb Rasmus an den damaligen **Bundeskanzler Gerhard Schröder**, nicht ohne dem Brief ein Fässchen der Rasmus'schen Bismarck-Heringe beizufügen. »Es hat meinen Mitarbeitern und mir gut geschmeckt«, ist der freundlichen Antwort aus dem Kanzleramt zu entnehmen. Heute hängt das Dankesschreiben

Frischer Hering aus der Ostsee

»für diese leckere Kostprobe« gegenüber der Fischtheke von Rasmus' Laden. Hier in der Heilgeiststraße 10 werden die Bismarckheringe nach Originalrezept einzeln und im Fässchen feilgeboten.

Feier für den Hering

Sogar Ex-US-Präsident George W. Bush und Kanzlerin Merkel waren schon bei Henry Rasmus, der auch Heringsdelikatessen wie Hiddenseer Pfefferlappen, Zingster Strandräuber oder Kräutermatjes anbietet. Bei den Heringsfesten auf Usedom und Rügen zeigen Köche zudem, dass neben dem Bismarckhering auch Heringspralinen, gefüllter Hering und die Klassiker Brathering, Hering in Sahnesauce oder Salzhering bestehen können.

Gerne deftig!

Neben dem Hering (»Hiring in Sahnstipp«), gekochtem Dorsch (»Kak´t Dösch«), Grünkohl, Rügens Salami, Wurst und Käse und der mit Äpfeln, Schwarzbrot und Backobst gefüllten Festtagsgans haben die hier gezeigten Gerichte Tradition in der Region.

Himmel und Erde: Vielleicht der Klassiker schlechthin! Stampfkartoffeln bzw. Kartoffelpüree wird mit Apfelmus serviert, dazu häufig Speck und Zwiebeln, Brat-, Blut- oder Grützwurst.

Kidasch: Die pommersche Vorspeisenplatte besteht aus herzhaften Leckereien: Auf den Teller kommen z.B. mariniertes Krebsfleisch, Hirten- und Frischkäse, Rauchfisch- und Lachspralinés, Honig- und Räucherlachs, Salat, Senffrüchte, Kürbis, eingelegte Champignons, Rettich und Nüsse. Kräuter geben dem Ganzen die nötige Würze. Ein buntes Allerlei aus dem Meer, vom Feld und von der Wiese!

Pommerscher Kaviar: Kein Fischrogen, sondern Gänseschmalz (Flomen), gewürzt mit Zwiebel, Majoran, Thymian und Salz! Auf kräftigem, dunklem Roggenbrot und zu Bier schmeckt das großartig.

Schwarzbrotpudding (Serviettenkloß): Das Dessert steht leider nur selten auf der Speisekarte: Zerriebenes Altbrot mit Butter, Ei und Rum ergibt diese süße Köstlichkeit, die ein wenig an »Arme Ritter« erinnert. Dazu wird Backobst gereicht.

Pommersche Biersuppe: Früher von allen Bevölkerungsschichten zum Frühstück genossen, heute besonders an feuchtkalten Herbsttagen eine Delikatesse! Biersuppe besteht aus Bier, Zucker, Zitrone, Kardamon und Zimt, dazu kommen Milch und Eigelb.

Tüffel un Plum (Plum un Tüffel): Der Kartoffeleintopf mit Pflaumen und Speck ist ein Mecklenburger Küchenhit! Hinein gehören Kassler, Räucherspeck, über Nacht eingeweichte Backpflaumen (»Plum«), Zwiebeln, Tüffel (Kartoffeln), etwas Zitronensaft, Nelken, Lorbeer, Zucker, Pfeffer und Salz. Kräftig, deftig und wärmend!

Viermus: Der Kompottklassiker wird z. B. zu Wild gereicht. Preiselbeeren, Birnen, Boskoop-Äpfel, Pflaumen werden mit Zitronen- oder Orangenabrieb, Zimt, Nelken oder Sternanis, Zucker, Gelierzucker und Wasser »zermust«.

Greifswalder Bodden und wird im Mai geangelt. Gebacken und zu Auberginen ist er eine Delikatesse. **Pommerscher Kaviar** hat nichts mit Fisch zu tun (►Baedeker Wissen S. 66), **Müritz-Kaviar** aber schon (Maränen-Rogen). Warens »Müritz-Fischer« bieten ihn ebenso an wie die alle Speisekarten bereichernden Süßwasserfische (Maräne, Zander, Wels, Hecht, Karpfen, Aal, Saibling) – auch geräuchert.

Nachspeisen

Immer seltener werden Desserts wie **Schwarzbrotpudding**: Zerriebenes altes Brot mit Butter, Ei und Rum ergibt dieses traditionelle Gericht. Beliebt sind **Götterspeise** (Schwarzbrot in Rum getränkt, mit Zucker bestreut und mit Sauerkirschen und süßer Sahne geschichtet), Kompott und Obstsuppen, z. B. mit Grießpudding.

ESSEN GEHEN

Preiskategorien

Restaurants (Preis für ein Hauptgericht)

€€€€ = über 25 €
€€€ = 20 – 25 €
€€ = 10 – 20 €
€ = unter 10 €

Gourmetküche

Die **Sterneküche** hat auch im nordöstlichen Bundesland Einzug gehalten. Sieben Sterneköche sorgen hier in ihren Restaurants für Genießerfreuden. Eine Fundgrube für Extravagantes ist auch die alte **pommersche Küche**, z. B. Honigkrebse von der Ostseeküste, wie sie vor 100 Jahren im Berliner Luxushotel Adlon serviert wurden, oder **Bierfisch nach altem Lassaner Fischerbrauch** (Rezepte auf www.culinaria-pommerania.de).

? BAEDEKER WISSEN

Sternerestaurants

- »Hohe Düne« (Der Butt) im Warnemünder Jachthafen
- Gutshaus Stolpe bei Anklam
- Grand Hotel Heiligendamm
- »Ich weiß ein Haus am See«, Krakow
- »niXe« in Binz/Rügen
- »Alte Schule Fürstenhagen« in der Feldberger Seenlandschaft
- »Berliner Salon« im Hotel Hanseatic, Göhren/Rügen

Bio boomt! Bundesweit zum ersten Mal bildet die Hanseatische Weiterbildungs- und Beschäftigungsgemeinschaft (HWBR) Rostock daher seit 2010 **Bioköche** aus, gleichzeitig vergrößert sich das Angebot an frischer Biokost aus der Region. Viele Erzeuger unterhalten zudem Hofladencafés mit Küche – eine weitere Steigerung des kulinarischen Angebots ist also zu erwarten!
Der Verein landaktiv e. V. gibt mit dem Verbund Ökohöfe Nordost e. V. jährlich einen Bio-Restaurantführer nach EG-Öko-Verordnung mit

Gastgeber- und Produzentenliste heraus, der auch Hinweise für Vegetarier und Allergiker enthält (www.landaktiv-mv.de).

Trinkgeld

Meist wird der **Rechnungsbetrag großzügig aufgerundet**. Eine gute Orientierung ist ein Betrag von ca. 5 – 10 %. Wer mit der Kreditkarte zahlt, sollte das Personal extra mit einem Trinkgeld bedenken.

ZUM WOHL!

Wasser und Säfte

Mecklenburg-Vorpommerns Mineralwasser hat große Tradition: Schon 1906 empfahl Gutsbesitzer Hans von Blücher zum Heilfasten und als Osterwasser **Glashäger Mineralwasser** von Gut Glashagen bei Bad Doberan. Unter den Fruchtsäften nimmt der **Sanddornsaft** eine besondere Stellung ein. Hinzu kommen Moste, Apfel-, Birnen- oder Mischobstsäfte bester Qualität.

Alkoholisches

Mecklenburg-Vorpommern ist klassisches **Bierland**. Bis auf 1172 geht die Brautradition der Darguner Brauerei zurück. Überregional bekannt sind Lübzer Pilsener, die Hanseatische Brauerei Rostock und die bis Ende 2011 als Stralsunder Brauerei von 1827 bekannte, neue Störtebeker Braumanufaktur.
Bier ist Bier – und Schnaps ist Schnaps: Sogar Karotten taugen für **Brände**. Dies bewiesen findige Mecklenburger schon 1801, als sie ein Rezept von 1798 realisierten. Eine heutige Topadresse ist die 1ste Edeldestillerie (Ummanz/Rügen), die historische Obstsorten zu Destillaten besonderer Qualität wandelt. Natürlich werden auch **Liköre** hergestellt.

Flüssiges Gold: Sanddornsaft wird abgefüllt.

Wein aus dem Norden

Im Februar 2004 änderte der Bundesrat die Weinverordnung und ließ das Gebiet »Stargader Land« als 14. Weinbaugebiet Deutschlands zu. Bislang war Sachsen-Anhalt das nördlichste Weinbaugebiet des Landes, nun führen Schloss Rattey und Burg Stargard diesen Titel. Seit 2005 sind die ersten Tröpfchen »Mecklenburger Landwein« im Handel – eine echte Rarität.

Ein Risiko einzugehen, sich über Bedenken hinwegzusetzen, kann ein Erfolgsrezept sein. So geschehen in Mecklenburg: Dass so weit im Norden noch Wein gedeihen soll, taten viele gestandene Winzer als reine Spinnerei ab. Viel zu kalt für Reben! Doch schon die **Zisterzienser** bauten im 13. Jh. Weinstöcke in Mecklenburg an, bei Schwerin, Güstrow, Plau, Burg Stargard, Schloss Rattey und an vielen anderen Orten wurden im Lauf der Jahrhunderte Weinberge angelegt. Diese Tradition hielt sich bis 1855, dann erlosch der Weinbau, weil per Eisenbahn und über die neu gebauten Chausseen billigerer und besserer Wein ins Land kam.

Ein erster Versuch

Das Blatt wendete sich, als der Bremer Anwalt Dr. Karsten Förster **Schloss Rattey** bei Neubrandenburg kaufte und zum Hotel ausbaute. Ein Stich aus dem 19. Jh., der die Südhänge des klassizistischen Herrenhauses voll bestockt mit Reben zeigt, brachte ihn erst ins Grübeln und dann auf eine Idee: Warum nicht ausprobieren, ob heute wieder Weinstöcke gedeihen?

Die Rechnung ging auf – im Jahr 2000 kelterte der »Verein der Privatwinzer zu Rattey e. V.« das erste Mal und vermeldete stolz **86 Oechsle-Grad Mostgewicht** für den Regent-Weißherbst. Oberster Winzer zu Rattey ist Henry Ebert, der vom Nachtwächter des Schlosses zum passionierten Weinexperten geworden ist. Hilfestellung haben ihm freundliche Winzer aus Rheinhessen geleistet, und die Fachhochschule Neubrandenburg begleitet den Weinanbau wissenschaftlich. Vieles hat sich Henry Ebert auch selbst beigebracht. Augenscheinlich mit Erfolg: Über **13 500 Rebstöcke** gedeihen heute in Lagen mit Namen wie Schlossberg, Reitplatz, Eichenberg und Storchennest, davon 7922 weiße und 5691 rote. Die roten Sorten sind Portugieser, Regent und Spätburgunder, an weißen Trauben gedeihen Müller-Thurgau, Ortega, Phönix und Huxelrebe.

Aller Anfang ist schwer

Ein Kinderspiel ist das Weinanbauen in Mecklenburg freilich nicht: Spätfröste sind eine ernste Gefahr, daher wählten die Mecklenburger Sorten, die nicht so empfindlich sind. Sinkt die Temperatur im April zu weit, zieht Henry Ebert die Notbremse und berieselt die Reben nach alter Winzermanier. Auch mit Vlies hat er sie schon abgedeckt, doch das führte zu einem Treib-

Und sie gedeihen doch! Winzer Henry Ebert von Schloss Rattey

hauseffekt, der die Reben viel zu früh austreiben ließ. 2003 hat der Frost den Reben so hart zugesetzt, dass nur 500 l erzeugt werden konnten, 2002 waren es 7500 l gewesen. Angestrebt sind für die Zukunft **25 000 l**.

Die sollen künftig nicht mehr nur durch die Kehlen von Vereinsmitgliedern rinnen. Der Bundesrat ließ sich überzeugen, dass die klimatischen und geologischen Voraussetzungen für den Weinanbau gegeben sind und fügte den deutschen Anbaugebieten ein 14. Mitglied hinzu. Seit dem 13. Februar 2004 darf unter der Bezeichnung »Stargader Land« auf 3,7 ha Wein produziert und unter der Bezeichnung **»Mecklenburger Landwein«** verkauft werden. 3,5 ha entfallen auf Schloss Rattey, 0,2 ha auf **Burg Stargard**, wo ebenfalls ein Winzerverein erfolgreich Wein anbaut. Echte Konkurrenz können sie damit ihren Kollegen aus den deutschen Weinbauregionen freilich nicht machen: Rheinhessen ist mit einer Ertragsrebfläche von rund 27 000 ha das größte Anbaugebiet, das kleinste, Sachsen, kommt immerhin auf rund 330 ha.

Verschmähte Königin

Die Außenseiterrolle wird auch von anderer Seite untermauert: Die mecklenburgische Weinkönigin darf nicht an der Wahl zur deutschen Weinkönigin teilnehmen, weil das Stargader Land **nur Tafelweingebiet** ist und das Deutsche Weininstitut allein Bewerberinnen aus Qualitätsweinbaugebieten für die Wahl zulässt.

Davon lässt man sich auf Schloss Rattey die Laune aber nicht verderben: In den einstigen Stallungen blinken Edelstahltanks, die 40 000 l fassen, die Gutsküche wurde zum Weinlager, der Hofladen »Weinkanne« ist auch Probierstube. Ein Winzerstammtisch findet jeden zweiten Mittwoch im Monat im Schlosshotel Rattey statt.

Feiertage · Feste · Events

Immer etwas los ...

Von Ostern bis September vergeht in der Region kaum ein Wochenende ohne Festivitäten. Kurkonzerte und Musiktage, Herings-, Hornfisch- und Hafentage, historische Umzüge und Märkte, Seebrückenfeste und Strandpartys locken.

Feste mit Tradition

Den kulturellen Höhepunkt im Jahreslauf markieren die sommerlichen **Musikfestspiele Mecklenburg-Vorpommern**. Über das ganze Land verteilt und mit einem Schwerpunkt auf Schloss Ulrichshusen umfasst das Programm Orgelkonzerte, Kammermusik, Chor- und Orchesterwerke. Publikumsmagnet schlechthin ist die **Hanse Sail** in Rostock (▶Baedeker Wissen S. 74 und 276). Sails finden aber auch in Ueckermünde oder an der Müritz statt. Schon Tradition besitzen die **Zeesen- und Drachenboot-Regatten** in Dierhagen bzw. Schwerin. Eine Renaissance feiert das vermutlich am Ende des Dreißigjährigen Krieges oder kurz danach in der »Schwedenzeit« (1648 – 1815) eingeführte Fest des **Tonnenabschlagens** auf Fischland-Darß-Zingst und im nördlichen Mecklenburg-Vorpommern: Reiter schlagen auf ein in 3 – 4 m Höhe angebrachtes Heringsfass ein. Lohnend sind generell auch die vielen **Dorf- und Burgfeste**.

FESTIVALS UND EVENTS

Sport

Zu Events wie dem **Stralsunder Sundschwimmen** und dem **Rügenbrücke-Lauf** kommen ebenso viele Teilnehmer und Zuschauer wie zum **Beachvolleyball** in Karlshagen (Insel Usedom; Ende Juli).

Mode

Auch manche Ostseebäder gehen mit der Zeit und neue Wege: Heringsdorf, Ahlbeck und Bansin elektrisieren Modefans z. B. mit dem **Baltic Fashion Award** Ende April (www.baltic-fashion.de), dem Seebrücken-Laufsteg-Open-air-Spektakel **»Bridge of Fashion«** Anfang Juli und den **Modetagen** im Oktober.

Kulinarisches

Pflicht für Feinschmecker ist der **»Usedomer Grand Schlemm«** im Mai, veranstaltet von den örtlichen Top-Restaurants. Zwischen Ahlbeck, Heringsdorf und Bansin warten dann neun Picknickplätze auf die Leckermäuler. Gestartet wird mit Champagner an der Austern-Bar. Beim Usedomer **Cocktail-Festival** am zweiten Juliwochenende steht dann der trinkbare Genuss auf dem Programm.

Buntes Programm: Vor dem Ludwigsluster Schloss wird das Programm für das Kleinkunstfest »Kleines Fest im großen Park« vorgestellt.

Hanse Sail (s.a. Baedeker Wissen S. 216)

Schiffe, Wind und Meer

Seit 1991 strömen jedes Jahr am zweiten Augustwochenende über 1 Mio. Besucher zur Rostocker Hanse Sail. Die Veranstaltung der Superlative besitzt Tradition, geht sie doch auf die Ostseewoche zu DDR-Zeiten zurück, die von 1958 bis 1975 abgehalten wurde.

2012 dockten allein 225 Gastschiffe im Rostocker Stadthafen und an der Warnemünder Mole an: Traditionssegler, Museumsdampfer, Briggs und Barkinen, Vollschiffe, Schoner, Koggen, Schaufelraddampfer, Küstenstreifenboote, Feuerschiffe, Zeesenboote, Lofoten- und Rennkutter. Seit 2009 immer vor Ort ist der 1967 in Leningrad (St. Petersburg) vom Stapel gelaufene Eisbrecher **»Stephan Jantzen«**. 2011 war sogar die »Gorch Fock« da!

Leinen los!

Sehenswert sind auch die Haikutter, die seit 2009 die Hanse Sail bereits am Abend vor dem offiziellen Start eröffnen. Am Eröffnungstag selbst sammeln sich Tausende auf der 3 km langen Begegnungsmeile im Rostocker Stadthafen und an der **Bummelmeile** an Leuchtturm und »Pier 7« in Warnemünde, um zwischen Rollmops und Rummel Bühnenshows zu sehen und erste »Schiffsmeldungen« zu erhaschen. Im Stadthafen ertönt im Bereich Christinenhafen **Livemusik**: Polen war 2005 erstes Hanse Sail-Partnerland, seither öffnet hier der interessante Polnische Markt. Nach Frankreich sind 2013 Russland, 2014 Finnland, 2015 Estland dabei. Seit 2010 gibt es auch nationale Partner (2013 Brandenburg, 2014 Niedersachsen, 2015 Hessen).

Spektakel an Land

Am Theater am Stadthafen öffnet der Internationale Markt mit **Bühnenprogramm**, an den historischen Stadthafen-Kränen bittet man zur Briefmarkenbörse **HANSEPHIL**, im Museumshafen des Stadthafens locken der **Mittelal-**

Historische Schiffe vor moderner Kulisse: Das ist die Hanse Sail.

Solche Segelschiffe bekommt man nicht alle Tage zu Gesicht.

termarkt »Historia Spectaculum« und der **Tauchcontainer** mit Tauchgängen unter Anleitung. Im Silo-Bereich erklingt auf dem bunt dekorierten Hansemarkt Musik, im **Kinderland** wird geschminkt und kostümiert. Kinder sind auch die Adressaten im IGA-Park, wo seit 2010 die Mini-Sail mit Schiffs- und Wasserflugmodellen beheimatet ist. Sportliche greifen im Segelstadion zu Stechpaddel und Surfbrett, um am trendigen »Stand up Paddling«, Wasserski- und Segelrennen teilzunehmen. Natürlich kommt auch das Kulinarische nicht zu kurz!

Hanse-Sail-Regatten

Der Samstag steht im Zeichen der vier Regatta-Wettbewerbe. 2011 gewann die russische Fregatte »Shtandart«, eine Replik des Flaggschiffs Zar Peters des Großen, die Königsdisziplin »Rahsegler«. Aber auch die Klassen »Schoner und Galeassen«, »Einmaster« und »Jachten« sorgen für Unterhaltung. Der Sail-Samstag endet um 22.30 Uhr mit dem 31-minütigen **Großfeuerwerk** im Stadthafen von Warnemünde. Den Abschluss der Hanse Sail bildet am Sonntagabend die **Windjammerarade der Nationen** (▸ Baedeker Wissen S. 276) auf der Warnow samt Böllern, Fontänen und Tanz.

Ahoi an Bord!

Bis zum Schluss nehmen fast alle Teilnehmer Gäste zum Segeln mit. Die Angebote reichen von halbstündigen bis zu Tagestörns, teils mit Übernachtung, sogar Glühweinabende und »Golf an Bord« sind möglich! Die Buchung muss früh erfolgen: Bis 2011 enterten schon 30 000 »Landratten« die Bordplanken. Mitsegeln allerdings hat seinen Preis. Auch das restliche Jahr kann man in See stechen: Die Hanse-Sail-Macher bieten viele Langtörns an.

BUCHUNG VON SEGELTÖRNS

Tall-Ship-Buchungszentrale
Tel. 0381 2 08 52 26
www.hansesail.com
ab ca. 25 – 69 €

Musik Schon Monate, wenn nicht ein Jahr im Voraus muss man sich um Karten für die wichtigsten Musikfestivals im Land bemühen, allen voran das **Fusion Festival** auf dem Flugplatz Lärz-Rechlin (Ende Juni/Anfang Juli) mit Elektro- und alternativer Musik. 2011 waren 55 000 Besucher vor Ort. 50 Bands treten beim **Baltic Sea Festival** in Greifswald auf (August). Kultstatus besitzt die **Zappanale** zu Ehren Frank Zappas ins Bad Doberan (Anfang August). Starkregen und Windstärke 9 führten 2011 zur Absage des als größtes Rock-Event Nordostdeutschlands geplanten **1. Searock Festivals** (Bad Doberan). Nach erneuter Absage 2012 soll 2013 der Start endlich gelingen.

Gesetzliche Feiertage

1. Januar
Neujahr

März/April
Karfreitag
Ostersonntag und Ostermontag

1. Mai
Tag der Arbeit

Mai/Juni
Christi Himmelfahrt
Pfingstsonntag, Pfingstmontag

3. Oktober
Tag der deutschen Einheit

31. Oktober
Reformationstag

25./26. Dezember
Weihnachten

Feste und Events

MÄRZ

Wismarer Heringstage
Warnemünder Heringstage
Usedomer Heringswochen
Der Saisonauftakt steht ganz im Zeichen des Ostsee-»Hiring«.

Festspielfrühling Rügen
Erstmals 2012 startete Rügen mit klassischer Musik in den Frühling.

APRIL

Schweriner Flottenparade
Nach den spektakulären Osterfeuern an der Küste und vielen Ostermärkten legt die Schweriner Weiße Flotte bei Kaffee und Kuchen zur ersten »Dampfersause« auf Innen- und Heidesee ab.

MAI

FilmKunstFest (Schwerin)
Anfang des Monats wird auf dem wichtigsten Filmfest des Landes (seit 1991) der »Fliegende Ochse« verliehen.

Bergringrennen Teterow
Motorradfans pilgerten 2012 zur 92. Auflage des Bergringrennens.

Müritz-Sail
Die kleine, aber feine Müritz-Sail bietet Regatten und Drachenbootrennen.
Publikumsandrang lösen auch Pfingstmärkte und Badestrandöffnungen aus.

JUNI
Festspiele Mecklenburg-Vorpommern
Störtebeker-Festspiele
Bis September reichen die opulenten Veranstaltungsprogramme in Ralswiek bzw. auf Rügen.

Wismarer Hafentage
Hunderttausende pilgern zum Bühnen-, Mitsegel- und Sportprogramm in Wismars über 800 Jahre alten Hafen.

Schweriner Gartensommer/ Schlossfestspiele
Bis Ende Juli genießen Opern- und Krimifreunde die Schlossfestspiele.

JULI
Wallensteintage
Stralsunds größtes Volksfest erinnert an den Rastherren-Widerstand gegen die Belagerung Wallensteins.

Müritzfest
2013 feiert Warens Müritzfest schon 60. Geburtstag.

Festspiele Neustrelitz
Neustrelitz lockt mit Operette und Musical in den Schlossgarten.

Vineta-Festspiele
Barth und Zinnowitz konkurrieren mit Kunst und Kultur um die Vineta-Krone.

Eldenaer Jazz
Lässig locker geht es beim Jazz in und an der Klosterruine bei Greifswald zu.

AUGUST
Konzertsommer Rügen
Nach dem Blue Wave Festival Ende Juni in Binz gastieren Gospelchöre und Orchester in St. Marien (Bergen) und Kammerkonzert-Ensembles und Pianisten draußen beim »Flügel im Sand« in Sellin.

SEPTEMBER
Hengstparaden in Redefin
Die drei Hengstparaden zählen zu den besten in Deutschland.

Theaterfest »Die Peene brennt«
An die lange Teilung der Stadt in der Schwedenzeit erinnert Anklams Theaterfest.

SEPTEMBER/OKTOBER
Usedomer Musikfestival
Dirigenten- und Montagsdemo-Legende Kurt Masur ist Schirmherr des Klassik-Festes mit Konzerten im Kraftwerk des Museums Peenemünde und in vielen Inselkirchen.

DEZEMBER/JANUAR
Weihnachtsmärkte
Bummeln und einkaufen kann man im Advent am besten in Güstrow, Rostock, Schwerin.

Silvester-Feuerwerk
Den Jahresabschluss feiert man groß in den Seebädern.

Neujahrskonzerte
Neujahrskonzerte locken in Konzerthallen, Dome und Kirchen.

Mit Kindern unterwegs

Familienland MVP

Das Bundesland hat sich zum beliebten Ziel für Familien mit Kindern entwickelt. Es gibt zertifizierte familienfreundliche Hotels und viele Angebote für Kids an der längsten Badewanne und im größten Sandkasten Europas, der Ostseeküste.

Strand, Sand und Meer

Schlechtes Wetter ist dank **Erlebnisbädern** und Indoor-Spielplätzen kein Thema. Und auch wer sich abseits der Küsten aufhält, muss keine Sorge haben: Toben kann man auch in den Attraktionen des Hinterlands. Abgesehen vom Badespaß an den Seen erschließen **Themenrouten** wie die Märchen- und Sagenstraße Mecklenburg-Vorpommern selbst abgelegene Regionen.

Flora und Fauna sind ein großes Thema, ob in Tiergärten und **Streichelzoos**, bei der Kranichbeobachtung am Bodden oder auf Ranger-Tour im Müritz-Nationalpark. Angebote von Reit-, Pony- oder Mitmach-Bauernhöfen und viele **Aktivsportoptionen** wie Kanu, Kajak oder Radfahren (►Urlaub aktiv) sorgen dafür, dass MVP auch für den Nachwuchs zum Erlebnis wird. Natürlich sind jährliche Top-Ereignisse wie **Piratenfestspiele**, etwa das Störtebeker-Festival in Ralswiek (► S. 77), Anlass genug, nochmals wiederzukommen.

Attraktionen für Kinder

MUSEEN

Otto-Lilienthal-Museum/ Aeronauticon

►S. 129

Warum nehmen Flugzeuge Anlauf? Können Bäume fliegen? Solche Fragen und viele Mitmachangebote locken ins Museum und den Erlebnispark (Aeronauticon) am Flugplatz Anklam. Ottos Bruder, Sozialreformer Gustav Lilienthal, erfand auch Spielzeug.

Slawendorf am Zierker See

►S. 242

Zeitreise ins 7. bis 12. Jh. mit Gebäuden, Wachtturm und Kulthalle. Altes Handwerk kann man selbst ausprobieren! Beliebt ist die Fahrt im Nachbau eines Slawenbootes auf dem Zierker See (1 €).

MUSEUMSEISENBAHN/ DRAISINE

Mecklenburgische Bäderbahn »Molli«

►S. 139

Auf dem zwischen Bad Doberan und Kühlungsborn durchs Molli-Land pendelnden eisernen Dampfross kann man auch auf der Lok mitfahren. Es gibt auch Sonderfahrten (5 €) mit Schatzsuche für Kinder.

Im Ozeaneum bekommen Besucher ein Gefühl für Dimensionen – hier z. B. im Rahmen der Ausstellung »1 : 1 – Riesen der Meere«.

Naturparkdraisine Mecklenburgische Schweiz

▸S. 397

Zur Draisinenfahrt (hin und zurück 33,4 km!) Dargun – Neukalen – Salem (Wendepunkt, Badestelle) durch den Naturpark Mecklenburgische Schweiz und Kummerower See gehört der Picknickkorb. Entlang der Schienen kann man Milan, Rohrweihe, Storch, Hase und Reh beobachten. Im Herbst landen Tausende Kraniche. Tipp: Ab Bhf. Lelkendorf einen Ausflug zum Tierpark/Streichelzoo Schloss Lelkendorf machen!

NATUR/TIERWELT

Bärenwald Müritz

Am Bärenwald 1
17209 Stuer
Tel. 039924 7 91 18
www.baerenwald-mueritz.de
Apr. – Okt. tgl. 9.00 – 18.00, Nov. – März tgl. 10.00 – 18.00 Uhr
Eintritt: Erw. 3 €, Kinder bis 14 Jahre 1 €

2011 erweiterte, 16 ha große Anlage für das Braunbärenprojekt der Tierschutzorganisation Vier Pfoten mit Bärenwaldschule, Spielplatz und Bärengalerie. Zwölf Bären leben hier, meist aus Zirkushaltung oder Kleingehegen.

Nicht nur Raubtiere: Auch Dromedare leben im Tigerpark Dassow.

Darwineum Zoo Rostock

▸S. 275

Auf ins »Abenteuer Evolution« für Jung und Alt! Besucher lernen auf 20 000 m² Menschenaffen (Orang-Utan, Gorilla) und 30 ungewöhnlichere Tierarten, z. B. Schlammspringer oder Pfeilschwanzkrebse, kennen. Rostocks neue Topattraktion öffnete im Sommer 2012 ihre Tore.

Erlebnis- & Tigerpark Dassow

Gewerbestr. 35 -53
23942 Dassow
Tel. 038826 8 81 80
www.tigerpark.de
Apr. – Okt. tgl. 10.00 – 18.00 Uhr
Eintritt: Erw. 9 €, Kinder bis 14 Jahre 7 €, Fam. (2 Erw., bis 3 Kinder) 30 €

Tiger, Löwen, Alpakas, Dromedare, indische Laufenten und ein Mitmachzoo, dazu als Attraktion Raubtiershow (11.30, 15.30 Uhr) und -fütterung (16.30 Uhr). Die Herzen schlagen auch höher auf dem Bungee-Trampolin und in der Schiffsschaukel.

Nationalpark-Zentrum Königsstuhl

▸S. 301

Stubbenkammer 2
18546 Sassnitz
Tel. 038392 66 17 66
www.koenigsstuhl.com

Das Nationalpark-Zentrum birgt eine faszinierende Ausstellungswelt.

Ostern – Okt. tgl. 9.00 – 19.00, Nov. – Ostern tgl. 10.00 bis 17.00 Uhr
Eintritt: Erw. 7,50 €, Kinder 6 – 14 Jahre 3,50 €, Fam. 15 €
Unterhaltung bei jeden Wetter: Junge wie ältere Naturfreunde können sich auf 2000 m² Indoor-Ausstellungsfläche und 28 000 m² Außengelände vergnügen und den Geheimnissen der Wildnis nachspüren.

Ozeaneum Stralsund

▸S. 339
Hafenstr. 11
18439 Stralsund
Tel. 03831 2 65 06 10
www.ozeaneum.de
15. Sept. – Mai tgl. 9.30 – 19.00, Juni – 14. Sept. tgl. 9.30 – 21.00, 31. Dez. 10.00 – 15.00 Uhr, 24. Dez. geschl.
Eintritt: Erw. 14 €, Kinder ab 4 Jahren, Schüler und Studenten 8 €, Fam. (2 Erw., 2 Kinder) 34 €
Mit einem Schwarmfischaquarium und verschiedenen Ausstellungen begeistert das Ozeaneum am Hafen, Europas Museum des Jahres 2010, Groß und Klein.

TECHNIK

Experimentum/ Zingster Kinderwelt

▸S. 165
Leuchtturm Lutz weist den Weg zum Kinderparadies, nur 50 m vom Meer. Science on tour, Bionik und Biotechnik sind Themen im Mitmach-Experimentarium: Immer mittwochs ist die Werkstatt Bauen – Konstruieren – Basteln geöffnet.

Phänomenta

▸S. 369
Physik zum Anfassen, inklusive Tauglichkeitstest für die Raumfahrt im Astronauten-Trainer. Mit Lichtmischer, Plasmascheibe, Resonanzpendel und Air-Hockey.

phanTECHNIKUM

▸S. 380
Feuer, Erde, Wasser, Luft bestimmen ab Herbst 2012 die Kopf und Herz ansprechende Technik-Dauerausstellung und die Technikschau im Glashaus im Bürgerpark. Mit Flugzeug-Oldtimern (Fokker D 1) und Experimentierstation.

Shopping

enthält darüber
Fettsäuren, Mineralien
und Spurenelemente.
Sanddorn-Fruchtaufstrich
eignet sich hervorragend
als Brotaufstrich und
schmeckt gut zu Eis,
in Quarkspeisen, Joghurt
und Müsli.
Sanddorn
Storchennest GmbH
Heideweg 9
19288 Ludwigslust

Atmosphäre und Tradition

In Mecklenburg-Vorpommern bieten Stadt und Land ein gutes Pflaster für Einkaufslustige. Die alten Städte dienen als wunderbare Kulisse für alte und neue Trends. Und typische Souvenirs, die es sonst nirgendwo gibt, findet man überall.

Einkaufen in historischem Ambiente

Besonders in den herausgeputzten historischen Zentren der Hansestädte Wismar, Rostock und Stralsund sowie in der Universitätsstadt Greifswald und der alten Residenzstadt Schwerin gibt es vielfältige Möglichkeiten zum **Bummeln und Einkaufen**. Ähnliches gilt für die traditionsreichen Ostseebäder. Hier ist die Auswahl an Boutiquen und Designerläden so groß, dass man fast den Überblick verliert.

Landestypische Souvenirs

In Rostock findet man eine der letzten Blaudruckwerkstätten, wo man **Tücher, Tischwäsche, Kissenbezüge und andere Textilien** mit weißem Muster auf blauem Grund erwerben kann. Auf Rügen und im Fischland wird rustikale Keramik produziert. **Bernsteinschmuck** findet man an der gesamten Ostseeküste, besonders in Ribnitz-Damgarten. Bei einigen Goldschmieden in Stralsund und auf Rügen gibt es verkleinerte Repliken des **Hiddenseer Goldschmucks**, der vor ca. 1000 Jahren entstanden ist (▶Baedeker Wissen S. 45). Beliebte Souvenirs sind auch Buddelschiffe und sonstiges rund ums Thema Seefahrt.

Allerlei Genüsse

Das kulinarische Souvenir schlechthin ist **geräucherter Seefisch**. Nicht selten bekommt man ihn ebenso wie frischen Hering direkt in den Fischerhäfen und auch auf den Märkten der alten Hafenstädte. Landeinwärts kommt man an Ständen vorbei, an denen geräucherter Aal angeboten wird. Als kulinarische Souvenirs eignen sich auch **Fleisch- und Wurstwaren**, u. a. Leberwurst, Teewurst, luftgetrocknete Rügensalami, Mecklenburger Landschinken und Fleisch vom Vorpommerschen Landschaf. Beliebte Mitbringsel sind auch Honig, Honigwein (Met), Kümmel- und Kräuterschnaps. Unbedingt achten sollte man auf Produkte aus Sanddorn, z. B. Sanddornsaft und Sanddornlikör. Die knallorangefarbenen Beeren wachsen an einem halbhohen Strauch und sind besonders reich an Vitamin C.

! BAEDEKER TIPP

Ein Storch gegen rechts

Storch Heinar ist eines der erfolgreichsten Medienprojekte der letzten Jahre. Der satirische »Wappenvogel« prangt auf T-Shirts und Buttons und arbeitet mit Witz, Persiflage und Verballhornung erfolgreich gegen ultrarechte Umtriebe. Entwickelt haben dieses Modelabel und beliebte Souvenir die Jusos des Bundeslandes (www.storchheinar.de).

Sanddornprodukte eignen sich prima als regionaltypische Souvenirs.

Übernachten

In Hütten und Palästen

Das Angebot an Übernachtungsmöglichkeiten im Bundesland an der Ostsee reicht vom Luxus-Resort und altehrwürdigen Schlosshotel über die familiär-gemütliche Pension und das kleine Ferienhäuschen bis zur einfachen Jugendherberge.

Reservieren!

In der sommerlichen Hochsaison kann es vor allem in den Ostseebädern und an stark besuchten Seen im Binnenland zu Engpässen kommen, sodass in dieser Zeit eine rechtzeitige Reservierung angeraten ist. Eine Reservierung empfiehlt sich aber auch in der winterlichen Nebensaison, denn dann sind viele Hotels und Pensionen geschlossen und das Angebot ist entsprechend knapper. Wer die Weihnachts- und Neujahrstage an der Ostseeküste verbringen will, sollte sich also ebenfalls rechtzeitig um eine Unterkunft bemühen.

Hotels

Die meisten besseren Hotels und Pensionen reihen sich in den altbekannten **Ostseebädern** an der Küste und auf den Inseln wie Perlen aneinander. Daneben gibt es eine wachsende Zahl guter Häuser auch im Binnenland, meist in reizvoller Lage an einem See. In jüngerer Zeit haben sich zu den bereits bestehenden und nach der Wende aufwendig renovierten älteren Häusern luxuriöse Ferienanlagen gesellt, die nicht nur Gästezimmer und Suiten für jeden Geschmack bieten, sondern darüber hinaus auch Möglichkeiten für sportliche Aktivitäten, so etwa Golf- und Tennisplätze oder eigene Marinas.

Hinweis
Gebührenpflichtige Servicenummern sind mit einem Stern gekennzeichnet: *0180 …

Bereits sieben ausgewählte Hotels bieten Gästen **100 % bio** in ihren Unterkünften der gehobenen Angebotsklasse. Hinzu kommen Biowohnungen wie in Schwerin. Auch auf die **Familie** wird besonders geachtet – insgesamt stehen nun 96 zertifizierte und mit Qualitätssiegel ausgestattete Übernachtungsbetriebe mit vielfältigen Angeboten für die ganze Familie zur Verfügung.

Privatunterkunft

An der Ostsee und im Hinterland bieten Privatvermieter Gästezimmer oder Gästewohnungen an. Mehr und mehr etabliert sich neben dem Pensions- auch ein B&B-Angebot nach angelsächsischem Vorbild. Neu und bei Jüngeren nachgefragt ist das Couchsurfing bei fremden Gastgebern, besonders in Rostock und Greifswald. Beliebt ist zudem der Wohnungs- oder Haustausch zur Ferienzeit.

Im Seehotel am Neuklostersee hat man ein Herz für Kinder, aber auch die Eltern können so richtig ausspannen.

Wie die Prinzessin auf der Erbse ...

Schlösser, Villen und Paläste – sie zu besichtigen ist praktisch fester Bestandteil eines jeden Kultururlaubs und lädt ein, sich in frühere Zeiten zu versetzen und von einem Leben im Luxus zu träumen. In einem zum Hotel umgebauten früheren Adelsdomizil kann man diesen Traum auf Urlaubslänge ausdehnen.

Mecklenburg-Vorpommern, seit Jahrhunderten das »Land der Schlösser und Katen«, zählte einst 2880 Schlösser, Guts- und Herrenhäuser. 2200 sind erhalten, 1078 stehen unter Denkmalschutz. Eine solche Dichte von Schlössern und Gutshäusern ist europaweit einmalig. Seit der Wende haben Staat, Private und Stiftungen ein Gutteil dieses Architekturschatzes restauriert.

Herzlich willkommen!

Etwa 300 dieser Gemäuer werden nun **touristisch genutzt**. Und nicht alle sind Gästen mit dickem Geldbeutel vorbehalten: Das Angebot reicht von Fünf-Sterne-Luxus bis zur Heuherberge. So bietet 14 km südöstlich von Demmin das seit 2000 liebevoll restaurierte Schloss Schmarsow von 1698 vier günstige, bei radelnden Selbstversorgern beliebte **Ferienwohnungen** mit Garten und Jasminhecke (www.schloss-schmarsow.de) an. Eine andere Option ist Gut Dalwitz, seit 1349 in Besitz derer von Bassewitz, das familienfreundliche Ferienwohnungen hat (www.gutdalwitz.de). Wer aber königlich im Märchenschloss wohnen möchte, muss beispielsweise für die **Graf-Douglas-Suite** im Haupthaus von Schloss Ralswiek/Rügen entsprechend bezahlen. Das 2002 eröffnete, komplett restaurierte Luxus-Schlosshotel verfügt auch über günstigere Zimmer im Seitenflügel und hat Arrangements im Angebot (www.schlosshotel-ralswiek.de). Ein tolles Ambiente bietet auch Schloss Gamehl bei Wismar (www.schloss-gamehl.de). Gut Gremmelin 16 km östlich von Güstrow wagt einen besonderen Spagat: Hier gibt es **modernes Design** in Guts- wie Gästehaus (Biohotel), Seminare, Gesundheitswochen, Bioküche und Kultur (www.gutgremmelin.de). Neben Romantikschloss und exzellenter Gutsküche setzen die Anbieter vermehrt auf Genuss- und Natururlauber, Hochzeiten, Golf, Wellness und den musikalischen Festspielsommer. Neu sind **Aktivtouren**: So können sich Kanuwanderer auf der Peene auch in fünf Schlosshotels erholen. Das Gutshaus Stolpe bei Anklam bietet Kombi-Arrangements mit dem Schlosshotel Burg Schlitz, das 2012 zu Deutschlands Hotel des Jahres gekürt wurde.

Parks und Gärten

Ob auf Schloss Klink, im Hotel Waldschlösschen Crivitz oder im Landhotel Schloss Daschow am Paleruer See: Kein Besuch wäre vollständig ohne jene herrliche Ruhe und Entspannung garantierenden Parks, die den Reiz eines Schlösserurlaubs ausmachen. Die »Gartenroute MV« erschließt viele dieser alten, nun für alle geöffneten Gutsparks wie Schloss Blücherhof, den Park Burg Schlitz oder Lennés Liebesinsel im Park Schloss Kittendorf, aber auch Unscheinbares wie den Apothekergarten Gnoien oder den Pfarrhof Rambow.

Schlossgespenster

Im familiengeführten Romantikhotel Rittergut Bömitz zwischen Anklam und Wolgast – vielleicht eines der schönsten im Land – pflegt man antikes Mobiliar, Ruhe und Tradition, sanft knarrende Dielen inklusive. Ein Schlossgespenst wurde aber noch nicht entdeckt, auch nicht im imposanten Gewölbekeller (www.rittergut-boemitz.de). Ein solches ist allerdings mit dem **Petermännchen** im Schweriner Schloss verbürgt. In Schaprode-Udars auf Rügen stand ein anderes Schloss 2012 samt »Hui-Buh« zum Verkauf. Und Georg, das Schlossgespenst, tritt nur als Marionette im Kindertheater auf, etwa im **Mecklenburgischen Künstlerhaus Schloss Plüschow** bei Grevesmühlen (www.plueschow.de). Immerhin: Im Schlosshotel Kölzow lehrt zu Silvester die **»untote« Ahnengalerie** Gäste das Fürchten (www.schloss-koelzow.de).

ADRESSEN UND INFOS

Verein der Schlösser, Guts- und Herrenhäuser

Am Hofsee 33
18279 Gremmelin
Tel. 038452 51 10
www.schlosshotel-mv.de

Schlössertour

Schwerin Plus Touristik-Service
Mecklenburgstr. 85
19053 Schwerin
Tel. 0385 55 80 20
www.von-schloss-zu-schloss.de

Schlosshotels

www.mein-urlaub-im-schloss.de
www.gutshaueser.de

Geschichtsträchtiges Gebäude, moderne Hotellerie: Schloss Klink

Apartments, Ferienhäuser Auch das Angebot an Ferienwohnungen und Ferienhäusern wächst kontinuierlich. Jeder deutsche Reiseveranstalter, der etwas auf sich hält, hat entsprechende Unterkünfte im Programm.

Ferien auf dem Bauernhof Sehr beliebt bei Familien mit Kindern sind Ferien auf dem Bauernhof. Diese Urlaubsform ist nicht nur vergleichsweise preiswert, hier können sich Alt und Jung auch am **ländlichen Alltag** beteiligen, d. h. mit Tieren umgehen, beim Heumachen helfen oder an Ausritten hoch zu Ross respektive Pony teilnehmen.

Jugendherbergen Die Konkurrenz der meist in Großstädten etablierten Hostels hat die 29 Jugendherbergen in Mecklenburg-Vorpommern zu verstärkten Aktivitäten animiert. So öffnete im Juli 2011 die »längste Jugendherberge Europas« in Prora auf Rügen (mit Jugendzeltplatz). Sehr zu empfehlen ist die Jugendherberge Beckerwitz (Ortsteil von Hohenkirchen; 12 km nordwestlich von Wismar). Sie bietet seit 2012 nagelneue, bienenwabenförmige Baumhäuser mit futuristischem Design und naturnahe Erlebniswege für die ganze Familie an.
Voraussetzung für die Übernachtung in Jugendherbergen ist generell ein gültiger Jugendherbergsausweis. Bei den meisten Unterkünften sind auch Menschen über 27 Jahre herzlich willkommen! Viele Häuser haben ein breitgefächertes Sport- und Freizeitprogramm (Wassersport, Biking, Wandern).

Beliebt sind auch die oft günstigen **Heuherbergen** vor allem im Hinterland, etwa in Wittenhagen (Feldberger Seenlandschaft) oder im Trebeltal – da ist echte Lagerfeuerromantik inklusive!

! BAEDEKER TIPP

Wetterturm JH Warnemünde

Die einzige Fünfsterne-Jugendherberge im Land, wohlgemerkt mit JH-Preisen, öffnet auch Familien und Einzelreisenden über 27 Jahren ihre Türen. Sie liegt nur wenige Schritte vom feinsandigen Strand entfernt. Besucher können auch im achteckigen, 35 m hohen Wettertum übernachten. Er ist einer der 16 Wetterradartürme Deutschlands, die Niederschläge in bis zu 200 km Entfernung dokumentieren. (200 Betten, 7 Zimmer im Wetterturm, Parkstr. 47, 18119 Rostock-Warnemünde, Tel. 0381 54 81 70, www.warnemuende.jugendherberge.de, www.jugendherbergen-mv.de).

Bett & Bike Der Allgemeine Deutsche Fahrradclub ADFC zertifiziert jährlich mit dem Label »Bett & Bike« über 250 Betriebe in Mecklenburg-Vorpommern, die sich besonders um das Wohl der Radler nicht nur entlang der sieben Radfern- und 21 Rundtourenwege im Land kümmern. Das Angebot reicht von Hotels bis zu Campingplätzen, umfasst aber stets Sonderleistungen wie sichere Abstellplätze, Trockenmög-

Ungewöhnlich wohnt man im Baumhausdorf »Grüne Wiek«.

In der Region kommen auch Camper auf ihre Kosten.

lichkeit für nasse Kleidung, besondere Ernährungsangebote und Werkzeug für Kleinreparaturen.

Camping 2010 sorgten 840 000 Gäste für 3,94 Mio. Übernachtungen auf den 91 Campingplätzen in Mecklenburg-Vorpommern. Die Campingplätze sind nach Sternen zertifiziert, von naturbelassen (0 Sterne) bis exklusiv (5 Sterne). Zu den Zertifizierungskriterien zählen auch Spezialangebote für Familien, hundefreundliche Plätze, das Angebot an Fahrrädern, Angelangebote, Sportboote sowie Kanu-/Kajakverleih. Auf acht Campingplätzen gibt es zudem FKK-Angebote.

Preiskategorien

Hotels (Preis für ein DZ)

€€€€ = über 130 €

€€€ = 100 – 130 €

€€ = 80 – 100 €

€ = unter 80 €

Adressen

HOTELS, PENSIONEN, FERIENHÄUSER UND -WOHNUNGEN

Touristik & Buchung Mecklenburg-Vorpommern
Platz der Freundschaft 1
18059 Rostock
Tel. 0381 40 30-500
www.auf-nach-mv.de

Biounterkünfte
www.biohotels-mv.de
www.schwerin-ferienwohnung.de

Privatunterkünfte
www.couchsurfing.org
www.wohnungtausch.de

FERIEN AUF DEM BAUERNHOF

DLG-Verlag GmbH
Eschborner Landstr. 122
60489 Frankfurt am Main
Tel. 069 24 78 84 51
www.landtourismus.de

Landurlaub Mecklenburg-Vorpommern e. V.
Griebnitzer Weg 2
18196 Dummersdorf
Tel. 038208 6 06 72
www.m-vp.de/1651/
www.landurlaub.m-vp.de

Landsichten Deutschland
c/o Landtourismus Marketing GmbH
Claire-Waldoff-Str. 7
10117 Berlin
Tel. 030 28 44 41 19 10
www.landsichten.de/mecklenburg-vorpommern

JUGENDHERBERGEN

DJH Service GmbH
Bismarckstr. 8
32756 Detmold
Tel. 05231 7 40 10
www.jugendherberge.de

Deutsches Jugendherbergswerk Landesverband Mecklenburg-Vorpommern
Charles-Darwin-Ring 4
18059 Rostock
Tel. 0381 77 66 70
www.jugendherbergen-mv.de

CAMPING

Verband für Camping- und Wohnmobiltourismus in Mecklenburg-Vorpommern e.V. (VCWMV)
Pläterstr. 2
18055 Rostock
Tel. 0381 4 03 48 55
www.vcwmv.de

GESUNDHEITS-, WELLNESS-, FITNESSHOTELS

Bäderverband M-V e.V.
Rostocker Str. 3
18181 Graal-Müritz
Tel. 038206 7 88 50
www.baederverband.m-vp.de

BETT & BIKE

ADFC Landesverband Mecklenburg-Vorpommern
St.-Georg-Str. 60
18055 Rostock
Tel. 0381 37 70 69 76
www.adfc-mv.de/bett-bike.html

Urlaub aktiv

Meistens am Wasser

Mecklenburg-Vorpommern ist prädestiniert für einen Badeurlaub und für Wassersportaktivitäten. 381 km Außenküste und 1562 km an Bodden und Haff bieten kilometerlange, oft feinsandige und gepflegte, flach in die Ostsee abfallende Strände. Die Infrastruktur ist nicht nur in den 28 Ostseebädern ausgezeichnet.

Bade- und Strandurlaub

Komfort und Sicherheit machen die Ostseestrände zum idealen Ziel. Die Wassertemperatur erreicht bis 20 °C. Und seit Wilhelm Bartelmann am 15. Juni 1882 den ersten Strandkorb in Warnemünde aufstellte, ist tausendfach für Wind- und Wetterschutz gesorgt. Die **Blaue Flagge** signalisiert gute Wasserqualität. Das Landesministerium für Gesundheit und Soziales veröffentlicht eine aussagekräftige **Badegewässerkarte** zur Wasserqualität an 400 Badestellen (www.sm.regierung-mv.de/badewasserkarte). Mecklenburg-Vorpommern ist auch das **»Land der Seen«**. 2033 Binnenseen bedecken 739 km^2, das sind etwa 25 % der Seenfläche Deutschlands. Etliche Badestellen sind ausgewiesen.
An naturbelassenen Ostsee- und Hinterlandstränden trifft man häufig Anhänger der Freikörperkultur. **FKK** hat hier seit der Naturfreundebewegung der 1920er-Jahre Tradition. Manche Strandabschnitte sind speziell für Hunde ausgewiesen, »Hunde-Toiletten« sind eingerichtet. Im Winter bieten die Erlebnishallenbäder Badevergnügen.

! BAEDEKER TIPP

Die schönsten Strände

- Hiddensee
- Rügen (Südostküste, Binz, Sellin, Mönchsgut)
- Usedom (Ahlbeck, Zinnowitz)
- Prerow (Nordstrand)
- Neuhaus-Dierhagen
- Graal-Müritz
- Zingst
- Warnemünde

Wassersport

Die Ostsee und zahlreiche Binnengewässer sind Paradiese für Freizeitkapitäne. Beliebte **Segelreviere** liegen vor der Insel Poel, vor Rostock-Warnemünde, an Bodstätter und Saaler Bodden, vor Kap Arkona bis Sassnitz/Rügen, zwischen Binz und Gager, rund um die Greifswalder Oie, auf Usedoms Achterwasser und am Haff. Segelnovizen finden Ausbildungs- und Mitsegel-Törns z. B. in Ueckermünde und Greifswald. Surfer schätzen Thieesow und das Mönchsgut auf Rügen. Auch Müritz, Schweriner und Plauer See stehen **Seglern, Paddlern, Kanuten und Kajak-Fahrern** offen. Selbst abgelegene Naturreviere erschließt das 430 km lange, weitverzweigte Wasserwe-

Vor dieser Kulisse macht Nordic Walking gleich doppelt so viel Spaß.

Pack die Badehose ein!

Das Baden im Meer ist eine Erfindung des ausgehenden 18. Jh.s., also gerade mal ein 200 Jahre altes Vergnügen. Von Ärzten gefordert und moralisch unbedenklich, entwickelte sich der Aufenthalt an der See schnell zu einem Freizeitspaß, an dem Arm und Reich Gefallen fanden.

Begrünte Dünen, blaues Meer: Das ist Badeurlaub auf Hiddensee.

Nicht in Binz oder Sellin, sondern in Sargand, knapp 10 km von der Küste entfernt, gab es 1794 die erste **»Brunnen- und Badeanstalt«** auf Rügen. Bei der dortigen Quelle wurde ein Badehaus errichtet, und Grünflächen und Laubengänge wurden angelegt. Die napoleonischen Kriege brachten den Kurbetrieb allerdings zum Erliegen.

Beginn in Heiligendamm

Während man in Sargand noch in die Wannen mit Mineralwasser stieg, vertraute man in England bereits auf die Wirkung des Meerwassers. Mit Bad Doberan-Heiligendamm, der Sommerresidenz des Herzogs von Mecklenburg-Schwerin, wurde **1793** das **erste Seebad** an der deutschen Ostseeküste eröffnet. Das Beispiel machte Schule. Auch Fürst Wilhelm Malte I. von Putbus fühlte sich vermutlich durch Doberan zu bauherrlichen Aktivitäten angeregt. Maltes klassizistische Residenz in **Putbus** avancierte in kürzester Zeit zum **Treffpunkt für die feine Gesellschaft**. Wie Doberan besaß Putbus mit Lauterbach eine Dependance an der See. Hier konnte man entweder im Badehaus an der Goor oder direkt im Greifswalder Bodden ein Salzwasserbad nehmen. Zum Umkleiden und für den Einstieg benutzte man einen **Badekarren**. Er wurde so weit wie möglich ins Wasser geschoben, damit der Badegast – durch Vorhänge vor neugierigen Blicken geschützt – über eine ausklappbare Treppe ins kühle Nass gelangen konnte. Das diente nicht nur dem Vergnügen, vermuteten doch die Ärzte, dass die **»Frictionen der Haut«** und der Salzgehalt des Wassers sich wohltuend auf den Körper auswirkten.

An die See

Putbus war wie Sargand nur eine kurze Karriere als Seebad beschieden. Die »weiße Stadt« kam um 1850 bereits wieder aus der Mode, der Fremdenverkehr verlagerte sich an die **Ostküste Rügens**, zunächst nach Sassnitz. Seine stürmische Entwicklung vom Fischerdorf zum Seebad Nummer eins vollzog sich in den 1870er- und 1880er-Jahren. Das Sassnitzer Ferienpublikum rekrutierte sich nicht mehr aus dem Feudaladel, sondern vor allem aus dem Großbürgertum: Bankiers, Unternehmer und hohe Staatsbeamte aus allen Teilen Europas reisten mit Familie und Personal in das aufstrebende Seebad. Für eine komfortablere Verkehrsanbindung sorgten die **regelmäßigen Dampferlinien** zwischen Sassnitz und dem Festland und der Ausbau der Eisenbahnstrecke Bergen – Sassnitz 1891. Doch auch Sassnitz musste seinen Rang an jüngere Seebäder abtreten. Als Theodor Fontane seine Romanheldin **Effi Briest** dorthin zur Kur schickte, hatte das Bad seinen Zenit schon überschritten. Ab 1900 schlug die Stunde von Binz, Göhren und Sellin, die seit 1895 durch eine Kleinbahn mit Putbus verbunden waren. Vor allem **Binz** entwickelte sich zum **Paradebad der wilhelminischen Zeit**. Grundstücksspekulationen blühten, und der einsetzende Bau-Boom bescherte dem Fischerdorf ein völlig neues Gesicht, mit Pensionshäusern, die sich in ihrer Fassadengestaltung gegenseitig übertrafen. Das Herz des Bade- und Kurorts war allerdings der Strand. Hier, auf dem Promenadenweg, im Kurhaus und auf der Seebrücke spielte sich das gesellschaftliche Leben ab. Die Appelle der Ärzte und Gesundheitsapostel, den Körper zumindest zeitweise vom Korsett zu befreien und ihn Sonne und frischer Luft auszusetzen, zeigten Wirkung: Bereits um 1900 erfreute sich der Aufenthalt am Strand beim Bürgertum großer Beliebtheit.

Prüde oder freizügig?

Die damit verbundene (teilweise) **Enthüllung des Körpers** ließ sich nur schwer mit den prüden Moralvorstellungen der wilhelminischen Gesellschaft in Einklang bringen. Aus undurchsichtigem Stoff hergestellte Badeanzüge für die Frauen und Badehosen mit Bein und Zwickel für die Männer mussten sein. Trotz der züchtigen Kleidung und der anfänglich **strikten Geschlechtertrennung** gab es in der Badeanstalt immer wieder Probleme mit der **Wahrung des Anstands**: »Verschärfte Vorschriften und geeignetes Badepersonal« halfen dabei, »die Ordnung aufrechtzuhalten«, berichtete erleichtert ein zeitgenössischer Beobachter.

Bootsferien für Einsteiger

Der Seefahrerspruch »immer eine Handbreit Wasser unterm Kiel« gilt für jeden Bootsurlaub auf den Seen, Flüssen und Kanälen Mecklenburg-Vorpommerns von der Seenplatte bis zu den Ausflugsrevieren entlang der Peene und vor Usedom, am Bodden und vor Rügen. Er ist guter Wunsch und Mahnung – damit das Schippern sich stressfrei gestaltet.

In den ruhigen Sonnenstunden an Deck, bei angeregten Gesprächen während der Mahlzeiten unter Deck oder in den zeitlosen Momenten beim Angeln darf man sich frei von Zwängen fühlen, sich im Anblick des spiegelnden Wassers verlieren. Aber solange der Motor läuft und das Boot sich bewegt, heißt es zumindest für den Schiffsführer und die von ihm für spezielle Manöver eingeteilten Crewmitglieder »Augen auf!«. Dazu gehört der regelmäßige Blick auf das **die Wassertiefe anzeigende Echolot**. Gerade in den eher flachen Gewässern des deutschen Nordens läuft man Gefahr, knirschend aus allen Seefahrerträumen gerissen zu werden. Kantige Steine liegen mitunter nur knapp unter der Wasseroberfläche.

Immer ein Abenteuer

Diese Vorbemerkung soll keineswegs abschreckend wirken. Im Gegenteil: Wasserwandern ist immer auch ein Abenteuer, nicht nur im Kanu oder Kajak, sondern auch an Bord eines komfortablen Motorbootes. Deshalb gelten für die Erkundung der Seen-, Fluss- und Küstenlandschaften Mecklenburg-Vorpommerns andere Regeln als für einen Urlaub im Wohnmobil. Das Herzstück der hiesigen Wasserwelten, die an windstillen Sommertagen wie eine Kette natürlicher Schwimmbäder durchschippert werden können, ist die Müritz, der größte (rein) deutsche Binnensee. Dort bekommen Bootsfahrer es aber zuweilen auch mit **Wind, Wetter und Wellen** zu tun. Das gilt ebenso für die mecklenburgischen Oberseen, den Kummerower See und den Schweriner See. Weht es dort mit Windstärke 3, sollte man lieber im Hafen bleiben. Kommt eine solche Wetterfront unterwegs auf, heißt es den nächsten geschützten Liegeplatz ansteuern und dabei den Bug – auch wenn man mit einem Motorschiff gegen den Wind kreuzt – in einem Winkel von 45 ° gegen die Wellen halten.

»Eine Hand fürs Schiff«

Bordtauglich ist nur, wer eine gewisse **Enge** aushält – die durchaus luxuriös ausgestaltet sein kann – und die beiden **»eisernen« Bordregeln** verinnerlicht: »Immer eine Hand fürs Schiff« und »Captain's word is law!«. Beide betreffen die Sicherheit auf dem Schiff. Gleichzeitig prägen sie den bewussten Umgang miteinander.

Wer sich bei Wellengang auf dem Deck bewegt, sollte immer mit einer Hand Kontakt zum Boot, zur Reling oder zu anderen Griffmöglichkeiten halten. Ein »Muss« ist

Motorboote sind ideal für Landratten – Segeln erfordert mehr Können.

SUN 2000

für Kinder die Schwimmweste, die bei heftigerem Wind auch für Erwachsene Pflicht sein sollte. Für ganz kleine Passagiere gibt es überdies Sicherheitsleinen.

»Captain's word is law!«

Wen die Crew zum Skipper oder Kapitän bestimmt, ist ihre Sache. Wurde von der Crew gewählt, hat einer das Kommando – und alle tun, was er sagt. **Diskutiert werden darf später** über die Sinnhaftigkeit der Kommandos, nicht aber dann, wenn es vielleicht um Sekunden geht. Allerdings beziehen gute Skipper ihre Crew bei der Auswahl von Strecken und Zielen und der Vorbereitung von Manövern schon früh mit ein. Der Skipper ist verantwortlich für die Einhaltung aller verkehrsrechtlichen, aber auch sicherheitsrelevanten Vorschriften. Das Charterunternehmen lässt sich die Übernahme dieser Verantwortung meist schriftlich bestätigen.

Traut sich angesichts der imponierenden Länge einer großen Stahlrumpfjacht erst einmal niemand im eigenen Umfeld diesen »Job« zu, kann man auch **einen Skipper mieten**; für die Eingewöhnungsphase oder auch länger. Der Stundensatz für das Anheuern eines Bootsführers liegt bei ca. 25 €, der Tagessatz bei ca. 150 € – wobei die meisten Einsteiger schon mit der üblichen, meist dreistündigen Einweisung bei der Bootsübergabe klarkommen.

Das Boot muss passen

Hat sich die Idee eines für die meisten Binnendeutschen ungewöhnlichen Urlaubs auf dem Wasser erst einmal im Kopf festgesetzt, kommt es vor allem darauf an, sich über das Boot seiner Träume klar zu werden. Während man bei der Auswahl der Wunschziele und Streckenführung ausgesprochen flexibel vorgehen kann – fast alles ist erreichbar, wenn es nur in der Nähe des Wassers liegt –, wird das Boot, das man mietet, für Tage oder Wochen zum **schwimmenden Heim**. Boote gibt es in vielen Variationen zwischen 7 und 15 m Länge bei einer Breite von 3 bis 4,50 m. Übergeben werden die Boote meist nach der dreistündigen Einweisung am späten Mittag/frühen Nachmittag, abgegeben morgens gegen 9 Uhr. Die eigene Bootswahl kann man mit einem der erfahrenen Bootsverleiher abgleichen, die den Großteil der mehr als 1000 Motorboote auf den mecklenburg-vorpommerischen Gewässern verchartern. Das klingt nach vielen Fahrzeugen, aber die Jachten verlieren sich selbst im Hochsommer in der Weite der Gewässer, sieht man von dem **nachmittäglichen Wettlauf um die besten Liegeplätze** in den Stadthäfen und Marinas ab.

Was leistet der Charterer?

Noch ein Wort zu den Vermietern (eine Auswahl ▸S. 103): Natürlich wollen sie verdienen, aber sie bieten durchweg einen guten Service – **wer mehr will, zahlt eben mehr**. Dazu kennen sie die Reviere, ihre Kundschaft, und sie sind begeisterte Vertreter des Wassersports wie auch des Schutzes der Natur. So schmeicheln die leisen Dieselmotoren der Schiffe nicht nur den Ohren der Bootsgäste, sondern schonen auch die Nerven der Tiere. Dazu gibt es zehn Benimmregeln in der Natur, die zur Einweisung gehören.

Mit oder ohne Berlin?

Glücklich werden kann jeder während eines Bootsurlaubs in »Meck-Pomm«, das mit den mehr als 1000 Seen das größte zusammenhängende Binnenrevier in Deutschland besitzt – und neben der Seenplatte weitere Wasserreviere mit ganz besonderen Natur- und Kulturattraktionen. Selbst denen, die Salzwasser weniger schätzen, kann gedient werden. Man darf ruhig auch mal »über den Zaun« gucken, denn die Wasserstraßen sind bestens vernetzt – z. B. nach Brandenburg (Schloss Rheinsberg) und Berlin. Mit Vorliebe wird ein Törn durch die Wald-, Wiesen- und Wasserlandschaften Mecklenburg-Vorpommerns mit dem Besuch der Hauptstadt verbunden. Dann wird Berlin zur Haltestelle mit Metropolencharme oder auch zum Ziel- oder Startpunkt einer Einwegfahrt, bei der ein Landgang am Reichstagsgebäude mit einer Currywurst im Hotel Adlon die Krönung darstellt.

Beiboote und Fahrräder

Wer viel sehen, viel fahren und dabei in besonders attraktiver Umgebung festmachen will, steht früh auf, holt sich die morgenfrischen Brötchen bei einem der vielen Bäcker und macht früh die Leinen los. Wem einsamere Ankerplätze inmitten einer Naturidylle mit Blick auf ausgedehnte Seerosenfelder eher zusagen, ist gut beraten, ein Beiboot mitzunehmen. Der Aufpreis macht nur ein paar Zehner aus – mit Außenborder das Doppelte – und zahlt sich täglich aus: bei spontanen Landgängen, beim Schwimmen, Angeln oder Fotografieren. Nützlich sind übrigens auch die kleinrädrigen Fahrräder, die man ebenfalls mitmieten kann, und die den Radius an Land deutlich vergrößern. Alternativ lassen sich auch in den Stadthäfen regelmäßig – und dann größere – Räder für Landausflüge mieten.

BUCHTIPP

Klaus Neumann: »Charterfibel – Hausbootwissen für Einsteiger«, Quick Maritim Medien, Rechlin 2010 (www.quickmaritim.de)

Wer Fahrräder an Bord hat, ist nach dem Anlegen beweglicher.

genetz. 420 Jachthäfen, Marinas und Wasserwanderrastplätze bieten 32 000 Liegeplätze an der Küste wie im Binnenland. Ideal ist z. B. eine Kanusafari von der Feldberger Seenlandschaft zur Müritz, die dank des neu errichteten Fisch-Kanu-Pass im brandenburgischen Fürstenberg/Havel nun einfach ist. Bei Wustrow nahe Wesenberg (Kleinseenplatte) beginnt die attraktive Zehn-Seen-Kanurundtour. Beliebt sind Seekajak-Touren auf dem Bodden. Zahlreiche Anbieter organisieren kombinierte Kanu-/Radtouren, auch am Kummerower See, an Peene (»Amazonas des Nordens«), Tollense und Trebel. Populär sind zudem **Hausboottouren** (▶Baedeker Wissen S. 96).
Tagesausflügler können neben Kanu und Kajak auch **Hydro-Bikes** mieten oder an **Floß- und Dampferfahrten** teilnehmen. Taucher zieht es zu Wrackerkundungen an die Ostsee. Tauchschulen an der Küste (Boltenhagen, Rerik, Rostock, Prerow, Greifswald, Putgarten) und im Hinterland bieten Flossen-Neulingen das nötige Know-how. Für alle Wassersportler gilt: Feuchtgebiete und Schutzzonen besonders achten!

Radfahren Mecklenburg-Vorpommern ist die beliebteste Radregion Deutschlands und der Elberadweg meistbenutzter Fernradweg. Weitere sie-

Mit dem Drahtesel lässt sich die Landschaft wunderbar erkunden.

ben gut ausgebaute Fernradwege, darunter der Ostseeküstenradweg von Berlin nach Usedom und von Berlin nach Kopenhagen, erschließen das Land. 21 Rundtouren, über 40 Tagestourangebote sowie vier barrierefreie, jeweils 36 bis 67 km lange Touren auch für Handbiker oder Skater, zeugen vom überragenden Angebot. Organisierte Radreiseveranstalter bieten zudem beachtlich aufbereitete, voll im Trend liegende **Thementouren** auch für E-Biker, Pedelec- und Movelo-Fahrer an. Der Bau von Ladestationen für **E-Bikes** schreitet voran. **Radwanderkarten** sind unverzichtbare Begleiter, erhältlich im Buchhandel und bei den örtlichen Tourismusbüros.
Vorbildlich ist das dichte Netz der 250 vom ADFC zertifizierten Bett-&-Bike-Übernachtungsbetriebe für Radler (▸Übernachten).

> **!** BAEDEKER TIPP
>
> *Die schönsten Radtouren*
>
> - Mecklenburger Seen-Rundweg (Elbe – Usedom; 607 km)
> - Müritz-Rundfahrt (Waren – Speck – Röbel – Waren; 75 km)
> - Rundfahrt Mecklenburgische Seen (Teterow – Burg Schlitz – Dahmen – Basedow – Malchin – Teterow; 60 km)
> - Rundtour Kummerower See (Malchin – Neukalen – Demmin – Kummerow – Malchin; 66 km)
> - Goldberg-Rundfahrt (Goldberg – Wendisch Waren – Dobbertin – Goldberg; 20 km)
> - Rundfahrt Schweriner Innensee (Schwerin – Mueß – Görslower Ufer – Schelfwerder – Schwerin; 35 km)
> - Schwerin – Wismar (Schwerin – Schweriner See – Bad Kleinen – Wismar; 38 km)
> - Schaalsee-Rundfahrt (Lassahn – Dragow – Zarrentin – Lassahn; 45 km)

Nordic Walking, häufig barfuß an den Stränden der Ostseebäder betrieben, ist stark im Aufwind. Noch mehr boomt das **Wandern**, ob auf den **Küstenfernwanderwegen** E 9, E 9a oder dem E 10 vom Kap Arkona über Stralsund, Güstrow und Krakow zur Mecklenburgischen Seenplatte, auf einem der 21 Mehrtageswege (Stern- und Rundtouren), in Schnupperkursen von 2 bis 9 km oder auf alten Pilgerpfaden (Jakobusweg der hl. Brigitta von Schweden mit Stopp im Pilgerkloster Tempzin; Lassan–Tribsees; Kloster-Route) oder geführten Touren. Jüngere gehen beim **Geo-Caching** mit GPS auf Schatzsuche in Schwerin und auf Rügen (www.ruegencacher.de).
Achtung: Generell auf der Hut müssen Wanderer an der bröckelnden Rügener Kreidefelsenküste sein! Nach **schweren Unfällen** 2012 wurden die provisorischen Absperrungen zwar inzwischen entfernt, die Warnschilder sind aber zu beachten. Im Notfall ist Hilfe schwierig: Die Felsabgänge machen den Unglücksort oft unzugänglich. Manchmal sinken Wanderer sogar im Kreideschlamm ein und müssen per Helikopter oder DGzRS-Seenotrettung geborgen werden.

Angeln

Seit 2005 ist für Freizeitangler ab dem zehnten Lebensjahr für alle Landesgewässer ein **Touristenangelschein** nötig. Er wird online

BAEDEKER TIPP

»Einsatzort MVP«

Das eher autoaffine Münsteraner ARD-Tatort-Duo Axel Prahl (Hauptkommissar Frank Thiel) und Jan-Josef Liefers (Gerichtsmediziner Karl-Friedrich Börne) hat seine Wanderliebe detektivisch ermittelt und stellt mit Witz und Esprit fünf längere Etappentouren (Schweriner See, Fischland-Darß-Zingst, Usedom, Rügen, Mecklenburgische Ostseeküste) im Internet vor: www.einsatzort-mv.de.

vom Agrarministerium (www.lallf.de) und an 280 Verkaufsstellen (Tourismusbüros, Kurverwaltungen, Tankstellen) angeboten.

Auch für **Funsport** ist gesorgt: Fallschirmspringer, Sport- und Gleitschirmflieger nutzen die Offerten der kleineren Flugplätze. Spaß für Teilnehmer wie Zuschauer bieten Bananenreiten an der Küste oder die Badewasserrennen auf den Seen. Im Herbst lassen Tausende Drachen steigen. Gelassen geht es bei **Ballonfahrten** zu.

Golf Es gibt 17 wunderschöne Golfanlagen, etwa am Balmer See auf Usedom, in Warnemünde, Wittenbeck und Hohen Wieschendorf, am Landhaus Serrahn oder in Fleesensee.

Reiten Nicht erst seit Gründung des Landesgestüts Redefin 1812 oder des Landgestüts Ganschow hat die **Pferdezucht** in Mecklenburg-Vorpommern Tradition. 6200 km Reit- und Fahrwege stehen zur Verfügung. **Fernreitwege** mit Übernachtungen in 150 Reiterhöfen (auch für Kinder; therapeutisches Reiten wird ebenfalls angeboten) sind mit GPS nutzbar. Romantische Strandausritte sind in Börgerende, Dassow und Stolper Ort immer, in Trassenheide, Zinnowitz, Ahrenshoopp, Kühlungsborn und Zingst saisonal erlaubt. Kremserfahrten, an denen Jedermann teilnehmen kann, runden das Angebot ab. Abenteuer-Marathon-Kutschtouren finden in der Rostocker Heide statt (www.reiten-in-mv.de).

Wellness, Fitness, Gesundheit Mecklenburg-Vorpommern hat staatlich anerkannte Kur- und Erholungsorte, die in ihren modernen Vorsorge- und Rehabilitationseinrichtungen Service und Spezialtherapien anbieten. Zahlreiche Hotels haben ein ambitioniertes Gesundheits-, Wellness-, Fitness-, Beauty- oder Wohlfühlprogramm im Angebot. Hilfe bei der Auswahl und Gesundheitsinformationen bündelt der Bäderverband (www.baederverband.m-vp.de).

Das milde Reizklima, die jodhaltige Luft, die hohe Sonnenscheindauer und die gering salzhaltige Ostsee sind Trümpfe auf langen Strandspaziergängen. Rheuma, Atemwegs- und Hauterkrankungen können ebenso behandelt werden wie psychosomatische Beschwerden oder Alltagsstress. Hoch im Kurs stehen Anwendungen mit Rügener Heilkreide. Und einfach nur schön anzuschauen sind die 600 erhaltenen Gebäude der klassischen Bäderarchitektur an der Küste.

Adressen

ERLEBNISBÄDER

Aquadrom
Buchenkampweg 9
18181 Ostseeheilbad Graal-Müritz
Tel. 038206 8 79 00
www.aquadrom.net
(tgl. 9.30–21.30, Di., Do. 8.00 bis 21.30 Uhr)

Bernsteintherme
Dünenstr. 2, 17454 Zinnowitz
Tel. 038377 3 55 00
www.bernsteintherme.de
(tgl. 10.00–22.00 Uhr)

Oase Güstrow
Glasewitzer Chaussee 56
18273 Güstrow, Tel. 03843 28 80
www.oaseguestrow.de
(tgl. 10.00–22.00, Mi. auch 6.30 bis 9.30 Uhr)

FALLSCHIRMSPRINGEN/ BALLONFAHRTEN/ RUNDFLÜGE

Flugagentur Mecklenburg-Vorpommern
Zehlendorfer Weg 12
18299 Laage, Tel. 01805 66 99 49
www.flugagentur-mv.de

JACHTCHARTER/ HAUSBOOTE

Kuhnle Tours
Hafendorf Müritz, 17248 Rechlin
Tel. 039823 26 60
www.kunhle-tours.de
Auch ab/bis Schwerin, Stralsund

Yachtcharter Schulz & Marina Eldenburg
An der Reek 17, 17192 Waren
Tel. 03991 12 14 15
www.bootsurlaub.de
Auch Peene, Usedom, Bodden, Rügen

Yachtcharter Römer
Dorfstr. 7
17209 Bucholz (Müritz)
Tel. 039923 7 16 88
www.yachtcharter-roemer.de
Auch Ostsee

Blue Line Charter
Schulstr. 8a, 19386 Lübz
Tel. 038731 2 24 28
www.blue-line-charter.de
Auch bis Dömitz/Elbe, Schweriner See, Plauer See

KANU/KAJAK

Kanuhof Spandowerhagen (Kanu & Kunst)
Dorfstr. 46
17440 Spandowerhagen
Tel. 038370 2 06 65
www.kanuhof-spandowerhagen.de

Kanustation Anklam
Carsten Enke, Werftstr. 6
17389 Anklam
Tel. 03971 24 28 39
www.kanustation-anklam.de

Nordlicht Tour & Kanu
Brandenburger Str. 33
16798 Fürstenberg/Havel
Tel. 033093 3 71 86
www.nordlicht-kanu.de
Mit Kanustationen in Kratzeburg/ Dalmsdorf, Feldberg

Treibholz
Marcus Thum, Oberpfuhlstr. 3 a
17279 Lychen, Tel. 039888 4 33 77
www.treibholz.com

Still gleiten die Kanus dahin, vorbei an Häuschen und Natur.

Auch Feldberg, Müritz, Rheinsberg

RADWANDERN

Mecklenburger Radtour

Thomas Eberl
Zunftstr. 4
18437 Stralsund
Tel. 03831 30 67 60
www.mecklenburger-radtour.de
Große Tourenauswahl, auch mit E-Bikes

Radreisen Mecklenburg

Am Feldweg 6, 19386 Kreien
Tel. 038733 22 98 16
www.radreisen-mecklenburg.de

Die Landpartie

Industriehof 3 a
26133 Oldenburg
Tel. 0441 5 70 68 30
www.dielandpartie.de
Gutes Angebot in MVP, auch Hamburg – St. Petersburg per Rad

REITEN

Gestüt Ganschow

18276 Ganschow
Tel. 038458 2 02 26
www.gestuet-ganschow.de
Züchtet Trakehner und verkauft Pferde

Wittower Heide-Hof

Alt-Glowe 118 d
18551 Glowe (Rügen)
Tel. 038302 5 34 66
www.wittower-heide-hof.de
Bietet alles Mögliche an: Islandpferde, Ferienhäuser, Inline-Skater-Strecke

WANDERN

Natur Geyer

Am Mühlengrund 5
18586 Lancken-Granitz
Tel. 0173 9 89 80 31
www.naturgeyer.de
Im Biosphärenreservat Südost-Rügen

Seidenpfa.de
Tomas Raabe
Klein Karrendorf 8
17498 Mesekenhagen
(nördlich Greifswald)
Tel. 038351 5 39 63
www.seidenpfa.de
Regionale Exkursionen

WELLNESS

Meerlust
Seestr. 72, 18374 Zingst
Tel. 038232 88 50
www.hotelmeerlust.de

Robinson Club Fleesensee
Penkower Str. 2
17213 Göhren-Lebbin
Tel. 039932 8 02 00
www.robinson-fleesensee.de

Trihotel Am Schweizer Wald
Tessiner Str. 103, 18055 Rostock
Tel. 0381 6 59 70
www.trihotel-rostock.de

Yachthafenresidenz Hohe Düne
Am Yachthafen 1
18119 Rostock-Warnemünde
Tel. 0381 5 04 00
www.hohe-duene.de

artepuri Hotel meerSinn
Schillerstr. 8
18609 Binz auf Rügen
Tel. 038393 66 30
www.meersinn.de

Rugard Strandhotel
Strandpromenade 62
18609 Binz auf Rügen
Tel. 038393 5 60
www.rugard-strandhotel.de

Hotel Bernstein
Hochuferpromenade 8
18586 Sellin auf Rügen
Tel. 038303 17 17
www.hotel-bernstein.de

Fürst Jaromar Hotel Resort & Spa
Hauptstr. 1
18586 Thiessow auf Rügen
Tel. 038308 3 45
www.jaromar.de

Romantik Seehotel Ahlbecker Hof
Dünenstr. 47
17375 Ahlbeck auf Usedom
Tel. 038378 6 20
www.seetel-resorts.de

Strandhotel Bansin
Bergstr. 30
17429 Bansin auf Usedom
Tel. 038378 80 00
www.travelcharme.com

Strandhotel Ostseeblick
Kulmstr. 28
17424 Heringsdorf auf Usedom
Tel. 038378 5 40
www.strandhotel
-ostseeblick.de

TOUREN

Entlang der Ostseeküste berühmte alte Hansestädte und legendäre Seebäder besichtigen? Oder aber ins wald- und seenreiche Hinterland mit Überraschungen in Städten und Dörfern, mit Schlössern, Landschaft- und Naturparks fahren? In der Schatzkiste Mecklenburg-Vorpommern ist für jeden etwas zu finden.

Touren durch Mecklenburg-Vorpommern

Im nordöstlichen Bundesland kommen Badefreunde und Sonnenanbeter, Naturliebhaber und Outdoor-Fans ebenso auf ihre Kosten wie Kulturliebhaber. Mit Zeit und Muße wird Mecklenburg-Vorpommern zum unvergesslichen Erlebnis.

Tour 1

Durch Mecklenburgs Westen

Um Architektur und Kunst geht es in Schwerin und Ludwigslust, dazu kommen Überraschungen in der Griesen Gegend und die Elbe. Der zweite Tourenteil führt nach Wismar und in Uwe Johnsons Klützer Winkel.

Seite 110

Tour 2

Von See zu See

Schwerin ist Start- und Endpunkt dieser Rundtour, die die Mecklenburgische Schweiz, die Feldberger Seenlandschaft und den Müritz-Nationalpark beinhaltet.

Seite 113

Tour 3

Auf der Deutschen Alleenstraße

Im Spätfrühling, Hochsommer und im farbenprächtigen Herbst zählt der nördliche Abschnitt der Deutschen Alleenstraße zu den schönsten Touren im Land.

Seite 117

Tour 4

Durch Vorpommern bis zum Kap Arkona

Deutschlands vermeintlich »ärmste Region« birgt Schätze, etwa die wehrhaften Mauern geschichtsträchtiger Städte wie Anklam, Greifswald oder Stralsund, die Naturidylle an Peene, Haff und Achterwasser, Kaiser- und Seebäder auf Usedom und Rügen. Stets sind Caspar David Friedrich und die Romantik der Kreidefelsen bis zum »deutschen Nordkap« präsent.

Seite 120

Tour 5

Von Strandkorb zu Strandkorb

Die abwechslungsreiche Küstentour verbindet zahlreiche Ostseebadeorte zwischen Wismar und Stralsund. Spannend: Der Nationalpark Vorpommersche Boddenlandschaft ist die Heimat der Kraniche.

Seite 123

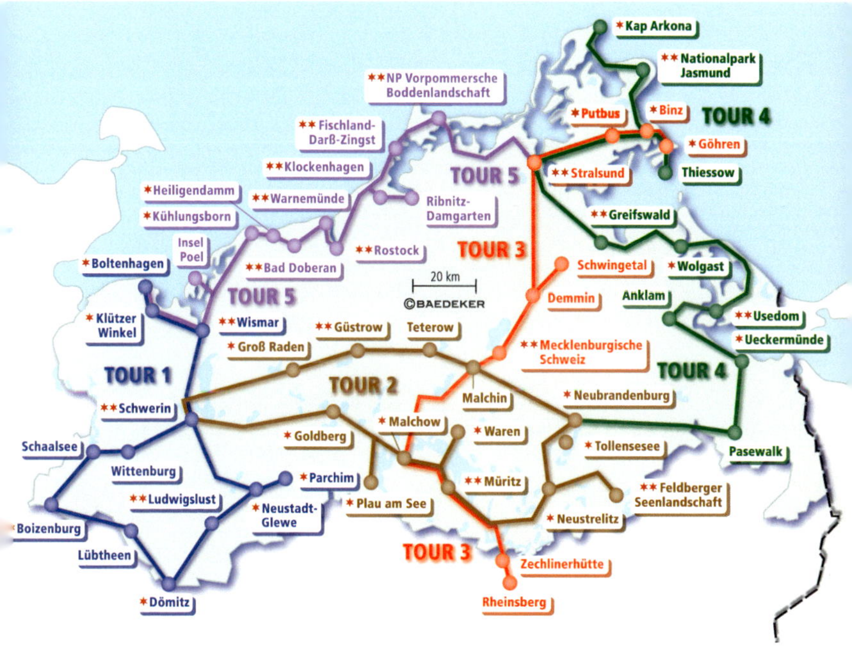

Unterwegs in Mecklenburg-Vorpommern

Das Land an der Ostsee hat sich dank seiner landschaftlichen Reize, seiner sehr guten touristischen Infrastruktur und breitgefächerter Angebotspalette als Deutschlands Ferienziel Nummer eins etabliert. Renommierte Ostseebäder mit Flair und herrlichen Badestränden laden ein, wetteifern aber mit schön gelegenen Seen, deren Badestellen auch Wasserwanderer und Tourenradler schätzen. Geschichtsträchtige Städte, restaurierte Schlösser und Herrenhäuser (mit guten Übernachtungsangeboten), eine Vielzahl bedeutender Museen und ein buntes Veranstaltungsprogramm machen Mecklenburg-Vorpommern zum ganzjährig beliebten Ziel.

Motorisiert unterwegs

Mecklenburg-Vorpommern ist mit dem PKW oder dem Motorrad problemlos zu bereisen. Trotz mancher noch fehlender Raststätte sorgt die Fertigstellung der Ostseeautobahn A 20 bis zum Kreuz Uckermark samt dem weiteren Autobahn- und Bundesstraßennetz für eine gute Anbindung und Erschließung der Region. Auch das regionale Straßennetz ist dank milliardenschwerer Investitionen in den letzten zwei Dekaden größtenteils sehr gut ausgebaut. Usedom und Rügen sind über neue Brücken leicht erreichbar. Einige Alleen mussten Straßenbegradigungen und neuen Bundesstraßen weichen. Dennoch finden sich hier noch viele schöne, baumbestandene Landstraßen, auf denen man umsichtig, verlangsamt und mit Abblendlicht fahren sollte. Auch auf Wohnmobilfahrer ist Mecklenburg-Vorpommern infrastrukturell gut vorbereitet. In Städten ist das Parken überall kostenpflichtig.

BAEDEKER TIPP !

Mecklenburg-Vorpommern-Ticket

Bis zu fünf Personen können mit diesem Tagesticket (2012: 21 € für die erste Person, jede weitere plus 3 €) mit DB Regio- und einigen IC-Zügen durchs Land reisen. Kinder/Enkel bis 14 Jahre fahren kostenlos mit. Das Ticket ist auch in Hamburg, auf den Strecken Schwanheide – Hamburg, Grabow – Bad Wilsnack und Herrnburg – Lübeck-Travemünde gültig.

Mecklenburg-Vorpommern ist hervorragend mit öffentlichen Verkehrsmitteln erschlossen. Hier operieren die verschiedensten Bahngesellschaften, aber auch überregionale Busverbindungen sind vertreten. Manche Anbieter haben sich ausdrücklich auch auf die Mitnahme von Fahrrädern spezialisiert. Besonders effizient ist der Verkehrsverbund Warnow in der Stadt und im Landkreis Rostock. Die Fahrpläne der Nahverkehrsunternehmen sind aufeinander abgestimmt.

Tour 1 Durch Mecklenburgs Westen

Start: Schwerin
Ziel: Boltenhagen
Länge der Tour: ca. 340 km
Tourdauer: mind. 2 Tage

Diese Route hat Schwerin als Angelpunkt und verbindet nicht nur die Schlösser zwischen Grieser Gegend und Meer. Sie folgt auch einem Teil der neuen, 500 km langen »Sagen- und Märchenstraße« und ist so auch für die Jüngsten interessant. Die Tour endet im Norden im Uwe-Johnson-Land (Klützer Winkel) bzw. am Strand von Boltenhagen.

Tag 1: Schlösser, Burgen, Geister

Für ❶ ****Schwerin** sollte man sich vorab einen ganzen Tag Zeit nehmen, um das Schloss, die Schlossinsel und die Kunstsammlungen, die Altstadt und das Freilichtmuseum in Schwerin-Mueß zu besichtigen. Natürlich stoßen Märchenforscher auch auf den Schlossgeist, das Schabernack treibende Petermännchen! Nach erholsamer Übernachtung etwa im Biohotel Amadeus begibt man sich südwärts auf

der B 106 zur Burg (Museum) und zum Schloss (Hotel) der von der Elde umflossenen Kleinstadt ❷***Neustadt-Glewe**. Unbedingt zu empfehlen ist der Abstecher zu den Fachwerkbauten in ❸***Parchim**, wo die von Plau kommende Müritz-Elde-Wasserstraße fließt. Die Attraktion der Stadt ist das Zinnhaus (Lange Str. 24). Parchims sagenhafter »Räuber Vieting« malträtierte früher Reisende. Zurück geht es über Neustadt-Glewe und Wöbbelin mit der Theodor-Körner-Gedenkstätte zum Tageshöhepunkt, nach ❹****Ludwigslust**. Nach einem Schlossrundgang und Flanieren im herrlichen Schlosspark könnte eine angemeldete Führung auf der Biosanddornplantage der Sanddorn Stochennest GmbH anstehen (Friedrich-Naumann-Allee 26; Tel. 03874 2 19 73). Werden Kindern die 35 km zur Elbe auf der B 191 durch die Griese Gegend zu lang, bietet es sich an der Ab-

BAEDEKER TIPP !

Checkpoint Harry

Überregional beachtet wird Harald Strelows in Anlehnung an Berlins Checkpoint Charlie benanntes Restaurant in Boizenburgs Ortsteil Vier. Vier war jahrelang DDR-Sperrgebiet. Auf dem Elbberg stand der Kontrollpunkt KP-Vier mit Wachturm, den Strelow nach der Wende übernahm. Berühmt ist Harrys Riesencurrywurst, aber auch Pommes Frites, Vanilleeis und Lachssteak schmecken gut (Mo. Ruhetag; www.checkpointharry.de).

zweigung Eldena an, einen kleinen Abstecher zum Forsthof in **Glaisin** (www.forsthof-glaisin.de) mit einem Spielplatz und guter Mecklenburgischer Küche zu unternehmen. Weiter geht es nach ❺ * **Dömitz**: Dort treibt ein geheimnisvoller Trommler auf der gut erhaltenen Festung sein Unwesen.

Der zweite Tag beginnt mit der Fahrt auf der B 195 entlang der Elbe. Unterwegs könnte ein Abstecher zur Märchenmuse »Lindi« führen, die vor dem Museum »Altes Küsterhaus« in der Lindenstadt ❻ **Lübtheen** steht. In ❼ * **Boizenburg**, durch dessen märchenhafte Fachwerkwelt eine gute Kräuterhexe mit Bollerwagen zieht, sind die Jugendstilexponate im Fliesenmuseum unbedingt einen Blick wert. 14 km weiter auf der B 195 sollte man den Besuch bei Peggy und Jens Rasim auf Gut **Gallin** mit Hofladen (Biofeischerei) und Bauernstube fest einplanen. Gut Gallin ist einer der größten Biohöfe Deutschlands (1000 ha). Dann steht das Zentrum Mensch – Natur – Technik – Wissenschaft in **Nieklitz** auf dem Programm, das sich nur 3 km östlich von Gallin befindet. Zur Führung durchs Kloster Zarrentin am Südende des Biosphärenreservats ❽ **Schaalsee** gehört auch die Sage um jene clevere Nonne, die dem Teufel durch eine Uhrzeigerdrehung ein Schnippchen schlug und dem Schaalsee zur Delikatesse verhalf: der Großen Maräne. 15 km südöstlich folgt ❾ **Wittenburg** mit einer der ältesten Stadtkirchen in Mecklenburg, dem schönem Rathaus und dem Mehlsackmuseum. Viele Veranstaltungen und der Landschaftspark machen den Besuch des Caritas-Kindergruppen- und Begegnungshotels Schloss **Dreilützow** (www.schloss-dreiluetzow.de) lohnend. Es liegt 7 km nordöstlich von Wittenburg an der Landstraße nach Dümmer und ❶ ** **Schwerin**, wohin man anschließend zurückkehrt, und besitzt eine Harry-Potter- und Gruselkammer, ein Märchenzimmer und ein »Hängemattenhotel« in der Remise.

Weiter mit Kultur

Nach einer Pause an Schwerins Pfaffenteich führt die Hauptroute weiter auf der B 106 bis in den nördlichen Ortsteil Groß Medewege (auch Buslinie 8) zu den Betrieben des Biohofs Medewege (Café & Bistro, Hofladen; www.hof-medewege.de). Über die UNESCO-Welterbe-Altstadt von ❿ ** **Wismar** (▶Tour 5) geht es in den ⓫ * **Klützer Winkel**, der aufgrund der fetten Böden im Volksmund auch »Speckwinkel« heißt. Nicht versäumen sollte man das Klützer Literaturhaus Uwe-

Mancherorts gibt es sie noch, die herrlichen Alleen.

Johnson und das Restaurant in der Klützer Mühle (An der Mühle 35). Der Badespaß am Strand des Ostseebades ⑫ ***Boltenhagen** entschädigt nach den Strapazen ebenso wie ein Bett im Seehotel Großherzog von Mecklenburg. Gut auf Kinder eingestellt ist das Dorfhotel Boltenhagen (Mecklenburger Allee 1; www.dorfhotel.com).

Von See zu See

Tour 2

Start und Ziel: Schwerin
Länge der Tour: ca. 460 km **Tourdauer:** mind. 3 Tage

Diese herrliche Rundreise erschließt die Gebiete der südlichen Mecklenburgischen Schweiz und der Mecklenburgischen Seenplatte. Naturliebhaber finden im Müritz-Nationalpark wie in der zauberhaften Feldberger Seenlandschaft ihr Eldorado. Wer Kultur sucht, wird fündig in der Barlachstadt Güstrow, in zahlreichen Schlössern und Landschaftsparks, in der Reuterstadt Stavenhagen, dem Schlosspark der alten Residenzstadt Neustrelitz und natürlich in Schwerin.

Tag 1: Prähistorische und moderne Kultur

Start- und Endpunkt der Tour ist der Pfaffenteich in ❶★★**Schwerin** (▶Tour 1). Die B 104 verlässt die Landeshauptstadt in nordöstlicher Richtung. Ein Halt für die Kirchen von **Brüel** nach 25 km und besonders **Sternberg** nach weiteren 8 km lohnt sich: In der Turmhalle der dortigen Stadtkirche zeigt ein Wandgemälde die Einführung der Reformation. Frischfisch hat die Fischerei Frischke (am Karpfenteich). Ein Muss ist der Abstecher um den Sternberger See zur rekonstruierten slawischen Siedlung ❷★**Groß Raden**, die um ein neues Burgwalltor erweitert wurde. Ob die prähistorische Kultstätte des Boitiner Steintanzes tatsächlich einmal Sternwarte war, kann man ab dem B 104-Abzweig Pruzen in Richtung Tarnow und Dreetz selbst überprüfen (ausgeschildert). Mit Muße Reisende sollten für den nächsten Stopp, ❸★★**Güstrow**, den ganzen Tag einplanen. Zu besichtigen sind die Kunstsammlung und der Festsaal im herzoglichen Schloss, der Dom mit herrlichem Chor und Barlachs »Schwebendem« (▶Baedeker Wissen S. 189) und die Galerie in der Wollhalle. Das Ernst-Barlach-Theater zeigt abends ein interessantes Programm. Hotelier Boris Schmidt hat im Hotel Altstadt spezielle Barlach- und Wellness-Pakete und bietet auch Bett & Bike für Radler auf dem Fernradweg Berlin – Kopenhagen. Gegenüber dem prächtigen Rathaus und den farbenfrohen Giebelhäusern speist man günstig im Marktkrug (Am Markt 14). Rund um die Gertrudenkapelle mit Barlach-Skulpturen stehen auch sehenswerte Plastiken aus der DDR-Zeit. Zu empfehlen sind Sonder- und Dauerausstellung im Barlach-Atelier über dem Inselsee.

Weiter auf der B 104 geht es zu Gut **Gremmelin** (13 km östlich von Güstrow), dessen Restaurant Landlieb im Biohotel nicht nur Insidern ein Begriff ist (ausgeschildert). Ab dem Hofsee bei Gremmelin können Rad- oder Kajakexkursionen in den Naturpark Mecklenburgische Schweiz starten. In ❹ **Teterow** am Teterower See verewigt der Hechtbrunnen eine Schildbürgersage. Die örtliche Galerie am Kamp (Schulkamp 5; www.galerie-teterow.de) präsentiert internationale Künstler. Die B 104 führt nun von Teterow nach Osten. 5 km vor dem zwischen Kummerower und Malchiner See liegenden ❺ **Malchin** wartet der Schlosspark Remplin. Gutes Schuhwerk verlangen Malchins Kopfsteinpflaster um die Stadtkirche. Die **Reuterstadt Stavenhagen** 11 km weiter steht ganz im Zeichen des Fritz-Reuter-Literaturmuseums am Markt. Die Reuter-Statue rahmende Eisengitter stellen scherenschnittartig Episoden aus »Ut mine Stromtid/ Franzosentid«, »Läuschen un Rimels« oder »Dörchläuchting« dar. Die Ivenacker Eichen am **Ivenacker See** nordöstlich von Stavenhagen sind für Naturliebhaber ein Ziel; dann erreicht man weiter auf der B 104 in 20 Minuten Neubrandenburg. Ein schöner Umweg führt über die B 194 Richtung Süden zu Schloss Varchentin am **Großen Varchentiner See** und weiter auf der B 192 bis Möllenhagen, wo es nach rechts Richtung **Ankershagen** geht. Das Trojanische Pferd vor dem dortigen Schliemann-Museum ist als Rutsche konzipiert. Über Penzlin geht es zu den Altstadttoren von ❻ * **Neubrandenburg**.

Tag 2: Schöne Seen

Das Brigitte-Reimann-Literaturhaus und die Konzertkirche sollten vor der Weiterfahrt aus Neubrandenburg besucht werden. Südlich schließt sich der ❼ * **Tollensesee** mit Bade- und Bootsfahrtangeboten an. Am gegenüberliegenden Westufer erprobt der Tollense Lebenspark in Alt Rehse alternative Wirtschaftsformen (www.tollense-lebenspark.de). Das neue Wahrzeichen der alten Residenzstadt ❽ * **Neustrelitz** ist die Strelitzien-Statue im Kreisverkehr am Hafen. Einkehren sollte man nach Besuch des Schlossgartens und der Skulpturengalerie in der Schlosskirche in Kaiser's Bootshaus am Zierker See und im Café des Kulturzentrums in der alten Kachelofenfabrik. Mehr und mehr Liebhaber findet die reizvolle ❾ ** **Feldberger Seenlandschaft**. Die Kunsthalle Wittenhagen ist die erste Adresse für Bildende Kunst. Plastiken sind in der achteckigen Dorfkirche zu sehen. Bestes Renommée genießt die Sterneküche der Alten Schule in **Fürstenhagen** östlich von Feldberg. Der Hofladen der Schäferei Hullerbusch verkauft Ziegenmilcheis, der Hofschäfer (400 Pommersche Landschafe) geht mit Gästen auf Wanderung. Höhepunkt ist sicher der Besuch des Fallada-Museums in **Carwitz** einige Kilometer

! BAEDEKER TIPP

Für kleine Gäste

Kirsten Mesewinkel-Nowack serviert leckere Pasta und Salate günstig und auch für kleine Gäste im Güstrower Biobistro Verdura. Dienstags und freitags gibt's frisch gebackenes Brot. (Krönchenhagen 12, Mo. – Fr. 11.00 – 15.00 Uhr; www.bistro-verdura.de).

Malchow hat eine Traumlage: zwischen Himmel und Erde.

südlich mit anschließendem Mahl in der Fischerhütte. Trockenen Fußes gelangt man westlich von Carwitz zum idyllischen Inselhotel Brückentinsee, das ideal für Touren in die östliche Exklave des Müritz-Nationalparks liegt (Zugang in Wokuhl).

Tag 3: Zur Hörspielkirche

Weiter geht es auf der B 198 Richtung Westen. Der Vormittag gehört den Königinnen auf der Schlossinsel in **Mirow**, ehe in Rechlin das Südende der ⑩** **Müritz** erreicht ist. **Ludorf** bei Röbel am unteren Müritz-Westufer besitzt mit der achteckigen gotischen Backsteinkirche (1346) ein Kleinod. ⑪* **Waren**, das Müritzeum und die Delikatessen der Müritz-Fischer erreicht man auf der Deutschen Alleenstraße vorbei an Schloss Klink. 6 km östlich bietet die Hörspielkirche Federow (www.hoerspielkirche.de) von Juni bis September täglich Kinder- und Erwachsenenhörspiele, mittwochs um 20 Uhr sogar Krimis zur Nacht. Auf die Hauptroute geht es erneut über die Landbrücke zwischen Müritz und Kölpinsee und von der B 192 ins Golfparadies Land Fleesensee mit Schloss Blücher, ehe ⑫* **Malchow** und die Oldtimer-Traktoren im AGRONEUM Alt-Schwerin am Nordende des Plauer Sees auftauchen. ⑬* **Plau am See** erhielt 2012 den Preis »365 Orte im Land der Ideen« für die Initiative »Plau kocht«. Sieben Restaurants machen mit. Kurios ist die 2004 sanierte, als Kinderhort »Zwergenparadies« genutzte, in Form einer neoklassizistischen Kapelle erbaute Haukohl-Turnhalle von 1903. Ab Plau führt die Müritz-Elde-Wasserstraße über Parchim und Grabow nach Dömitz/Elbe (www.mueritz-elde-tourismus.de). 4 km nördlich befindet sich in Plau-Quetzin direkt gegenüber dem Heidekrug (Kremsertouren) die Schau-Imkerei Neumann an der B 103 nach Karow. Ein Abstecher nach **Krakow am See** auf der B 103 Richtung Norden lohnt sich wegen der alten Synagoge. Und man speist auch gut in der Gaststätte am Jörnberg (mit Zimmern) gegenüber der reetgedeckten Badeanstalt (mit Blauer Flagge). Gourmets bestellen im Restaurant »Ich weiß ein Haus am See« vor. Die Tour führt weiter gen Westen nach ⓮ * **Goldberg** und ins **Dobbertiner Seengebiet** gleich oberhalb. Das Café, Läden und Führungen locken ins Kloster, ehe die letzten 45 km nach ❶ ** **Schwerin** anstehen.

Auf der Deutschen Alleenstraße Tour 3

Start: Göhren (Rügen)
Ziel: Rheinsberg (Land Brandenburg)
Länge der Tour: ca. 290 km
Tourdauer: mind. 3 Tage

Zwar ist der Streckenverlauf der nördlichen Deutschen Alleenstraße (Preisträger im Wettbewerb »Orte im Land der Ideen« 2012) nicht durchgängig von dichten Baumkronen und durchdringendem Sonnenlicht geprägt. Doch Abschnitte mit geschlossenen Blätterbaldachinen wie auf Rügen und viele Kultur- und Naturdenkmäler machen die Tour überaus attraktiv (www.alleenstrasse.com).

Tag 1: Ostseebäder

Die Deutsche Alleenstraße beginnt bei den Mönchguter Museen in ❶ * **Göhren** auf Rügen und führt dann zum noblen Ostseebad ❷ * **Binz**. Dort locken die Angebote auf der Galeriemeile, ehe es auf einem kurzen Stück Kopfsteinpflaster auf der südlichen Rügenvariante der Alleenstraße unter dichtem Blätterdach nach ❸ * **Putbus** geht. Unbedingt zu empfehlen sind die Ausstellungen in der Orangerie und der größte Konzertsaal Rügens im restaurierten Marstall. Süße Andenken verkauft die Bio-Imkerei Kornrade (Berger Str. 20, www.kornrade.de). Im Putbusser Hafen Lauterbach gibt es Fisch von der Insel Vilm. Unbedingt empfehlenswert ist der 800 m lange Abstecher zu den Milcharbeiterinnen im Café/Laden Rügener Inselfrische in Poseritz (www.ruegener-inselfrische.de): Täglich frisch gibt es eigene Milch- und Sanddornprodukte, dazu Gelees, Rügener Rapsöl und Salami. Über Altefähr und die Rügenbrücke geht es zum Bummel durch das UNESCO-Welterbe der Altstadt von ❹ ** **Stralsund**. Die Hanse-Galerie am Alten Markt offeriert Keramik, Töpferware und moderne Kunst (www.hanse-galerie-stralsund.de). Kulinarisch sind das »Esszimmer« sowie das Scheele-Haus erste Wahl.

Tag 2: Landpartie

An der B 194 nach Grimmen steht in **Steinhagen** eine schön restaurierte Holländer-Windmühle. Im Gutshaus Boltenhagen in **Süderholz** nahe Grimmen bieten die »Essbaren Landschaften« zertifizierte Biokost von Gärtner (Kräuter) und Koch (Brotaufstriche) sowie Müsli, Safran und Würzöl (www.essbarelandschaften.de). Im

5 Schwingetal von Sassen sind Hünengräber zu bestaunen. Im 7 km südlich an der Peene gelegenen **Loitz** ist vermutlich die neue Peenebrücke noch nicht fertiggestellt, sodass man auf der B 194 bleibt. Direkt an **6 Demmins** Peenebrücke beginnen bei Kanuhaus.de Kanuausflüge und -touren auf dem »Amazonas des Nordens« in den Naturpark Vorpommersche Flusslandschaft (www.abenteuer-fluss

landschaft.de). Vom Peenehafen legt auch die ehemalige Senatsbarkasse »Hamburg« zu Ausflügen ab. Sogar eine Paddeltour in die 7 ** **Mecklenburgische Schweiz** bis Malchin und Dahmen ist drin, aber auch mit dem Auto kommt man gut hin. Geradezu Pflicht für Alleenfahrer ist der Besuch der sechs gewaltigen **Ivenacker Eichen** nahe der Reuterstadt Stavenhagen. 2 km südlich von 8 **Malchin**, das man ab Stavenhagen über die B 104 in westliche Richtung erreicht, verwöhnt beim Malchiner See (weiter auf der L 20) das traumhaft restaurierte Märchenschloss Basedow das Auge. Unbedingt sehenswert ist auch die Dorfkirche. Mit einem neuem Steakhaus und Marens Café-Schmiede am Schlossteich ist es ideal für die Rast. Ringsum locken Radausflüge, etwa zur Kunsthalle Ziddorf. Für die Nacht besteht die Qual der Wahl zwischen Schloss Ulrichshusen, Schloss Schorssow und Deutschlands Hotel 2012, Burg Schlitz.

Tag 3: Wie einst Honecker …

An der Abzweigung Ziddorf geht es weiter Richtung 9 * **Malchow**. Ein Abstecher zum Drewitzer See und in den Naturpark Nossentiner-Schwinzer Heide führt zur Ex-Honecker-Jagdresidenz, nun Resort Drewitzer See. Jüngere zieht es ab Malchow entweder östlich ins Wisentgehege Damerower Werder oder westlich zu den Tagelöhnerkaten und Oldtimer-Traktoren im AGRONEUM Alt Schwerin. 13 km südöstlich von Malchow zweigt in Sietow eine Straße zum Schlosshotel Klink mit Restaurant und schöner Terrasse ab. In Röbel erreicht auch der direkte Verlauf der Alleenstraße das Westufer der 10 ** **Müritz**. Zu empfehlen ist der Stopp in **Bollewick** südlich von Röbel mit Marktscheune, Infozentrum und zwei Schneewittchen-Zimmern unterm Dach des Biolandhotels »Zur Scheune«. Fest einzuplanen sind die **Schlossinsel Mirow** (auf der B 198 nach Osten fahren) mit der »3-Königinnen«-Ausstellung und die Burg Wesenberg nochmal 10 km östlich. Es locken Zehn-Seen-Kanutouren auf der Mecklenburgischen Kleinseenplatte, etwa ab Wustrow oder Priepert. Nun folgt man der B 122 nach Süden: Über Kleinzerlang und 11 **Zechlinerhütte**, wo sich eine Gedenkstätte für den Forscher und Entdecker der Kontinentalverschiebung, Alfred Wegener, befindet, erreicht die Alleenstraße unter dichtem grünem Gewölbe die Lieblingsresidenz eines begabten Flötisten, der als Friedrich der Große in die Geschichte einging: 12 **Rheinsberg** im Land Brandenburg.

! BAEDEKER TIPP

Wasserbahnhof für Landratten

Ein Kuriosum ist das liebevoll restaurierte Bahnhofsrestaurant »Korl Loitz« an der wiederhergestellten Marina des Peenehafens Loitz. Der Personen- und Güterverkehr der Schmalspurbahn »Korl« nach Demmin ist längst eingestellt, die Gleise entfernt. Dafür kann man in Mecklenburg-Vorpommerns erstem »Wasserbahnhof« speisen (Tel. 039998 1 87 04, Mo. Ruhetag).

Tour 4 Durch Vorpommern bis zum Kap Arkona

Start: Neubrandenburg
Ziel: Kap Arkona (Rügen)
Länge der Tour: ca. 500 km
Tourdauer: mind. 4 Tage

Der Osten Mecklenburg-Vorpommerns besitzt mit Usedom und Rügen zwei klassische Urlaubsgebiete mit Renommee. Aber auch das Festland jenseits von Haff, Peenestrom und Achterwasser besitzt Überraschungen und idyllische Reize. Die auch per Rad absolvierbare Festlandtour folgt ab Pasewalk/Anklam der Ostroute der drei neu konzipierten »Schwedenstraßen« und beinhaltet die Caspar-David-Friedrich-Stätten Eldena, Greifswald und Nationalpark Jasmund.

Tag 1: Von der Stadt aufs Land

Gut ausgeschlafen und womöglich nach einem abendlichen Philharmoniekonzert in ❶***Neubrandenburgs** Marienkirche, einem der bedeutendsten Beispiele norddeutscher Backsteingotik, geht es nach **Klein-Luckow** 45 km östlich. Vor seinem Geburtshaus an der zur Max-Schmeling-Str. umbenannten Dorfstr. 30 steht das Denkmal für Deutschlands berühmtesten Boxer. Nach der Wende halfen er und seine Stiftung bei der Kirchenrenovierung und in der Alten- und Jugendpflege. In ❷**Pasewalk** sollte man den KunstgARTen besuchen und auf den Granitpflastersteinen der Landschaftsinstallation »Die Wege von Europa« (2009) der Künstlerin Ping Qiu wandeln: Sie markieren die neuen Grenzen. Auch die an der Fischerstraße aufgestellte 5,5 m hohe Trümmerkugel »Pasewalk-Police-Phoenix« aus 30 t Kriegsschutt ist begehbar. Das auch mit der polnischen Partnerstadt Police versöhnende Werk schuf der Schweizer Ernest Daetwyler (www.pasewalk-police-phoenix.com). Über 20 m hoch ist der 1445 mit Lösegeldzahlungen erbaute Stadtturm »Kiek in de Mark«. In ❸***Ueckermünde** ist die Friedrich-Wagner-Buchhandlung (Ueckerstr. 79) ideal, um sich über Kunst im südlichen Vorpommern zu informieren. In Ueckermünde können Radler auf den Fernradweg Berlin – Usedom – Stettin einschwenken. Auf unserer Tour geht es weiter nach ❹**Anklam**. Am Anklamer Museum am Steintor lädt das Café Vis-a-vis zur Pause (www.vis-a-vis-anklam.de/cafe). Die Ka-

! BAEDEKER TIPP

Klingende Schläge auf den Amboss

Kunstschmied Ernst Wilhelm Langhoff bietet fünftägige Schmiedekurse in seiner Werkstatt in Stolpe auf Usedom. Am Ende sind Leuchter, Schalen und Garderoben aus eigener Hand gefertigt. Auch zwei sehr günstige Ferienwohnungen werden vermietet. (Tel. 038372 7 03 38, www.kunstschmiede-usedom.de).

nustation Anklam in der Werftstr. 6 ist ein guter Startort für Kanutouren auf der Peene bis nach Demmin und zum Kummerower See (www.kanustation-anklam.de). Auf Anklams Markt stößt man auf die Spuren der Ostroute der drei Schwedenstraßen in Mecklenburg-Vorpommern. Anklam war während der Schwedenzeit eine 95 Jahre durch die Peene geteilte Grenzstadt. Am »Amazonas des Nordens« liegt auch **Stolpe** (10 km westlich) mit dem Fährkrug und einem Gutshaus für die Nacht (www.gutshaus-stolpe.de).

Radler können östlich von Anklam ab Kamp mit der Personenfähre nach Karnin Weg und Zeit sparen. Motorisierte decken sich an der B 110 Richtung Norden im Höfeladen Esslust in **Murchin-Libnow** mit Keramik, Käse und Kräutern ein (www.hoefeladen-esslust.de), bevor es dann auf die Insel ❺ ****Usedom** geht. Mit ihren berühmten »Kaiserbädern« lockt die »Badewanne Berlins« im Sommer Abertausende von Urlaubern an. Zwar zieht es die meisten auf kürzestem Weg »an die See«, doch auch das Haff bzw. das Hinterland von Usedom hat seine Reize. Ca. 4 km hinter dem Städtchen Usedom (hier kann man im Restaurant des Hotel Norddeutscher Hof einkehren) zweigt eine Straße in den hübschen **Lieper Winkel** ab. Die B 110 erreicht 22 km hinter dem Ort Usedom die Ostseeküste, an der sich die drei »Kaiserbäder« **Ahlbeck, Heringsdorf** und **Bansin** wie Perlen aneinanderreihen. Im Norden der Insel Usedom liegt die ehemalige Heeresversuchsanstalt **Peenemünde**, in der während des Zweiten Weltkriegs u. a. die »Vergeltungswaffen« Raketen V 1 und V 2 gebaut wurden. Fast rund um die Uhr geöffnet ist das knallrote KunstHaus Usedom in Neppermin (www.kunsthaus-usedom.de)

Tag 3: Kunst satt Über das »Blaue Wunder«, die Klappbrücke, geht es zurück aufs Festland nach ❻ ***Wolgast**. Hier besucht man die »Kaffemühle« und das Runge-Museum. Im Skulpturenpark Katzow gibt es eine gute Portion Kunst, bevor man im Eiscafé am Klosterpark von **Eldena** eine Erfrischung bestellt und dafür auf dem Hof parken darf. Von hier muss man nur 20 Schritte zur von Caspar David Friedrich zur Romantik-Ikone erhobenen Ruine gehen. Danach stehen ❼ ****Greifswald** und sein CDF-Bildweg auf dem Programm. Das Restaurant Le Croy im Pommerschen Landesmuseum belohnt den Kunsteifer mit Spitzenküche. Aber auch die Fischbrötchen am Stand des Usedomer Küstenfischers Erk Lange auf dem Markt schmecken fabelhaft. Die nächste Etappe ist ❽ ****Stralsund** 31 km nordwestlich. Hier sind neben den Museen und der Backsteingotik die Bismarckheringe bei Henry Rasmus (►Baedeker Wissen S. 65) und Fisch im Hafen angesagt: Erste Adresse sind die Delikatessen der Fischhalle, Neue Badenstr. 2, wo man z. B. »Lachssülze mit Brattüffel« isst. Den Kaffee gibt es später bei Gumpfer, nur ein paar Schritte vom Ozeaneum entfernt.

Tag 4: Noch eine Insel Über die Rügenbrücke geht es auf Deutschlands größte Insel. Rügens Abschnitt der deutschen Alleenstraße führt in die kleine ehemalige Fürstenresidenz ❾ ***Putbus** mit dem schönen Bau-Ensemble am Circus. Danach geht es entweder gleich direkt nordwärts zum Endpunkt der Tour oder ostwärts zu Rügens beliebten und viel besuchten Ostseebädern ❿ ***Binz**, **Sellin** und ⓫ ***Göhren**. In Binz werden nach dem Strandspaziergang nur 100 m von der Promenade entfernt in einer Glasbläserei Unikate (www.glasblaeserei-malente.de) verkauft: Vasen, Karaffen, Schalen, Teller. Die weniger frequentierten Strände vor dem Surferparadies ⓬ **Thiessow** am Südostzipfel der Insel animieren zu ausgedehnten Wanderungen. Sauna, Pool und Ruhe bietet das artepurihotel@meerSinn. Nördlich von Binz führt die Alleenstraße über Prora nach **Sassnitz**, wo im Bistro von »Rügen Fisch« Geräuchertes ebenso über die Theke geht wie 300 m weiter in der Fischhalle. Dazu gehört auch der Rügenmarkt, wo Wild, Fleisch und Rügen-Delikatessen als Souvenirs in der »Sassnitzer Seekiste« verstaut werden. Noch weiter nördlich lädt der ⓭ ****Nationalpark Jasmund** zu der einstündigen Wanderung zum Königsstuhl ein, dem berühmten Kreidefelsen, der schon Caspar-David-Friedrich inspirierte. Wem jetzt der Magen knurrt, dem hilft eine der besten Inseladressen: Kümmel- und Rügener Käse, aber auch günstigen Biorinderbraten gibt es im Restaurant des Biohofs Bisdamitz westlich vom Nationalpark, der auch drei Zimmer für Übernachtungen hat (www.hofgut-bisdamitz.de). Nach dem Besuch der Dorfkirche **Waase** an Rügens Westküste kann man als Mitbringsel eine Buddel aus der 1. Rügener Edeldestillerie auf Ummanz erstehen. Auf der Wittower Fähre geht es nun gen Norden (Pkw: 5,70 €). Endpunkt der Reise ist ⓮ ***Kap Arkona**, »Deutschlands Nordkap« mit seinen Leuchttürmen.

Von Strandkorb zu Strandkorb

Tour 5

Start: Wismar
Ziel: Stralsund
Länge der Tour: ca. 280 km
Tourdauer: mind. 3 Tage

Die »Seebäder-Tour« folgt dem Verlauf der Europäischen Route der Backsteingotik (www.eurob.org) und der des Ostseeradweges, verbindet die alten Hansemetropolen Wismar, Rostock und Stralsund und führt in zahlreiche traditionsreiche Seebäder mit feinsandigen Stränden sowie zu überraschenden Höhepunkten am Wegesrand.

Tag 1: Startpunkt Weltkulturerbe

Die Tour startet in der sympathischen, alten würdigen Hansestadt ❶ ** **Wismar**, deren Altstadt seit 2002 UNESCO-Welterbe ist. Hier stehen die Ausstellung »Wege zur Backsteingotik« im Turm von St. Marien und der St. Georgenkirche, der Hafen oder das neue phanTECHNIKUM auf dem Programm. Stopps kann man im Café Sinnenreich (Hinter dem Chor 5), im Restaurant Seeblick oder im »Alten Schweden« am Markt einlegen. Ein Abstecher ins zweitälteste Ostseebad ❷ * **Boltenhagen** kann man mit einem herrlichen Strandspaziergang oder einem Bad an der Wohlenberger Wiek verbinden. Wieder über Wismar geht es nun Richtung Süden. Im Mühlenrestaurant im Hotel Mecklenburger Mühle im **Dorf Mecklenburg** 7 km hinter Wismar werden mecklenburgische Spezialitäten aufgetischt. Das kulinarische Erlebnis lässt sich gut mit einem Abstecher zur kleinsten Stadt an der Backsteingotik-Route, dem 775-jährigen **Neukloster** am Neuklostersee, verbinden. Ein Hingucker auf dem Weg nach Poel ist in **Wismar-Rüggow** ein in Gelb und Blau leuchtendes »Schiff auf dem Trockenen«. In dieser modernen architektonischen Landmarke nahe der Autobahn ist das Hotel Aridus untergebracht. Am kinderfreundlichen Badestrand Timmendorf der ❸ **Insel Poel** kann man herrlich faulenzen. Leckereien bietet die Räucherei Forellenhof (Wismarsche Str. 13). Auf der B 105 geht es bis zum von Mai bis September wunderbar duftenden Rosarium **Groß Siemen** südlich von Kröpelin: 3500 Rosen verströmen betörende Aromen. Der Landschaftspark samt stolzer Pfauen und neoklassizistischer Orangerie ist zu besichtigen (www.gutshaus-gross-siemen.de). Die 11 km bis ins malerisch zwischen Küste und dichten Wäldern der Kühlung liegende ❹ * **Kühlungsborn** mit seinem besonders feinen Sandstrand sind nur ein Katzensprung. Touren mit der Dampflok »Molli« und natürlich eine Matjesstulle, Milchreis oder ein Stück Marzipantorte im Café Röntgen (Strandstr. 30a) sind hier ein Highlight. Beeindruckendes Beispiel der nordostdeutschen Bäderarchitektur ist das restaurierte Bauten-Ensemble in Deutschlands ältestem Seebad ❺ * **Heiligendamm** nur wenige Kilometer weiter östlich.

Ein Spaziergang auf der Seebrücke der »Weißen Stadt am Meer« gehört dazu. Die nächste Station ist die ehemals fürstliche Sommerresidenz ❻**Bad Doberan**, die etwa 6 km landeinwärts liegt. Nach dem Besuch des Münsters und der Klosteranlage kann man im Klosterladen im Torhaus wunderbare Spezialitäten als Mitbringsel kaufen. Über die Küstenlandstraße geht es nun nordostwärts über das Ostseebad Nienhagen in die weltoffene Metropole der deutschen Kreuzfahrtschifffahrt ❼**Warnemünde**. Hier stand der erste Strandkorb weltweit. Zwischen Altem Strom, Teepott und Hotel Neptun sind hübsche Winkel des alten Fischerstädtchens erhalten.

Tag 2: Gen Ostsee

Der Morgen gehört der Hafen- und Hansestadt ❽**Rostock** wenige Kilometer südlich mit dem Schifffahrtsmuseum und Hafenrundfahrten. Man kann sich auf Spurensuche nach den Resten der seit 1597 memorierten magischen »Sieben Sehenswürdigkeiten« begeben (einst sieben Türen an St. Marien, sieben Straßen vom Markt, sieben Stadttore zur Landseite, sieben Kaufmannsbrücken, sieben Türme auf dem Rathaus, sieben täglich läutende Glocken, sieben Linden am Rosengarten). Frische Delikatessen hat der Rostocker Fischmarkt. Weiter geht es auf der B 105 in die Rostocker Heide und nach Rövershagen, wo Deutschlands größter Bauernmarkt »Karls« Obst, Kuscheltiere, Spielzeug, Mode, Naturkosmetik, Bonbons, Bernstein, Milch und auch Fleisch (in Schorschs Ziegenbude) verkauft. Das Blütenmeer im 4,5 ha großen Rhododendron-Park an der Kurstraße in **Graal-Müritz** knapp 30 km nordöstlich von Rostock zeigt im Frühsommer ein prächtiges Farbkaleidoskop. Er ist der größte in Deutschland. Mit dem überaus sehenswerten Freilichtmuseum ❾ ** **Klockenhagen** ist noch weiter im Nordosten beinahe schon die »Bernsteinstadt« ❿ **Ribnitz-Damgarten** erreicht. Freunde moderner Kunst sollten die 14 km ins nordöstliche **Hessenburg/Saal** zur Ausstellung im neuen Kranich-Museum nicht scheuen (www.kranich-museum.de). Über Dierhagen geht es dann auf die Halbinselkette ⓫ ** **Fischland-Darß-Zingst**, wo Blumengärten, Reetdächer und bunt bemalte Haustüren sowie herrliche Sandstrände Künstler und Urlauber gleichermaßen anziehen. Einen Besuch wert sind auf jeden Fall **Wustrow** und das einzigartige Künstlerdorf **Ahrenshoop**, die nebeneinander auf dem Verbindungsstück zwischen Darß und Fischland liegen. In **Wiek** auf dem Darß tilgen die Gerichte der Restaurants im Hotel Haferland alle Reisestrapazen.

! BAEDEKER TIPP

Schimmel oder Walfisch?

Küche und Feinkostladen haben in Wustrow das knallrote Haus Schimmel's berühmt gemacht (Parkstr. 1; Fr.–Mi. abends, So. auch mittags, Do. Ruhetag; www.schimmels.de). Eine gastronomische Alternative ist das Café/Restaurant Walfischhaus in Born auf dem Darß (www.walfischhaus.de). Beide bieten auch Pension.

Tag 3: Endpunkt Weltkulturerbe

Über die Meiningen-Drehbrücke – die Fachwerkträgerbrücke soll bald ersetzt werden – geht es zurück aufs Festland nach **Barth** ins Vineta-Museum und zum Niederdeutschen Bibelzentrum St. Jürgen. Das Kranich-Zentrum in Groß-Mohrdorf ist eines der Highlights für Naturfreunde im ⓬ ** **Nationalpark Vorpommersche Boddenlandschaft**. Ein Höhepunkt auf der Europäischen Route der Backsteingotik ist die Hansestadt ⓭ ** **Stralsund** (▶ Tour 3 und 4).

REISEZIELE VON A BIS Z

Herrliche Strandpromenaden und bunte alte Badekarren, stille Seen im Hinterland, stolze Hansestädte und prächtige Schlösser – in Mecklenburg-Vorpommern gibt es das ganze Jahr über viel zu entdecken!

Anklam

S 6

Landkreis: Vorpommern-Greifswald
Höhe: 5 m ü. d. M. **Einwohnerzahl:** 13 430

In dieser kleinen Stadt, um die sich im 17. Jh. Schweden und Brandenburger zankten, wurde 1848 der Luftfahrtpionier Otto Lilienthal geboren. Vielleicht hat die Umgebung seine Sehnsucht nach dem Fliegen geweckt: Über die flache Landschaft am Peener Unterlauf wölbt sich der Himmel möglicherweise verlockender als anderswo (▸Baedeker Wissen S. 132).

Die einstmals mächtige Hafen- und Hansestadt wurde 1943 stark zerstört. Die im Stadtkern erhaltene historische Bausubstanz kann man auf ausgewiesenen zwei Routen erkunden. Auf dem neugestalteten **Marktplatz** verkünden gepflasterte Jahrhundertbänder Höhepunkte aus der Stadtgeschichte.

SEHENSWERTES IN ANKLAM UND UMGEBUNG

Steintor, Museum im Steintor

Von der **Stadtbefestigung** blieben wenige Mauerreste und drei Türme erhalten. Im Steintor mit Blendgliederung und Staffelgiebel werden auf fünf Etagen Zeugnisse aus der Frühzeit bis ins 20. Jh. gezeigt.

Anklam erleben

AUSKUNFT

Anklam-Information
Rathaus, Markt 3
17389 Anklam
Tel. 03971 83 51 54
www.anklam.de

ESSEN

Gutshaus Stolpe € € € €
Stolpe
Peenstraße 33
Tel. 03 9721 55 00
www.gutshaus-stolpe.de
Im Sommer Mo. Ruhetag
Tophotel, in dem Sternekoch André Münch auch Regionales zelebriert (Rehrücken!). Ein guter Tipp ist auch das Degustationsmenü aus drei bis sieben Gängen (ab 67 €).

ÜBERNACHTEN

Schloss Neetzow € € €
Neetzow
Dorfstr. 45
Tel. 039721 56 60
www.schloss-neetzow.de, 29 Zimmer
Zwischen Anklam und Jarmen gelegenes, 2004 in einem renovierten Schloss eröffnetes Hotel. Ringsum erstreckt sich ein Park mit See, die hellen und großzügigen Zimmer gruppieren sich um einen Rotundensaal.

Permanent sind die Bügeleisensammlung und der **Anklamer Münzschatz** aus dem Dreißigjährigen Krieg zu sehen.

🛈 Schulstr. 1, Mai – Sept. Di. – Fr. 10.00 – 17.00, Sa., So. 13.00 – 17.00, Okt. – April Mi. – Fr. 11.00 – 15.30, So. 13.00 – 15.30 Uhr; Eintritt 2,50 €; www.museum-im-steintor.de

Marienkirche, Nikolaikirche (Ikareum, im Aufbau)

Die älteste Bausubstanz der Marienkirche, einer dreischiffigen Hallenkirche, datiert aus dem 13. Jh., der Westturm ist von 1450. An der Stelle des Nordturms entstand 1488 die Marienkapelle mit filigranem Sterngewölbe. Sehenswert sind Wandmalereien (14. Jh.), das frühgotische Taufbecken, eine schöne Muttergottes in der Marienkapelle (15. Jh.) und das Epitaph (1585) von Philipp Brandin: Der Verstorbene kniet vor Christus. Auch die **Apostelglocke** (um 1450) aus der Nikolaikirche (Bau ab 1280), der Taufkirche Otto Lilienthals, schlägt heute in der Marienkirche. Der Wiederaufbau der Nikolaikirche geht seit 1994 zügig voran, im Mai 2011 war das neue Dach fertig. Ab 2012/13 soll eine neue Turmspitze wie einst 103 m hoch aufragen. Dieser **»Lilienthal-Turm«** wird Wahrzeichen des neuen **»Ikareum«** (Museum zur Kulturgeschichte des Menschenflugs), das grenzübergreifend mit dem Stettiner Technikmuseum konzipiert ist. Es soll dank der Sammlung Burghard auch erstes Hängegleitermuseum der Welt werden. 2000 Besucher bestiegen 2011 die Aussichtsplattform in 50 m Höhe.

Nikolaikirche: 18.5. – 30.9. tgl. 11.00 – 17.00, 1.10. – 17.5. nur n. tel. V. im Otto-Lilienthal-Museum; Turmbesteigung 2 €; www.nikolaikircheanklam.de

****Otto-Lilienthal-Museum, Aeronauticon**

Das Museum ist dem großen Sohn der Stadt (►Berühmte Persönlichkeiten S. 57) und seinem Bruder, dem Sozialrefomer und Unternehmer Gustav Lilienthal gewidmet. Es zeigt die Nachbauten von Lilienthals Flugapparaten, deren Stoffbespannung an Fledermausflügel erinnert. Hingucker sind die Exponate der Ausstellung »Flugträume«, u. a. ein Muskelkrafthubschrauber (19. Jh.), ein Vakuum-Luftschiff (1670) oder Mongolfieren. Kinder begeistert das Mitmachangebot im Museum und im angeschlossenen **Museumspark »Aeronauticon«** auf Anklams Flugplatz (dort Eintritt frei).

🛈 Ellenbogenstr. 1; Juni – Sept. tgl. 10.00 – 17.00, Nov. – April Mi. – Fr. 11.00 – 15.30, So. 13.00 – 15.30, Mai, Okt., Schulferien Di. – Fr. 10.00 – 17.00, Sa., So. 13.00 – 17.00, Winter bis 16.00 Uhr; Eintritt 3,50 €; www.lilienthal-museum.de

Naturpark Flusslandschaft Peenetal

Der 2011 gegründete Naturpark Flusslandschaft Peenetal (40 000 ha) schützt das größte zusammenhängende Niedermoorgebiet Westeuropas. An der Peene (slaw. »Bach«, »Fluss«) finden Fischotter, Biber, Flussneunauge, seltene Moorpflanzen wie Ostseeknabenkraut oder Fisch- und Schreiadler einen Lebensraum. Auch das 1478 ha große Peenetal-Moor östlich von Anklam und Teile des Anklamer

Die Kanäle im Peenetal-Moor sind ein Paradies für Paddler.

Stadtwaldes sind geschützt. Neben Anklam ist auch Relzow ein guter Startpunkt für Ausflüge. Am Peenestrom verkürzt eine Rad- und Personenfähre den Weg nach Usedom.

ⓘ www.naturpark-flusslandschaft-peenetal.de

Lassan Die kleinste Landesstadt (1597 Einw.), einst Hafen der Hansestadt Anklam, ist Geburtsort des norddeutschen Künstlers Bernt Notke (um 1440 – 1509). Ihm ist ein Teil des **Museums in der Wassermühle** gewidmet, das auch die Stadtgeschichte präsentiert. Gegenüber wird in der Friedrich-von-Lösewitz-Halle landwirtschaftliches Gerät gezeigt (Mühlenstr. 2a). Im nahen Papendorf lädt der **Duft- und Tastgarten** ins »Pommersche Labyrinth«.

Museum in der Wassermühle: Pfingsten – Sept. Mo. – Fr. 10.00 – 12.00, 13.00 – 16.00, Sa. 10.00 – 12.00, 14.00 – 16.00, So. 10.00 – 12.00 Uhr; Eintritt 2,50 €

Duft- und Tastgarten: Bergstr. 4; Eintritt 2,50 €; www.mirabellev.de

Karlsburg An der Straße nach Greifswald, 16 km von Anklam, passiert man Karlsburg. Das 1732 begonnene Schloss (heute Sitz einer renommierten Diabetes-Heilstätte) blieb unvollendet. Ausgeführt wurden nur der Hauptbau und ein Flügel, die durch eine Galerie verbunden sind. Der Gartensaal mit Rokoko-Stuckaturen behielt sein ursprüngliches Aussehen. Südlich des Schlosses breitet sich ein weitläufiger Landschaftspark aus.

Wrangelsburg Der knapp 5 km nördlich von Karlsburg gelegene Ort erhielt seinen Namen vom schwedischen Generalgouverneur Wrangel, der sich hier ein Barockschloss errichten ließ. Um das heutige, 1880 gebaute Schloss entstand eine schöne Parklandschaft. An diese schließt sich nach Norden der Mitte des 19. Jh.s angelegte **Forstgarten** an. Er ist bekannt für seine 1842 gepflanzten Douglasien.

Burg Klempenow

Wo die B 199 die Autobahnabfahrt Anklam schneidet, steht die Burg Klempenow. Mit viel Engagement wurde die Burg vom Verein Kultur-Transit 96 saniert. Heute finden dort Veranstaltungen aller Art statt. Besonders nett ist das Café, das mit selbst gemachtem Kuchen lockt.

April – Herbst

Spantekow

In Spantekow, einem idyllischen Dorf 15 km südwestlich von Anklam, befindet sich die neben ▸Dömitz zweite **Flachlandfestung** Mecklenburg-Vorpommerns, die 1558 – 1567 von Ulrich von Schwerin als Stammsitz erbaut wurde. Im Schutz der Befestigungsanlagen mit breitem Wassergraben, dicken Mauern und Kasematten liegen die Wirtschaftsgebäude sowie das Herrschaftshaus. Sehenswert ist das Relief über dem Eingangstor der Festung mit den fast lebensgroßen Porträts des Bauherrn und seiner Gemahlin (um 1570).

Besichtigung nur n. V., Tel. 039727 2 28 92; www.burg-spantekow.de; Taschenlampe für Kasematten mitbringen!

Als Filmkulisse für den 1987 gedrehten DEFA-Streifen »Einer trage des anderen Last« lebte das Schloss in **Müggenburg** (13 km südwestlich von Anklam) noch einmal auf. Sein Verfall konnte zumindest vorerst gestoppt werden. Der mittelalterliche Fangelturm war einst Teil der Wasserburg. Um ihn entstand bis 1891 das heute in Privatbesitz befindliche Backsteinschloss.

Zur Burg 24; Besichtigung n. V., Tel. 039727 2 03 91; www.bohse-burg.de

? BAEDEKER WISSEN

Otter auf dem Vormarsch

Zahlreiche Knüppelburgen entlang der Peene weisen auf Biber hin, die nach einer Umsetzungsaktion aus dem Elbe-Gebiet hier heimisch wurden. Der Biber ist das größte Nagetier Europas, wird bis zu 25 kg schwer und ernährt sich rein vegetarisch. Bäume fällt er, indem er den Stamm ringsum annagt.

Veste Landskron

Im ehemaligen Sumpfgebiet am Großen Landgraben (über die B 199 Richtung Altentreptow, nach ca. 21 km links ab in das Dorf Janow, von dort noch 2 km südwärts) errichtete Ulrich von Schwerin eine von vier Rundtürmen befestigte Burg (1576). Geblieben ist eine romantische Ruine, in deren Innerem uralte Stieleichen mit einem Stammumfang von bis zu 4 m wachsen.

Eintritt frei; www.burg-klempenow.de/landskron

Fliegen wie ein Vogel

Im späten 19. Jahrhundert machten sich viele Erfinder und Tüftler daran, ihren Traum vom Fliegen zu verwirklichen. Die Brüder Montgolfier hatten knapp 100 Jahre zuvor gezeigt, dass der Mensch fliegen kann. Allerdings glaubte man, dass man nur Fluggeräte konstruieren und sicher steuern könne, die leichter seien als Luft, also Ballone und Luftschiffe. Otto Lilienthal war jedoch überzeugt, dass auch Apparate schwerer als Luft fliegen können – und begann, die Vögel zu studieren.

▶ **Theoretische Pionierarbeit**
Otto Lilienthal veröffentlichte 1889 »Der Vogelflug als Grundlage der Fliegekunst«. Er war der Überzeugung, dass ein Fluggerät zu bauen nur möglich ist, wenn man genau versteht, wie Vögel fliegen. Die Zeichnung entstammt diesem Buch.

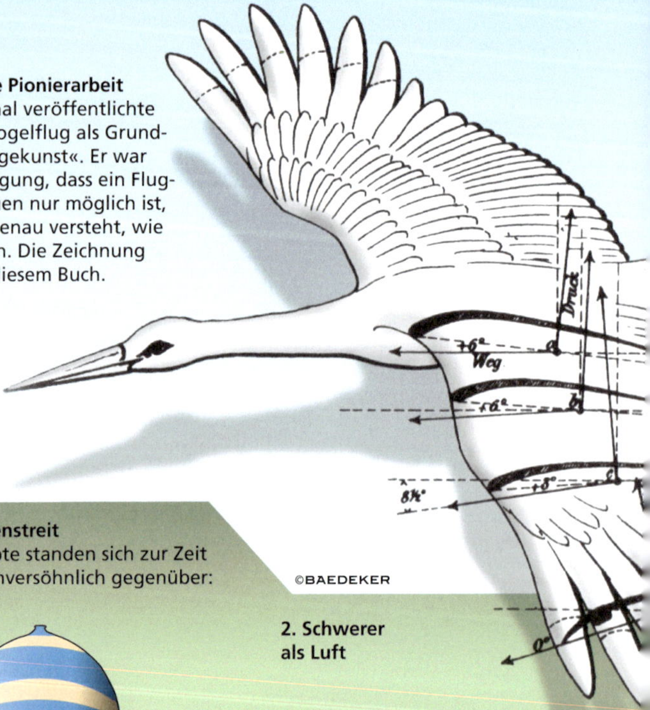

▶ **Der Prinzipienstreit**
Zwei Konzepte standen sich zur Zeit Lilienthals unversöhnlich gegenüber:

1. Leichter als Luft

Ballone waren bereits erprobt, Luftschiffe galten als Technologie der Zukunft. Das Prinzip ist einfach: Gas, das leichter als Luft ist, erzeugt Auftrieb.

2. Schwerer als Luft

Der Gleitflug funktionierte schon bei kleinen Modellen, galt aber als unkontrollierbar. Auftrieb mit Muskelkraft zu erzeugen erschien vollkommen unmöglich.

Schwerer als Luft – die Pioniere

Fluggeräte

1784 ● Carl Friedrich Meerwein — Er studierte an Vögeln die Prinzipien des Fliegens und entwarf einen Gleiter, der jedoch keinen Erfolg hatte.

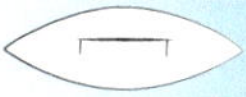

1807 ● Jakob Degen

1811 ● Albrecht Berblinger (»Schneider von Ulm«)

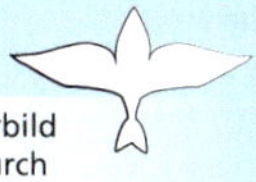

1856 ● Jean Marie Le Bris — Er konstruierte seinen Gleiter nach dem Vorbild eines Albatros und erfand die Steuerung durch Veränderung des Anstellwinkels der Flügel.

1874 ● **OTTO LILIENTHAL**

1899 ● Gustav Weißkopf — Ihm soll der erste stabile Motorflug über eine halbe Meile gelungen sein.

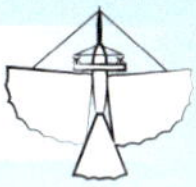

1903 ● Karl Jatho

1903 ● Orville und Wilbur Wright — Den Gebrüdern Wright wird der erste kontrollierte Motorflug zugeschrieben. Sie erfanden auch das Seitenruder.

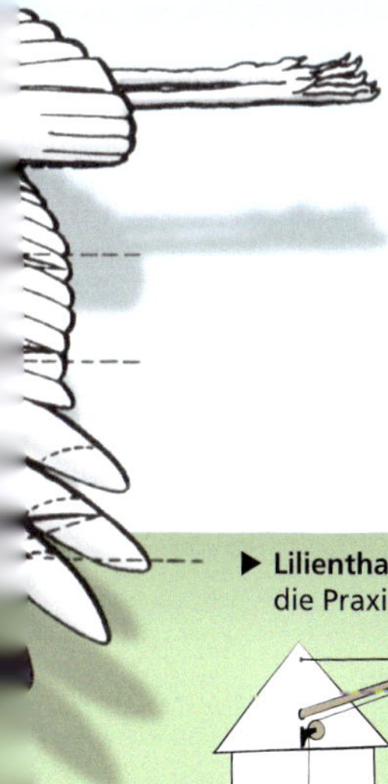

▶ Gedenken an Lilienthal

Mehrere Stätten erinnern an Otto Lilienthal: ein großes Denkmal in Anklam, eines in Krielow/Derwitz und zwei in Berlin (Steglitz, Flliegerberg Lichterfelde), wo auch auf dem Friedhof Lankwitz sein Grab zu finden ist.

Lilienthal-Denkmal in Anklam

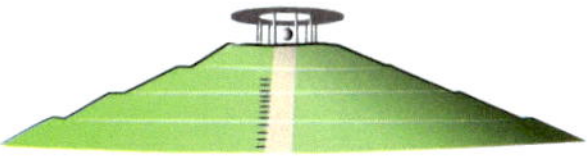

Der Hügel in Berlin-Lichterfelde, den Lilienthal für seine Expermimente aufschütten ließ, ist heute ein Denkmal.

▶ Lilienthals Antwort:
die Praxis

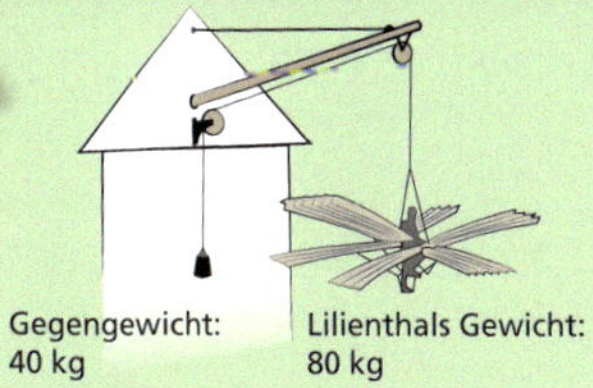

rste Experimente
ereits in seiner Heimatstadt Anklam egann Lilienthal zu experimentieren. s gelang ihm mit dieser Vorrichtung, 0 kg durch Flügelschlag zu heben.

Praktische Flugversuche
In sieben Jahren führte Lilienthal etwa 2000 Flugversuche durch. Aus bis zu 60 m Höhe flog er bis zu 250 m weit im Gleitflug.

** Bad Doberan

H 5

Landkreis: Rostock
Höhe: 15 m ü. d. M. **Einwohnerzahl:** 11 325

Gleich mehrere Gründe sprechen für einen Besuch des Kurorts. So gehört die Klosterkirche zu den beeindruckendsten Backsteinbauwerken in Mecklenburg-Vorpommern. Und zwischen den bewaldeten Höhenzügen der Kühlung und der Moorniederung um den Conventer See erstreckt sich eine sehr attraktive Landschaft.

Herzöge und Moorbäder

Schon die mecklenburgischen Herzöge wussten die Vorzüge von Bad Doberan zu schätzen und machten den Ort im 18. Jh. zu ihrer Sommerresidenz. Die Entdeckung von Mineralquellen gab 1826 den Anstoß zur Einrichtung eines Eisenmoorbads – eine Tradition, an die das neue Moorbad wieder anknüpft. Den Charme eines ruhigen Erholungsorts mit prächtigen Wohnhäusern und Gesellschaftsbauten besitzt Bad Doberan auch heute noch.

** MÜNSTER BAD DOBERAN

Baugeschichte

Inmitten eines im frühen 19. Jh. angelegten englischen Landschaftsgartens steht **eine der schönsten Backsteinkirchen Deutschlands**, das Münster Bad Doberan. Das zugehörige Zisterzienserkloster war bis zur Säkularisation im Jahr 1533 eines der wohlhabendsten und einflussreichsten des Landes. Die gotische Basilika entstand nach 1295 über der 1291 abgebrannten Vorgängerkirche und wurde 1368 geweiht. Die Grundrissdisposition mit Chorumgang und Kapellenkranz folgt dem Bauschema der französischen Gotik, das auch in der Lübecker Marienkirche anzutreffen ist. Der schlichte Bauschmuck und der kleine Dachreiter anstelle eines Turms verweisen auf die strengen Bauvorschriften der Zisterzienser. Stark umgestaltet wurde die Kirche Ende des 19. Jh.s durch Gotthilf Ludwig Möckel. Eine erneute

Münster Bad Doberan

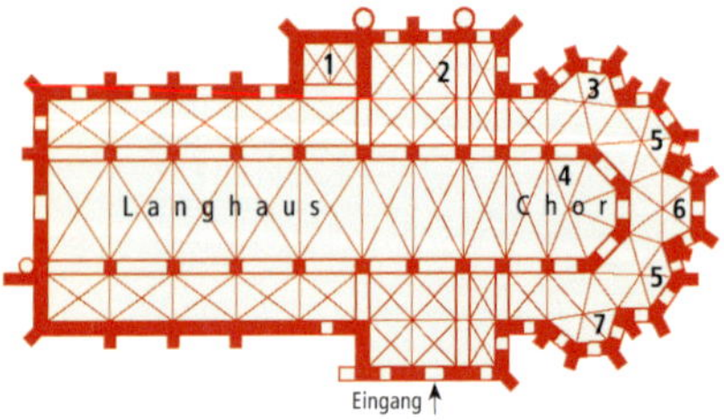

1 Bülowkapelle
2 Grabmal des Pribislav
3 Grabmal des Kanzlers Samuel von Behr
4 Sakramentshaus
5 Fürstliche Grabstätte
6 Grabmal des Herzogs Adolf Friedrich
7 Grabmal des Herzogs Johann Albrecht

Bad Doberan erleben

AUSKUNFT

Tourist-Information Bad Doberan
Dünenstraße 7a
18230 Ostseebad Rerik
Tel. 038296 87429
www.bad-doberan.de

Touristik-Service Kühlungsborn
Ostseeallee 19
18225 Kühlungsborn
Tel. 038293 8490
www.kuehlungsborn.de

Kurverwaltung Ostseebad Rerik
Dünenstr. 7
18230 Ostseebad Rerik
Tel. 038296 78429
www.rerik.de

ESSEN

1 *Weißer Pavillon* €€€
Bad Doberan
Auf dem Kamp 1
Tel. 038203 62326
www.weißer-pavillon.de
Vor allem bei gutem Wetter sitzt man schön im bzw. vor dem Weißen Pavillon im kleinen Park mitten in Doberan. Das Café verwöhnt zur Nachmittagszeit mit Kuchen, Torten und Eis aus eigener Herstellung und bietet mittags regionale Gerichte. Kein Ruhetag.

2 *Café Röntgen* €
Kühlungsborn
Strandstr. 30a
Tel. 038293 78136
www.classic-conditorei.com
Regionale und internationale Küche stehen auf der Speisekarte des Restaurants direkt am Stadtwald. In der Konditorei wird nach traditionell mecklenburgischen Rezepten gebacken und es gibt hauseigene Liköre. Kein Ruhetag.

ÜBERNACHTEN

1 *Grand Hotel Heiligendamm* €€€€
Bad Doberan-Heiligendamm
Prof.-Dr.-Vogel-Straße 6
Tel. 038203 7400
www.grandhotel-heiligendamm.de
Trotz Insolvenzantrag im März 2012 geht der Betrieb weiter. Architekturensemble der Extraklasse am Ostseestrand mit jedwedem Komfort, auch im großzügigen Spa-Bereich. Gourmets pilgern ins Restaurant »Friedrich-Franz« (nur Mi.–So. 18.00–22.30 Uhr).

2 *Hotel Prinzenpalais*
Bad Doberan
Alexandrinenplatz 8
Tel. 038203 73160
www.prinzen-palais.de
First-Class-Hotel in der ehemaligen Sommerresidenz der Mecklenburger Prinzen und Herzöge. Geschmackvoll eingerichtete 30 Zimmer. Im Haus befindet sich ein sehr stilvolles Restaurant mit klassischer Küche.

EINKAUFEN

Bäckermeister Jens Felsky verkauft »Doberaner Münsterkruste« am Maxim-Gorki-Platz und in sieben Filialen. Pro Brot gehen 20 Cent ans Münster.
Im Torhaus kann man erlesene Kräuter, Delikatessen und Lebkuchen erwerben. Mit Cafégarten.
Klosterstr. 1
Tel. 0170 4327710
tgl. 10.00–18.00 Uhr
www.torhaus-doberan.de

Renovierung zwischen 1964 und 1984 brachte den ursprünglichen Zustand zurück.

ⓘ Klosterstr. 2; Mai – Sept. 9.00 – 18.00, So. 11.00 – 18.00, März, April, Okt. 10.00 – 17.00, So. 11.00 – 17.00, Nov. – Feb. 10.00 – 16.00, So. 11.00 – 16.00 Uhr; Eintritt 2 €; www.doberanermuenster.de

**Ausstattung

Ein Großteil der ursprünglichen Ausstattung aus dem 14. Jh. ist erhalten. Herausragend ist der um 1310 geschaffene, reich vergoldete Hochaltar, eines der frühesten Beispiele deutscher Flügelaltäre. Von den 13 Nebenaltären sind noch der Corpus-Christi-Altar von 1320 bis 1330, der von einem 15 m hohen Kruzifix überragte Kreuzaltar von 1368, der die Mönchskirche vom Laienbereich trennte, und der Mühlenaltar (um 1400) erhalten. Aus dem 14. Jh. stammt das fast 12 m hohe **Sakramentshaus** aus Eichenholz, ein filigraner, von Maßwerk mit eingestellten Figuren durchbrochener Turm. Der bemalte Kelchschrank wurde wohl schon um 1280 für die romanische Vorgängerkirche geschaffen. Ins ausgehende 13. Jh. wird auch die Marienleuchte datiert, die als eine der ältesten Standmadonnen in Norddeutschland gilt. Eine kunsthistorische Kostbarkeit ist das Schnitzwerk an den Chorgestühlwangen. Reste gotischer Glasmalerei (14. Jh.) sind in zwei Fenstern in den Seitenschiffen zusammengestellt.

*Grabmäler

Die ehemalige Klosterkirche birgt viele Grabmäler und Epitaphe aus dem 13. bis 17. Jh. Die bedeutendsten befinden sich im Chorumgang und in den Chorkapellen. Die in der nordöstlichen Kapelle aufgestellte Holztumba von Königin Margaretha von Dänemark (1280) gilt als das früheste Beispiel für ein plastisch-figürliches Grabmal in Mecklenburg. Auch bei den Tumben Albrechts von Schweden und seiner Gemahlin (um 1420) sind die Figuren noch liegend dargestellt. Beachtung verdient das Oktogon hinter dem Hochaltar (1420) wegen seiner Ornamentik. Eine neuzeitliche Auffassung des Totengedächtnisses verkörpert das prächtige, 1634 bis 1664 von Franz Julius Döteber geschaffene Grabmal für Herzog Adolf Friedrich und seine Gemahlin Maria, das die gesamte Chorkapelle mit einbezieht. Der Künstler schuf auch das baldachinbekrönte Grabmal für Samuel von Behr in der nördlichen Chorkapelle, das den herzoglichen Kanzler in Lebensgröße zu Pferd zeigt.

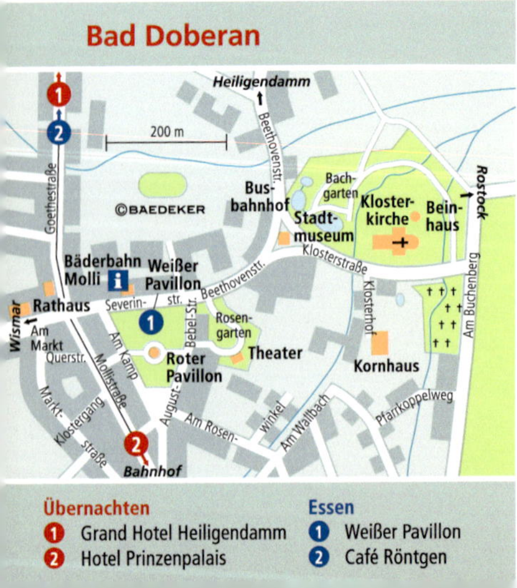

Nordöstlich der Kirche steht das mit glasierten Backsteinen verzierte Beinhaus (Mitte 13. Jh.) des Mönchsfriedhofs. Die Ausmalung und das Gestühl des Achteckbaus stammen aus dem 19. Jahrhundert. Vom ursprünglichen Bau erhalten sind Klostermauerreste samt Westtor, das Brauhaus mit einer alten Mühle und das für Veranstaltungen und als Jugendkunstschule genutzte Kornhaus mit Klostergarten und Café.

Weitere Klostergebäude

ⓘ Di. – So. 13.00 – 17.00 Uhr;
www.kornhaus-baddoberan.de

Im ehemaligen Wohnhaus (1888) des Architekten Gotthilf Ludwig Möckel am Westtor wird im **Stadt- und Bädermuseum** die Geschichte Heiligendamms und des Bäderwesens lebendig, inklusive Bademode von anno dazumal.

ⓘ Mitte Sept. – Mitte Mai Di. – Fr. 10.00 – 12.00 und 13.00 – 16.00, Sa., So. 12.00 – 17.00 Uhr; Eintritt 3 €, Kombiticket mit Münster 4 €;
www.stadtmuseum.moeckelhaus.de

SEHENSWERTES IM ZENTRUM

***Herzogliche Sommerresidenz**

Zentrum des klassizistischen Bad Doberan ist der Kamp, eine kleine Parkanlage, die zusammen mit den umstehenden Häusern ein hübsches Ensemble bildet. Es entstand im Zuge des Ausbaus von Doberan als großherzoglicher Sommersitz. Hofbaumeister Carl Theodor Severin entwarf den Weißen Pavillon (1813; nun Restaurant, ►S. 135) und den Roten Pavillon (1809; nun Kunstgalerie), zunächst Musikspielstätten, im Geschmack der damaligen Chinamode.
Von Carl Theodor Severin stammen auch das Großherzogliche Palais (1809) und das Salongebäude (1801/1802), beide an der Ostseite des Parks gelegen. Das Haus in der August-Bebel-Str. 2 war früher ein Logierhaus und wurde später in ein Romantik-Hotel umfunktioniert.

Ehm-Welk-Haus

Im **Ehm-Welk-Haus** lebte Schriftsteller Ehm Welk (►Berühmte Persönlichkeiten S. 59) von 1950 bis 1966. Die heutige Ausstellung präsentiert sein Lebenswerk, auch den historischen Roman »Die Lebensuhr des Gottlieb Grambauer«. Die Bibliothek im Arbeitszimmer umfasst 5000 Bände.

ⓘ Dammchaussee 23, Di. – Sa. 13.00 – 16.00 Uhr und n. V.; Eintritt 2 €;
www.bad-doberan.de

»Molli«

Die **Schmalspur-Bäderbahn** »Molli« dampft seit 1886 mit max. 35 km/h von Bad Doberan über Heiligendamm 15,4 km bis Kühlungsborn. In Kühlungsborn-Ost öffnet die Bahnhofsgaststätte **»Molli's Lo(c)kschuppen«**. Der Bahnhof Kühlungsborn-West ist

»Molli«-Museum mit Café. Kuchen gibt es auch während der **Fahrt** im Salonwagen. Nostalgiker fahren gern auf der Lok mit, werden sogar Ehrenlokführer. 2012 fand der Pendelverkehr (im Stundentakt 8.35 – 18.45 Uhr) wegen Gleisbaus nur ab Bad Doberan-Rennbahn bis Kühlungsborn-West statt. Bis Rennbahn herrschte Schienenersatzverkehr.

Molli's Lo(c)kschuppen: März – Okt. tgl. 12.00 – 21.00 Uhr
»Molli«-Museum: Sommer tgl. 10.00 – 17.30, Winter 11.00 – 16.00 Uhr
Molli-Fahrt: Information am Bahnhof Bad Doberan; Tickets 2,50 – 6,50 €; www.molli-bahn.de

Pferderennbahn

Auf halber Strecke der Allee nach Heiligendamm liegt Deutschlands älteste Pferderennbahn, wo im August 1822 die Barone Gottlieb und Wilhelm von Biel erste Rennen bestritten. 1823 – 1961 fanden Renntage statt, seit 1993 sind sie wieder fest im Turf-Kalender verankert (www.doberaner-renntage.de).

★★ HEILIGENDAMM

Ältestes deutsches Seebad

Die »**weiße Stadt am Meer**« wurde Heiligendamm wegen der weiß getünchten Villen und Logierhäuser genannt, die auch heute noch Markenzeichen des ältesten deutschen Seebads sind. Der 6 km von Bad Doberan entfernte Erholungsort wurde 1793 auf Anregung des herzoglichen Leibarzts Samuel Gottlieb Vogel gegründet – ein 220 t schwerer Granitblock auf dem Kurplatz erinnert daran. International berühmt wurde das Seebad, als hier von 6. bis 8. Juni 2007 der G8-Gipfel tagte und zum Schutz der Staats- und Regierungschefs ein provisorischer 12 km langen Sicherheitszaun rund um Heiligendamm hochgezogen wurde. Herz des Seebads ist der direkt hinter dem Strand gelegene Kurplatz mit seinen klassizistischen Prachtbauten, den man von der Seebrücke bestens überblickt. Das gesamte liebevoll restaurierte und modernisierte Ensemble heißt heute »Grand Hotel Heiligendamm«.

1816 entstand nach Plänen von Carl Theodor Severin das Kurhaus, zu erkennen an dem flachen Dreiecksgiebel über einer großzügig bemessenen dorischen Säulenvorhalle. Ein Wandelgang führt ins vierstöckige ehemalige Grandhotel, heute »Haus Mecklenburg«. Es ging aus dem ersten, 1795 errichteten Badehaus hervor und dient dem heutigen Hotelkomplex als Wohnbereich. Östlich vom Kurhaus steht das luxuriöse Haus Grandhotel, in dem die Rezeption und die Nelson Bar eingerichtet sind. Südlich benachbart ist der sechsgeschossige Severin Palais. Dieser einzige Neubau des gesamten En-

Ein Juwel der Backsteingotik in Mecklenburg-Vorpommern: die ehemalige Klosterkirche in Bad Doberan

sembles beherbergt den nach neuesten balneologischen Erkenntnissen eingerichteten Heiligendamm-Spa mit luxuriösem Pool, verschiedenen Saunen und Treatment-Suiten. Südlich vom Kurhaus ist das einstige Telegrafenamt zur idyllischen Orangerie mit kostbar ausgestatteten Suiten umgestaltet worden. Davor leuchtet die putzig anmutende Burg Hohenzollern, mit der einstmals Großherzog Paul Friedrich sich und seiner Gemahlin einen Herzenswunsch erfüllte. Heute residiert man hier in Mahagoni, Samt und Seide.

* KÜHLUNGSBORN UND UMGEBUNG

Größtes Osteebad des Landes

Das größte Ostseebad Mecklenburg-Vorpommerns, 8 km westlich von Heiligendamm im tief zerfurchten Waldgebiet namens Kühlung gelegen, ist vor allem für Familien ein beliebtes Urlaubsziel. Die immensen Freizeitmöglichkeiten locken zahlreiche Urlauber in die 8100-Seelen-Gemeinde.

Molli, Meer und Strand

Kühlungsborn entstand im Jahr 1938 durch den Zusammenschluss der Dörfer Brunshaupten, Fulgen und Arendsee. In Kühlungsborn-West steht ein hübscher alter Backstein-Bahnhof, heute ist er Endstation der Schmalspurbahn »Molli« (►S. 139). In Kühlungsborn-Ost gibt es noch eine Holländermühle aus dem Jahr 1872; die Hauptattraktion des Ostseebads ist aber natürlich der kilometerlange, täglich gepflegte Sandstrand mit Seebrücke, breiter Strandpromenade und Konzertpavillons. Die Kurtaxe fällt hier moderat aus (Hauptsaison 2012: 2 €).

> **? BAEDEKER WISSEN**
>
> *Ein Korb im Sand*
>
> 1882 fertigte der Rostocker Korbmacher Wilhelm Bartelmann den ersten Strandkorb – ein Riesenerfolg. Erste Strandsessel vermietete seine Gattin Elisabeth 1883 in Warnemünde. 1903 eröffnete Sohn Max die Filiale Kühlungsborn, wo die Familie heute in der vierten Generation lebt (www.bartelmann.com).

Das **Ortsbild** bestimmen alte Villen und Pensionshäuser ebenso wie moderne, dem Bäderstil angepasste Ferienappartements wie das große Haus Meeresblick. Abwechslung zum Strandleben bietet eine Wanderung zum 79 m hohen **Signalberg** mit einem alten Leuchtturm oder auf den Diedrichshäger Berg, mit 128 m die höchste Erhebung der Kühlung, die eine gute Aussicht verspricht.

***Rerik, Wustrow**

Sowohl im Meer – am erst 1997 aufgeschütteten Sandstrand – als auch im Salzhaff baden kann man in Rerik, 12 km westlich von Kühlungsborn. Seinen Namen erhielt der Ort 1938 von dem hier vermuteten, 808 von den Dänen zerstörten Handelsplatz Rerik –

Prachtvolle Wandmalereien zieren Reriks Dorfkirche.

vorher hieß er Alt Gaarz. Obwohl auch hier, insbesondere am Haff, viele neue Ferienwohnungen entstehen, hat Rerik immer noch den Charakter einer Gartenkolonie, was vor allem Surfer und Segler anzieht. Dennoch zählt der Strand von Rerik nach denen in Boltenhagen und Kühlungsborn zu den beliebtesten der gesamten Gegend. Ab Kühlungsborn bietet die MS »Baltica« Ausflüge Richtung Rerik/ Salzhaff und nach Warnemünde (www.baltica.de). Ab dem Jachthafen von Rerik starten mehrmals täglich Schiffsrundfahrten ins Salzhaff.

Halbinsel Wustrow

Die Halbinsel war lange Zeit Militärsperrgebiet, und Reriks Bewohner waren Fischer. Das sehenswerte **Heimatmuseum** in Reriks alter Schule thematisiert in sieben Räumen die interessante Ortsgeschichte, die Bedeutung der Fischerei und Fakten aus der Badehistorie. Reriks frühgotische Johanneskirche besitzt unerwartet reiche barocke

Wandmalereien. Von Juni bis September finden hier jeden Donnerstag um 20 Uhr kostenlose Konzerte statt.

Heimatmuseum: Dünenstr. 4, Mai – Sept. Di., Mi., Fr. 10.00 – 12.00, 14.00 – 17.00, Do., Sa. 14.00 – 17.00, So. 15.00 – 17.00 Uhr; Sept. – Mai Di. 10.00 – 12.00, 14.00 – 17.00, Mi., Do. 14.00 – 17.00, Fr. 10.00 – 12.00, Sa., So. 14.00 – 16.00 Uhr; Eintritt 2 €; www.rerik.de

UMGEBUNGSZIELE ABSEITS DER KÜSTE

Steffenshagen Auf der Strecke nach Kröpelin ist es nur ein kurzer Umweg nach Steffenshagen (knapp 8 km westlich von Bad Doberan). Ungewöhnlich in der überragenden Dorfkirche ist vor allem der aufwendige, sonst nur bei großen Kloster- oder Stadtkirchen zu findende Bauschmuck, der sich besonders am Chor konzentriert. Am südlichen Chorportal sind vor allem die lilienförmigen Ziegel und die auf Kämpferhöhe sitzenden Apostelfiguren beachtenswert.

Kröpelin Im Ackerbürgerstädtchen lebten im 19. Jh. 96 Schuhmachermeister. Auch an diese Handwerkstradition erinnert das Stadtmuseum. Ein historischer Pfad erschließt neun weitere Attraktion im Ort, u. a. eine Holländermühle (Ende 19. Jh.).

❶ Hauptstr. 5, Mo., Do. 9.00 – 12.00, 13.30 – 17.00, Di. 9.00 – 12.00, 13.30 – 18.00, Fr. 9.00 – 12.00, 13.30 – 16.00, Sa. nur Mai – Sept. 9.00 – 12.00 Uhr; Eintritt frei; www.bibliothek-museum-kroepelin.de

! BAEDEKER TIPP

Altes Handwerk

In Glashagen, zwischen Bad Doberan und Retschwo, hat das Ehepaar Kaufmann die alte Tradition der Mecklenburger Glasproduktion wiederbelebt. In ihrer Glashütte kann man bei der Herstellung zuschauen und auch schöne Stücke kaufen (Mo. – Sa. 10.00 – 18.00 Uhr; Jan., Feb. geschl., www.glas-hagen-huette.de).

Der Geburtsort von Heinrich Schliemann (►Berühmte Persönlichkeiten S. 58) **Neubukow** wurde Mitte des 13. Jh.s planmäßig angelegt. Die Gedenkstätte für den berühmten Sohn im Rektorhaus besitzt Originalfunde aus Troja.

❶ Am Brink 1, Mai – Sept. Di. – Fr. 10.00 – 17.00, Sa. 11.00 – 17.00, So. 14.00 – 17.00 Uhr, Sept. – Mai Di. – Fr. 10.00 – 16.00, Sa. 14.00 – 16.00 Uhr; Eintritt 2 €; www.neubukow.de

Retschow 7 km von Bad Doberan wartet in Retschow der Denkmalhof der Familie Pentzin mit einem niederdeutschen Hallenhaus (1787), Reetdach-Scheune (1826) und -Katen (1846) sowie landwirtschaftlichem Geräte auf. Die Anlage ist mit diesen Gebäuden die einzige ihrer Art in Mecklenburg-Vorpommern.

❶ Information: Dorfstr. 2; Di. – Sa. 9.00 – 16.00 Uhr; Eintritt frei

Barth

M 3

Landkreis: Vorpommern-Rügen
Höhe: 2 m ü. d. M. **Einwohnerzahl:** 8730

Die kleine Hafenstadt mit eigenem Flugplatz liegt an der Mündung der Barthe in den gleichnamigen Bodden; jenseits des Boddens ragt die Halbinselgruppe ►Fischland – Darß – Zingst ins Meer.

Vineta-Museum

Am attraktivsten zeigt sich Barth in der Langen Straße mit einigen schönen Giebelhäusern und dem alten Rathaus. Es beherbergt das **Vineta-Museum**, das an berühmte Barther wie den Bildhauer Walter Esser (1885 – 1945) und an die sagenumwobene versunkene Stadt erinnert. Übrigens: Außer dem Städtchen Barth glaubt auch der Ort Zinnowitz auf Usedom, rechtmäßiger Nachfolger des sagenumwobenen Vineta zu sein (►Baedeker Wissen S. 370).

❶ Lange Str. 16; Di. – Fr. 10.00 – 17.00, Sa., So. 11.00 – 17.00 Uhr; Eintritt 5 €; www.vineta-museum.de

Türme und Tore

Vom 80 m hohen Turm der Marienkirche am Markt, einer dreischiffigen gotischen Hallenkirche (13. Jh.), bietet sich ein schöner Ausblick. Eine von nur 45 prächtigen **Barther Bibeln**, die hier 1584 – 1588 in plattdeutscher Sprache gedruckt wurden, ist Prunkstück der 660 m² großen Ausstellung zur Bibelgeschichte im NBB (**Niederdeutschen Bibelzentrum**) St. Jürgen. Von der Stadtbefestigung blieben das Dammtor von 1357 und der 12 m hohe Fangelturm. Das barocke Adlige-Fräulein-Stift entstand 1733 auf dem Grund des alten Herzogschlosses.

Niederdeutsches Bibelzentrum: Sundische Str. 52; Di. – Sa. 10.00 – 18.00, Sa. 12.00 – 18.00 Uhr; Eintritt 3 €; www.bibelzentrum-barth.de

Barth erleben

AUSKUNFT

Barth-Information
Am Markt 3/4
18356 Barth
Tel. 038231 2464
www.stadt-barth.de

RUNDFLÜGE

Die Boddenlandschaft aus der Vogelperspektive ermöglichen Rundflüge ab dem Flughafen Barth (ab 80 €).
Tickets/Info: Tel. 038231 89551, www.ostseeflughafen-stralsund-barth.de
www.fsb-airservice.de

Demmin

O 6

Landkreis:
Mecklenburgische Seenplatte
Höhe: 8 m ü. d. M.

Einwohnerzahl: 11 890

Das Städtchen am Zusammenfluss von Peene, Tollense und Trebel eignet sich gut als Ausgangspunkt für Ausflüge und Wanderungen. Seit 1994 führt Demmin wieder den alten Beinamen Hansestadt.

Vom Krieg gezeichnet

Rund 80 % der Altstadt wurden zerstört, als in den letzten Tagen des Zweiten Weltkriegs russische Truppen in Demmin einmarschierten und die Stadt in Brand setzten. Erst nachdem Demmin mehrere Tage gebrannt hatte, durften die Bewohner das Feuer löschen. Schätzungsweise mehr als 900 Demminer Bürger hatten aus Angst vor der Vergeltung der Sieger den Freitod gewählt.

SEHENSWERTES IN DEMMIN UND UMGEBUNG

Zentrum

Das pulsierende Versorgungszentrum des Umlands ist auch Ausgangspunkt für Touren in den Naturpark Flusslandschaft Peenetal (►S. 129). Aus der Zeit als Hansestadt (bis 1607) blieben der Pulverturm an der Stadtmauer und das mit Staffelgiebel und Mauerblendwerken geschmückte Luisentor (15. Jh.). Das barocke Rathaus mit Hansebrunnen wurde nach der Wende wiederaufgebaut. »Frieden sei mit Euch« verkündet der Türgriffengel am Stadtwahrzeichen, der am

Demmin erleben

AUSKUNFT

Stadtinformation am Bahnhof
17109 Demmin
Tel. 03998 22 50 77
www.demmin.de

ÜBERNACHTEN

Hotel Trebeltal ❷ ❷
Klänhammer Weg 3
Tel. 03998 25 10
www.hotel-trebeltal.m-vp.de
43 Zimmer
Das ruhig am Stadtrand gelegene Haus bietet modernen Komfort. Im Restaurant »Trebelblick« wird gute Regionalküche geboten.

Hotel Demminer Mühle ❷
An der Mühle 3
Tel. 03998 43 13 95
www.demminer-muehle.de
Modernes Hotel mit 28 Zimmern neben der restaurierten Demminer Mühle, in der man gutbürgerlich speist.

Hier lagerte einst Getreide: Backsteinspeicher am Peenehafen

20. 11. 2011 nach Jahren der Renovierung neugeweihten dreischiffigen Hallenkirche **St. Bartholomaei** (um 1300). Das Gotteshaus mit hohem Turm (92 m) – es wurde 1856 bis 1867 von Friedrich August Stüler und Bartholomäus Weber umgebaut – erhielt neues Geläut, der Kirchplatz mit zwei Gusseisenglocken und historischen Fachwerkbauten (18. Jh.) ist umgestaltet. Im Innern wurden Grünberg-Orgel und Stülers Kanzel (nach einer Skizze Caspar David Friedrichs) restauriert. Das Altarbild (Kreuzabnahme; 1825) ist eine Kopie eines Werkes Raffaels. Eine Ausstellung präsentiert Otto von Bamberg: Der Apostel der Pommern besuchte Demmin 1128. Die **»offene Kirche«** ist zu Konzerten zu besichtigen. Sehenswert ist auch die katholische Maria-Rosenkranzkönigin-Kirche (1914/15).
In einem der Getreidespeicher am Peenehafen wird das **Regionalmuseum** ausgebaut. Gegenüber wird im **»Hanseviertel«** auf der Fischerinsel altes Handwerk vorgeführt. Daran schließt sich die Anlegestelle mit der ehemaligen Senatsbarkasse »Hamburg« an. Eine Attraktion ist das Erlebnisbad **»Biberburg«** mit Riesenrutsche.

Offene Kirche: Mai – Okt. Di. – Fr. 11.00 – 16.00, Sa. 12.00 – 16.00, So. (nur Juli/Aug.) 10.00 – 16.00 Uhr

Regionalmuseum: Am Hanseufer 2; Di., Do., So. 10.00 – 18.00 Uhr; Eintritt 1 €; www.demminer-regionalmuseum.de

Hanseviertel: Mai – Okt. tgl. 10.00 – 17.00 Uhr; Eintritt 2,50 €

Biberburg: Nordsackgasse 3a; in dern Ferien Mo. – Fr. 10.00 – 20.00, Sa. und So. 10.00 – 20.00, außerhalb der Ferien Mo. – Fr. 12.00 – 19.00, Sa. und So. 10.00 – 20.00 Uhr; Eintritt 2 €

Nehringen

In Nehringen, 20 km nordwestlich von Demmin, überspannt eine hölzerne Klappbrücke die Trebel. Mit dem Schloss von 1806 mit Krüppelwalmdach und Eingangsgiebel und der Dorfkirche (17. Jh.) blieb Historisches erhalten. An die alte Grenzburg erinnert ein Burgfried. Die schöne alte Lindenallee führt nach Keffenbrink.

Rustow Eine Lindenallee und ein hübscher Park gehören auch zu dem kleinen klassizistischen Schloss in Rustow, das zwischen Demmin und Loitz in der Peeneniederung steht.

Loitz 11 km nordöstlich von Demmin (B 194) liegt das Peene-Städtchen Loitz mit regelmäßigem Grundriss, zentralem Marktplatz und rechtwinkligem Straßennetz. Keimzelle war eine slawische Burg. Das Rathaus ist ein barocker Putzbau (1785). Die ältesten Teile der Stadtkirche St. Marien gehen auf das 13. Jh. zurück, ihr spätromanischer Taufstein (13. Jh.) und der barocke Altaraufsatz des Stralsunder Bildhauers Elias Keßler von 1725 sind sehenswert. Einen Blick wert ist auch die Heiliggeistkapelle (13. Jh.) in der Heiliggeiststraße. Das Steintor aus dem 14. Jh. ist das einzige Relikt der Stadtbefestigung.

DDR-Museum Tutow 40 Jahre DDR-Alltagsleben spiegelt dies Museum in der Senffabrik östlich von Demmin (ausgeschildert). Mit Konsum-Shop (Erlenweg 42).

Mitte April – Mitte Okt. Di. – So. 10.00 – 18.00 Uhr; Eintritt 2,50 €; www.ddr-museum-tutow-mv.de

Kartlow In Kartlow (ca. 15 km östlich von Demmin) baute der Berliner Architekt Friedrich Hitzig 1858 für den Gutsbesitzer von Heyden in unmittelbarer Nähe des Wirtschaftshofs ein **Schloss**, ein malerischer Bau mit unregelmäßigem Grundriss und gotische Formen zitierenden Giebeln und Türmen.

Schmarsow Rund 13 km südöstlich von Demmin liegt das Dörfchen Schmarsow. Sein Name leitet sich vom slawischen Wort »smarz«, **Morchel**, ab – vielleicht, weil dieser Pilz hier so häufig vorkommt. Das 1625 erbaute, sanierte Schloss Schmarsow offeriert heute Ferienwohnungen.

Dargun Dargun liegt 13 km westlich von Demmin an der B 110. Hier gründeten Zisterzienser vom dänischen Kloster Esrom 1172 eine der frühesten Niederlassungen ihres Ordens im heutigen Nordostdeutschland. Nach der Auflösung des Klosters 1552 ließen die mecklenburgischen Herzöge die Klausurgebäude zu einer repräsentativen Nebenresidenz ausbauen. Ein Großfeuer zerstörte 1945 das vierflügelige Schloss. Die gotischen Glasfenster aus der Klosterkirche wurden gerettet und in die Pfarrkirche von Dargun gebracht. Außer der imposanten Ruine, die seit 1994 wieder aufgebaut wird, sind ein paar Nebengebäude des Klosters, eine barocke Toranlage und ein kleiner Pavillon (17. Jh.) im früheren Schlossgarten zu besichtigen. Das **»Uns lütt Museum«** im Ex-Gästehaus des Klosters zeigt auf 2000 m^2 Wohnräume um 1900, Exponate zur Eisenbahn- und Medizinhistorie, in der Tenne Webstühle und 30 Mecklenburger Pferdegespanne. Nordwestlich des Orts lag eine slawische Burg (vermutlich 7. bis 10. Jh.), von der drei Erdwälle zu sehen sind.

Uns lütt Museum: April – Juni, Sept./Okt. Sa., So. 13.30 – 16.30, Juli/Aug. Mi., Do., Sa., So. 13.30 – 16.30 Uhr; Eintritt: 2,00 €; www.museum-dargun.de

Gnoien

Eine alte, planmäßig gebaute Siedlung auf dem flachen, fruchtbaren Landstrich nördlich von Dargun ist die um 1250 angelegte Kleinstadt Gnoien. Die Pfarrkirche St. Marien weist im Chor, am Langhaus und Westturm einen feingliedrigen Blendschmuck auf. An den Rechteckchor (13. Jh.) schließt sich das als Halle errichtete Langhaus (14. Jh.) an; der Westturm wurde erst im Jahr 1445 fertiggestellt. Im Innern finden sich im Chorgewölbe **Wandmalereien** aus der Zeit um 1300, aus spätgotischer Zeit stammt der Flügelaltar. An der Straße nach Neukalen steht eine alte Holländerwindmühle.

* Dömitz

D 11

Landkreis: Ludwigslust-Parchim
Höhe: 17 m ü. d. M.
Einwohnerzahl: 3170

Das Städtchen am rechten Elbeufer ist wegen der berühmten Renaissancefestung – der einzigen vollständig erhaltenen Flachlandfestung in Norddeutschland – ein außerordentlich beliebtes Ausflugsziel. Im Juni 2012 feierte Dömitz 775-jähriges Stadtjubiläum.

Dömitz besitzt noch ein recht geschlossenes **Stadtbild mit Fachwerkhäusern**, die nach dem Brand von 1809 gebaut wurden. Die schönsten findet man in der Elbstraße und in der Torstraße, viele davon mit kunstvoll geschnitzten Haustüren. Das 1820 errichtete Rathaus am Markt ist ein zweigeschossiger Fachwerkbau mit einem hübschen Mansarddach, die Stadtkirche entstand 1872 als neugotischer Backsteinbau.

Dömitz

AUSKUNFT

Tourist-Information
Rathausplatz 1 (nur temporär an der Kirche, Slüterplatz 10)
19303 Dömitz
Tel. 038758 2 21 12
www.doemitz.de

FESTUNG DÖMITZ

Am rechten Elbeufer bestand schon seit 1237 eine Burg, die Herzog Johann Albrecht I. in den Jahren 1559 bis 1565 vom oberitalienischen

Festung Dömitz

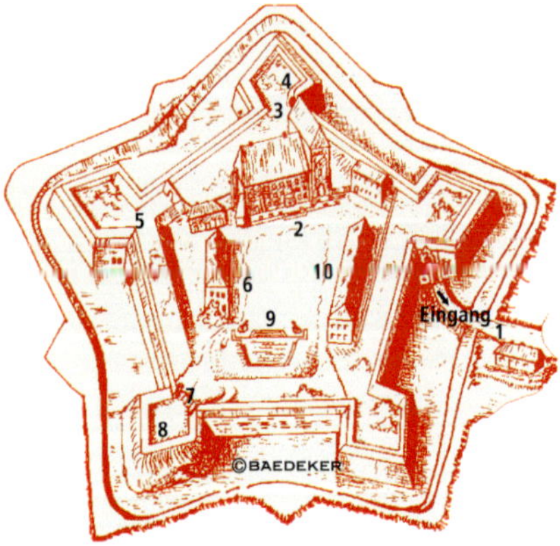

1 Wallmeisterhaus
2 Kommandantenhaus mit Museum und Fritz-Reuter-Gedenkhalle
3 Bastion und Kasematte Burg
4 Aussichtspunkt
5 Bastion und Kasematte Greif
6 ehem. Zeughaus
7 Bastion und Kasematte Drache
8 Aussichtspunkt
9 Freilichtbühne
10 ehem. Hauptwache und Kaserne

Festungsbaumeister Francesco A. Bornau zur imposanten Flachlandfestung ausbauen ließ. Die fünfeckige Zitadelle ist mit Bastionen und Kasematten ausgestattet. Das prächtige Eingangsportal im Stil der niederländischen Spätrenaissance stammt der Inschrift zufolge aus dem Jahr 1565. Die gesamte Festung ist von einem Wassergraben und von einem Gegenwall umgeben, die man früher über eine Zugbrücke überqueren konnte. An ihre Stelle trat zu Beginn des 20. Jh.s ein Damm. Durch einen Tunnel gelangt man in den Festungshof. Die Gebäude um den Hof sind im 18. und 19. Jh. erbaut worden, als die Festung als Zuchthaus diente. Aus der Erbauungszeit der Festung stammt das dreigeschossige Kommandantenhaus mit dem Festungsturm. Es beherbergt heute das **Stadtgeschichtliche Museum**. Dokumente zur Entwicklung der Stadt und der Elbschifffahrt sowie zur Volkskunde der Region sind Schwerpunkte der Sammlung. Im gewölbten Pulverkeller wird die 750-jährige Geschichte der Festung veranschaulicht. In der Kapelle im Turm der Festung erinnert eine Gedenkhalle an den niederdeutschen Dichter Fritz Reuter (▶ Baedeker Wissen S. 254), der 1839/1840 auf der Dömitz einen Teil seiner Haft »absitzen« musste. Gezeigt wird hier auch das »**Reutergeld**«. Dabei handelt es sich um Notgeldscheine der 1920er-Jahre, die mit plattdeutschen Reuterzitaten versehen waren. In der Festung gibt das Infozentrum »Naturpark Elbtalaue« Auskunft.

● Mai – Sept. Di. – Fr. 9.00 – 17.00, Sa., So. 10.00 – 18.00 Uhr, Okt. Di. – So. 10.00 – 16.30, Nov. – April Di. – So. 12.00 – 16.00 Uhr; Eintritt 3,50 €; www.festung-doemitz.de

Müritz-Elde-Wasserstraße Der bei Dömitz in die Elbe mündende Eldekanal, heute wird er Müritz-Elde-Wasserstraße genannt, ist ein sehr wichtiger Wasserweg, der die Elbe mit der Müritzer Seenplatte und dem Schweriner See verbindet.

Elbbrücke Seit 1992 gibt es bei Dömitz wieder eine Straßenbrücke über die Elbe nach Dannenberg. Bereits 1873 hatte man hier eine Eisenbahnbrücke gebaut. Dazu kam 1936 eine Straßenbrücke. Am 20. April 1945 wurden beide Brücken von alliierten Bomben zerstört, ihre Brückenköpfe führten von da an ins Niemandsland des innerdeutschen Grenzgebiets und gehörten mit zu den bekanntesten Symbolen der deutsch-deutschen Teilung. Nach der Wiedervereinigung wurden die Ruinen der Straßenbrücke abgetragen und 1992 ein Neubau dem Verkehr übergeben.

UMGEBUNG VON DÖMITZ

Dorfrepublik Rüterberg

Etwa 5 km westlich von Dömitz (auf der B 195 Richtung Neuhaus, nach ca. 4 km Abzweigung) erreicht man Rüterberg. Die kleine Gemeinde war über 20 Jahre lang von der Außenwelt abgeschnitten – von Deutschland getrennt durch die deutsch-deutsche Grenze, von der DDR durch meterhohe Stacheldrahtzäune. Besucher kamen nur mit Passierschein hinein und heraus, die Bewohner benötigten eine regelmäßig zu beantragende Aufenthaltsgenehmigung, nach 22 Uhr kam niemand mehr nach Rüterberg hinein oder heraus. 1989, einen Tag vor dem Fall der Mauer und der Öffnung der DDR, riefen sie, das Vorbild der Schweizer Urkantone vor Augen, einen demokratischen Kleinstaat aus, die Dorfrepublik Rüterberg. 1991 wurde der Akt von der Landesregierung Mecklenburg-Vorpommern nachträglich sanktioniert. 1991 bis 2002 durfte sich der Ort offiziell »**Rüterberger Dorfrepublik 1967 – 1989**« nennen. Heute erinnern ein Stück Grenzzaun, Grenztor, Wachtturm und die **Heimatstube** daran. Vom hölzernen Aussichtstrum schweift der Blick ins Elbetal.

Heimatstube: Am Brink 3; April – Okt. Mo. – Fr. 10.00 – 15.00, Sa., So. 10.00 – 17.00 Uhr; Nov. – März Mo. – Fr. 10.00 – 15.00 Uhr; Eintritt 1 €

? BAEDEKER WISSEN

Ein Haufen Sand

Die größte Binnenwanderdüne im Elbetal kann man im Dömitzer Ortsteil Klein-Schmölen entdecken. Sie ist ca. 2 km lang, 600 m breit und überragt das umgebende Gelände um mehr als 30 m. Vor 100 Jahren hat man versucht, die Düne aufzuforsten, um die Äcker der Umgebung vor der Versandung zu schützen.

* NATURPARK MECKLENBURGISCHES ELBETAL

Auf der alten Grenze

Ein charakteristisches Teilstück des Elbetals, in dem bis zur Wiedervereinigung die innerdeutsche Grenze verlief, wurde 1990 als Naturpark ausgewiesen und ist heute **Teil des Biosphärenreservats Flusslandschaft Elbe.** Von der Gesamtfläche mit ca. 1200 km^2 liegen etwa 800 km^2 in Mecklenburg-Vorpommern. Das Urstromtal der Elbe entstand während der Weichseleiszeit. Doch der Strom verlagerte bis in die jüngste Vergangenheit seinen Lauf. Der Naturpark ist über die B 5, B 191, B 195 und B 321 sowie per Bahn (Hamburg–Berlin) leicht erreichbar. Dank eines gut ausgebauten Wander- und Radwandernetzes lässt sich das Gebiet bestens zu Fuß oder per Fahrrad erkunden. Das Elbetal ist auf diesem Abschnitt ein hervorragendes Beispiel für eine intakte Auenlandschaft mit ihren typischen Vegetationsformen. Neben Überflutungsgebieten finden sich Dünen, die mit Kiefernwald und sogenanntem Magerrasen bestanden sind. Zahlreiche Altarme der Elbe und Vorlandseen prägen die Elbaue. Am Wasser haben sich spezielle Vegetationsformen herausgebildet, da dieses Gebiet regelmäßig vom Hochwasser überflutet wird und landwirtschaftlich nicht nutzbar ist. Mit ihrer üppigen Pflanzenwelt – Gräser, Schilf und Nesseln – bietet die Uferzone vielen Tieren, insbesondere Vögeln, Rast- und Brutplätze. Am häufigsten sind Graureiher, Schwäne, Blässhühner, Bussarde, Milane und Möwen. Auch der Weißstorch wird in der Elbaue immer häufiger beobachtet.

ℹ Information: Festung Dömitz oder Naturparkverwaltung, Am Elbberg 8–9, Boizenburg; www.elbetal-mv.de

** Feldberger Seenlandschaft

P–R 9/10

Die Feldberger Seenlandschaft im Osten der Mecklenburgischen Seenplatte gilt als Europas besterhaltene Endmoränenlandschaft. Hier gibt es noch vielerlei Pflanzen und Tiere, die in anderen Regionen Deutschlands längst ausgestorben sind.

Einzigartige Naturlandschaft

Das rund 1000 km^2 große Schutzgebiet ist einzigartig. In der höchst romantischen, von waldigen Hügeln und glitzernden Seen geprägten Landschaft sind mehrere Hundert verschiedene Pflanzen heimisch, darunter auch viele seltene **Orchideenarten**. Etwa ein Zehntel aller in Deutschland vorkommenden Fisch-, See- und Schreiadler brütet hier. Kraniche, Eisvögel und Kolkraben sind keine Seltenheit, Fischotter finden in Seen und Wasserläufen reiche Beute.

Wasserwanderparadies

Die von zahlreichen Quellen gespeisten Feldberger Seen zeichnen sich durch eine hervorragende Wasserqualität aus. Auf allen Gewässern mit Ausnahme des Haussees sind Motorboote verboten, was vor allem Paddler und Kanuten zu schätzen wissen. Da fast alle Seen miteinander verbunden sind, können **Kanutouren** über mehrere Tage unternommen werden. Taucher finden am Dreetzsee ideale Bedingungen für Unterwassererkundungen. Eine Tauchstation auf dem

Ferldberger Seenlandschaft erleben

AUSKUNFT

Kurverwaltung Feldberger Seenlandschaft
Haus des Gastes, Strelitzer Str. 42
17258 Feldberger Seenlandschaft
Tel. 039831 27 00
www.feldberger-seenlandschaft.de

ESSEN

Carwitzer Fischerhütte Zum Hecht €€
Jägerwörde 33, 17258 Feldberger Seenlandschaft-Carwitz
Tel. 039831 2 07 82
www.ferien-beim-fischer.de
April, Okt. Mo., Di. Ruhetag
Nov. – März geschl.
Fische aus eigenem Fang können auf der Terrasse direkt am Carwitzer See verzehrt werden. Zünftig sitzt man an Holztischen. Einfache, aber gute Küche.

ÜBERNACHTEN

Hotel Hullerbusch €€
Hullerbusch 12, 17258 Feldberger Seenlandschaft-Carwitz
Tel. 039831 2 02 43
www.hotel-hullerbusch.de
8 Doppelzimmer, 2 Suiten
In der Märchenvilla, einst Gästehaus des DDR-Kulturministers, herrscht Idylle pur. Im Restaurant mit toller Sonnenterrasse gibt es leckere Regionalküche (Lamm, Wild, Fisch). 200 m weiter züchtet die Schäferei Hullerbusch Rauwollige Pommersche Landschafe. Im Hofladen gibt es Ziegenkäse, Salamis, Wolle und Bio-Eis (www.schaeferei-hullerbusch.de).

dortigen Campingplatz dient Anfängern wie Fortgeschrittenen als Anlaufpunkt. Dort gibt es auch einen Kanuverleih.

Wanderungen

Ein gut ausgebautes Wanderwegenetz und etliche Lehrpfade führen zu den reizvollsten Stellen und naturkundlichen Attraktionen.

Schiffsausflüge

Von Feldberg aus kann man Schiffsausflüge auf dem Haussee, dem Breiten Luzin und dem Lütter See unternehmen.

SEHENSWERTES IM NATURPARK

***Reiherberg, Cantnitzer Wacholderberg**

Nördlich des Haussees erhebt sich der 142 m hohe Reiherberg, von dem aus man einen wundervollen Blick über die Seenlandschaft genießen kann. Nordwestlich vom Reiherberg erreicht man den Cantnitzer Wacholderberg am Rande eines kleinen Sees. Dieses hübsche Fleckchen Erde war in der Vergangenheit Schaf- und Ziegenweide.

***Heilige Hallen**

Im **ältesten Buchenwald Deutschlands** – westlich von Feldberg und südlich von Lüttenhagen – stehen zum Teil über 350 Jahre alte Rotbuchen. Einzelne Bäume in diesem »Heilige Hallen« genannten Wald haben Stämme mit einem Umfang von mehr als 4 m. Sehr gut lässt sich in dem seit 1938 ausgewiesenen Naturschutzgebiet die natürliche Entwicklung eines nahezu unberührten Biotops sowie dessen vielfältige Tierwelt beobachten.

Lüttenhagen Sehr lohnend sind Besuche im Forstbotanischen Garten (Arboretum) und im **Waldmuseum »Lütt Holthus«** in Lüttenhagen. Von hier starten auch Führungen zu den Heiligen Hallen (3 €).

Forsthof 3; Mai – Sept. Di. – So. 10.00 – 18.00, Okt., April Di. – Sa. 13.00 – 16.00 Uhr, Nov. – März n. V.; Eintritt 2 €; www.luettenhagen.wald-mv.de

Feldberg Den schönsten Panoramablick auf die Kleinstadt (4650 Einw.) bietet der Park der Klinik am Haussee (mit Café). Dominant ist der 54 m hohe Turm der Stadtkirche (Klinkerbau von 1875). **Feldbergs Heimatstube** zeigt die Ortsgeschichte vom Marktflecken zum Erholungsort. Brotbacken und historisches Landleben erlernt man in der Ausstellung **»Hus und Hoff«**. Eine Attraktion sind die Veranstaltungen des Feldberger Wasserskiclubs »Luzin«. Auf der Clubtribüne am Haussee mit 2000 Sitzplätzen kann man regelmäßig internationale Wasserski-Wettkämpfe und Show-Darbietungen mitverfolgen.

Feldbergs Heimatstube: Amtsplatz 36; Mo., Mi., Fr. 14.00 – 16.00, Sa., So. 10.00 – 12.00, 14.00 – 16.00 Uhr; Spende willkommen; www.feldberger-seenlandschaft.de

Hus und Hoff: Bahnhofstr. 56; Mai – Okt. Mo. – Fr. 10.00 – 16.00, Juli/Aug. auch Sa., So. 11.00 – 16.00 Uhr; Eintritt frei

***Schmaler Luzin** Südlich von Feldberg lädt der Schmale Luzin Erholungssuchende ein. Dieser ca. 6 km lange und maximal 300 m breite eiszeitliche Rinnensee ist von einem waldbestandenen Steilufer umrahmt. Beim Zuruf

Blick vom Reiherberg über die Feldberger Seenlandschaft

»Fährmann hol över« bedient Fährmann Tom Europas einzige handbetriebene **Seilfähre** zum Hullerbusch bzw. Teufelstein. Der Teufelstein ist ein Felsrelikt der Eiszeit.

ⓘ Mai – Okt. tgl. 9.00 bzw. 10.00 Uhr bis zur Dämmerung; www.luzinfaehre.de

! BAEDEKER TIPP

Gartenfreunde aufgepasst!

In Krumbeck, 10 km nördlich von Feldberg, hat der berühmte Gartenarchitekt Peter Joseph Lenné einen bezaubernden Landschaftspark geschaffen, der erst Ende der 1980er-Jahre wiederentdeckt und aus seinem Dornröschenschlaf erweckt worden ist.

Eine herrliche Aussicht auf den Zansensee genießt man vom 121 m hohen **Hauptmannsberg**. Zu seiner ursprünglichen Flora gehört der Ginster, der hier im Juni blüht. Eiszeitliche Gletschervorstöße haben nicht nur die Hügel geformt, sondern auch wie Perlen an einer Kette aufgereihte Findlinge liegen lassen.

Carwitz

Unweit östlich des Schmalen Luzin weitet sich der Carwitzer See, an dessen Westufer Carwitz liegt. Es gibt auch einen schönen Wanderweg dorthin. 1933 erwarb der Schriftsteller **Hans Fallada** (►Berühmte Persönlichkeiten S. 55) hier ein renovierungsbedürftiges Bauernhaus am See. »Mit fünfzehn Schritten sind wir vom Haus am Wasser: Der See ist sehr tief, sein Wasser kristallklar, noch in der stärksten Sommerhitze bleibt es kühl«, schrieb er an seine Frau. Hier verfasste Fallada 17 seiner Werke, u. a. »Kleiner Mann was nun?«, »Wer einmal aus dem Blechnapf frisst« und »Wolf unter Wölfen«. Fallada verließ 1944 seine Frau und zog erst nach Feldberg, dann nach Berlin, wo er 1947 starb. Seine Frau lebte bis 1967 in dem Haus am See. 1981 wurde Falladas Urne auf den Friedhof von Carwitz überführt. Das Hans-Fallada-Haus ist nun geöffnet samt Garten und Museum, in dem interessante Lesungen und Konzerte stattfinden.

ⓘ Zum Bohnenwerder 2, Carwitz; Mai – Okt. Di. – So. 10.00 – 17.00, Nov. – April Di. – So. 14.00 – 16.00 Uhr; Eintritt 2,50 €; www.fallada.de

SEHENSWERTES IN DER UMGEBUNG

Touren

Ab der Tourist-Information Feldberg finden im Sommer zahlreiche geführte Wanderungen und thematisch orientierte Radtouren ins Umland statt. Sehr schön ist z. B. die Tour zum neuen **Findlingsgarten** bei Carwitz (Zugang frei). Sportlich Ambitionierte können auf mehrtägigen **Kanu- und Kajaktouren** die Feldberger Seenlandschaft bis ins alte brandenburgische Flößerstädtchen **Lychen** (mit Flößermuseum) und dank neuem, 600 000 € teurem Fisch-/Kanu-Pass in Fürstenberg/Havel bis zur Müritz paddeln. Auf der Strecke Feldberg – Lychen muss das Kanu allerdings mehrfach getragen werden. Nadelöhr ist der Küstriner Bach: Dessen Wasserpegel muss für eine Durchfahrt ohne Schaden 30 cm betragen.

Wittenhagen Ein besonders reizvolles Ziel ist Wittenhagen mit der nach der Wende renovierten achteckigen Dorfkirche von 1758 und 1,60 m dickem Zyklopenmauerwerk. In der Kirche sind Plastiken zu sehen. Hauptziel ist die **Kunsthalle Wittenhagen**, ein Treff für moderne Kunst in der Region. In der projektierten EU-geförderten **Eiszeitscheune** soll die bislang größte Ausstellung zum Thema »Eiszeit« entstehen.

Kunsthalle Wittenhagen: Zansenweg 4; Mi. – Mo. 11.00 – 18.00 Uhr; http://kunsthalle.gut-conow.de

> **BAEDEKER TIPP !**
>
> *Naturparklinie*
>
> Im Sommer fährt zweimal tgl. ein Bus ca. 3 Std. lang durch die Feldberger Seenlandschaft. Unterwegs erfährt man viel zu Land, Leuten, Veranstaltungen, Wanderungen u. v. m.; Familien und Gruppen erhalten Preisvergünstigungen. Fahrräder können kostenlos mitgenommen werden (Tel. 039831 27 00; www.mecklenburgische-seenplatte.de/feldberg_carwitz).

Bemerkenswert ist die restaurierte, nun für Trauungen und Konzerte genutzte **Dorfkirche** mit hohem Turm, die der Schinkelschüler Oberbaurat Buttel 1867 – 1869 errichtete. Die Bemalung der neuen Glasfenster mit Motiven der Schöpfungsgeschichte und aus dem Leben Jesu besorgte der russische Künstler Andrey Vystropov.

** Fischland · Darß · Zingst

K – N 3/4

Landkreis: Vorpommern-Rügen

Viel Ruhe, wenig Rummel, hinterm Strand urwüchsige Waldlandschaften, Fischerdörfer mit reetgedeckten Kapitänshäusern – damit zählt die Halbinselkette Fischland – Darß – Zingst zu den schönsten Urlaubsgebieten an der Küste Mecklenburg-Vorpommerns.

Urlaubsparadies an der Ostsee Bei Familien, Naturliebhabern und Aktivurlaubern ist diese Halbinselkette besonders beliebt. Große Hotelanlagen gibt es ebenso wenig wie mondänes Nachtleben, dafür ein hervorragend ausgebautes Radwegenetz, Wanderwege und viel unberührte Natur im **Nationalpark Vorpommersche Boddenlandschaft**. Die ca. 50 km lange Halbinselkette beginnt nordwestlich von ►Ribnitz-Damgarten und erstreckt

Fichland · Darß · Zingst erleben

AUSKUNFT

Kurverwaltung Ahrenshoop
Kirchnersgang
218347 Ostseebad Ahrenshoop
Tel. 038220 66 66 10
www.ahrenshoop.de

Kur- und Tourismusbetrieb Prerow
Gemeindeplatz 1
18375 Prerow
Tel. 038233 61 00
www.ostseebad-prerow.de

Kurverwaltung Ostseebad Wustrow
Ernst-Thälmann-Str. 11
18347 Ostseebad Wustrow
Tel. 038220 2 51
www.ostseebad-wustrow.de

Kur- und Tourismusbetrieb Zingst
Seestraße 56
18374 Ostseeheilbad Zingst
Tel. 038232 8 15 21
www.zingst.de

INFORMATIONSZENTREN NATIONALPARK

Durch die besonders interessanten Gebiete des Nationalparks werden das ganze Jahr über geführte Wanderungen angeboten. Informationen zu ganzjährig stattfindenden Führungen, Wanderungen und Ausstellungen gibt es hier:

Wieck auf dem Darß

Nationalparkzentrum Darßer Arche
Bleidenrader Weg 2
18375 Wiek auf dem Darß
Tel. 038233 70 38 21
www.nationalpark-vorpommersche-boddenlandschaft.de, www.bodden-nationalpark.de, www.darsser-arche.net

Zingst

Informationszentrum Sundische Wiese (östlich von Zingst), Tel. 038234 50 20

Groß-Mohrdorf

Kranich-Informationszentrum
Lindenstr. 27, Tel. 038323 8 05 40
www.kraniche.de

Insel Ummanz (West-Rügen)

Informationszentrum Waase
Neue Str. 63, 18569 Waase auf Ummanz
Tel. 038300 6 80 41

Hiddensee

Nationalparkhaus
Norderende 2 an der Straße nach Kloster
18565 Vitte, Tel. 038300 6 80 41

Halbinsel und Boddenküste

Tourismusverband Fischland-Darß-Zingst
Barther Str. 16
18314 Löbnitz
Tel. 038324 64 00
www.darss.net

ESSEN

Romantik Hotel Namenlos & Fischerwiege €€€€

Am Schifferberg, 18347 Ahrenshoop,
Tel. 038220 60 60
www.cafe-namenlos.de
tgl. 7.00 – 23.00 Uhr
Die Tradition des längst abgerissen legendären Café Namenlos setzt dieses Hotel mit Restaurant und herrlicher Seeterrasse an gleichem Ort fort. Tgl. 12.00 – 18.00 Uhr Tagesgerichte, solange der Vorrat reicht. Hausspezialität: Zanderfilet auf fruchtigem Cassoulet an Kartoffelschaum-Nocken. Ragout vom Borner Weidekolb probieren!

Café Buhne 12 €€

Ahrenshoop, Grenzweg 12
Tel. 038220 2 32
Mo. Ruhetag
im Winter nur Sa., So. geöffnet
Reizendes Café/Restaurant mit Seeterrasse in Toplage am Steilufer mit Sanddornpunsch, heißem Kakao oder Eis, aber auch Sanddorntorte, Zander und Kabeljau. Skulpturen im Garten.

Fischer-Klause €€

Zingst, Strandstraße 35
Tel. 038232 1 52 05
www.fischerklause-zingst.de
Di.–So. 12.00–22.00 Uhr
Seit 50 Jahren Top-Renommée für Mecklenburger Fischgerichte; an der Wand noch das »Goldene Fischbesteck« für Chef Peter Sabrowsky, in der DDR eine begehrte Auszeichnung.

ÜBERNACHTEN

Hotel Haferland €€€€

Wieck, Bauernreihe 5a
Tel. 038233 6 80
www.hotelhaferland.de
32 Doppelzimmer, 13 Apartments
Drei miteinander verbundene Reetdachhäuser; dazu ein herrlicher Garten und drei schöne Restaurants. In der Gesundheitsscheune gibt es Wellnessangebote.

Haus Bergfalke €€

Ahrenshoop, Am Schifferberg
Tel. 038220 60 60
www.cafe-namenlos.de, 8 Zimmer
Erbaut wurde das reetgedeckte Haus auf dem höchsten Punkt von Ahrenshoop als Sommersitz der Familie Falkenberg – daher der Name. Heute ist es eine stilvolle Pension und so gemütlich, dass man auch im Winter hier gerne Urlaub machen möchte.

Hotel Restaurant Marks €€€

Zingst, Weidenstraße 17
Tel. 038232 1 61 40
www.hotel-marks.de, 24 Zimmer
Modernes Hotel auf einem Waldgrundstück am Bodden, mit Blick zur Insel Kirr.

Hotel Haus Kranich €€

Prerow, Waldstraße 38
Tel. 038233 7 03 50
www.hotel-kranich-prerow.de
20 Zimmer
Bio-Frühstück; 10 Gehminuten vom Strand. Das Restaurant verwöhnt mit Büsumer Krabbensuppe, Kapitänstopf oder den Spezialitäten Bandnudeln in Hummer- und Zander in Dijon-Senfsauce. Mit Internet-Ecke, Radverleih.

Haus Linden €€

Prerow, Gemeindeplatz 3
Tel. 038233 6 36
www.haus-linden.de, 14 EZ, 16 DZ
Baubiologisch einwandfreies Hotel mit Sauna und vegetarischer Vollwertküche, auf Wunsch auch vegan oder glutenfrei. Holzbrücken über den Prerowstrom und der Weg durch einen Märchenwald führen in drei Minuten zum Strand.

sich fast bis auf die Höhe von ▶Stralsund. Bei Ribnitz-Damgarten und ▶Barth ist die Inselkette mit dem Festland verbunden. Ursprünglich waren Fischland, Darß und Zingst eiszeitliche Inselkerne, die durch Verlandung allmählich zusammenwuchsen und immer wieder durch Sturmfluten auseinandergerissen wurden. Nach der großen Sturmflut von 1872 wurde die Mündung des Permin-Wasserwegs, der südlich von Wustrow ins Meer floss und Fischland vom Festland trennte, durch einen Deich geschlossen. Ferner hat man den Prerow-Arm zugeschüttet, der den Darß von Zingst abschnitt. Während in früheren Zeiten die Segelschifffahrt und die Fischerei eine große Rolle als Erwerbsquellen spielten, ist dies heute der florierende Tourismus.

** NATIONALPARK VORPOMMERSCHE BODDENLANDSCHAFT

Paradies der Vögel

Mit einer Fläche von 805 km² ist das 1990 eingerichtete Refugium der größte Nationalpark im deutschen Nordosten. Er umfasst die Bodden zwischen den Halbinseln Darß und Zingst sowie der Insel Hiddensee und der Westküste Rügens. Das größte Areal des Nationalparks machen die 687 km² Wasserflächen aus. Landflächen nehmen nur einen vergleichsweise geringen Anteil von 118 km² ein. Der Ostseeküstenabschnitt zwischen Fischland und der Insel ▶Rügen ist das **Paradebeispiel** einer Boddenküste (▶ Baedeker Wissen S. 15). Neben zahlreichen Zugvogelarten, die im Frühjahr und Herbst durch die Region fliegen, brüten hier neben Seeadlern auch vielerlei andere Vögel. Auch die Zahl der Küsten-, Wat- und Wasservögel (u. a. Seeschwalben, Möwen, Enten, Gänse) ist ziemlich groß. Nicht zu vergessen sind die Kraniche, die hier ihre Rast- und Schlafplätze haben (▶Baedeker Wissen S. 160). Auf Wanderungen entdeckt man zahlreiche Pflanzen, zu denen der Strandhafer, das Heidekraut sowie der seltene Meerkohl und die Stranddistel gehören. Die Inseln **Kirr** und **Oie** im Barther Bodden sind die artenreichsten Küstenvogelrefugien des Landes und gesperrt.

ⓘ Nationalparkamt: Im Forst 5, Born;
www.nationalpark-vorpommersche-boddenlandschaft.de

***Darßer Urwald**

Der Darß ist ein dichter, überwiegend naturbelassener Wald aus Kiefern, Eichen, Buchen und Erlen. Adlerfarn und tückische Sumpfareale machen das 4500 ha große Gebiet zumindest stellenweise undurchdringlich. Besonders bizarr wirken die vom Wind gebeugten Büsche und Bäume am Westrand von Darß.

SEHENSWERTES AUF FISCHLAND · DARSS · ZINGST

**** Strände**

Zwischen Dierhagen und Ahrenshoop liegt hinter den Dünen ein herrlicher Sandstrand. Autos bleiben auf den Parkplätzen hinter der Düne. Schwerer erreichbar ist der berühmte **Darßer Weststrand** ganz im Norden der Halbinselkette. Den im Nationalparkgebiet gelegenen Sandstreifen erreicht man von Prerow auf einem etwa 4 km

Markante Steilküste bei Ahrenshoop auf der Halbinsel Fischland

langen Weg durch den Darßwald. Am Darßer Weststrand weht meist eine kräftige Brise, Strandeinrichtungen fehlen, hier herrschen Meer und Natur pur! Der Nordstrand lockt hingegen mit Strandkörben, Sanitäranlagen und Strandwache. In der Prerower Bucht fällt der Strand flach ab und ist deshalb für Familien besonders geeignet.

Dierhagen Sehenswert im 1131 erstmals erwähnten heutigen Ostseebad (1570 Einwohner) sind die Backsteinkirche (Mitte 19. Jh.), die Kapitänshäuser an der Dorfstraße im Ortsteil Dändorf sowie die Häfen Dierhagen und Dändorf. Südwestlich von Dierhagen liegen die beiden Naturschutzgebiete Dierhäger Moor und das Große Moor, ein ehemaliges Küstenhochmoor, in dem seltene Pflanzen zu finden sind.

***Wustrow** Wustrow ist der älteste Ort auf Fischland und geht bis in slawische Zeiten zurück. Wo sich heute der Turm der Wustrower Kirche erhebt, stand einst ein slawisches Heiligtum. Swante Wustrow, Heilige Insel, bezeichnete eine dem slawischen Gott Svantevit geweihte Stätte, die auf einer künstlich aufgeschütteten Anhöhe stand. Christen gründeten hier ein Kloster. An die alte Seefahrtstradition des Ortes erinnern heute noch die in Ziegelbauweise errichteten **Wustrower Kapitänshäuser**. Hübsche Beispiele für die typischen Krüppelwalmdachhäuser finden sich in der Neuen Straße, wo auch das 250 Jahre alte **Fischlandhaus**, eine ehemalige Büdnerei, steht (heute **Muse-**

um). Ab dem Hafen Wustrow laufen bis heute historische Zeesenboote zu Regatten aus. Attraktiv sind die neue Seebrücke, die Skulpturengruppe »Das Tor zum Jahr 2000« und der Skater-Treff der Deichkrone am Leuchtturm. Am Alten Hafen von Wustrow wird im Sommer immer gegen 12 Uhr frisch geräucherter Fisch verkauft.
Museum im Fischlandhaus: Neue Str. 38, Mo., Di., Do. 10.00 – 12.00, 14.00 – 17.00, Fr. 9.00 – 12.00, Sa., So. 13.00 – 17.00 Uhr; Eintritt frei

Barnstorf

Der boddenseitig auf einem Landvorsprung liegende Wustrower Ortsteil Barnstorf besitzt noch vier besonders schöne alte Gehöfte. Vom dortigen Hohen Ort überblickt man den Saaler Bodden.

***Hohes Ufer**

Zwischen Wustrow und Ahrenshoop überragt den schmaler werdenden Strand das Hohe Ufer, ein **aktives Kliff**, das jährlich durch Erosion etwa um einen halben Meter zurückversetzt wird. Der abgetragene Schutt und Sand wird im Norden des Darß, am Darßer Ort, wieder angelandet. Der Wanderweg am Ufer entlang verläuft parallel zur Kliffkante. Vorsicht: Es besteht Absturz- und Abbruchgefahr!

Niehagen, Althagen

In Niehagen lebte der Grafiker und Bildhauer Gerhard Marcks von 1930 bis 1946, und in Althagen verbrachte die Schriftstellerin Käthe Miethe mehr als 20 Jahre ihres Lebens; ihre Romane (u. a. »Barke Magdalene«) spielen ebenfalls auf Fischland.

****Ahrenshoop**

Das alte, heute rund 700 Einwohner zählende Fischerdorf Ahrenshoop liegt hinter den Dünen auf dem schmalen, Vordarß genannten Verbindungsstück von Fischland und Darß. Es wurde durch seine **Künstlerkolonie** über die Grenzen Deutschlands hinaus bekannt und gehört zu den charmantesten Ferienorten des Landes. Hier entdeckt man noch reetgedeckte Häuser mit bemalten Haustüren und liebevoll gepflegten Gärten. Der bescheidene Eindruck täuscht, denn die teuren Boutiquen und die hohen Grundstückspreise lassen erahnen, dass Ahrenshoop heute zu den Top-Badeorten an der Ostseeküste gehört.
»Entdeckt« wurde Ahrenshoop von Künstlern, die sich hier kurz vor der Wende vom 19. zum 20. Jh. um den Maler Paul Müller-Kaempf geschart hatten. Jahrzehnte später entdeckte auch die Kultur- und Polit-Elite der einstigen DDR das putzige Dörfchen und ließ hier ihre Ferienhäuser errichten. Wo sich so viel künstlerischer Sachverstand angesiedelt hat, wundert es den Besucher nicht, dass hier und heute allerlei Kreativ-Kurse angeboten werden. Nähere Informationen gibt es bei der Kurverwaltung.

Rundgang durch Ahrenshoop

Entlang der breiten und im Sommer recht belebten Dorfstraße verlaufen auch Radwege. Zum Strand kommt man aber nur zu Fuß über die Dünen. An der Dorfstraße hat sich der Maler Paul Müller-Kaempf

Zwischenstopp am Bodden

Der Nationalpark Vorpommersche Boddenlandschaft ist der größte mitteleuropäische Rastplatz für Kraniche auf ihrem Weg vom bzw. in den Süden. Während es die Kraniche im Frühjahr eilig haben, rasch zu ihren Brutplätzen in Skandinavien zu kommen, legen im Herbst 40 000 bis 60 000 Vögel einen Stopp am Bodden ein, um sich ein Fettpolster anzufressen.

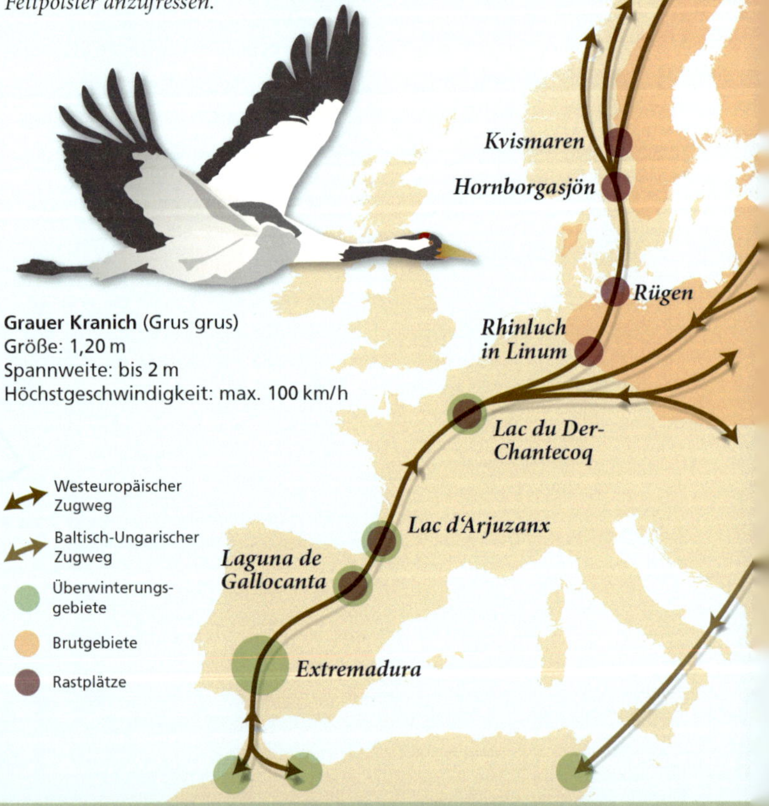

▶ **Grauer Kranich** (Grus grus)
Größe: 1,20 m
Spannweite: bis 2 m
Höchstgeschwindigkeit: max. 100 km/h

▶ **Flugformationen**
Formationen verbessern die Kommunikation, halten die Herzfrequenz gering und sparen Energie und Kraft der Vögel.

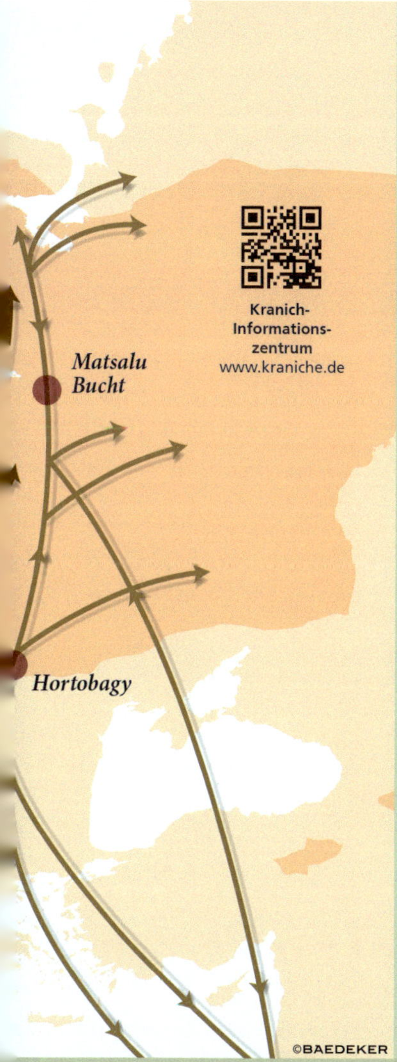

▶ Symbolträchtig
Im alten China wurde der Kranich als Sinnbild für Weisheit und langes Leben verehrt, im alten Ägypten brachte der »Sonnenvogel« Licht und Glück. Auch in Schweden wird er als »Vogel des Glücks« bezeichnet: Mit ihm kehren im Frühjahr die Wärme und das Licht des Südens zurück.

▶ Glücksbote
In Japan und China verschenkt man zu Geburtstagen und Hochzeiten, aber auch bei Krankheiten gern gefaltete Papierkraniche.

e ältesten Vögel fliegen in Form an der Spitze, die ıgeren am Ende. Durch n Windschatten fällt s Fliegen leichter. Die gel an der Spitze chseln sich ɡelmäßig ab.

Keil (Kraniche, Wildgänse)

▶ Monogamie
Kraniche sind treue Tiere: Die Paare leben monogam und bleiben meist ein Leben lang zusammen. Bleibt die Fortpflanzung jedoch erfolglos, trennen sich manche Paare wieder und die Suche beginnt erneut.

BAEDEKER TIPP !

Bunte Stube

Lust auf Stöbern, auf ausgefallenes Kunsthandwerk, schöne Bücher oder individuellen Schmuck? In der Bunten Stube in Ahrenshoop, dem kleinen, rot leuchtenden Gebäude wird man fündig (Dorfstr. 24; www.bunte-stube.de).

1892 sein Wohnhaus (Nr. 18) und nur wenige Meter weiter die St.-Lukas-Pension (Nr. 35) für seine Malschülerinnen gebaut. Rechterhand steht das 1892 für die Malerinnen Anna und Bertha Gerresheim erbaute Künstlerdomizil, eines von vielen an der Straße. Am Strandweg 1 errichtete Müller-Kaempff 1909 den **Kunstkaten** mit reetgedecktem Krüppelwalmdach und bemalter Haustür (www.kunstkaten.de). 1951 schuf Hardt-Waltherr Hämer die **Schifferkirche** mit dem einem kieloben liegenden Boot ähnelndem Tonnengewölbe. 2013 wird das neue **Kunstmuseum** eröffnet. Besuchenswert sind die Ausstellungen im **Neuen Kunsthaus**, in der Bunten Stube (► Baedeker Tipp oben) und weiteren Galerien.

Neues Kunsthaus: Bernhard-Seitz-Weg 3a, www.neues-kunsthaus-ahrenshoop.de

Ahrenshooper Holz In dem rund 400 Jahre alten, 50 ha großen Wald am nordöstlichen Ortsrand von Ahrenshoop (Naturschutzgebiet) gedeihen auch bis zu 4 m hohe Stechpalmen.

Born In der Vergangenheit war der Ort an der Südküste des Darß, etwa 8 km östlich von Ahrenshoop, ein Bauern- und Fischerdorf. Heute nutzen Segler den geschützten kleinen Hafen am Bodden. Im Ort gibt es außer den Ferienhauskolonien einige schöne reetgedeckte Walmdachhäuser, bei denen die mit geschnitzten und mit volkstümlichen Motiven bemalten Haustüren gefallen. Ein häufig verwendetes Motiv ist die **aufgehende Sonne**, ein Symbol für die glückliche Heimkehr (der Seeleute). In der alten Försterei widmet sich das Forst und **Jagdmuseum** »Ferdinand von Raesfeld« den Försterbiografien seit 1815.

Jagdmuseum: Chausseestr. 64, Di. – Sa. 10.00 – 16.00 Uhr; Eintritt frei

Wieck 4 km nordöstlich von Born liegt das Dorf Wieck am Bodtstädter Bodden, umgeben von weiten Wiesen und Mooren. In dem heutigen Touristenort kamen die Einwohner im 18. und 19. Jh. durch die Segelschifffahrt zu Wohlstand. Sehenswert sind zahlreiche gut erhaltene Fachwerktraufenhäuser mit Krüppelwalm-Rohrdächern. Den Nationalpark thematisiert die Ausstellung in der **»Darßer Arche«**.

Draßer Arche: Bliesenrader Weg 2, Mai – Okt. tgl. 10.00 – 18.00, 1.11. – 30.4. Do. – Sa. 10.00 – 16.00 Uhr; Eintritt 4 €; www.darsser-arche.de

Reetdachromantik zwischen Düne und Strand bei Ahrenshoop

***Prerow** Nach dem Prerowstrom, der bis 1874 noch hier ins Meer mündete, wurde das Dorf benannt, das sich zu einem hübschen Seebad entwickelte. Gerühmt wird vor allem sein beinahe 80 m breiter Nordstrand. Wie eigentlich alle Orte in dieser Gegend strahlt es trotz zahlreicher Feriengäste noch viel Gemütlichkeit und eine freundliche Atmosphäre aus, die zum Verweilen einladen. Etwas landeinwärts, am toten Wasserarm der Prerow, liegt der alte Ortskern mit dem Hafen (Boddenrundfahrten). Wahrzeichen des seit Ende des 19. Jh.s wachsenden Ferienortes ist die 1993 gebaute, 394 m lange und 3,50 m breite **Seebrücke**. Am Darßwald liegt ein großer Campingplatz.

In Richtung Zingst steht die berühmte **Seemannskirche** (1728) in der Nähe des Prerowufers. Besonders hübsch sind die alten Schiffsmodelle an den Wänden, die als Votivgaben gestiftet wurden. Auch auf den Grabsteinen des alten Friedhofs findet sich so mancher Hinweis auf die Seefahrertradition. Jährlich finden Töpfer- und Kunstmarkt rund ums neugestaltete **Darßmuseum** statt, das über Fischerei und Geschichte des Seemannsdorfes (1610 Einw.), Geologie und Flora (Frischpflanzenschau) informiert.

Darßmuseum: Waldstr. 48, April Mi. – So. 10.00 – 17.00, Mai – Okt. Di. – So. 10.00 – 18.00, Nov. – April Fr. – So. 13.00 – 17.00 Uhr; Eintritt 3,50 €; www.darss-museum.de

***Darßer Ort** Den Prozess der Neulandbildung kann man besonders gut am Darßer Ort beobachten, der immer weiter ins Meer hinauswachsenden Nordspitze des Darß. Der vom Darßer Weststrand (►Strände) und von der Küste des Fischlands hier angespülte Sand formt sich hier zu Sandbänken und Sandhaken. Nach Darßer Ort kommt man von Prerow aus zu Fuß, per Rad, Pferdekutsche oder mit dem gummibereiften Darßbähnchen. Wahrzeichen von Darßer Ort ist der 35 m hohe Leuchtturm von 1848. Er ist einer der ältesten an der Ostseeküste. Im angrenzenden Gehöft widmet sich das **Natureum**, das Teil des ►Stralsunder Meeresmuseums ist, der Darßer Flora und Fauna auch mit einem Strand- und Dünengarten und einem Ostsee-Aquarium.

Natureum: Darßer Ort 1 – 3, Born; Mai – Okt. tgl. 10.00 – 18.00, Nov. – April Mi. – So. 11.00 – 16.00 Uhr; Eintritt 4 €; www.meeresmuseum.de/natureum

Hohe Düne Naturkundlich interessant ist auch die hellsandige Hohe Düne (14 m), die sich jenseits des Prerowstroms in Richtung Zingst zieht und einen schönen Ausblick bietet.

***Zingst** Dem Niedergang des Segelns begegneten die Bewohner des Hauptortes der Halbinsel (3160 Einw.) 1881 mit der Gründung eines »Komitees zur Einführung des Badewesens«. Die Entwicklung zum Ostseeheilbad und die Ära der Segelschifffahrt illustriert der **Museumshof** mit Sommerbiergarten, Scheune, »Lütt Pommernhus« und Kapitänshaus »Morgensonne« von 1867.

50 m vom Meer entfernt entdecken Kinder im **Experimentarium** der **Zingster Kinderwelt** bis zu 30 interaktive Spielmöglichkeiten. Das jährliche Umweltfoto-Festival »Horizonte« (www.horizonte-zingst.de) errang beim **Deutschen Tourismuspreis 2011** Rang 2. Viele Gäste genießen nicht nur den 12 km langen Strand, das Radeln auf dem Deich und die Dampferfahrten. Sie kommen auch zu den Klaviertagen (April), dem Hafenfest (Juni) und der Kunstmagistrale (Aug.).

Museumshof: Strandstr. 1 – 3, April Mo. – Sa. 10.00 – 16.00 , Mai – Okt. Mo. – Sa. 10.00 – 17.00, Nov. – März Di., Do. Sa. 10.00 – 16.00 Uhr; Eintritt 3 €; www.zingst.de/museumshof-.html

Experimentarium: Seestr. 76, April – Juni Di. – So. 10.00 – 17.00, Juli/Aug. tgl. 10.00 – 18.00, Sept. – März Di. – So. 10.00 – 16.00 Uhr; Eintritt mit Kurkarte 4,90 €; www.experimentarium-zingst.de

Pramort

Von Zingst aus empfiehlt sich ein Ausflug zur Pramort genannten östlichen Spitze der Halbinsel. Beim Nationalpark-Informationszentrum sollte man für die restlichen 8 km auf Fahrrad oder Pferdekutsche umsteigen. Dieser Teil sowie das vorgelagerte Windwatt mit den Werder-Inseln und der Insel Bock sind besonders geschützt. Im Flachwasser-Reservat rasten im Herbst Tausende von Kranichen (►Baedeker Wissen S. 160).

Friedland

R 7

Landkreis: Mecklenburgische Seenplatte
Höhe: 25 m ü. d. M.
Einwohnerzahl: 6540

Das Landstädtchen zwischen Neubrandenburg und Anklam wurde im Zweiten Weltkrieg zerstört. Aus alter Zeit geblieben ist eine Stadtmauer mit wuchtigen Toren.

Die mecklenburgische Kleinstadt erhofft sich durch die Erweiterung der Autobahn A 20 einen spürbaren wirtschaftlichen Aufschwung, weil durch die bessere Anbindung ihre Position in Handel und Gewerbe gestärkt wird. Auch auf touristischem Gebiet will man sich in Zukunft weiter etablieren.

Friedland

AUSKUNFT

Stadtinformation Friedland
Mühlenstr. 1 (Stadtmuseum)
17098 Friedland, Tel. 039601 3 93 84
www.friedland-mecklenburg.de

SEHENSWERTES IN FRIEDLAND UND UMGEBUNG

***Stadtbefestigung**

Die zu Beginn des 14. Jh.s errichtete Stadtmauer war mit Wiekhäusern besetzt, von denen nur die sogenannte Fischerburg aus dem 15. Jh. erhalten ist mit ihrem schönem Blendwerk am Stufengiebel. Der runde **Fangelturm** aus Backstein, einstmals Wehrturm, wurde 1910 zum Wasserturm umgebaut. Fotogen ist das frühgotische Anklamer Tor, bei dem der quadratische Torturm (14. Jh.) mit spitzbogiger Durchfahrt und schlichten Blendbögen von zwei Rundtürmen mit Kegelhelmen flankiert wird. Das **Stadtmuseum** unweit der historischen Wassermühle, ein Fachwerkbau im Stil eines fränkischen Traufenhaus, zeigt die Orts- und Schmalspurbahngeschichte.

Stadtmuseum: Mühlenstr. 1, Mo. – Fr. 10.00 – 12.00, 13.00 – 17.00, April – Sept. auch Sa. 14.00 – 17.00 Uhr; Eintritt 2,50 €; www.friedland-mecklenburg.de/html/museum.html

Pfarrkirche St. Marien

Auf einem Vorgängerbau (Mitte 13. Jh), von dem das Turmuntergeschoss erhalten ist, steht die 1330 bis 1500 errichtete dreischiffige Hallenkirche. Ihr Äußeres prägen neogotische Ergänzungen des späten 19. Jahrhunderts. Im kreuzrippengewölbten gotischen Innenraum sieht man auch barocke Sakralkunst.

Großer Landgraben

Wenige Kilometer nördlich von Friedland verläuft der Große Landgraben, der einst die **Grenze zwischen Mecklenburg und Vorpommern** bildete. In unmittelbarer Nähe des Wasserlaufs wurden auf beiden Seiten Grenzburgen angelegt, so z. B. die Veste Landskron nördlich von Friedland (►Anklam, Umgebung) und die Burg Galenbeck. Trotz der grenznahen Lage ausdrücklich nicht als Festung erbaut wurde dagegen das einst stattliche Renaissanceschloss Putzar (11 km nordöstlich von Friedland), von dem leider nur noch Ruinen zu sehen sind. Einen Besuch lohnt aber die Dorfkirche (16. Jh.) wegen ihrer besonders reichen barocken Ausstattung. Beachtenswert sind vor allem die bemalte Balkendecke und der mit Schnitzwerk verzierte Kanzelaltar aus dem 17. Jh. sowie die von vier Mohren getragene Orgelempore (1721).

Ein unter Naturschutz gestelltes Wasservogelrevier ist der Putzarer See, der früher vom Landgraben durchflossen wurde. Östlich von Friedland erstreckt sich die sogenannte Friedländer Große Wiese, ursprünglich ein Niederungsmoor, das trockengelegt und dadurch als Weideland nutzbar gemacht wurde. Der von Feuchtwiesen und Wald umgebene Galenbecker See ist der Restsee dieses ehemaligen Sumpfgebiets. Der unter Naturschutz stehende See ist für zahlreiche Vögel (besonders Fischadler, Kraniche und Schwarzstörche) Nahrungs- und Brutrevier. An seiner tiefsten Stelle erreicht er nur etwa 2 m. An der Westseite des Galenbecker Sees liegt der gleichnamige Ort mit einer Burgruine (15. Jh.).

Gadebusch

C 7

Landkr.: Nordwestmecklenburg
Höhe: 35 m ü. d. M. **Einwohnerzahl:** 5680

Einst war das Landstädtchen zwischen ▸Schwerin und Ratzeburg herzogliche Residenz, wie das prunkvolle Schloss beweist. Bis 1989 verlief ganz in der Nähe die deutsch-deutsche Grenze.

10 km entfernt breitet sich das **Biosphärenreservat Schaalsee** aus. Wegen der hermetischen Abriegelung des einstigen Grenzgebietes blieb das Gewässer Kranichen und Störchen überlassen.

SEHENSWERTES IN GADEBUSCH UND UMGEBUNG

In der Altstadt

Auffallend ist das Rathaus am dreieckigen Marktplatz. Der sehenswerte Backsteinbau von 1340 erhielt bei einem Umbau 1618 eine zum Markt hin offene Gerichtslaube.
Im 16. Jh. ließ Herzog Christoph hier ein **Renaissanceschloss** bauen und feierte im Oktober 1573 seine Vermählung mit einer dänischen Prinzessin. Von der bis in die erste Hälfte des 17. Jh.s genutzten Residenz steht noch Hauptgebäude und Treppenturm. Den Terrakotta-Fassadenschmuck schuf wohl der Lübecker Statius von Düren. In der Amtsscheune unterhalb des Schlosses konzentriert sich die **Museumsanlage Gadebusch** auf die letzte Schlacht (von Gadebusch) im Nordischen Krieg (1712) und die attraktive »Kunst am Burgsee«.

Museumsanlage Gadebusch: Amtsstr. 5, Ostern – Okt. Di. – Fr. 10.00 – 17.00, Sa., So. 14.00 – 17.00 Uhr, Nov. – Ostern geschl.; Eintritt 3 €; www.gadebusch.de

Gadebusch

AUSKUNFT

Stadt Gadebusch
Am Markt 1
19205 Gadebusch
Tel. 03886 2 12 10
www.gadebusch.de

St. Jakob und St. Dionysius

Wer etwas Zeit hat, sollte die spätromanische Pfarrkirche St. Jakob und St. Dionysius besichtigen (Schlüssel im Pfarrhaus gegenüber). Sie ist eine der frühesten Backsteinhallenkirchen in Mecklenburg, wurde doch mit dem Bau 1215 begonnen. Schöne Beispiele mittelalterlicher Steinmetzkunst sind das Südportal sowie die Kapitelle im Inneren, an denen Tier- und Menschenköpfe plastischen Schmuck bilden. Bedeutendstes Sakralobjekt ist der auf 1450 datierte, von drei Engeln getragene Bronze-Kessel mit 22 Reliefszenen aus der Passion Christi. Sehenswert sind auch die Wandmalereien aus dem 14. Jahrhundert. Im Chor befinden sich die Grabplatten der 1434 verstorbenen schwedischen Königin Agnes und der Herzogin Dorothea (1491).

*Schaalsee

Das Biosphärenreservat Schaalsee erstreckt sich etwa 10 km westlich von Gadebusch im westmecklenburgischen Seen- und Hügelland. Der insel- und buchtenreiche See wird von etlichen Quellen gespeist und ist mit knapp 72 m der **tiefste Süßwassersee** im deutschen Norden. Das unter besonderen Schutz gestellte Gebiet ist zusammen mit dem westlich anschließenden Naturpark Lauenburgische Seen Teil der während der letzten Eiszeit geformten kuppigen Wald- und Seenlandschaft. Bis zu 100 m hohe Jungmoränenzüge ebenso wie ehemalige Schmelzwasserrinnen und Kesselmoore prägen das Bild. Mitten durch diese Landschaft verlief die hermetisch abgeriegelte deutsch-deutsche Grenze – für die Natur ein Glücksfall, denn so blieb das Ökosystem vor menschlichen Eingriffen verschont und in seiner Unberührtheit weitgehend erhalten. Hier brüten noch Graugänse und Kraniche sowie einige vom Aussterben stark bedrohte Vogelarten. Kormorane, Weißstörche und auch Wasserläufer sind hier öfter zu sehen. Das Schutzgebiet um den Schaalsee ist im Spätsommer Mauser- und Rastplatz Abertausender verschiedener Wasservögel. Auch der **Fischotter** hat hier eines seiner letzten Refugien in Deutschland. Beliebt sind Ausflüge zur Ziegenkäsemanufaktur **Kunst & Käse** in Rögnitz mitten im Naturschutzgebiet, wo auch diverse Kunstgegenstände ausgestellt werden.

Kunst & Käse: Hauptstr. 18; April – Okt. tgl. 10.00 – 18.00 Uhr; www.kunstundkaese.de

! BAEDEKER TIPP

»Seenlandkunst«

Zum jährlichen Sommerkunstfestival (Juli/Aug.) öffnen in und um Dobbertin 30 Galerien, Gutshäuser, Kirchen und Kulturscheunen (Information: Plummwerder 1, 19406 Woserin; www.seeenland-kunst.de, www.np-sternberger-seenland.de).

Rauchhaus

Im 1780 erbauten Denkmalhof »Rookhus« in **Möllin** (3 km nordwestlich), Teil der Museumsanlage Gadebusch, findet auch »Danz up de Däl« statt. Das Hallenhaus besitzt Durchfahrt, Diele, Wohnstuben und Speicher, jedoch keinen Kamin: Der Rauch zog von der Feuerstelle durch Ritzen im Gemäuer und im Dach ab.

❶ Di. – So. 11.00 – 22.00 Uhr

*Rehna

Das 11 km nordwestlich von Gadebusch an der B 104 gelegene hübsche Fachwerkstädtchen ist bekannt durch sein 1236 gegründetes Nonnenkloster, von dem noch drei Flügel des Kreuzgangs und der

Angeln oder aufs Wasser? Beides ist am Schaalsee möglich.

Kapitelsaal aus dem 15. Jh. sowie die ehemalige Klosterkirche erhalten sind. In ihrem Innern gefallen gotische Wandmalereien (an der Südwand) mit Szenen aus dem Leben Jesu und einer Darstellung der »Wurzel Jesse«. Die Schnitzfiguren des spätgotischen Flügelaltars stehen seit 1851 in einem neugotischen Schrein; die dazugehörenden Altargemälde sind im Museum in Schwerin ausgestellt.

*Vietlübbe

6 km östlich von Gadebusch steht in Vietlübbe eine der ältesten Dorfkirchen Mecklenburg-Vorpommerns, ein spätromanischer Backsteinbau, der vermutlich um 1225 von Angehörigen der Ratzeburger Dombauhütte errichtet worden ist. Der hölzerne Turmhelm wurde erst im 17. Jh. aufgesetzt. Ungewöhnlich für mecklenburgische Dorfkirchen ist die **Grundrissform eines griechischen Kreuzes**. Romanisch orientierte Bauornamentik findet man vor allem am Chor bzw. der halbrunden Apsis mit den zierlichen Friesbändern. Von der mittelalterlichen Ausstattung sind noch der romanische Kalkstein-Taufstein aus dem 13. Jh. sowie eine Triumphkreuzgruppe (Ende 15. Jh.) erhalten.

* Goldberg

18

Landkreis: Ludwigslust-Parchim

Höhe: 48 m ü. d. M. **Einwohnerzahl:** 4120

Das beschauliche Städtchen liegt im Nordwesten der Mecklenburger Seenlandschaft und eignet sich bestens als Ausgangspunkt für Ausflüge zum Kloster Dobbertin oder für Wanderungen und Radausflüge in den Naturpark Nossentiner/Schwinzer Heide.

Goldberg erleben

AUSKUNFT

Fremdenverkehrsamt Goldberg
Müllerweg 2
19399 Goldberg
Tel. 038736 4 14 16
www.goldberg.m-vp.de

Touristeninformation Krakow am See
Lange Str. 2
18292 Krakow am See
Tel. 038457 2 22 58
www.krakow-am-see.de

Naturpark Nossentiner/Schwinzer Heide
Infozentrum Karower Meiler
Ziegenhorn 1
19395 Karow (Plau am See)
Tel. 038738 7 02 92
www.naturpark-nossentiner-schwinzer-heide.de, www.natur-mv.de

ESSEN/ÜBERNACHTEN

Ich weiß ein Haus am See €€€€
Paradiesweg 3, 18292 Krakow am See
Tel. 038457 2 32 73, www.hausamsee.de
Restaurant Mo. geschl.
10 DZ, 1 Strandhaus
Das idyllisch am Nordufer des Krakower Sees gelegene Restaurant gilt als eine der besten Adressen in Mecklenburg-Vorpommern für Feinschmecker – 1995 wurde Küchenchef Michael Laumen mit einem Michelin-Stern ausgezeichnet, übrigens dem ersten Stern in Mecklenburg-Vorpommern, das Haus erhält diese Auszeichnung seither jedes Jahr.

SEHENSWERTES IN GOLDBERG

Goldberg wurde im Mittelalter am Schnittpunkt wichtiger Handelsstraßen gegründet. Die mecklenburgischen Herzöge errichteten 1316 eine Burg, deren Reste in das ehemalige Amtshaus in der gleichnamigen Straße einbezogen wurden. Die evangelische Stadtkirche ist frühgotischen Ursprungs. Sie brannte 1643 bis auf die Grundmauern nieder und wurde 1842 wieder errichtet, wobei sie eine neogotische Ausstattung erhielt. In der alten Wassermühle, einem hübschen alten Fachwerkbau an der Mildenitz, lädt das **Naturmuseum** zum Besuch ein. Umfangreich ist die Kollektion von präparierten heimischen Tieren. Seit 1994 mit historischem Bauerngarten, 2012 mit neuer Ausstellung »Still-Leben«.

Naturmuseum: Müllerweg 2, Mo. 10.00 – 14.00, Di., Mi., Fr. 10.00 – 16.00, So. 12.00 – 16.00 Uhr; Do., Sa. geschl; Eintritt 2,50 €; www.waelder-seen-mehr.de

UMGEBUNG VON GOLDBERG

***Kloster Dobbertin** Um 1220 stiftete Fürst Heinrich Borwin I. ein Benediktinerkloster, das 1572 in ein adliges Damenstift umgewandelt wurde. Der Klosterkomplex liegt idyllisch direkt am Nordufer des Dobbertiner Sees.

Das Areal ist frei zugänglich, Kloster und Kirche können nur mit einer **Führung** besichtigt werden. Die ehemalige Klosterkirche (14. Jh.) wurde zwischen 1828 und 1837 im neogotischen Stil umgebaut unter Leitung des Schlossbaumeisters **Georg Adolph Demmler** aus Schwerin und nach Plänen des Berliner Architekten Karl Friedrich Schinkel. Fast unverändert blieb der kreuzrippengewölbte Innenraum mit Nonnenempore. Anfang 2012 wurde das **Klostercafé** mit Seeblick renoviert und ist ins Refektorium verlegt. Neben Klosterladen und Kerzenzieherei erschließen Führungen Teile des Klosters.

Klostercafé: Mai – Okt. Di. – Fr. 11.00 – 17.30, Sa., So. 11.00 – 18.00 Uhr
Führungen: Am Kloster, Mai – Okt. Mi., Sa. 15.00 Uhr; Eintritt 3 €; www.kloster-dobbertin.de

***Krakow am See**

Seine unvergleichliche Lage am See, umgeben von Wäldern, ist das größte Kapital des Luftkurorts (rund 20 km von Dobbertin). Krakow verlor durch mehrere Stadtbrände seine mittelalterliche Bebauung. Hier steht die **einzige erhaltene Synagoge Nordostdeutschlands**. 1920 verkaufte die jüdische Gemeinde den gelben Klinkersteinbau an die Stadt. Sie dient nun für Kulturveranstaltungen. In der **alten Schule** sind das Buchdruckmuseum mit Schauwerkstatt und die Heimatstube. 126 Stufen führen auf den Aussichtsturm auf dem Jörnsberg.

Alte Schule: Am Schulplatz 2, Mai – Okt. Di. – Sa. 10.00 – 12.00, 13.00 – 17.00, Nov. – April Di. – Fr. 10.00 – 12.00, 13.00 – 16.00 Uhr; Eintritt 1 €; www.druck-buchkultur.de

***Krakower See**

Der Krakower See mit seinen vielen Buchten und kleinen Inseln gehört zu den schönsten Gewässern der Mecklenburgischen Seenplatte. Ein Ausflugsziel ist die restaurierte Wassermühle **Kuchelmiß** von 1558 mit Ausstellung.

Kuchelmiß: Mühlenweg 5, 1.4. – 31.10. Di. – So. 10.00 – 17.00 Uhr; Eintritt 1,50 €

Hügelgräber

Bei Groß Grabow und westlich bei Groß Tessin sind noch bronzezeitliche Hügelgräber zu sehen. Bei dem noch etwas weiter westlich gelegenen Reimershagen blieb ein Megalithgrab erhalten.

NATURPARK NOSSENTINER/SCHWINZER HEIDE

***Landschaftsbild**

Zwischen Goldberg und Waren an der ►Müritz erstreckt sich der 1990 eingerichtete, 320 km² große Naturpark Nossentiner/Schwinzer Heide. Misch- und Kiefernwälder, Moore, Äcker und Wiesen und vor allem die 60 kleineren und größeren Seen, darunter der Krakower Obersee, der Goldberger See und der Drewitzer See, prägen das

Bild dieser Landschaft. Auch Plauer See, Fleesensee und Kölpinsee gehören zu diesem erholsamen Naturpark. Die meisten Seen haben glasklares und sauberes Wasser, und obwohl einige unter Naturschutz stehen, kann man in vielen baden oder angeln. Zwischen Wäldern und Wiesen liegen kleine Dörfer mit alten Guts- oder Herrenhäusern. Mitten durch den Naturpark verläuft die **Hauptwasserscheide zwischen Ost- und Nordsee**: Die Nebel und die Mildenitz fließen in die Warnow und diese in die Ostsee, die anderen Flüsse in die großen Seen des Gebiets und von dort über Elde und Elbe in die Nordsee. Der Naturpark ist eines der wenigen Gebiete Deutschlands, in dem noch Seeadler und Kraniche brüten, und hier kann man Fischotter in freier Wildbahn beobachten.

Zu Wisent und Kormoran

Innerhalb des Naturparks gibt es eine Reihe interessanter Naturschutzgebiete, so den Damerower Werder mit seinem viel besuchten Wisentgehege (►Müritz) oder das Nordufer des Plauer Sees, wo man vom dortigen Aussichtsturm »Moorochse« einen guten Blick auf die ehemaligen Torfstiche und die Kormorankolonie hat. Das Durchbruchstal der Mildenitz im Nordosten des Naturparks erreicht man von Dobbertin aus auf einem Radwanderweg (einfache Strecke ca. 6 km). Das letzte Stück bis zum Schwarzen See, ab der Alten Mühle, führt entlang der Mildenitz. Einige besonders schöne Routen innerhalb des Naturparks sind ausgeschildert. Das Naturparkzentrum im **Karower Meiler** bietet eine Ausstellung zum Park, Radverleih und Radwanderungen an. Im Sommer lohnen Naturparkrundfahrten im Boot.

Karower Meiler: Ziegenhorn 1, Mai – Sept. tgl. 10.00 – 17.00, April, Okt. bis 16.00, Nov., Feb., März Mo. – Fr. 10.00 – 16.00 Uhr, Dez., Jan. geschl.; Eintritt 2€; www.karowermeiler.de

Bootshäuser am Krakower See

***Drewitzer See**

Der romantische Drewitzer See ist Revier von See- und Fischadlern, Baden ist am Südufer erlaubt. **Erich Honeckers** reetgedeckte Staatsresidenz ist nun zum öffentlich zugänglichen Luxusresort Drewitzer See gewandelt. Seine Suite ist samt Mobiliar und Portrait erhalten.

★★ Greifswald

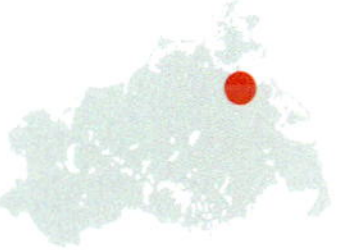

Q 5

Landkreis: Vorpommern-Greifswald
Höhe: 6 m ü. d. M. **Einwohnerzahl:** 54 600

Greifswald war neben Stralsund die zweite bedeutende Hansestadt in Vorpommern. Wunderschöne Kirchen und prächtige Kaufmannshäuser zeugen noch heute von ihrer Blütezeit. Inzwischen bringen Universität und Fremdenverkehr eine offene und äußerst lebendige Atmosphäre in die Stadt, von der es nach Rügen, Stralsund und Usedom auch gar nicht mehr weit ist.

Geschichte

Erstmals urkundlich erwähnt wurde Greifswald im Jahr 1248. Vom 13. bis zum 17. Jh. erlebte die Siedlung am Bodden ihre Blütezeit als Hansestadt. Nach dem Dreißigjährigen Krieg kam die Stadt bis 1815 unter schwedische Verwaltung. Handel und Schifffahrt sowie ein reges Geistesleben prägten den Alltag in der Universitätsstadt an der Ostsee, mit der sich so berühmte Namen wie **Ernst Moritz Arndt** und **Caspar David Friedrich** (►Berühmte Persönlichkeiten S. 56) verbinden.

SEHENSWERTES IN GREIFSWALD

***Charmante Altstadt**

Die überschaubare Altstadt ist am besten zu Fuß zu erkunden. Zwar wurde Greifswald im Zweiten Weltkrieg nicht zerstört, doch jahrzehntelang vernachlässigt. Die Renovierungsarbeiten werden wohl nicht so bald beendet sein. Doch ihren eigenen Charme kann man der Stadt nicht absprechen. Seit dem 13. Jh. war sie von einem Mauerring umschlossen, von dem nur Teile erhalten sind. Am Hansering, nordöstlich der Altstadt, steht der Fangelturm, ein ehemaliger Pulverturm. Während des Dreißigjährigen Kriegs wurde die Stadt zusätzlich durch Wallanlagen befestigt. Da diese im 19. Jh. durch Grünanlagen ersetzt wurden, legt sich heute an der Süd- und Westseite ein Grüngürtel um die Altstadt. Die Hauptachse und belebte Einkaufsstraße der Innenstadt ist die zur Fußgängerzone umgewandelte Lange Straße, deren östlicher Teil Schuhhagen heißt.

***Marienkirche** Mit dem Bau der Marienkirche wurde vermutlich schon bald nach der Siedlungsgründung begonnen. Zwischen 1350 und 1400 wurde sie vollendet, um 1320 die Annenkapelle an der Südseite angefügt; Mitte des 15. Jh.s kam die westliche Vorhalle dazu. Im Innern der dreischiffigen, chorlosen Hallenkirche bilden ziegelrote Bündelpfeiler einen schönen Kontrast zum weiß getünchten Gewölbe mit den bemalten Kreuzrippen. Die prächtige Renaissancekanzel (1587) im Mittelschiff ist mit Schnitzereien und Intarsien geschmückt und stammt vom Rostocker Künstler Joachim Mekelenborg. In den kassettenartigen Feldern sind Petrus, Christus, Johannes der Täufer und Paulus dargestellt, am Treppenaufgang die Evangelisten und an der Rückwand der Kanzel die Reformatoren Luther, Bugenhagen und Melanchthon.

Brüggstr. 35, Mo. – Fr. 11.00 – 15.00 Uhr, So. nach dem Gottesdienst (10.15 Uhr – 13.00 Uhr); Eintritt 2 €; Kirchturmführungen mit Aufstieg Mi. 15.00 Uhr; www.marien-greifswald.de.

***Pommersches Landesmuseum** Von der Mühlhagenstraße aus gelangt man zum Pommerschen Landesmuseum, das im 1797 vollendeten Quistorp-Gebäude, im sogenannten Grauen Kloster sowie im Guardianshaus und im Konventgebäude des ehemaligen Franziskanerklosters untergebracht ist. Im Jahr 2000 wurde der von dem Architekten und ersten Zeichenlehrer Caspar David Friederichs entworfene Quistorp-Bau als Standort der **Gemäldegalerie** eröffnet. Die gut bestückte Sammlung reicht vom niederländischen und deutschen Barock bis ins 20. Jahrhundert. Der Schwerpunkt liegt auf der Malerei des Klassizismus und der Romantik. Das Museum besitzt 80 Originale von Caspar David Friedrich (►Berühmte Persönlichkeiten S. 56), darunter vier Gemälde, u. a. »Ruine Eldena im Riesengebirge«, das 1830 – 1835 entstand. Bis 2015 wird nebenan für 10 Mio. € das neue C.-D.-Friedrich-Museum für die Friedrich-Werke des Landesmuseums gebaut.

Rakower Str. 9, Di. – So. 10.00 – 18.00, Nov. – April bis 17.00 Uhr; Eintritt 5 €, mit Sonderausstellung 6 €; www.pommersches-landesmuseum.de

****Marktplatz** Bezaubernder Mittelpunkt der alten Hansestadt ist der denkmalgeschützte Markt. An der östlichen Platzseite entdeckt man zwei herrliche **gotische Backsteingiebelhäuser** mit glasierten Ziegeln als Fassadenschmuck (Nr. 11 und Nr. 13); Haus Nr. 11 stammt vom Anfang des 15. Jh.s, Haus Nr. 13 (Gaststätte alter Fritz) wurde bereits um 1300 gebaut. Inspiriert von den mittelalterlichen Vorbildern entstand 1896 an der Südseite das Postgebäude mit Backsteinfassade, ein sehr modern wirkender Skelettbau mit großen Fensterflächen in der Südwestecke des Platzes.

Hinter dem denkmalgeschützten Greifswalder Marktplatz ragt die Marienkirche auf.

Franziskaner

Rathaus An der Westseite des Marktplatzes zieht das renovierte Rathaus die Blicke auf sich. Der gotische Backsteinbau aus dem 14. Jh. wurde 1738 – 1750 nach einer Feuersbrunst im frühbarocken Stil mit Volutengiebel und Dachreiter wieder aufgebaut. Die moderne Bronzetür (1966) erinnert an die kampflose Übergabe der Stadt an die sowjetische Armee am 29. April 1945. Hinter dem Rathaus liegt der hübsche **Fischmarkt**, ein sehr intimer Platz mit einem modernen Brunnen.

Caspar David Friedrich Im Backsteinfachwerkhaus der Friedrichschen Seifensiederei verbrachte Caspar David Friedrich Kindheit und Jugend. Sein Vater war auch Kerzenzieher. Hier widmet sich seit dem 250. Geburtstag (5. September 2004) des Malers das **Caspar-David-Friedrich-Zentrum** seinem Leben und Werk. Im Keller kann man Kerzen ziehen.
Der **Caspar-David-Friedrich-Bildweg** (Broschüre: 3 €) führt ab dem Zentrum auf 15 Stationen durch Greifswald und Wieck (Kloster Eldena) zum Pommerschen Landesmuseum. Am 7. Mai 2010 wurde das bemerkenswerte, lebensgroße **Caspar-David-Friedrich-Denk-**

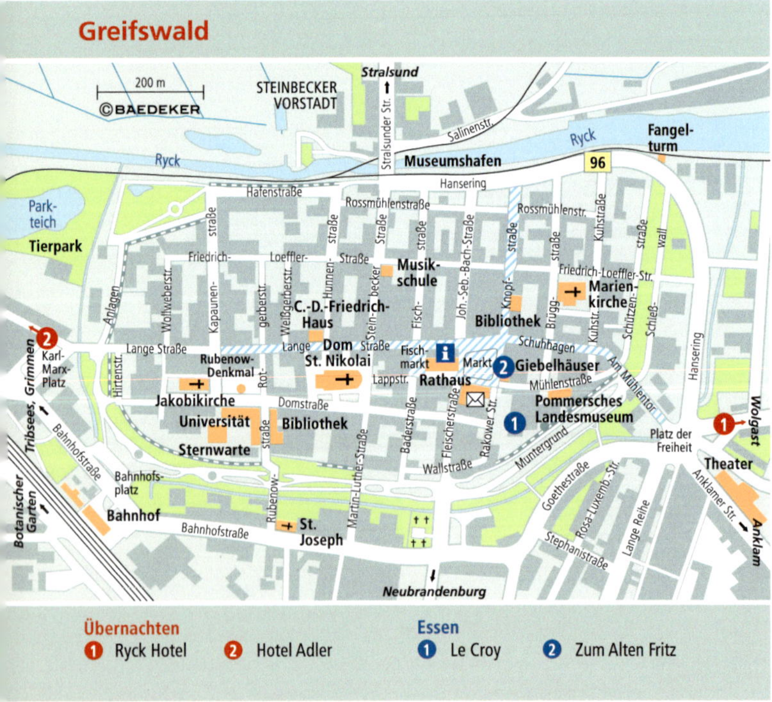

Greifswald erleben

AUSKUNFT

Greifswald-Information
Rathaus-Arkaden, am Markt
17489 Greifswald, Tel. 03834 52 13 80
www.greifswald.info

ESSEN

1 *Le Croy* €€€
Rakower Str. 9, 17489 Greifswald
Tel. 03834 77 58 46
www.le-croy.de, Mo. Ruhetag
Das Restaurant im Landesmuseum erinnert an Herzog Ernst Bogislaw von Croy und seine 1680 gestiftete »Croy-Tapezerey« (▸S. 122). Spitzenkoch Stefan Frank bietet mittags Günstiges wie »Croyburger«, abends aber Gourmetmenüs der Extraklasse (ab 56 €). Mit Schokoladenmanufaktur, Kochkurse.

2 *Braugasthof Zum Alten Fritz* €€
Am Markt 13
Tel. 03834 5 78 30, www.alter-fritz.de
In der urigen Kellerbar werden zum selbst gebrauten Bier Brezeln gegessen, im Sommer natürlich im Biergarten. In der ersten Etage des mittelalterlichen Giebelhauses befindet sich das dazugehörige Restaurant.

ÜBERNACHTEN

1 *Ryck Hotel* €€
Rosenstraße 17b
17493 Greifswald-Wieck
Tel. 03834 8 33 00
www.ryck-hotel.de
25 Zimmer und Suiten
Angenehmes Haus mit sehr schöner Sonnenterrasse, Pool, Sauna, Eisgrotte, Dampfbad und Solarium. Das rustikalere Restaurant ist auf Fisch spezialisiert (Haff- und Peene-Zander).

2 *Hotel Adler* €
Hans-Fallada-Str. 4,
Tel. 03834 7 78 50
www.hotel-adler-garni.de
15 Zimmer
Renoviertes Haus, als Garni-Hotel wiedereröffnet. Ruhig und zentral, mit Garten und Parkplatz.

EVENTS

Eldena Jazz-Evenings
Jedes Jahr am ersten Juliwochenende pilgern Jazzfans in den Stadtteil Wieck zu den Jazz-Evenings in der romantischen Klosterruine von Eldena, die schon Caspar David Friedrich inspirierte.
www.jazzingreifswald.de

mal des Lübecker Bildhauers Claus Görtz an der Lappstraße anlässlich des 170. Todestages des Künstlers enthüllt.

ⓘ Lange Str. 57, Di. – Sa. 11.00 – 17.00 Uhr; Eintritt 2,50 €, Kerzen 5 €; www.caspar-david-friedrich-gesellschaft.de

****Dom St. Nikolai**

Der imposante Dom gilt als eine der schönsten Kirchen Ostdeutschlands. Sein markantes Erkennungszeichen ist der schlanke Westturm. Er wurde zu einem Oktogon umgeformt und 1650 mit einer zweifach unterbrochenen Barockhaube gekrönt. Die im 13. Jh. als dreischiffige Halle angelegte Kirche wurde zu Beginn des 15. Jh.s nach Osten erweitert und zu einer Basilika umgebaut. Der Schinkel-Schüler Gott-

Gas aus Russland

Im Jahr 2010 verbrauchte Deutschland 96 Mrd. m³ Erdgas. Nur 11% davon wurden im Land gefördert, aber allein ein Drittel der Gesamtmenge stammt von russischen Gasfeldern. Der Transport geschieht mit Pipelines oft über Tausende von Kilometern. Eine der jüngsten ist Nord Stream, die auf dem Grund der Ostsee verläuft und in Greifswald endet.

▶ Nord Stream in Zahlen

Gesamtkosten	7,4 Mrd. €
Gesamtlänge	1224 km
Bauzeit	2005 bis 2011
Tiefste Stelle	210 m
Transportkapzität	55 Mrd. m^3/Jahr
Durchfluss (max.)	3 Mio. m^3/h
Versorgte Haushalte	26 Mio.

©BAEDEKER

▶ Aufwendige Technik
Die 12 m langen Einzelrohre werden von Spezialschiffen aus verlegt.

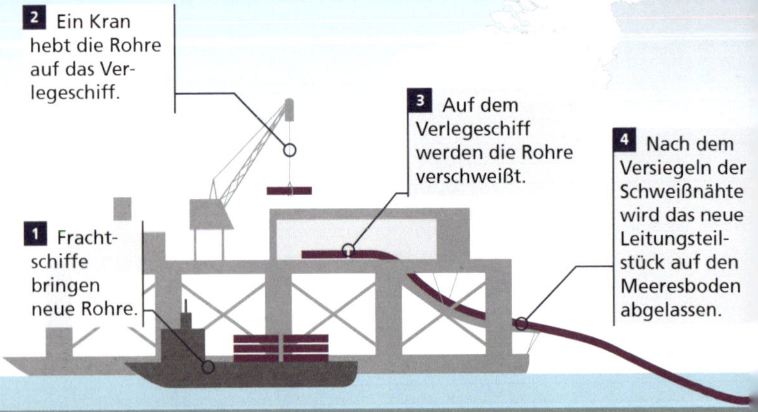

Das »Innenleben« der Pipeline
Das Stahlrohr wird mehrfach geschützt:

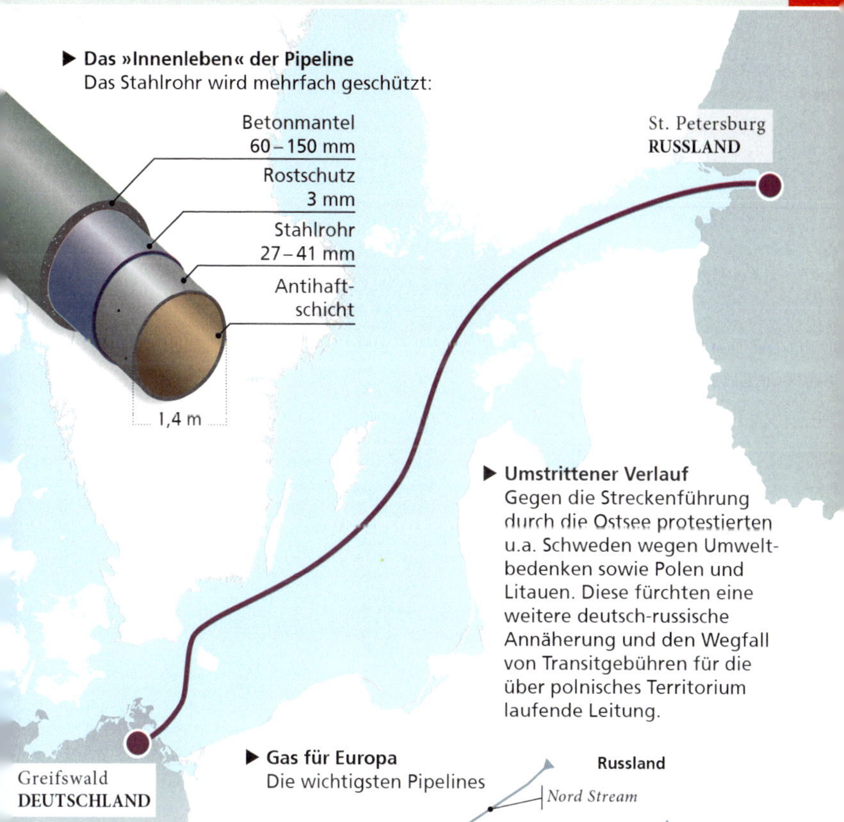

Umstrittener Verlauf
Gegen die Streckenführung durch die Ostsee protestierten u.a. Schweden wegen Umweltbedenken sowie Polen und Litauen. Diese fürchten eine weitere deutsch-russische Annäherung und den Wegfall von Transitgebühren für die über polnisches Territorium laufende Leitung.

Gas für Europa
Die wichtigsten Pipelines

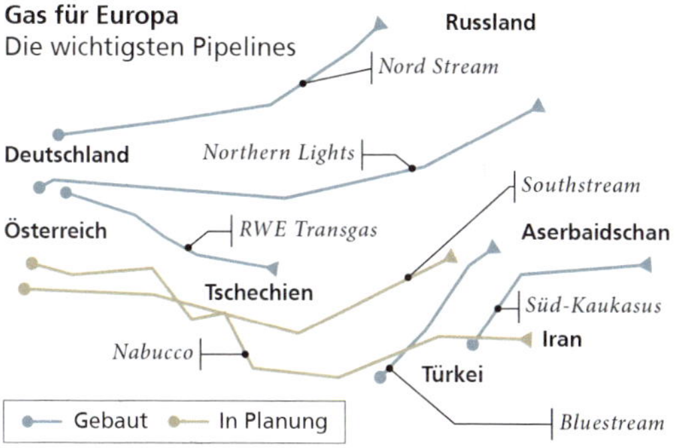

Transportkapazität / Jahr in Mrd. m³

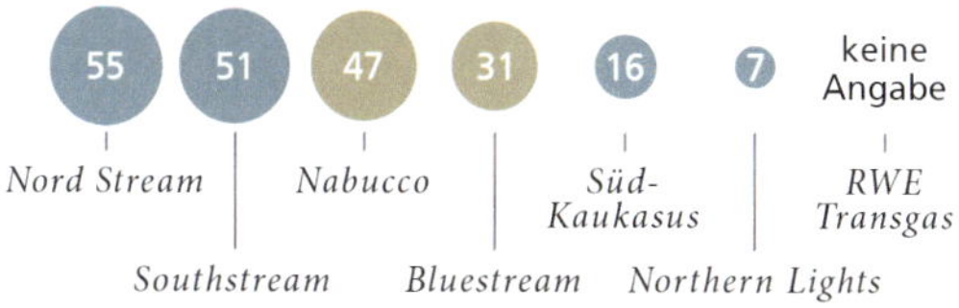

Spätbarocke Aula der Universität Greifswald

lieb Giese gestaltete 1824 – 1833 den Innenraum romantisierend-neugotisch um: Die Wände erhielten eine weiße Tünche. Verschiedene Einbauten und architektonische Schmuckformen kamen hinzu. Von der alten Ausstattung blieben vor allem Gemälde, u. a. das 1460 von Heinrich Rubenow gestiftete Bild »Sieben Greifswalder Professoren in Anbetung Mariens«, mittelalterliche Wandbilder sowie Epitaphe und Grabkapellen von Greifswalder Familien erhalten.

ⓘ Domstr. 54; Mai – Okt. Mo. – Sa. 10.00 – 18.00, So. 11.30 – 12.30, 15.00 – 18.00, Nov. – April Mo. – Sa. 10.00 – 16.00, So. 11.30 – 15.00 Uhr; Spende willkommen; www.dom-greifswald.de

Universität

Die 1456 gegründete und heute nach einem ihrer berühmtesten Professoren, **Ernst Moritz Arndt** (►Berühmte Persönlichkeiten S. 55), benannte Hochschule ist die zweitälteste im Ostseeraum (nach Rostock, 1419). In der kleinen Grünanlage vor dem Hauptgebäude steht ein Denkmal für den Universitätsgründer und ersten Rektor Heinrich Rubenow, der 1462 ermordet worden war. Für den schlanken, neogotischen Turm in Zinkguss lieferte der Architekt Friedrich August Stüler den Entwurf. Gegenüber steht das 1747 – 1750 erbaute Hauptgebäude der Universität. In den Giebelfeldern der beiden Mittelrisalite kann man sowohl das pommersche als auch das schwedische Wappen entdecken: Als die Universität gegründet wurde, gehörte Greifswald zu Pommern, während der Bauzeit des Universitätsgebäudes war die Stadt in schwedischem Besitz. **Führungen** (60 Min.) durch die historischen Räume mit restauriertem Audimax und der einmaligen spätbarocken **Aula** veranstalten speziell geschulte Studenten im Pedellentalar ab dem Rubenow-Denkmal. Selbstverständlich sind auch Teile der Kunstsammlung mit der Gutenberg-Bibel (um 1460) und dem berühmten Croy-Teppich (ein 1554 von Peter Heymann gefertigter Gobelin) zu sehen. Auch die anatomischen und geologischen Universitätssammlungen sind nach Vereinbarung zu besichtigen (Tel. 86 53 08 bzw. 86 45 70; Eintritt frei). Der **Botanische Garten** der Universität in der Grimmestraße ist für Pflanzenfreunde ein Genuss, besonders das 12 m hohe **Palmenhaus**.

Führungen in der Universität: Domstr. 11, Tel. 03834 86 11 23, Di. – Fr. 10.00 – 12.00 und Di. – Do. 14.00 – 16.00 Uhr; Eintritt abhängig von der Gruppengröße; Gruppenpreis ab 49 €; www.kustodie.uni-greifswald.de

Botanischer Garten: Arboretum: Friedrich Ludwig-Jahn-Str.; Gewächshäuser: Münterstr. 2; Arboretum: April, Okt. tgl. 9.00 – 15.45, Juni – Sept. tgl. 9.00 – 18.00 Uhr; Gewächshäuser: ganzjährig Mo. – Fr. 9.00 – 15.45, Sa., So. Mai – Sept. 13.00 – 18.00, März, April, Okt. Nov. 13.00 – 16.00, Dez. – Feb. 13.00 – 15.00 Uhr; Eintritt frei; www.uni-greifswald.de/~botgart

Jacobikirche

Die Jacobikirche wurde als Pfarrkirche der Neustadt ab ca. 1250 als chorlose zweischiffige Hallenkirche erbaut; im 14. Jh. kamen ein weiteres Kirchenschiff und der Chor dazu. Von der mittelalterlichen Ausstattung ist nur noch wenig erhalten, u. a. das romanische Taufbecken, Grabplatten und die gotische Wandmalerei im Gewölbe des östlichen Mittelschiffs.

***St. Spiritus**

Geht man zurück zur Langen Straße und in Richtung Marktplatz, so erreicht man am nächsten Häuserblock den Eingang in den sogenannten Hof von St. Spiritus. Die Fachwerkhäuser (18. Jh.) werden als soziokulturelles Zentrum mit dem netten Café »Mal Anders« genutzt.

❶ Lange Straße 49/51, Di. – Fr. 11.00 – 16.00 Uhr; www.kulturzentrum.greifswald.de

Koeppen-Haus, Pommernhus, Plattenbauten

Einer der bedeutendsten Autoren der Stadt war Wolfgang Koeppen (1906 – 1997; »Das Treibhaus«, »Die Jugend«). Nach ihm ist das Literaturzentrum Vorpommern mit interessantem Jazz-Programm und **Literaturcafé »Koeppen«** benannt. Wirkstätte der Bildenden Künstler Vorpommerns ist seit 1997 die Kunsthalle Pommernhus. DDR-Stadtsanierung mit Plattenbauten samt historisierenden Giebeln stehen zwischen Hansering und Friedrich-Löffler-Straße.

Literaturcafé: Bahnhofstr. 4/5, Mo. – Fr. ab 12.00, Sa., So. 10.00 – 14.00 Uhr; www.koeppenhaus.de

Kunsthalle Pommernhus: Knopfstr. 1, Mo. – Fr. 10.00 – 16.00, So. 14.00 – 17.00 Uhr, Sa. geschl.; Eintritt frei; www.pommernhus.de

Museumshafen, Treidelpfad

Der Stadt- und Museumshafen ist mit über 45 Schiffen größter Deutschlands. Im Mai findet hier das Ruderrennen der Unis Rostock und Greifswald statt. Die Museums- und Kulturwerft ist auf Führungen zu besichtigen. Spaziergänger und Radler schätzen den **historischen Treidelpfad** vom Hafen entlang dem Ryck-Südufer bis Wieck. Er ist Teil des Ostsee-Radwegs.

Museumshafen: Salinenstr. 20; www.museumswerft-greifswald.de

UMGEBUNG VON GREIFSWALD

***Klosterruine Eldena**

Die östliche Ausfallstraße nach ▸Wolgast führt durch den Stadtteil Eldena, wo sich umgeben von einem romantischen Park die imposante Ruine der 1199 gegründeten Zisterzienserabtei Hilda erhebt. Caspar David Friedrich (▸Berühmte Persönlichkeiten S. 56) malte sie vor wechselnder Naturkulisse u. a. in der »Abtei im Eichwald«. Den Zisterziensern von Hilda verdanken Greifswald und viele andere Orte in der Umgebung ihre Entstehung. Nach der Säkularisation 1533 übernahm der pommersche Herzog die Klostergebäude, die 1637 von schwedischen Truppen geplündert wurden und in der Folgezeit verfielen. 1827 wurden erste Maßnahmen zum Erhalt der Gebäude unternommen und das Klostergelände nach Plänen des Gartenarchitekten Peter Joseph Lenné bepflanzt. Erhalten blieben die Westwand der Kirche mit dem für die Zisterzienserarchitektur charakteristischen monumentalen Spitzbogenfenster, einige Pfeilerreste der südlichen Langhauswand und Teile des Chores sowie, südlich anschließend, Sakristei, Kapitelsaal und Kapelle.

Klosterruine Eldana

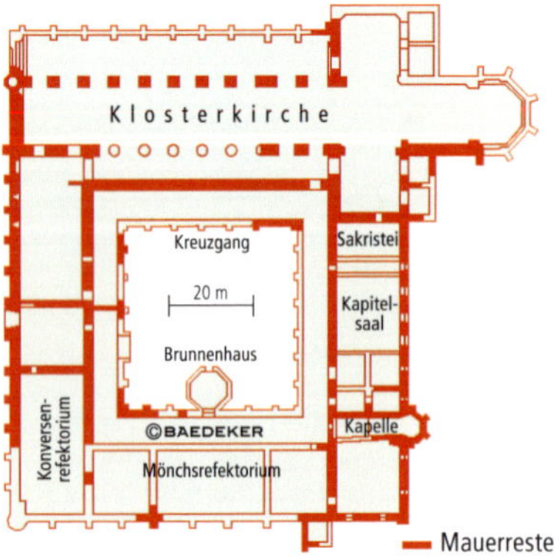

Das alte Fischerdorf ***Wieck** (472 Einwohner) am Nordufer der Ryckmündung in das Dänische Wieck ist ein beliebtes Ausflugsziel. Im Ort gibt es noch zahlreiche gut erhaltene reetgedeckte Fachwerkbauten und Kapitänshäuser zu sehen, oft noch mit typischen Krüppelwalmdächern. Doch die Hauptattraktion des kleinen Dorfes ist seine nostalgische, aber funktionstüchtige hölzerne **Klappbrücke** über den Ryck, die im Jahr 1886 nach holländischem Vorbild erbaut wurde. Im Hafen starten Boote zu Rundfahrten durch den Greifswalder Bodden.

Seit Kurzem ist die über Jahrzehnte gesperrte Insel Riems im vom WWF zum naturintakten Angler- und Ruderparadies ausgebauten Greifswalder Bodden zu besichtigen. Die Greifswalder Exklave diente ab 1910 als erste virologische Forschungsstation der Welt, in der Nazizeit auch bezüglich Bio-Waffen. Seit dem 10.10.2010 ist das jüngst durch die Vogelgrippe und den EHEC-Virus in den Fokus gerückte 100 Jahre alte **Fritz-Löffler-Haus** mit Friedrich-Löffler-Museum zu besichtigen. Auch das dortige **Veterinärhistorische Regionalmuseum** der Riemser Arzneimittel AG ist n. V. geöffnet. Die Zufahrt mit PKW erfolgt über den sogenannten »Damm«.

Fritz-Löffler-Haus: Insel Riems, Boddenblick 10, jeder erste und dritte Mi. im Monat 13.00 – 16.30 Uhr; max. 20 Pers.; Eintritt frei; www.fli.bund.de
Veterinärhistorisches Regionalmuseum: Insel Riems, An der Wiek 7; Eintritt frei; www.reimser.com

Grimmen

O 5

Landkreis: Vorpommern-Rügen
Höhe: 9 m ü. d. M.
Einwohnerzahl: 10 400

Grimmen brachte es im Mittelalter zu Wohlstand, wovon das stattliche Rathaus, die Kirche und die drei Stadttore Zeugnis ablegen. Wer Boot fahren will, ist im nahen Trebeltal richtig.

Nach der Wende erlebte die Stadt einen enormen wirtschaftlichen Aufschwung, der durch die Fertigstellung der Autobahn A 20 zusätzliche Impulse erhielt.

SEHENSWERTES IN GRIMMEN UND UMGEBUNG

Stadttore

Mit dem gitterförmigen Straßennetz ist Grimmen eine typische Stadtgründung der deutschen Ostkolonisation. Von der Stadtbefestigung aus dem 15. Jh. haben das Stralsunder Tor, das Greifswalder Tor und das Mühlentor überdauert. Die Fassaden der Backsteintürme sind sich sehr ähnlich: Über einer spitzbogigen Tor-durchfahrt sitzen zwei Blendarkadenreihen und – beim Greifswalder und Stralsunder Tor – darüber der mit Türmchen besetzte Staffelgiebel. Im Mühlentor und im Wiekhausanbau ist das **Heimatmuseum** mit

Grimmen erleben

AUSKUNFT

Stadtinformation
Mühlenstr. 9a (temporär), sonst im Wasserturm (Lange Str. 21 a)
18507 Grimmen
Tel. 038326 46 97 50

Stadtinformation untergebracht. Die um 1280 entstandene Marienkirche erhielt im 15. Jh. einen Umgangschor mit Kreuzrippengewölbe und den Westturm. Schön sind die reich mit Schnitzereien verzierte Kanzel (1707), das Ratsgestühl aus dem 16. Jh. und der frühgotische Taufstein. Mit dem hoch aufstrebenden Pfeilergiebel, den in luftiger Höhe ein Türmchen mit barocker Laterne bekrönt, erinnert das um 1400 erbaute Rathaus an die für den Ostseeraum so typischen Patrizierhäuser. Die offene Gerichtslaube im Erdgeschoss zeigt die Bestimmung als Sitz des Stadtrats.

Heimatmuseum: Mühlenstr. 9a, Di. – Do., erster u. letzter So. 14.00 – 17.00, Fr. 10.00 – 13.00 Uhr; Eintritt 2 €; www.grimmen.de/kultur/museum.htm

Franzburg Franzburg 15 km nordwestlich geht auf das 1231 gegründete Zisterzienserkloster Neuenkamp zurück, das 1535 säkularisiert und zu einem Renaissanceschloss für den Pommernherzog Bogislaw XIII. umgebaut wurde. Später verfiel die Residenz, heute ist nur noch ein Wirtschaftsflügel erhalten. Die ums Schloss entstandene Handwerkerstadt ist benannt nach dem Schwiegervater des Herzogs, Franz von Braunschweig-Lüneburg. Im 18. Jh. wurden das barocke Rathaus und viele der heute typischen Fachwerktraufenhäuser gebaut.

Kirch Baggendorf Ein Kleinod erwartet den Besucher in Kirch Baggendorf (10 km südwestlich von Grimmen). Die um 1250 erbaute **Feldsteinkirche**, eine der ältesten Dorfkirchen in Vorpommern, wurde um 1400 ausgemalt. Ihre barocke Ausstattung erhielt sie im 17. und 18. Jahrhundert.

Durchs **Schulmuseum** führt Köster Klickermann alias Lehrer a. D. Karl Sonnenfeld und liest mit Rohrstock die Leviten wie anno 1867. 6 km weiter präsentieren **Heimatstube** und Freilicht-Agrarmuseum in **Stremlow** landwirtschaftliches Gerät des 19./20. Jahrhunderts. In **Tribsees** an der Trebel besitzt die gotische Thomaskirche einen Schnitzaltar (um 1450) aus einer Rostocker Werkstatt mit sehr seltener Darstellung einer **Sakramentsmühle**.

Feldsteinkirche Dorfstr. 23, tgl. 10.00 – 16.00 Uhr; www.kirche-kirchbaggendorf.de
Schulmuseum: Dorfstr., Mo. – Fr. 11.00 – 17.00, Sa. 14.00 – 18.00 Uhrl
Heimatstube: Vereinsstr. 13, Tel. 038320 71 30; Sa., So. n. V.; Eintritt frei

Erdölmuseum Reinkenhagen Fördergerät an der Bohrstätte von 1961 illustriert die DDR-Geschichte der Erdöl- und Erdgasindustrie. Mit Heimatmuseum.

● Alte Dorfstr. 10, Mo. – Fr. 9.00 – 16.00 Uhr; Eintritt 1,50 €; www.erdoelmuseum-reinkenhagen.de

** Güstrow

J 7

Landkreis: Rostock
Höhe: 14 m ü. d. M.
Einwohnerzahl: 30 000

Güstrow wurde vor allem durch den Bildhauer, Grafiker und Dichter Ernst Barlach berühmt. Die Stadt besitzt ein lebendiges, renoviertes Zentrum, dazu herausragende Sehenswürdigkeiten wie den Dom und das berühmte Renaissanceschloss.

Barlach-Stadt

Viele kennen Güstrow durch **Ernst Barlach** (►Baedeker Wissen S. 88). Seinem Werk, von den Nationalsozialisten als entartet abgestempelt, begegnet man an mehreren Stellen. Auch der Dichter John Brinckman und **Uwe Johnson** lebten hier.

VOM MARKTPLATZ ZUM SCHLOSS

Der rechteckige Marktplatz, auf dem am Samstag Markt abgehalten wird, bildet mit den umstehenden Häusern ein sehr hübsches Ensemble. Typisch für den streng klassizistischen Architekturstil im ersten Jahrzehnt des 19. Jh.s ist das Haus Nr. 33, wogegen man die jüngeren Gebäude an der üppigen Fassadengestaltung erkennt. Illustre Gäste schritten im Gebäude Marktplatz/Gleviner Straße (Nr.1) über die Schwelle: 1712 nahm Sachsenherzog August der Starke hier Quartier, als er mit dem Zar Peter I. über den Waffenstillstand im Nordischen Krieg verhandelte. Der Zar logierte im Haus Nr. 6. Das Treffen der beiden soll im Haus Mühlenstraße 1 (heute Schlossapotheke) stattgefunden haben. Hinter der von David Anton Kufahl 1797/1798 geschaffenen Schaufassade des Rathauses verbergen sich gleich vier mittelalterliche Giebelhäuser.

***Marienkirche**

Kurz nach der Erhebung zur Stadt (1228) wurde mit dem Bau der Pfarrkirche begonnen, die 1308 erstmals genannt wird. Vermutlich handelte es sich um eine Hallenkirche, die jedoch 1503 bis auf die Grundmauern abbrannte. 1508 wurde die neu aufgebaute Kirche mit 18 Altären geweiht. Durch den Umbau von 1883 erhielt das Gotteshaus seine heutige Gestalt als dreischiffige, sterngewölbte Halle. Im Innern beeindruckt die monumentale Triumphkreuzgruppe, die 1516 in einer mecklenburgischen Werkstatt gefertigt worden ist und – **ikonografisch ungewöhnlich** – neben Maria und Johannes auch die Figuren von Adam und Eva umfasst. Bedeutend ist auch der figurenreiche brabantische Flügelaltar von 1522, ein Werk des Bildschnitzers Jan Borman. Die gemalten Tafeln stammen von Bernaert van Orley oder dessen näherem Umkreis.

Güstrow erleben

AUSKUNFT

Güstrow-Information
Franz-Parr-Platz 10, 18273 Güstrow, Tel. 03843 68 10 23; www.guestrow.de, www.guestrow-tourismus.de

ESSEN

1 *Barlach Stuben* €€
Plauer Str. 7
Tel. 03843 68 48 81
www.barlach-stuben.de
tgl. 11.30 – 15.00, 17.30 – 23.00 Uhr
Hier kocht der Chef persönlich – am liebsten moderne Varianten nach althergebrachten Mecklenburger Rezepten. »Birnen, Bohnen und Speck« sind genauso Renner auf der Karte wie »Himmel und Erde«. Zum Dessert wird Schwarzbrotpudding gereicht. Das Restaurant hat 40 Sitzplätze, 20 weitere finden sich im Weinkeller.

2 *Café Küpper* €
Domstraße 15
Tel. 03843 68 24 85
Mo. – Fr. 9.00 – 18.00,
Sa., So. 13.00 – 18.00 Uhr

Extravagante Kaffee- und hausgemachte Kuchenspezialitäten locken im Winter ins Café mit Ofen, sonst in den idyllischen Hof. Guter, kinderfreundlicher Service.

ÜBERNACHTEN

1 *Kurhaus am Inselsee* €€€
Heidberg 1, Tel. 03843 85 00
www.kurhaus-guestrow.de
Stilvolles Vier-Sterne-Hotel in zauberhafter Lage: mitten im Wald und direkt am Inselsee. Große Terrasse, eigene Liegewiese, ein Gartenpavillon steht für Gäste und für Festgesellschaften bereit.

2 *Hotel Altstadt* €€
Baustraße 8 – 10
Tel. 03843 4 65 50, 43 Zimmer
Stadthotel inmitten der malerischen Altstadt. Die wichtigsten Sehenswürdigkeiten von Güstrow sind von hier aus schnell erreichbar. Großer Vorteil im Zentrum: der hauseigene Parkplatz.

3 *Villa Camenz* €
Lange Stege 13
Tel. 03843 2 45 50
www.villa-camenz.de
Kleine, familiäre Pension mit 15 Zimmern im englischen Landhausstil. Die alte Stadtvilla mit Gartenterrasse ist ideal zum Ausspannen und zentrumsnah am Rand der Innenstadt gelegen.

Schmucke Altstadthäuser

1785 wurde im Fachwerkhaus Hollstraße 6 der Maler Georg Friedrich Kersting geboren. Kersting, der auch als Malervorsteher an der Meißener Porzellanmanufaktur wirkte, war ein Freund von Caspar David Friedrich. Auch in den anderen Straßen, die vom Marktplatz ausgehen, insbesondere in der Mühlenstraße (u. a. Nr. 17 u. 48) und in der Gleviner Straße, findet man schöne alte Wohnhäuser. Über die Burg- und Schlossstraße erreicht man auf einem kurzen Fußweg den

Franz-Parr-Platz mit Stadtmuseum, Theater, Städtischer Galerie und Stadtinformation.

Stadtmuseum

Im ehemaligen Spital stellt das Stadtmuseum seine umfangreichen Schätze aus. Neben Exponaten aus der Stadtgeschichte und Gemälden von Expressionisten wie Erich Heckel und Christian Rohlfs wird eine einzigartige **Sammlung von Theaterzetteln** – über 12 000 Exemplare aus der Zeit von 1741 bis heute – vorgestellt.
Zudem werden zwei Güstrower Künstler gewürdigt: der Maler Georg Friedrich Kersting und der Dichter John Brinkman.

ⓘ Franz-Parr-Platz 10, Mo. – Fr. 9.00 – 19.00, Sa. 10.00 – 17.00, So. 11.00 – 17.00 Uhr; Okt.vApril Mo. – Fr. 9.00 – 18.00, Sa. 10.00 – 16.00, So. 11.00 – 16.00 Uhr; Eintritt 3,50 €

Ernst-Barlach-Theater, Wollhalle

Den klassizistischen Bau des an der Nordseite des Franz-Parr-Platzes stehenden ältesten erhaltenen Theaters in Mecklenburg entwarf 1828 Georg Adolph Demmler. Der Fachwerkbau gegenüber war ursprüng-

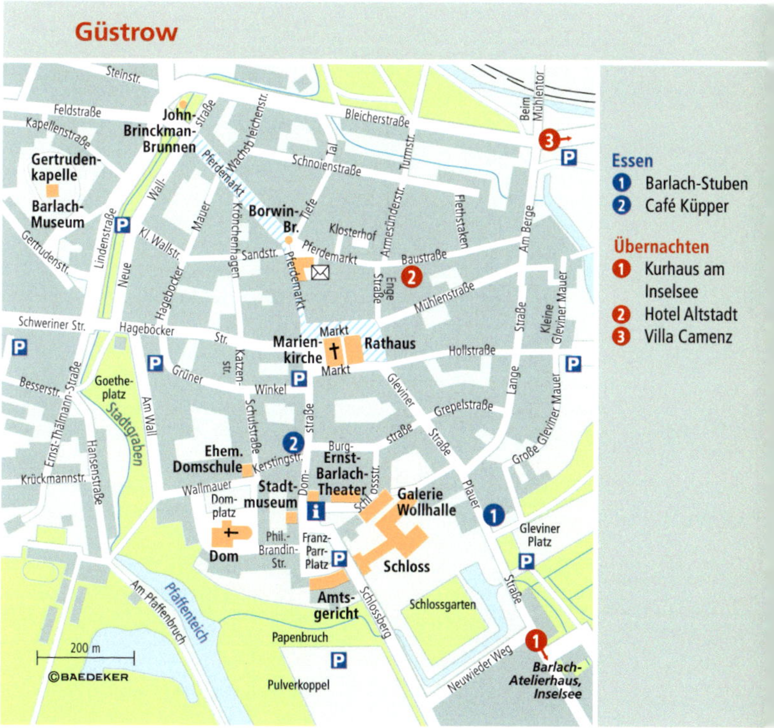

Auf der Suche nach Wahrheit

Ernst Barlach ist ebenso wie Käthe Kollwitz oder Emil Nolde eine Schlüsselfigur des deutschen Expressionismus. Fast 30 Jahre lebte er in Güstrow, wo heute an mehreren Stellen Arbeiten des Künstlers zu besichtigen sind.

Ernst Barlach (1870 – 1938)

Der **Heidberg in Güstrow**, das Atelier und das Wohnhaus von Ernst Barlach: Wer Barlachs Werk kennenlernen will, sollte diesen Ort besucht haben. Obwohl mittlerweile um ein modernes Ausstellungsgebäude erweitert, ist es immer noch ein idyllischer Flecken Erde, wie ein Versteck in einer Lichtung im Wald, am Ufer des malerischen Inselsees. Die letzten Jahre seines Lebens hat Ernst Barlach hier zurückgezogen gelebt und gearbeitet. Am 24. Oktober 1938 erlag der Künstler einem Herzschlag. In Ratzeburg fand er seine letzte Ruhestätte.

Anfänge

Die mecklenburgische Kleinstadt Güstrow war nicht die Heimat von Barlach, aber seine **Wahlheimat**, von 1910 bis zu seinem Tode. Geboren und aufgewachsen ist der Künstler im holsteinischen Wedel. Sein Studium führt ihn mit 18 Jahren weg vom Elternhaus, hinaus in die weite Welt: Hamburg, Dresden, Paris. Danach arbeitet er hauptsächlich als Bildhauer und vier Jahre lang als Zeichner für die Zeitschrift »Jugend«. Eine achtwöchige **Russlandreise**, die er 1906 in Begleitung seines Bruders unternimmt, beeinflusst sein Menschenbild und sein bildhauerisches Werk nachhaltig. Er begegnet Armut, Traditionsgebundenheit und Verwurzelung, geduldig ertragenem Leid und einer ebenso bewundernswerten wie bedrückenden Ergebenheit ins Schicksal. Innere Größe und Würde, Leitthemen seines Werkes, findet er vor allem dort, wo der Mensch unterdrückt, gepeinigt oder zerrissen ist. Zum Prototyp seiner Figuren werden die **blockhaften, schweren Gestalten** mit ihren breiten, kantigen Gesichtern und den sparsamen Gesten von großer Ausdruckskraft. Stilistisch und in der Wahl seines Materials – vor allem Holz und Bronze – spiegeln sich sowohl künstlerische Eigenständigkeit als auch Anknüpfung an Traditionen wider.

Jahre des Erfolgs

Schon vor, besonders aber in den Jahren nach dem Ersten Weltkrieg findet Barlach Anschluss an die deutsche **Avantgardekunst** und macht sich als Bildhauer, Grafiker und Dramatiker einen Namen. Durch eine Ausstellung in der Berliner Secession 1907 lernt er den Kunsthändler **Paul Cassirer** kennen, der ihn unter Vertrag nimmt. 1919 wird Barlach Mitglied der Preußischen Akademie der Künste, 1925 Ehrenmitglied der Akademie der Bildenden Künste in München. Krieg, Elend und menschliches Leid bleiben die Themen seiner Kunst. Seine Denkmäler wie z. B. in der Nikolaikirche in Kiel, das Totenmal im Magdeburger Dom und der **»Schwebende«** in Güstrow zeigen die leidvolle Seite des Kriegs, das Los der Soldaten und die Trauer der Hinterbliebenen – sie sind also eigentlich **Antikriegsdenkmäler**.

Rückzug ins innere Exil

Doch je mehr sich das politische Klima in Deutschland verändert, umso mehr gerät Barlach ins Kreuzfeuer der Kritik. Zusammen mit seiner Lebensgefährtin **Marga Böhmer** zieht er 1931 in das Wohnhaus am Heidberg. Direkt daneben entsteht das Atelier, in dem heute seine Werke zu besichtigen sind. Der Umzug ist auch ein Rückzug, weg aus der Stadt, ins innere Exil. Nach der **Machtübernahme Hitlers** wird für Barlach wie für viele andere Künstler, deren Werk nicht in die nationalsozialistische Ideologie passt, die Situation immer schwieriger. 1937 erhält Barlach **Ausstellungsverbot**, rund 380 seiner Arbeiten werden beschlagnahmt, seine Mahnmale von öffentlichen Plätzen oder aus Kirchen entfernt, seine Tätigkeit als Schriftsteller durch den Ausschluss aus der Reichsschriftenkammer unterbunden. Eindringliche Zeugnisse der künstlerischen und gesellschaftlichen Isolation sind seine späten Arbeiten wie zum Beispiel die **»Frierende Alte«**. Ihren Höhepunkt erreicht die öffentliche Diffamierung durch die Münchner Ausstellung **»Entartete Kunst«**, auf der von Barlach der **»Christus und Thomas«** gezeigt wird. Schließlich muss Barlach auch noch erleben, dass der »Schwebende« entfernt und zu Rüstungszwecken eingeschmolzen wird. Heute ist gerade dieses Werk ein Hauptanziehungspunkt in Güstrow – freilich nur als ein Nachguss vom glücklicherweise erhalten gebliebenen Originalmodell.

Die Bronzeskulptur »Der singende Mann« schuf Barlach 1928.

Das Schloss von Güstrow ist ein bedeutender Renaissancebau.

lich herzoglicher Marstall, dann Lagerhalle für Schafwolle und hieß Wollhalle. Hier zeigt die Städtische Galerie zeitgenössische Kunst.
Wollhalle: Franz-Parr-Platz 9, tgl. 11.00 – 17.00 Uhr

** SCHLOSS

Das größte Renaissancebauwerk in Mecklenburg-Vorpommern entstand, als die Herzöge von Mecklenburg-Güstrow in Güstrow residierten (1556 – 1695). Mit seinen verzierten Giebeln, den polygonalen Ecktürmen und den Schornsteinen zeigt das Bauwerk die Eleganz französischer Lustschlösser. Nordöstlich des Schlosses steht der gotische Backsteinbau der Heilig-Geist-Kapelle (1308; 2007 saniert) mit dem **Norddeutschen Krippenmuseum** (300 Krippen). Auch Schloss, Renaissancegarten und Kunstsammlung sind zu besichtigen.
Anstelle einer mittelalterlichen Burg entwarf Baumeister Franz Parr im Auftrag Herzog Ulrichs eine Vierflügelanlage, von der zunächst (1558 – 1565) nur der West- und der Südflügel mit dem runden Treppenturm realisiert wurden. Das Innere führte Parrs Nachfolger Hans Strol aus. Den Nord- und Ostflügel errichteten Philipp Brandin und sein Schüler Claus Midow zwischen 1587 und 1594. Durch Baumeister unterschiedlicher Herkunft verschmolzen italienische, deutsche und niederländische Einflüsse. Im Auftrag von Herzog Gustav Adolf von Mecklenburg ergänzte Charles Philippe Dieussart 1671 die Anlage um die Schlossbrücke und das Torhaus. Im 18. Jh. war das Schloss dem Verfall preisgegeben. 1795 wurden der Osttrakt und der daran anschließende Teil des Nordflügels abgetragen.

Norddeutsches Krippenmuseum: Heiligengeisthof 5, 1. Advent – 15.1., Juni – Sept. tgl. 10.00 – 17.00, 16.1. – 31.5., Okt./Nov. Di. – So. 11.00 – 16.00 Uhr; Eintritt 2,50 €; www.norddeutsches-krippenmuseum.de
Schloss: Franz-Parr-Platz 1, 15.4. – 14.10. tgl. 10.00 – 18.00, 15.10. – 14.4. Di. – So. 10.00 – 17.00 Uhr; Eintritt 5 €; www.schloss-guestrow.de

****Festsaal**

Manieristische Raumdekoration schmückt den großen Festsaal im ersten Obergeschoss des Südflügels. Den Stuckfries mit teils vollplastisch heraustretenden Hirschen und Rehen sowie den Stuck in den Flachtonnen über den Fensternischen schuf Christoph Parr, der Bruder des Hofbaumeisters Franz Parr, in den Jahren 1569 – 1571. 1620 kam die einzigartige Kassettendecke hinzu, die der Stuckateur Daniel Ankermann im Auftrag von Herzog Hans Albrecht II. von Mecklenburg ausführte. Jagdszenen, mythologische und allegorische Darstellungen sowie florale Ornamente füllen die 43 Bildfelder.

Im Souterrain des **Schlossmuseums** wird vor allem sakrale Kunst aus Mecklenburg gezeigt. Im Erdgeschoss kann man die ehemalige Hofstube von Herzogin Elisabeth sowie den Jagdsaal mit Waffen aus dem 17. und 18. Jh. besichtigen. Das erste Obergeschoss war die Fest- und Wohnetage. Außer dem herrlichen Festsaal ist auch die Stube des Herzogs (Parr-Saal) mit schönem Majolikafußboden sehenswert – ebenso wie die im ersten Obergeschoss ausgestellte **Kunstsammlung**, die niederländische, deutsche und italienische Werke des 16. und 17. Jh.s umfasst. Eine Etage weiter oben werden wertvolle Gläser, antike Gefäße und Gegenwartskunst gezeigt.

Schloss Güstrow

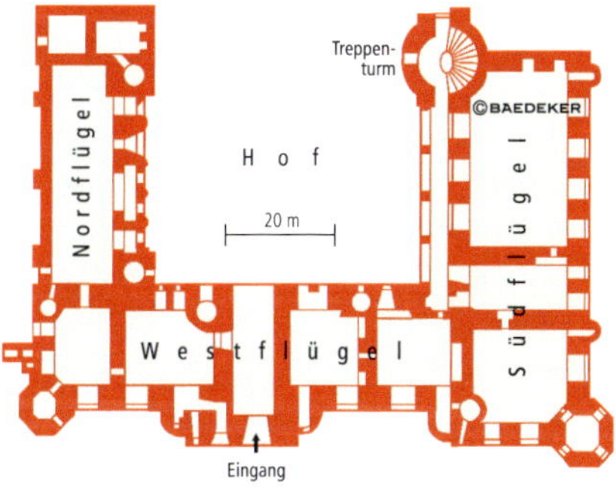

** DOM

Westlich vom Schloss erhebt sich der Dom St. Maria, St. Johannes Evangelista und St. Cäcilia. Die ältesten Bauteile der 1226 von Fürst Heinrich Borwin II. gestifteten Pfeilerbasilika sind das nördliche Querschiff und der später erhöhte Chor. Mit der Weihe eines Hochaltars im Jahr 1335 wurde wohl das Langhaus vollendet und der Westturm angelegt. Um 1390 wurde das südliche Seitenschiff um drei Kapellen erweitert. Zu den letzten Baumaßnahmen zählten die

Fertigstellung des Westturms und die Verlängerung des Chors um ein weiteres Joch mit sechseckiger Apsis in der zweiten Hälfte des 15. Jahrhunderts. Nach der Reformation bestimmten die in Güstrow residierenden Herzöge das Gotteshaus zur Hofkirche und Grablege.
ⓘ Mitte Mai – Mitte Okt. Mo. – Sa. 10.00 – 17.00, Mitte Okt. – Mitte Nov., April Di. – Sa. 10.00 – 12.00, 14.00 – 16.00, Mitte Nov. – März Di. – Sa. 11.00 – 12.00, 14.00 – 15.00 Uhr; So. ganzjährig nach dem Gottesdienst (Beginn 10 Uhr) bis 12.00 und 14.00 – 16.00, Mitte Nov. – März bis 15.00 Uhr; www.dom-guestrow.de.

Ausstattung Der Dom besitzt eine reiche Ausstattung mit einigen bedeutenden Kunstwerken: Gleich rechts neben dem Domeingang im südlichen Seitenschiff hängt ein beachtenswertes Triumphkreuz aus der zweiten Hälfte des 14. Jahrhunderts.

Über dem ehemaligen Gitter der Renaissance-Taufe in der Nordhalle des Doms hängt die Bronzeplastik des **»Schwebenden«**, eine 1927 als Ehrenmal für die Opfer des Ersten Weltkriegs entstandene Arbeit des Bildhauers Ernst Barlach (► Baedeker Wissen S. 188). Sie trägt die Gesichtszüge der mit Barlach befreundeten Künstlerin Käthe Kollwitz. Beim Exemplar im Dom handelt es sich um einen Nachguss, denn das Original wurde während der Zeit des Nationalsozialismus für entartet erklärt und zu Rüstungszwecken eingeschmolzen.

Im erhöhten dreijochigen **Chor** steht eine monumentale Skulpturengruppe, ein Hauptwerk des niederländischen Bildhauers Philipp Brandin. Sie zeigt lebensgroß und mit porträthaften Zügen Herzog Ulrich, seine erste, 1586 verstorbene Gemahlin Elisabeth von Dänemark und seine zweite Frau, Anna von Pommern-Wolgast, alle in zeitgenössischer Kleidung. Den oberen Abschluss bildet ein Gesims, auf dem u. a. das jeweilige Familienwappen der Dargestellten sitzt. Die Figur der Anna von Pommern-Wolgast schufen 1599 Brandins Schüler Claus Midow und Bernd Berninger. Von Brandin stammen auch das Epitaph (1575) für Heinrich Borwin II. und das kleinere Dorotheenepitaph. Im Scheitel des Chors ist der herrliche spätgotische Flügelaltar aufgestellt, der um ca. 1500 im Umkreis des Hamburger Bild-

Dom zu Güstrow

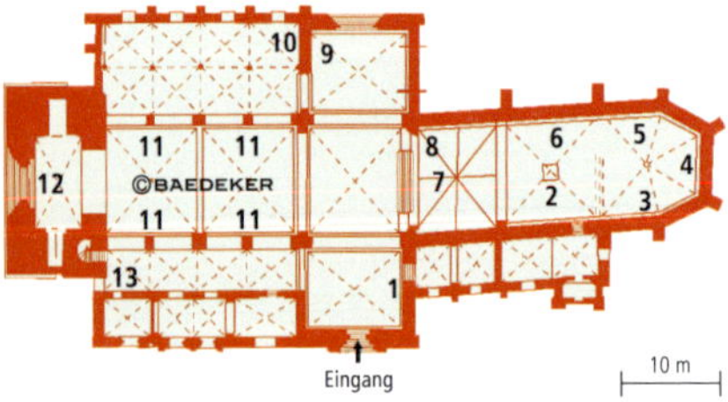

1 Triumphkreuz
2 Gedächtnistumba für Heinrich Borwin II.
3 Levitenstuhl
4 Flügelaltar
5 Wandgrab Heinrich Borwins II.
6 Grabmal Herzog Ulrichs und seiner beiden Frauen
7 Renaissance-Taufbecken
8 Kanzel
9 Frühgotischer Taufstein
10 »Der Schwebende«
11 Apostelfiguren
12 Turm
13 Grabmal Günthers von Passow

Detail des Flügelaltars im Dom

schnitzers Hinrik Bornemann entstand. Vom alten Chorgestühl blieb der um 1430 geschaffene Levitenstuhl rechts neben dem Hochaltar an der südlichen Chorwand erhalten.
Am Übergang zum **Langhaus** sind weitere Renaissance-Kunstwerke bemerkenswert: die Kanzel aus Sandstein (16. Jh.) und das Sandsteintaufbecken. Im Langhaus selbst verdienen vor allem die an den Pfeilern aufgestellten, zwischen 1530 und 1535 entstandenen Apostelfiguren aus Eichenholz Aufmerksamkeit. Sie verweisen mit ihrer ausdrucksstarken Mimik, den Gesten und Körperhaltungen schon auf den Barock.

VOM DOMPLATZ ZUR GERTRUDENKAPELLE

Pferdemarkt

Shopping-Zone im Zentrum ist der »Pferdemarkt«, der im Nordwesten vom Marktplatz abzweigt. Vor der Hauptpost weitet er sich zu einem dreieckigen Platz, den seit 1889 der Borwinbrunnen mit einer Statue des Stadtgründers Fürst Heinrich Borwin II. schmückt. Der Brunnen wird vom Wasser der Nebel gespeist.

Armesünderturm

Biegt man nach rechts und die nächste Querstraße nach links (Armesünderstraße), erreicht man den Armesünderturm, einst Teil der Stadtbefestigung. Der untere Teil stammt aus dem 13. Jh., der Fachwerkaufbau aus dem 18. Jahrhundert. Oben wohnte der Scharfrichter, im Unterbau mit schmalem Luftschlitz harrten die Gefangenen aus.

***Gertrudenkapelle**

Die 1953 in der Gertrudenkapelle eröffnete Ausstellung ist das älteste Barlach-Museum in Güstrow. In der spätgotischen Kapelle sind ca. 30 vorwiegend sakrale Plastiken des Künstlers dauerhaft vereint, die in der Güstrower Zeit entstanden.

❶ Gertrudenplatz 1, April – Okt. Di. – So. 10.00 – 17.00, Juli, Aug. auch Mo. 10.00 – 17.00 Uhr; Nov. – März. Di. – So. 11.00 – 16.00 Uhr; Eintritt 4 €; www.ernst-barlach-stiftung.de

INSELSEE UND UMGEBUNG

***Inselsee**

Der idyllische See südöstlich der Stadt ist mit dem Auto in wenigen Minuten via Plauer Straße bzw. Plauer Chaussee Richtung Kluess zu erreichen. Schilf, Wiesen und Wald rahmen das stille Gewässer, Bootsstege und Bootshäuschen aus Holz runden das malerische Bild ab. Am bewaldeten Ostufer kann man baden. Vom Hotel »Kurhaus am Inselsee« führt ein Waldweg zum wenige Hundert Meter entfernten Atelierhaus von Ernst Barlach.

****Atelierhaus von Ernst Barlach**

Auf einem Waldgrundstück am Ostufer des Inselsees ließ sich Ernst Barlach 1931 ein Atelierhaus bauen, das heute – neben der Gertrudenkapelle – für die Präsentation des künstlerischen Nachlasses genutzt wird. Er umfasst Werke aus allen Schaffensperioden des Bildhauers und Grafikers: rund 320 Plastiken, 200 Druckgrafiken und über 1000 Handzeichnungen sowie Aufzeichnungen und Skizzen. Besonders eindrucksvoll ist der hohe, mit einer Glasfront versehene Atelierraum mit berühmten Holzplastiken und Gipsmodellen vieler seiner Werke.

Heidberg 15; Öffnungszeiten wie Gertrudenkapelle; Eintritt 6 €; www.ernst-barlach-stiftung.de

BAEDEKER TIPP

Auf dem Rücken der Pferde

Im Gestüt Ganschow, am Südende des Inselsees, wurden und werden heute noch Trakehner und Mecklenburger gezüchtet. Tolle Pferdeparaden locken Liebhaber an. Wer hier ausreiten möchte, kann dies nach Voranmeldung tun (Tel. 038458 2 02 26; www.gestuet-ganschow.de).

Zum 60. Todestag von Ernst Barlach wurde 1998 neben dem Atelierhaus das ***Ausstellungsforum** eröffnet. Der moderne, sehr zurückhaltende Bau wird für Wechselausstellungen genutzt (Information, Öffnungszeiten, Eintritt wie Atelierhaus).

Das **Spaßbad »Oase«** wartet mit Strömungskanal, Tropenlandschaft, Riesenrutsche und Sauna auf. Das **Malmström-Museum** im Haus »Malmström-Ruh« zeigt nach Vereinbarung die phantastische Geschichte der Güstrower Zirkusartistenfamilie Kolter-Malmström ab 1725.

»Oase«: Plauer Chaussee 7, tgl. 10.00 – 22.00 Uhr; Eintritt 8,50 €; www.oaseguestrow.de

Malmström-Museum: Zu den Wiesen 17, Tel. 03843 68 07 86; Eintritt 1 €; www.malmstroem-museum.de

Natur- und Umweltpark Güstrow

Vor allem für Kinder spannend ist der Natur- und Umweltpark Güstrow zwischen Güstrow und Kluess (Eingang: Nähe Bahnhof Güstrow-Priemerburg). Im Freigelände kann man die **Natur auf Aktionspfaden** erfahren und Tiere aus der Nähe beobachten. Sogar ein Wolfsrudel gibt es hier! Spektakulär ist die tägliche Fütterung der »Raubtier-WG« (Wildkatze, Luchs, Wolf, Bär) um 13.30 Uhr. Durch die Aqua-Ausstellung geht man dank des Aqua-Tunnels trockenen Fußes. Hunde sind angeleint erlaubt.

ⓘ Verbindungschaussee 1, April – Okt. tgl. 9.00 – 19.00, Nov. – März tgl. 9.00 – 16.00 Uhr; Eintritt 8,50 €; www.nup-guestrow.de

UMGEBUNG VON GÜSTROW

***Recknitz**

Das kleine Dorf 13 km nordöstlich von Güstrow kann mit einer interessanten Feldsteinkirche aus dem 13./14. Jh. aufwarten, an der sich der Übergang von der Romanik zur Gotik beobachten lässt. Beachtlich sind der Schnitzaltar aus der ersten Hälfte des 15. Jh.s, die Kanzel von 1579 und der reich dekorierte, barocke Orgelprospekt aus den Jahren 1703 – 1718.

Schloss Rossewitz

Ein frühes Beispiel für den barocken Schlossbau in Mecklenburg-Vorpommern entdeckt man im benachbarten Rossewitz. Dort entstand 1657 – 1680 nach Entwürfen von Charles Philippe Dieussart ein stattlicher Bau.

Vietgest

Eine gut erhaltene barocke Schlossanlage (1792 – 1794), die restauriert und in ein gepflegtes Hotel mit Restaurant umgewandelt wurde, erwartet den Besucher in Vietgest, zwischen Güstrow und Teterow an der B 104. Gleichzeitig mit dem Schloss wurde auch der Landschaftsgarten angelegt.

Bellin

15 km südöstlich Güstrow überrascht die Belliner Feldsteinkirche (13. Jh.) im Innern mit gotischen Wand- und Gewölbemalereien (14./15. Jh.), schönen Schnitzfiguren in den Seitenflügeln des Altars (2. Hälfte 15. Jh.) und dem hellen Steinsarkophag des Grafen von Sala (1770). In der Kirche werden im Sommer klassische Konzerte gespielt.

BÜTZOW

Ehemalige bischöfliche Residenz

Die gemütliche Kleinstadt Bützow, etwa 10 km nordwestlich von Güstrow gelegen, blickt auf eine große Vergangenheit zurück: Im Jahr 1239 hatte der Bischof von Schwerin seine Residenz hierher verlegt, Herzog Ulrich baute sie dann nach 1550 zum Renaissanceschloss um. Im Krummen Haus (14. Jh.) sind das Heimatmuseum und die Gedenkstätte für die Opfer des Zuchthauses Bützow-Dreibergen untergebracht. Lohnend sind Bützows Kollegiatskirche (ab 1247) und das begehbare Stadtmodell (Tarnower Chaussee; Maßstab 1 : 10).

ⓘ Schlossplatz 2; Mo. 13.00 – 17.00, Di. 10.00 – 12.00, 13.00 – 18.00, Mi., Sa. 10.00 – 12.00, Fr. 10.00 – 12.00, 13.00 – 16.00 Uhr, Do., So. geschl.; Eintritt 2 €; www.krummes-haus-buetzow.de

Kräftig paddeln heißt es jeden Mai beim Drachenbootfest in Bützow.

***Boitiner Steintanz** Zwischen Diedrichsdorf und Tarnow, im Wald von Boitin, stößt man auf vier gut erhaltene **prähistorische Steinkreise**. Fast mannshoch erheben sich 30 grüngraue Menhire aus Gras und Laub. Der Sage nach soll hier eine übermütige Hochzeitsgesellschaft mit Würsten und Brot gekegelt haben, woraufhin sie für diesen Frevel in Stein verwandelt wurde. Ob die Anlage als prähistorischer Steinkalender oder Sonnenobservatorium diente, ist Spekulation (Weg ausgeschildert).

Rühn 4 km südwestlich von Bützow, am linken Warnowufer, wurde 1232 ein Benediktinerinnenkloster gegründet. Die Klosterkirche aus dem 13. Jh., ein einschiffiger, romanisch beeinflusster Bau, beherbergt einen 1578 geschaffenen Altaraufsatz von Cornelis Crommeny mit den Porträts von Herzog Ulrich und seiner Gemahlin Elisabeth auf den Flügeln. Barocke Anklänge zeigt die Fürstenempore (um 1600); das prächtige Epitaph für Herzogin Sophie ist ein Werk von 1694.

Schwaan In der 2002 restaurierten **»Kunstmühle«** wird die 1890 etablierte Künstlerkolonie »Schwaan« thematisiert. Seit 2009 gibt es die dem Koloniegründer gewidmete Privatgalerie **Franz-Bunke-Haus** mit Werken Mecklenburger Künstler. Die Replik einer Stadtansicht Bunkes ziert den Giebel der örtlichen Bank (August-Bebel-Str.).

Kunstmühle: April – Okt. Di. – Fr. 10.00 – 17.00, Sa. 13.00 – 17.00, 1.11. – 31.3. Di. – Fr. 10.00 – 16.00, So. ganzjährig 11.00 – 17.00 Uhr; Eintritt 4 €; www.kunstmuseum-schwaan.de

Franz-Bunke-Haus: Wallstr. 13, tgl. 10.00 – 20.00 Uhr

Hagenow

D 9

Landkreis: Ludwigslust-Parchim
Höhe: 25 m ü. d. M.
Einwohnerzahl: 11 750

Mit Kopfsteinpflaster und Fachwerkhäusern bewahrte sich Hagenow den Charakter einer Ackerbürger- und Handwerkerstadt. Die beschauliche Stadt liegt knapp 40 km südwestlich von Schwerin.

Sehenswertes

Der 1370 erstmals als Stadt erwähnte Ort verlor 1538 durch einen Brand fast seine gesamte mittelalterliche Bausubstanz. Die meisten der vielen Fachwerkhäuser stammen aus dem 18. und 19. Jh., das heute älteste Gebäude trägt das Erbauungsjahr 1730. Fachwerkfreunde werden vor allem in der Langen Straße fündig. 1748 wurde das Jesselsche Gehöft des Ratsherrn Jessel gebaut, heute ist es das Haupthaus des **Museums für Alltagskultur der Griesen Gegend**. Es zeigt u.a. die Handwerksgeschichte im Ort mit der Waldglassammlung und einer Schuhmacherwerkstatt (um 1900). Zum Museum gehört die rekonstruierte »Alte Synagoge«, Hagenstr. 48, mit Wagenschauer und alter Schule, wo Konzerte und Ausstellungen stattfinden.

Museum für Alltagskultur: Di., Do. 9.00 – 12.00, 14.00 – 17.00, So. 14.00 – 17.00 Uhr; Eintritt 2 €; www.freundeskreis-hagenower-museum.de.

UMGEBUNG VON HAGENOW

Wittenburg

Rund 12 km nordwestlich von Hagenow kommt man nach Wittenburg. Das in der Anfangszeit der Ostkolonisation bei einer Burg gegründetes Städtchen erhielt 1226 Lübecker Stadtrecht. Die ab 1280 errichtete Pfarrkirche St. Bartholomäus ist eine der ältesten Stadtkirchen in Mecklenburg. Beachtenswert sind die Bronzetaufe von 1342, der Schnitzaltar mit Marienkrönung (Ende 15. Jh.) und die barocke, mit Evangelistenfiguren geschmückte Kanzel (1666). Der Schweriner Hofbaumeister Georg Adolph Demmler baute 1851 das Rathaus mit doppelläufiger Freitreppe, Rundbogenfenstern, Türmchen und Zinnen.
Volkmar Wywiol präsentiert im einzigen **Mehl-Kunst-Museum** der Welt die Kulturgeschichte des Mehls und in der »Sackothek« 2400 Mehlsäcke aus 120 Ländern. Eine Attraktion ist auch das **Alpincenter** mit Skihalle, Skischule und Hotel.

Mehl-Kunst-Museum: Amtsberg 1, erster So. im Monat 14.00 – 17.00 Uhr und n. V.; Eintritt gegen Spende; www.flour-art-museum.de
Alpincenter: Zur Winterwelt 1, tgl. 10.00 – 23.00 Uhr; www.alpincenter.com

Hagenow erleben

AUSKUNFT

Hagenow-Information
Lange Straße 97
19230 Hagenow
Tel. 03883 72 90 96
www.hagenow.de

Stadtinformation Boizenburg
Markt 1
19252 Boizenburg
Tel. 038847 5 55 19
www.kreis-swm.de/Boizenburg_Elbe/Tourismus

Zarrentin 15 km weiter nordwestlich liegt am Südufer des Schaalsees (►Gadebusch, Umgebung) der Ort Zarrentin, der aus einem ehemaligen, um 1250 gegründeten Zisterzienserinnenkloster hervorging. Von dessen Klausurgebäuden ist nur der Ostflügel erhalten. Eine Besichtigung lohnt die ehemalige Klosterkirche aus der Zeit um 1460. Sehenswert sind die Kanzel mit fünf qualitätvollen Reliefs an der Brüstung des Korbs, gefertigt 1533/1534 vom Lübecker Bildschnitzer Jacob Reyge, und der barocke Altaraufsatz von 1733.

In Nieklitz, südlich von Zarrentin, lockt das **Zentrum Mensch – Natur – Technik – Wissenschaft**, das sich mit Ökotechnologie und Bionik beschäftigt. In drei Ausstellungshäusern und auf einem weitläufigen Gelände kann man anhand von über 400 Modellen das Prinzip »von der Natur lernen« nachvollziehen

❶ Moorweg 4, tgl. 9.30 – 18.00 Uhr, Nov. – Mitte März geschl.; Eintritt 8,50 €; www.zmtw.de

Lübtheen Bis 1826 war das knapp 20 km südlich von Hagenow gelegene Städtchen eine wichtige Poststation auf der Strecke Berlin – Hamburg. Der Ort war wohl schon in slawischer Zeit besiedelt, denn der Name Lübtheen wird vom slawischen Wort für Linde, »Lipta«, hergeleitet. Die 1817 bis 1820 erbaute Stadtkirche ist eine der wenigen klassizistischen Kirchen in Mecklenburg. Das **»Alte Küsterhaus«** bewahrt die Ortsgeschichte des Gips- und Kalibergbaus im 19./20. Jahrhundert.

Altes Küsterhaus: Schulstr. 2, Di., Do. 9.00 – 12.00, 14.00 – 17.00, So. 14.00 – 17.00 Uhr; Eintritt gegen Spende; www.luebtheen.de

Redefin Redefin war bereits im 18. Jh. ein bedeutendes **Gestüt der mecklenburgischen Herzöge** und wurde 1810 Standort des mecklenburgischen Hauptgestüts. Das Gestüt bietet Führungen (90 Min.), Café und Gästehaus. Sehr beliebt sind das **Fest »LebensArt«** Ende Mai mit cremeweißen Pagodenzelten, die **Sommerkonzerte** der Festspiele Mecklenburg-Vorpommern und die drei **Hengstparaden** (Sept.). Auf dem **Gestütsweg** (160 km) kann man mit Stopps in 35 Reiterhöfen bis zum Landesgestüt Neustadt/Dosse (Brandenburg) traben.

❶ www.landgestuet-redefin.de

BOIZENBURG

*** Stadtbild**

Boizenburg liegt im Westen von Mecklenburg, 35 km südwestlich von Hagenow. Das hübsche, vom Schiffbau geprägte Städtchen umschließt ein ringförmiger Wall, auf dem Linden gepflanzt wurden. Zahlreiche kleine Brücken überspannen den Wallgraben, in dem das Wasser der Boize träge dahinfließt. Nach dem Brand 1709 wurde die Stadt nach den Plänen des herzoglichen Ingenieurkapitäns Jacob Reutz wieder aufgebaut, z. B. auch das Rathaus (1719). Die Stadtgeschichte präsentiert das **Heimatmuseum** mit der Zweigstelle Elbbergmuseum (Am Elbberg), wo an das Außenlager des KZ Neuengamme erinnert wird.

Heimatmuseum: Markt 1, Mi., Fr. 10.00 – 12.00, Sa., So. 14.00 – 17.00 Uhr; Elbbergmuseum nur Mai – Okt. Sa., So. 14.00 – 17.00 Uhr; Eintritt frei

Fliesenmuseum

Da in der Stadt die Fliesenproduktion Tradition hat, gibt es hier das sehr sehenswerte **erste deutsche Fliesenmuseum**. Die Sammlung zeigt industriell hergestellte, aber künstlerisch gestaltete Fliesen vom 19. Jh. bis heute.

❶ Reichenstr. 4, Di. – Fr. 10.00 – 16.00, Sa., So. 14.00 – 16.00 Uhr; Eintritt 4 €; www.jugendstilfliesen-museum.de

Ausflüge

Ab dem Stadthafen legen Ausflugsschiffe zu Touren auch in den Naturpark Mecklenburgisches Elbetal ab. In Schlagsdorf am Biosphärenreservat Schaalsee (► Gadebusch, Umgebung) wurden am Grenzhus DDR-Grenzanlagen sogar originalgetreu aufgebaut.

❶ Neubauernweg 1, Mo. – Fr. 10.00 – 16.30, Sa., So. 10.00 – 18.00 Uhr; Eintritt 4 €; www.grenzhus.de

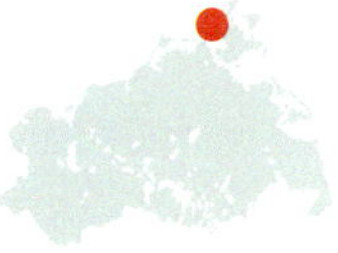

★★ Hiddensee

O 2/3

Landkreis: Vorpommern-Rügen
Höhe: 1 m ü. d. M.
Einwohnerzahl: 1030

Hier erholten sich schon Albert Einstein und Sigmund Freud. Eine Oase der Ruhe bildet Hiddensee auch heute noch, denn Autos dürfen hier nicht fahren, und große Hotels und Eventzentren fehlen. Die 17 km lange Insel gleich neben Rügen gilt als ein Paradies für alle, die ländliche Atmosphäre und eine intakte Natur mehr schätzen als Action und Fun rund um die Uhr.

»dat söte Länneken«

Die Inselbewohner nennen ihre Heimat »dat söte Länneken« – das süße Ländchen –, und das hat seinen Grund: Hiddensee hat nicht nur eine ganze Palette landschaftlicher Schönheiten zu bieten, hier kann man auch die Langsamkeit und die Stille entdecken, denn die Insel ist **für den privaten Autoverkehr fast vollständig gesperrt**. Wer nicht zu Fuß gehen will, muss sich aufs Fahrrad schwingen oder das Pferdefuhrwerk als Taxi benutzen. Besonders schön sind die Strände an der West- und Nordküste der nur 19 km² großen Insel. Die Landschaft mit einzigartiger Flora und Fauna steht unter Naturschutz und seit 1990 ist Hiddensee in den Nationalpark Vorpommersche Boddenlandschaft (►Fischland–Darß–Zingst) integriert.

> **! BAEDEKER TIPP**
>
> *Hiddensee mit dem Fahrrad*
>
> Gut zu wissen für alle Radler: Mit der Fahrkarte, die man in Schaprode für die Fähre löst, kann man an jeder beliebigen Fähranlegestelle auf Hiddensee die Rückfahrt antreten und muss nicht extra zum Ausgangspunkt zurückradeln.

Hiddensee erreicht man am besten mit der **Fähre** von Stralsund, Rügen (Schaprode, Wiek, Breege, Ralswiek) und Zingst. Vor allem im Sommer ist der Ansturm auf die Fähren groß. Es lohnt sich, rechtzeitig eine Karte zu reservieren oder sich frühzeitig am Hafen einzufinden. In Schaprode/Rügen gibt es bewachte Parkplätze am Hafen (die aber oft überfüllt sind) und am Ortseingang, wo man sein Fahrzeug gegen eine Gebühr abstellen kann. Die Fähre braucht von Schaprode nach Vitte ungefähr 45 Minuten.

Prominente Gäste

Fischerei und Landwirtschaft bildeten die einzige Lebensgrundlage der Bevölkerung, bis gegen Ende des 19. Jh.s der Tourismus einsetzte. Zunächst suchten vor allem Prominente hier Erholung: Albert Einstein, Käthe Kruse, Thomas Mann, Lion Feuchtwanger, Carl Zuckmayer, Stefan Zweig, Joachim Ringelnatz, Sigmund Freud und natürlich Gerhart Hauptmann (► Berühmte Persönlichkeiten S. 56).

Zauberhafte Landschaft

Hiddensee ist Teil der Boddenlandschaft, die nach der letzten Eiszeit vor rund 10 000 Jahren geprägt wurde. Nördlich des Dorfs Kloster steigt die Insel zum sanft-hügeligen Dornbusch an, der im Nordwesten steil zum Meer abfällt. Heute verleihen herrlich blühender Besenginster sowie Holunder-, Brombeer- und Sanddornbüsche der Hügellandschaft, durch die ein 8 km langer Rundwanderweg führt, besonderen Reiz. Die Besteigung des Inselwahrzeichens **»Leuchtfeuer Dornbusch«** ist für maximal 15 Personen gleichzeitig gestattet, für Kinder unter sechs Jahren und bei über Windstärke 5 ist der Leuchtturm von 1888 gesperrt.

Im Osten des Dornbuschs schließen sich die Alter und Neuer Bessin genannten Sandhaken an: angeschwemmtes Land, das sich ständig in

Hiddensee – Ruhe und Natur im »süßen Ländchen«, wo schon Albert Einstein, Sigmund Freud und Gerhart Hauptmann ausspannten.

Form und Größe verändert und das heute zahlreichen Wasservögeln die Möglichkeit zum Brüten oder Rasten gibt. Nach Süden senkt sich der Dornbusch zum Hiddenseer Flachland hinab, einer 15 km langen Landzunge. Unter strengem **Naturschutz** stehen die einzigartige Küstenheidelandschaft »Dünenheide« zwischen den Orten Vitte und Neuendorf sowie die Dünenlandschaft des Gellen im äußersten Süden der Insel, wo noch Strandvögel wie die Zwergseeschwalbe und der Sandregenpfeifer beheimatet sind. Eines der Erlebnisse auf Hiddensee, die man sich nicht entgehen lassen sollte, ist eine Wanderung durch den westlichen Teil der Dünenheide, die im August und September in voller Blüte steht.

Leuchtturm: Im Dornbuschwald, Mai – Sept. tgl. 10.30 – 16.00, Fr. auch 19.00 – 21.00, April, Okt. Do. – Sa. 11.00 – 15.00 Uhr, sonst eingeschränkt; Eintritt 2,50 €

KLOSTER

*Malerisches Ortsbild

Kloster, der nördlichste Ort der Insel, ist mit seinen ungepflasterten Straßen und den kleinen, schilfgedeckten Häusern wohl das hübscheste – und meistbesuchte – Dorf auf Hiddensee. Der Ort ging aus einer 1296 gegründeten Abtei hervor, von deren Gebäuden allerdings nichts erhalten blieb, nachdem die Abtei 1536 im Zuge der Reformation säkularisiert worden war. In der um 1750 barock ausgestatten Inselkirche von 1332 finden Konzerte und Lesungen statt (www.kirche-hiddensee.de). Eine Grabplatte erinnert an Abt Johannes von Runnenberg (gest. 1475).

Hiddensee erleben

AUSKUNFT

Insel-Information Hiddensee
Norderernde 162
18565 Vitte/Hiddensee
Tel. 038300 64 20
www.seebad-hiddensee.de
www.ruegen-hiddensee.de

ÜBERNACHTEN

Appartements Post Hiddensee €€€€
Vitte, Wiesenweg 26
Tel. 038300 64 30
www.hotel-post-hiddensee.de
Das Hotel (Frühstück an die Tür plus 8 €) besitzt eine Kaminlounge mit Bar, eine Sauna (8.00 – 22.00 Uhr), einen Garten sowie Segelboote und eine Motorjacht.

Pension Lachmöwe €
Vitte, Wallweg 5
Tel. 038300 2 53
www.lachmoewe.de
7 Zimmer
Freundliche Frühstückspension am Hafen mit dem Café Kanne (in dem wechselnde Ausstellungen stattfinden) und einem kleinen Garten.

Die Hauptattraktion von Kloster ist die ***Gerhart-Hauptmann-Gedenkstätte** in Haus Seedorn, dem ehemalige Sommersitz des Schriftstellers (►Berühmte Persönlichkeiten S. 56). Er lebte von 1885 bis 1943 regelmäßig hier und liegt auf dem örtlichen Friedhof begraben. Hauptmann erwarb das Wohnhaus 1930 und ließ ein Arbeitszimmer und einen Kreuzgang anbauen.

Kirchweg 13, Mai – Okt. Mo. – Sa. 10.00 – 17.00, So. 13.00 – 17.00, Nov. – März Di. – Fr. 11.00 – 14.00, April Mo. – Fr. 11.00. – 16.00, ab 15.4. auch So. 13.00 – 16.00 Uhr; Eintritt 3 €; www.hauptmannhaus.de

Sommersitz von Gerhart Hauptmann

Heimatmuseum

Attraktion in der neugeordneten Sammlung zur Inselgeschichte ist eine Kopie des »**Goldschatzes von Hiddensee**« (►Baedeker Wissen S. 45). Gut besucht sind die Sonderausstellungen.

Kirchweg 1, Mai – Okt. tgl. 10.00 – 16.00, Nov. – März Do. – Sa. 11.00 – 15.00 Uhr, Eintritt 3 €, ohne Kurkarte 5 €

Jugendstilvilla

Klosters 1904/05 von Oskar Kruse-Lietzenburg errichtete Jugendstilvilla Lietzenburg war später im Besitz der Puppenbauerin Käthe Kruse. Seit 1989 ist Käthe Kruses Sohn, der Kinderbuchautors Max Kruse, Herr des Hauses. Die Villa wird gerade saniert und soll zukünftig eine Bildergalerie zeigen (www.lietzenburg.de).

WEITERE ORTE AUF HIDDENSEE

Vitte

Das Städtchen ist die größte Siedlung auf Hiddensee und Sitz der Verwaltung. Der Name von Vitte wird von der Bezeichnung für mittelalterliche Heringsfangplätze (Vitt) abgeleitet. Ob an der Stelle des heutigen Dorfs auch wirklich einer lag, konnte bislang nicht nachgewiesen werden. An der Weggabelung im Norden der größten Inselsiedlung fällt die sogenannte Blaue Scheune ins Auge, ein 200 Jahre altes Bauernhaus, das der Maler Günter Fink bis zu seinem Tod im Januar 2000 bewohnte. Aus den frühen 1920er-Jahren stammt die wegen ihrer eigenwilligen Form »Karusel« getaufte Villa der dänischen Filmdiva Asta Nielsen, wie Schriftsteller Gerhart Hauptmann war sie Stammgast auf Hiddensee. In Vittes **Nationalparkhaus** präsentiert die Ausstellung »Veränderung« die Boddenlandschaft. Von

Mai bis Oktober finden wöchentlich naturkundliche Führungen zum Alten Bessin oder in die Dünenheide statt.

Nationalparkhaus: Norderende 2, April – Okt. 10.00 – 16.00, im Winter bis 15.00 Uhr; Eintritt frei

***Neuendorf** Weiß getünchte, schilfgedeckte Häuschen inmitten grüner Rasenflächen prägen das Bild dieses Fischer- und Bauerndorfs aus dem frühen 18. Jahrhundert. Die einzige befestigte Straße führt zum Hafen. Das **Fischereimuseum** »Lütt Partie« im Reusenschuppen erinnert mit seinem Namen an traditionelle Fischfanggemeinschaften.

Fischereimuseum: Pluderbarg 7, Mai – Okt. Mo. – Sa. 14.00 – 17.00 Uhr; Eintritt frei

* Klützer Winkel

C/D 6

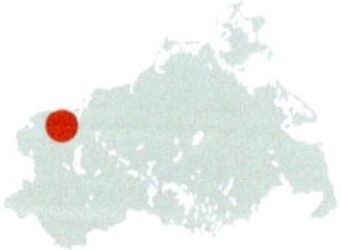

Sanft gewellte Hügel, Felder und Wiesen, dazwischen kleine Baumgruppen oder Wäldchen und immer wieder stattliche reetgedeckte Gehöfte, die nicht selten ein Storchennest auf dem Dach haben – das ist der Klützer Winkel.

Fruchtbares Land Klützer Winkel wird das Land nördlich von Grevesmühlen genannt, es trägt aber auch den Beinamen »**Speckwinkel**«, denn hier sind die Böden äußerst fruchtbar, und entsprechend reichlich fallen die Ernten aus. Einst wurden die Feldfrüchte über die Häfen von Wismar und Lübeck verschifft. Bis ins 19. Jh. hinein waren einige wenige Familien, so die Plessens und die Bothmers, im Besitz des fruchtbaren Bodens. Von dieser Vergangenheit zeugen noch herrschaftliche Anwesen im barocken oder klassizistischen Stil wie etwa Schloss Bothmer, das zu den Spielstätten der Festspiele Mecklenburg-Vorpommern gehört.

VON GREVESMÜHLEN NACH KLÜTZ

Grevesmühlen Der frühgotische Backsteinbau der Nikolaikirche mit einer Kalksteintaufe aus der Entstehungszeit (13./14. Jh.) dominiert den Marktplatz mit dem ältesten Stadthaus (1660). Das **Städtische Museum** widmet sich dem tragischen Untergang (7000 Tote) der »Cap Arcona« und der »Thielbek« am 3. Mai 1945. Publikumsmagnet ist von Juni bis September das **Piraten-Open-Air-Theater**.

Städtisches Museum: Kirchplatz 5, Mo. – Fr. 10.00 – 17.00, Sa. 10.00 – 14.00 Uhr; Eintritt 1,50 €

Piraten-Open-Air-Theater: Tickets: Tel. *0700 44 00 22 11; www.piratenopenairtheater.de

Klützer Winkel erleben

AUSKUNFT

Stadtinformation Klütz, »Klützer Winkel«
Im Thurow 14
(im Literaturhaus Uwe Johnson)
23984 Klütz
Tel. 038825 2 22 95
www.kluetzer-winkel.de
www.urlaub-kluetzer-winkel.de

Kurverwaltung Ostseebad Boltenhagen
Ostseeallee 4
23946 Ostseebad Boltenhagen
Tel. 038825 36 00
www.boltenhagen.de

Stadtinformation Grevesmühlen
Am Kirchplatz 5, 23936 Grevesmühlen
Tel. 03881 72 32 22
www.grevesmuehlen.de

ÜBERNACHTEN

Seehotel Großherzog von Mecklenburg €€€€
Boltenhagen, Ostseeallee 1
Tel. 038825 5 00
www.seehotel-boltenhagen.de
149 Zimmer
Vom Ostseestrand nur durch die Kurpromenade getrennt.

***Everstorfer Forst, Megalithgräber, Steinzeitdorf Kussow**

Ein Spaziergang im Everstorfer Forst 5 km von Grevesmühlen führt in Höhe Naschendorf zu mehreren Megalithgräber (Wanderparkplatz mit Waldimbiss, Orientierungstafel). Besonders beeindrucken das Riesengrab und das Großsteingrab **Teufelsbackofen** aus 19 Monolithen. Am Weg nach Klütz liegt das **Steinzeitdorf Kussow**. Hier wird das Leben unserer Vorfahren dank Töpfern, Weben und Bogenschießen erfahrbar.

Steinzeitdorf Kussow: Kussower Weg 9, Nov. – März Mo. – Do. 9.00 – 15.00, April – Okt. tgl. 10.00 – 17.00 Uhr; Eintritt 3 €; www.steinzeitdorf-kussow.de

KLÜTZ

Kirche

Um 1280 erhielt das Landstädtchen Klütz (3060 Einw.), seit je Handwerks- und Handelszentrum der Region, die St. Marienkirche. Der dreischiffige Backstein-Hallenbau wurde im 14. Jh. um den Westturm erweitert. Glasierte Ziegel und reich profilierte Gewände schmücken die Süd- und Nordportale. Der niedrig wirkende, 1701 veränderte Innenraum besticht mit einem schönen Granittaufstein (13. Jh.) und dem Chorgestühl mit geschnitzten Türmchen und Maßwerk (14. Jh.) an der Chor-Südwand. Beachtung verdient die barocke hölzerne Taufe von 1655 mit Figurenschmuck. 1587 entstand die Spätrenaissance-Kanzel. Beliebt sind die Kirchenkonzerte.

Literaturhaus Uwe Johnson, Schmetterlingspark

Im Getreidespeicher von 1890 nahe dem Marktplatz sind zwei Etagen für Leben und Werk von **Uwe Johnson** (1934 – 1984) reserviert. Ein Stockwerk präsentiert das Thema »Verzweigungen«, das zweite

Eine Windmühle im Klützer Winkel

Johnsons Opus magnum, die vierbändigen »Jahrestage. Aus dem Leben der Gesine Cresspahl«. Johnsons fiktives, auch in den »Mutmaßungen über Jakob« auftauchendes Dorf »Jerichow« verorten Literaturwissenschaftler im Klützer Winkel. Johnson lebte in Anklam, besuchte in Güstrow das Gymnasium, studierte in Rostock. Die niederdeutsche Sprache setzte er bewusst in seinen Romanen ein. Im **Literaturhaus** werden vielfältige Aktivitäten angeboten, u. a. in der Kunstgalerie, mit Workshops und Lesungen (Klützer Literatursommer). Es finden auch Spaziergänge statt, auf den Spuren Johnsons, zur Holländer-Galeriewindmühle von 1904 (www.kluetzer-muehle.de; mit Restaurant).

Groß und klein erfreuen die 600 Falter im 700 m² großen **Schmetterlingspark** mit Palmencafé.

Literaturhaus: Im Thurow 14, April – Okt. Di. – So. 10.00 – 17.00, Nov. – März Do. – So. 10.00 – 16.00 Uhr; Eintritt 3,50 €; www.literaturhaus-uwe-johnson.de

Schmetterlingspark: An der Festwiese 2, April – Okt. tgl. 9.30 – 17.30 Uhr; Eintritt 6,50 €; www.schmetterlingsgarten.de

***Schloss Bothmer**

Am südlichen Ortseingang von Klütz liegt Mecklenburg-Vorpommerns größte barocke Schlossanlage. Schloss Bothmer wurde von Johann Friedrich Künnecke 1726 – 1732 für den Grafen von Bothmer erbaut. Als Vorbild diente dem Architekten der **Blenheim Palace** in der Nähe von Oxford, den der Bauherr von seinem Aufenthalt in England als preußischer Gesandter kannte. Der aus mehreren Backsteinbauten bestehende, symmetrisch angelegte Schlosskomplex gruppiert sich um einen weiten, nach Südosten offenen Ehrenhof. Das zweigeschossige Hauptgebäude schmückt ein Mittelrisalit, dessen Dreiecksgiebel aus Sandstein das Wappen des Hausherrn zeigt. Das gesamte Areal ist von einem Wassergraben umgeben, der auch den als Barockgarten angelegten, später um Elemente eines Landschaftsgartens erweiterten Park einschließt. Einen schönen Blick gewährt die auf das Schloss zuführende, von um 1730 gepflanzten Linden gesäumte **Festonallee**. 2009 waren Klütz und der **Schlosspark** Teile der Bundesgartenschau Schwerin.

Schlosspark: tgl. April – Sept. 10.00 – 20.00, März, Okt. bis 18.00, Nov. – Feb. bis 16.00 Uhr; www.schloss-bothmer.info

* BOLTENHAGEN

Zweitältestes Ostseebad

Es heißt, dass die Familie Bothmer als Erste den über 3 km langen Sandstrand zum Baden entdeckte und hier im Jahr 1803 einen Badekarren abstellte; 1838 gab es in dem ehemaligen Fischerdorf bereits eine Pension. Als Fritz Reuter (► Baedeker Wissen S. 254) sich Mitte des vorigen Jahrhunderts in der Dünenstraße 13 im Sommer einquartierte, war Boltenhagen bereits zu einem der größten Badeorte Mecklenburgs aufgestiegen. Nach dem vornehmen Heiligendamm ist es das zweitälteste Ostseebad mit hübschen alten Pensionshäusern aus der Gründerzeit und einigen schilfgedeckten Hallenhäusern, aber auch vielen neuen Hotels, Pensionen und Ferienwohnungen.

***Strand**

4 km lang, feiner Sand, keine Steine und ein seichter Übergang ins Wasser – der Strand von Boltenhagen, geschützt durch die Lage in der weiten Bucht, ist für Familien mit Kindern bestens geeignet. Für FKK-Fans gibt es einen separaten Strandabschnitt, und Hundebesitzer haben die Wahl zwischen zwei Hundeständen.
Wer eher die Einsamkeit sucht, kann auch an den **Naturstränden** westlich und östlich von Boltenhagen ins Wasser steigen. Hinter der Düne verläuft die breite Strandpromenade;

! BAEDEKER TIPP

Badespaß für Kinder

An der Wohlenberger Wiek genannten Bucht im Osten des Klützer Winkels sind die Sandstrände so flach, dass man sehr weit ins Meer laufen muss, bis die Badehose nass wird – für Kinder ein Badeparadies!

in der Verlängerung des Kurhauses ragt die 290 m lange **Seebrücke** ins Meer. Im neugestalteten Kurpark sprudelt nun ein Springbrunnen.

Ostsee-Therme Besucher zieht es ins 30 °C warme Wasser der Ostsee-Therme. Das Meerwasserthermalbad verfügt über Sauna, Solarium, Massageangebote und Café.

Ostseeallee 106, tgl. 10.00 – 21.00 Uhr; Eintritt: 5 € (1 Std.), jede weitere Std. plus 2; www.ostsee-therme-boltenhagen.de

AUSFLUG NACH SCHÖNBERG

Kalkhorst In dem neogotischen Pfarrhaus in Kalkhorst zwischen Klütz und Dassow verbrachte der spätere Troja-Entdecker und Gelehrte Heinrich Schliemann (►Berühmte Persönlichkeiten S. 58) als Zehnjähriger zwei Jahre unter der Obhut seines Onkels. Die Straße, in der das Pfarrhaus steht, ist nach ihm benannt, ebenso der kleine, achteckige Pavillon im Pfarrgarten (Mitte 19. Jh.). Ungewöhnlich groß ist die Dorfkirche (14. Jh.), die im Inneren überraschend vielfältig im Stil des Barock ausgestattet ist. Schloss Kalkhorst, ein versteckt in einem Landschaftspark am Dorfrand gelegenes, neogotisches Backsteingebäude, wurde zum Hotel umgebaut.

Schönberg Schönberg besitzt ein hübsches Ortsbild mit vielen Wohnhäusern aus dem 18. und 19. Jahrhundert. Von der im 13. Jh. hier erbauten Wasserburg der Ratzeburger Bischöfe ist nichts übrig geblieben – sie wurde 1805 abgetragen. Dafür gibt es am Marktplatz die St.-Laurentius-Kirche, die im 14. Jh. als Stufenhalle angelegt wurde, d.h. mit nur leicht erhöhtem Mittelschiff, und die einen polygonalen Chor besitzt. Das Innere erhielt durch eine Renovierung 1846/1848 sein heutiges Gesicht. Die Malereien (17. Jh.) an Wänden und Pfeilern und insbesondere die Bronzetaufe von 1357 sind die bedeutendsten Relikte der früheren Ausstattung.
Das 1903 gegründete **Volkskundemuseum** zeigt seit 1932 im Schulhaus die Sammlung des »Alterthumsvereins für das Fürstenthum Ratzeburg von 1901«. Zum Museum gehört das Bechelsdorfer Schulzenhaus. Das um 1525 erbaute und bis 1851 vom Dorfbürgermeister mit Familie und Gesinde bewohnte Hallenhaus wurde von Bechelsdorf nach Schönberg versetzt und als Freilichtanlage an der Johannes-Boye-Str. 7 zugänglich. Die vorreformatorische »Kübbungsdielenscheune«, selten in Mecklenburg, kam später hinzu, im **Backhaus** wird seit 2002 Brot gebacken.

Volkskundemuseum: An der Kirche 8/9, Di. – Do., Sa. 13.00 – 18.00 Uhr; Eintritt 2,50 €; www.volkskundemuseum-schoenberg.de
Brotbacken im Backhaus: Mai – Okt. Di. – Do., Sa. 13.00 – 18.00 Uhr

** Ludwigslust

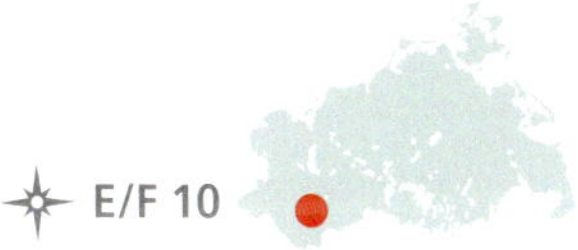

Landkreis: Ludwigslust-Parchim
Höhe: 36 m ü. d. M.
Einwohnerzahl: 12 320

Fast 80 Jahre lang bauten, regierten und feierten die Herzöge von Mecklenburg-Schwerin in Ludwigslust. Die ehemalige Residenzstadt gilt mit ihrem Barockschloss, dem herrlichen Park sowie einem üppigen Ensemble aus barocken und klassizistischen Gebäuden als ein baugeschichtliches Juwel in Mecklenburg-Vorpommern.

»Mecklenburgisches Versailles«

Ludwigslust, 35 km südlich von Schwerin, ist eine barocke Stadtgrundung an der Stelle des kleinen Bauerndorfs Klenow. Im Jahr 1724 baute sich Christian Ludwig II. von Schwerin dort ein herzogliches Jagdhaus, das er 1757 auf den Namen Ludwigslust taufte. Zur vollen Pracht entfaltete sich Ludwigslust aber erst, als sein Sohn und Nachfolger Friedrich (der Fromme) die **Residenz der mecklenburgischen Herzöge** hierher verlegte. Er ließ ab 1765 den gesamten Ort nach den Plänen seines Hofbaumeisters Johann Joachim Busch einheitlich umgestalten. Eine zweite, diesmal klassizistische Bauphase erfolgte ab 1808 unter der Leitung von Johann Georg Barca, dem Nachfolger Buschs im Amt des Hofbaumeisters. Als 1837 die Herzöge ihre Residenz nach Schwerin zurückverlegten, fiel Ludwigslust in den Rang einer Pensionärs- und Garnisonsstadt zurück, das Schloss wurde von den Angehörigen des Herzogshauses als Sommersitz genützt. Bis 1945 diente es dem abgedankten Großherzog Friedrich Franz IV. als Wohnsitz.

Einst Residenz der Herzöge: das Barockschloss in Ludwigslust

** SCHLOSS UND PARK LUDWIGSLUST

Schlossstraße Die Verbindung zwischen Stadt und Residenz ist die Schlossstraße, die unter Hofbaumeister Johann Joachim Busch als repräsentative Hauptstraße angelegt wurde. Die hübsch renovierten, zweigeschossigen Backsteinhäuser stammen noch aus dieser Zeit. Im Rathaus, einst Sitz der Kartonage-Manufaktur, befindet sich die Tourismus-Information.

Schloss Als Herzog Friedrich Ludwigslust zur Residenz ausbaute, ließ er 1772 – 1776 nach Plänen von Johann Joachim Busch einen repräsentativen Schlossbau mit **Elbsandsteinfassade** errichten. Die Achse des Gebäudes wird durch den erhöhten Mitteltrakt mit einem davor liegenden Altan akzentuiert. Den augenfälligsten Fassadenschmuck bilden die auf der Attika stehenden 16 Prunkvasen sowie die 40 überlebensgroßen Sandsteinfiguren. Sie symbolisieren Tugenden, Künste und Wissenschaften und sind das Werk des Bildhauers Rudolf Kap-

Ludwigslust erleben

AUSKUNFT

Ludwigslust-Information
Schlossstr. 36, 19288 Ludwigslust
Tel. 03874 52 62 51
www.stadtludwigslust.de

Stadtinformation Neustadt-Glewe
Markt 1 (auf der Burg)
Tel. 038757 2 37 84
www.neustadt-glewe.de

ESSEN

1 ***Ambiente*** €€€€
Schlossstr. 15 (Landhotel de Weimar)
Tel. 03874 41 80
www.landhotel-de-weimar.de/ambiente
So. geschl.

Der mit einem Glasdach geschlossene Innenhof des Landhotels gibt ein zauberhaftes Ambiente ab für eines der anspruchsvollsten Restaurants in der Region. Kreative, moderne Küche.

ÜBERNACHTEN

1 ***Landhotel de Weimar*** €€€
Ludwigslust, Schlossstr. 15
Tel. 03874 41 80
www.landhotel-de-weimar.de
46 Zimmer
Das Traditionshaus an der Ludwigsluster Flaniermeile ist außen wie innen ein kleines Schmuckstück. Es gibt auch zwei Luxuszimmer im historischen Teil des Hauses mit Blick auf die Schlossstraße.

lunger, der ab 1775 den gesamten Fassadenschmuck des Schlosses sowie verschiedene Freiplastiken und das im Park aufgestellte Denkmal seines Auftraggebers schuf. Im Ostflügel waren ursprünglich die herzoglichen Gemächer untergebracht, während im Westflügel die Herzogin logierte. Ein Teil dieser Raumfluchten, die überwiegend nach 1800 eingerichtet wurden, ist erhalten und zugänglich. Am eindrucksvollsten ist der prunkvolle **Goldene Saal** im Mitteltrakt. Mit üppigen Goldverzierungen an Decke und Wänden macht er seinem Namen Ehre. Originale sind noch die Spiegel, die Grisaillebilder über den Türen und die Kamine.

ⓘ Di. – So. Mitte April – Mitte Okt. 10.00 – 18.00, Mitte Okt. – Mitte April 10.00 – 17.00 Uhr; Eintritt 5 €; Führungen (plus 3 €): Mitte April – Mitte Okt. Mo. – Fr. 14.00, Sa., So. 11.00, 14.00, 15.00, Mitte Okt. – Mitte April Sa., So. 14.00 Uhr; www.schloss-ludwigslust.de.

Vor der Hauptfassade des Schlosses liegt der weitläufige Schlossplatz mit dem Standbild des Großherzogs Friedrich Franz I. (1837 verstorben). Der 20 km lange, zwischen 1751 und 1761 angelegte **Ludwigsluster Kanal** wird hier effektvoll über steinerne Kaskaden (1780) geführt. Die Sandsteinfiguren für diesen Platzschmuck stammen von Rudolf Kaplunger. Für die herzoglichen Gäste hatte Johann Joachim Busch im Jahr 1780 das östlich des Schlosses stehende Kavaliershaus erbauen lassen. Links davon das 1814/1815 von Johann Georg Barca entworfene klassizistische Spritzenhaus und, etwas nach Norden ver-

BAEDEKER WISSEN

? *Getrickst*

Täuschend echt sehen die Säulen und Stuckdekorationen im Ludwigsluster Schloss aus. Aber Vorsicht: Der größte Teil ist nicht etwa aus Stein oder Stuck, sondern wurde in der Ludwigsluster Kartonagefabrik gefertigt – und zwar aus Pappmaché! Die Vorteile des »Ludwigsluster Kartons«: Er ist haltbar, wetterfest und vor allem – preiswert!

setzt, das bereits 1766 mit der Anlage des Parks errichtete Fontänenhaus – so genannt, weil hier ein Wasserbehälter für die Gartenspringbrunnen untergebracht war. Westlich der Kaskaden, in Richtung Schlosspark, liegt der in den Zwanzigerjahren des 19. Jh.s von Barca gebaute Marstall.

Die Hauptachse der Residenz setzt sich nach Süden bis zur ehemaligen Hofkirche, der heutigen Stadtkirche, fort. Dem Schlossplatz schließt sich der **»Am Bassin«** genannte Platz mit ovalem Teich in der Mitte an. Gerahmt wird der Platz in einem weiten Halbrund von hübschen zweigeschossigen Backsteingebäuden, in denen einst die Hofbediensteten wohnten. Es folgt eine Reihe von kleineren Fachwerkhäusern. Der weite, rechteckige Kirchplatz, der letzte der in der Schlossachse aneinandergereihten Plätze, bringt die breit gelagerte Fassade der Stadtkirche wirkungsvoll zur Geltung.

Stadtkirche

Das von Johann Joachim Busch von 1765 bis 1770 erbaute Gotteshaus besitzt eine **eigenwillige Schauseite** mit einem Säulenportikus, der an einen griechischen Tempel denken lässt. Auf der Attika stehen die steinernen Figuren der vier Evangelisten. In der Mitte des beeindruckenden Innenraums mit hölzernem Tonnengewölbe steht der Steinsarkophag des 1785 verstorbenen Herzogs Friedrich. Die halbrunde Chorapsis schmückt das panoramaartige Wandgemälde »Verkündigung an die Hirten«, das im Jahr 1803 vollendet wurde. Dem Chor gegenüber, an der Westseite, befindet sich die zweigeschossige Hofloge – wohlgemerkt mit Dekor aus Pappmaché. Etwa 200 m östlich der Stadtkirche und direkt am Eingang zum alten Friedhof stehen die beiden 1792 aufgerichteten pylonenartigen Glockentürme.

****Schlosspark**

Schon wegen seiner Größe von 130 ha, aber auch wegen seiner vielen **seltenen Bäume** nimmt der Schlosspark einen vorderen Platz unter den alten Parkanlagen Mecklenburg-Vorpommerns ein. Besonders reizvoll sind die verstreut liegenden Parkbauten und Denkmäler sowie die miteinander verbundenen Teiche mit Inseln, Brücken und Wasserspielen. Den Vorläufer der weitläufigen Grünanlage bildete ein Barockgarten beim ehemaligen Jagdhaus, der in einen Landschaftsgarten nach englischem Vorbild umgewandelt wurde. Bereits 1760 wurde für den Bau des Großen Kanals mit seinen »24 Sprüngen« die Rögnitz umgeleitet. Erst 20 Jahre später baute man die romantische Steinerne Brücke über den Wasserlauf, danach

(1785 – 1790) kamen die künstliche Ruine (1788) aus Raseneisenerz, die man als Ambiente für romantische Aufführungen und Hoffeste benötigte, das Schweizerhaus und das Lusthaus für Herzogin Luise dazu. Auf der kleinen Halbinsel im Park baute Johann Heinrich von Seydewitz im Jahr 1809 die katholische Kirche St. Helena, angeblich der erste neogotische Sakralbau in Mecklenburg-Vorpommern. 1852 ließ der berühmte Gartenarchitekt **Peter Joseph Lenné** unter anderem die Teiche anlegen und verstärkte dadurch den Eindruck einer natürlichen Landschaft.

! BAEDEKER TIPP

Verstecktes Kleinod

An den 1785 verstorbenen Bauherrn von Ludwigslust, Herzog Friedrich, erinnert ein bezauberndes Denkmal, das in einer kleinen Lichtung im Parkwald aufgestellt wurde und den gefühlsbetonten Zeitgeist zum Ausdruck bringt. Der Verstorbene ist hier nur in Form seines Portraits auf der Urne gegenwärtig, viel wichtiger sind die Gefühle angesichts seines Hinscheidens, die durch die beiden trauernden Gestalten verkörpert werden.

Barca-Häuser

Der Stadterweiterung unter Hofbaumeister Johann Georg Barca verdankt die Stadt noch einige Wohnhäuser in klassizistischem Stil in der Schweriner Straße und in der Kanalstraße, u. a. das Wohnhaus Barcas und das des Hofmalers Suhrlandt (Kanalstr. 20 und 22).

UMGEBUNG VON LUDWIGSLUST

***Griese Gegend, Glaisin**

Südlich und westlich von Ludwigslust erstreckt sich die sogenannte Griese Gegend, eine flache Landschaft mit Kiefernwäldern und Torfmooren, die – wegen der wenig fruchtbaren Sandböden – früher zu den ärmsten Regionen des Landes zählte. In den Sümpfen wurde das **Raseneisenerz** gewonnen, das wegen seines hohen Erzanteils schwarz bis dunkelbraun gefärbt ist und bei verschiedenen Bauten in Ludwigslust verwendet wurde, z. B. bei der künstlichen Ruine im Park. In vielen Dörfern der Griesen Gegend findet man noch die typischen niederdeutschen Fachwerkhallenhäuser, so in Glaisin, 11 km südwestlich von Ludwigslust. Auf dem Erlebnisspielplatz beim gemütlichen Gasthof Forsthaus können sich die Kleinen austoben, während die Erwachsenen in Ruhe zu Tisch sitzen können.

Grabow

Grabow (5850 Einw.), bekannt durch die in der **Schau(m)manufaktur** zubereiteten »Grabower Küsschen« (Ei-Schaum mit Schokolade), besitzt viele Fachwerkhäuser des frühen 18. Jahrhunderts. Viele Häuser weisen noch geschnitzte Haustüren und Lastenaufzüge auf. Am zentralen Markt steht das barocke Rathaus, das nach einem Stadtbrand 1725 als zweistöckiger Fachwerkbau errichtet wurde. Auch die gotische Pfarrkirche St. Georg brannte 1725 völlig aus, wurde aber bis 1733 weitgehend wiederhergestellt. Ältestes Ausstattungsstück ist die schöne Renaissancekanzel von 1555 mit Szenen aus dem Neuen Testament am Korb. Zusammen mit dem berühmten, 1379 für die Hamburger Petrikirche entstandenen Grabower Altar war die Kanzel 1734 als Geschenk nach Grabow gekommen. 1903 hat die Hamburger Kunsthalle den Altar zurückgekauft. Das **Heimatmuseum** besitzt eine regionalgeschichtliche Sammlung, Exponate zur Zunftgeschichte und einen Stammbaum der seit 1558 in Grabow verbürgten Familie Mann, der **Vorfahren des Schriftstellers Thomas Mann**.

Schau(m)manufaktur: Rudolf-Breitscheid-Str. 4a, Di. – Sa. 14.00 – 18.00 Uhr; www.schaumanufaktur-grabow.de

Heimatmuseum: Marktstr. 19, Di., Fr. 9.00 – 11.00, Mi., So. 14.00 – 16.00 Uhr; Eintritt 2,50 €; www.museum-grabow.de

NEUSTADT-GLEWE

Boote und Fachwerk

Unterhalb der mittelalterlichen Burg von Neustadt-Glewe fließt gemächlich ein Wasserlauf, die Müritz-Elde-Wasserstraße. Am benachbarten Neustädter See kann man baden und Boote mieten. Typisch für das Ortsbild sind die Giebelfachwerkhäuser aus dem 18. Jh., die vor allem um den rechteckigen Marktplatz und an der geraden Hauptstraße zu finden sind. Beachtenswert sind die kunstvoll geschnitzten Eingänge. Die im Kern mittelalterliche Kirche St. Marien, ein turmloser Backsteinbau, besitzt eine prächtige Renaissancekanzel, 1578 für die Marienkirche in Wismar angefertigt.

***Burg Glewe**

Die Burg aus dem 14./15. Jh. ist ein Paradebeispiel für einen mittelalterlichen Wehrbau in Mecklenburg-Vorpommern. Von der Gartenkolonie auf dem gegenüberliegenden Ufer der Elde hat man einen hervorragenden Blick auf den dreigeschossigen, mit der zinnenbekrönten Ringmauer verbundenen Bergfried. Lohnend sind die Wandmalereien (16. Jh.), die Sonderausstellungen und das Museum.

Bein farbenprächtigen **Burgfest** gibt es jährlich Anfang Juni Gaukler, Ritterturniere, Marktstände und mittelalterliche Laienspieler zu sehen – inklusive Schwertkämpfe.

❶ Markt 1, Mai – Okt. Mo. – Fr. 10.00 – 17.00, Sa., So. 10.00 – 16.00, April Mo. – Fr. 10.00 – 16.00, Sa., So. 14.00 – 17.00 Uhr; Eintritt 3 €

Schloss

Einen Steinwurf von der alten Burg entfernt direkt am Eldeufer entstand ab 1619 ein Schloss. Schwierigkeiten bereitete der sumpfige Untergrund, der einen gewaltigen Rost aus dicken Eichenholzpfählen als Fundament nötig machte. Erst um 1720, also gut 100 Jahre nach Baubeginn, wurde das Werk unter Christoph Leonhard Sturm in der zeitgemäßen Formensprache des niederländischen Barock vollendet. Heute wird die einstige Adelsresidenz als Hotel genutzt.

Heute romantisch, einst wehrhaft: die Burg von Neustadt-Glewe

Wöbbelin

In Wöbbelin 6 km westlich fand der 1813 bei Lützow gefallene Schriftsteller **Theodor Körner** seine letzte Ruhestätte. Ein Museum würdigt ihn als Dichter und als Mitglied des Freikorps.
Ebenfalls im Park liegen die Gräber von Häftlingen des Konzentrationslagers, das die SS Ende 1944 als letztes Außenlager des KZ Hamburg-Neuengamme eingerichtet hatte. Für mehr als 1000 Häftlinge war die Befreiung am 2. Mai 1945 zu spät gekommen. Auf Befehl der amerikanischen Militärbehörden wurde ein Teil der Opfer in Wöbbelin, andere in Ludwigslust, Schwerin und Hagenow beigesetzt.
❶ Ludwigslusterstr. 2b, April – Okt. Mi. – Fr. 11.00 bis 17.00, Sa., So. 13.00 – 16.30, Nov. – März Mi. – Fr. 12.00 – 17.00, So. 13.00 – 16.00 Uhr; Eintritt frei; www.gedenkstaetten-woebbelin.de

***Lewitz, Friedrichsmoor**

Nördlich von Neustadt-Glewe erstreckt sich die Lewitz, eine Teich- und Wiesenlandschaft, die von zahlreichen, teils natürlichen, teils künstlich angelegten Wasserläufen durchzogen ist. Viele Vogelarten brüten am Rand der Gewässer, weshalb die Lewitz, heute ein Naturschutzgebiet, früher ein beliebtes Jagdrevier war. In Friedrichsmoor, 10 km nördlich von Neustadt-Glewe, ließ sich um 1780 Herzog Friedrich Franz I. ein kleines Jagdschloss errichten. Die Anlage beherbergt ein Restaurant und ein Hotel; auch Pferde werden hier gezüchtet. Besucht wird Schloss Friedrichsmoor vor allem wegen der berühmten französischen **Bildtapete** im Gartensaal. Sie wurde 1815 in Paris nach Entwürfen von Charles Vernet gedruckt und zeigt fünf Jagdszenen im Wald von Compiègne.

★ Malchow

K 9

Landkreis: Mecklenburgische Seenplatte
Höhe: 75 m ü. d. M
Einwohnerzahl: 6800

Ein Augenschmaus: Eingebettet in Seen und Wälder liegt Malchow auf einer Insel im Herzen der Mecklenburgischen Seenplatte. Ganz in der Nähe erstreckt sich Land Fleesensee, ein touristisches Großprojekt mit Rundumversorgung für seine Gäste.

Malerische Lage

Die winzige Altstadt liegt auf einer Insel im Malchower See, der die schmale Verbindung zwischen Fleesensee und Plauer See bildet. Eine Drehbrücke und ein im 19. Jh. angelegter Damm auf der anderen Seite verbinden die Altstadt mit dem Festland, wo die Neustadt sich ausbreitet. Wegen der vielen hier ansässigen Färbereien und Tuchfabriken wurde Malchow im 19. Jh. als das »Manchester Mecklenburgs« bezeichnet.

SEHENSWERTES IN MALCHOW

Altstadt

Mittelpunkt der Altstadt ist der Marktplatz mit dem Rathaus, einem zweigeschossigen Fachwerkbau. Im »Film-Palast« an der Stadtkirche zeigt das **DDR-Museum** Exponate zum DDR-Alltag (Hochzeit, Schule, Jugendweihe, Urlaub) und 40 Jahre Rundfunktechnik.

Malchow liegt auf einer Insel, umgeben von Seen und Wäldern.

Malchow erleben

AUSKUNFT

Tourismusinformation Malchow
An der Drehbrücke, 17213 Malchow
Tel. 039932 8 31 86
www.tourismus-malchow.de

ÜBERNACHTEN

Land Fleesensee
Tel. 039932 80 01 00
www.fleesensee.de
1700 Betten stehen insgesamt im Land Fleesensee zu Verfügung, unter vier Hotels kann man wählen. Es ist die größte Ferienanlage Nordeuropas, ein Vorzeigeprojekt der Tourismusförderung in einer der strukturschwächsten Regionen des Landes. Der Fleesensee ist nicht weit entfernt, ebenso das Ladenzentrum, das an einen dörflichen Marktplatz erinnern soll.

Radisson Blu Resort Schloss Fleesensee €€€€
Land Fleesensee, Schlossstr. 1
Tel. 039932 8 01 00
www.radissonblu.de/resort-fleesensee
184 Zimmer
Historisches Marschall-Ambiente, viel Komfort, Fünf-Sterne-Wellness.

Robinson-Club Fleesensee €€€
Land Fleesensee, Penkower Str. 2
Tel. 039932 8 02 00
www.robinson-fleesensee.de, 201 Zimmer
Mit Sport-, Kinder- und Lifestyle-Events (Harley Davidson-, Party-Weekends).

Dorfhotel Fleesensee €€
Land Fleesensee, Am Kalkberg 1
www.dorfhotel.com, 193 Zimmer
Speziell für Familien. Buffet-Restaurant.

DDR-Museum: Kirchenstr. 25, April – Sept. tgl. 10.00 – 17.00, Okt. tgl. 10.00 – 16.00, 1.11. – 31.3. Di. – Do. 10.00 – 16.00, Sa., So. 13.00 – 16.00 Uhr; Eintritt 2,50 €; www.ddr.museum.ist.online.ms

***Klosterkirche, Orgelmuseum**

1298 wurde das Zisterzienserinnenkloster von Röbel an den Malchower See verlegt. Das Kloster beherbergt eine **Dauerausstellung der regionalen Künstler** Sieghart Dittner (1924 – 2002), Rudolf Gahlbeck (1895 – 1972) und Friedrich-Franz Pingel (1904 – 1994). Im Pfarrhaus und in der Klosterkirche, 1849 von Schinkel-Schüler Friedrich W. Buttel errichtet und nach dem Brand von Georg Daniel 1888/1890 wieder aufgebaut, darf man im **Orgelmuseum** selbst in die Tasten greifen. Kurioses und Rares in sieben Räumen präsentiert das ehemalige Heimatmuseum **»Kiek in un wunner di«**, u. a. historische Schulbänke und Hausrat, aber auch völlig Unbekanntes wie eine »Schusterkugel« und ein »Tefifon«. Malchows neueste Attraktionen sind die Berberaffen im Affenwald sowie die 800 m lange Sommerrodelbahn (sieben Steilkurven, sechs Schikanen).

Klosterausstellung: Kloster 32-34, 1.5. – 30.9. Mo. – Fr. 10.00 – 18.00, Sa., So. 11.00 – 17.00, Okt. tgl. 10.00 – 16.00, 1.11. – 30.4. Di. – Fr. 10.00 – 15.00, Sa., So. 11.00 – 15.00 Uhr; Eintritt 1,50 €; www.kloster-malchow.de

Orgelmuseum: Kloster 26, April – Sept. tgl. 10.00 – 17.00, Okt. bis 16.00, Nov. – März Di. – Fr. 10.00 – 15.00, Sa., So. 11.00 – 15.00 Uhr; Eintritt 2,50 €; www.orgelmuseum-malchow.de
Kiek in un wunner di: Friedrich-Lessen-Weg 1/Kloster 47, Ostern – Okt. tgl. 10.00 – 16.00 Uhr; Eintritt 2,50 €; www.kiekinunwunnerdi.de

UMGEBUNG VON MALCHOW

Argoneum Alt-Schwerin

6 km von Malchow entfernt informiert das um sieben Erlebnisspielplätze ausgebaute Freilichtmuseum »Argoneum« am Plauer See über Vieh- und Feldwirtschaft und das Landleben mit Schwerpunkt »DDR-Agrargeschichte«. Zu sehen sind u. a. ein dampfbetriebener Pflug, ein Saatflugzeug, eine Holländermühle und eine Dorfschule (um 1910): Das »**Holzpantinengymnasium**« der ärmeren Bevölkerung war eine Einklassenschule.
❶ Dorfstr. 21, April – Okt. tgl. 10.00 – 18.00 Uhr; Eintritt 7 €; www.agroneum-altschwerin.de.

** Mecklenburgische Schweiz

L – N 7

Landkreise: Mecklenburgische Seenplatte, Rostock
Höhe: 1 – 123 m ü. d. M.

Ihren hohen Hügelkuppen, die an das schweizerische Voralpenland denken lassen, verdankt die anmutige Landschaft im Norden der Mecklenburgischen Seenplatte den Namen »Mecklenburgische Schweiz«. Romantische Alleen, Parks und schmucke Dörfer wechseln mit Feldern und Wäldern ab.

Hügel und Seen

Verantwortlich für den Eindruck, man befinde sich in einer vergleichsweise hoch gelegenen Region, sind vor allem die großen Höhenunterschiede auf verhältnismäßig engem Raum: Gegenüber den Seen, die fast auf Meeresspiegelhöhe liegen, werden bereits so bescheidene Erhebungen wie der 123 m hohe Hardtberg zu Bergen.

MALCHIN

Sehenswertes

Malchin ist neben ▸Teterow das **touristische Zentrum** der Mecklenburgischen Schweiz. Im letzten Kriegsjahr 1945 brannte die Innenstadt von Malchin. Nur wenige Gebäude überstanden dieses Inferno,

Harmonischer Dreiklang aus Hügeln, Wiesen und Seen: Die Mecklenburgische Schweiz bezaubert durch ihre Landschaft.

darunter ein so sehenswertes wie die ***Stadtkirche** St. Maria und Johannes, bei der Architektur und Ausstattung gleichermaßen qualitätvoll sind. Die dreischiffige Backsteinbasilika war im Wesentlichen 1440 vollendet. Eindrucksvoll ist das Kircheninnere mit einem 22 m hohen Mittelschiff mit schönem Sterngewölbe und einem lichtdurchfluteten Chor. Als das bedeutendste Stück der Ausstattung gilt der spätgotische Schnitzaltar.

In der ehemaligen **Stadtmühle** widmen sich Ausstellungen der Stadtgeschichte, Malchiner Malern und dem genialen Erfinder Siegfried Marcus (1831 – 1898): Er schuf den »Marcus-Wagen«, eines der ersten Automobile der Welt.

Ab Dargun nördlich von Malchin kann man ab dem Bahnhof per **Naturpark-Draisine** 16,7 km bis Salem und zurück strampeln. Picnickorb nicht vergessen!

Museum in der Mühle: Goethestr. 5, So. 14.00 – 17.00 Uhr, Jan./Feb. geschl.; Eintritt frei; www.museum-malchin.de/2.html

Draisine: Ausleihe: 9.00 – 11.00 Uhr; Abgabe. 14.00 – 18.00 Uhr; Tagesmiete 40 € pro Draisine; www.naturpaark-draisine.de.

UM DEN MALCHINER SEE

*** Basedow**

Am Ortseingang des 8 km von Malchin liegenden mecklenburgischen Dorfes dient der Bauernmarkt mit Regionalprodukten und Café im ehemaligen Schafstall auch als Informationsstelle.

ℹ Tel. 039957 2 04 54; April – Okt. tgl. 10.00 – 18.00 Uhr; www.alter-schafstall-basedow.de

Mecklenburgische Schweiz erleben

AUSKUNFT

Stadtinformation Malchin
Tel. 03994 64 01 11
www.malchin.de
www.mecklenburgische-schweiz.com

ÜBERNACHTEN

Schlosshotel Burg Schlitz €€€€
17166 Hohen-Demzin
Tel. 03996 1 27 00
www.burg-schlitz.de, 12 Zimmer, 8 Suiten
Restaurant ab 19.00 Uhr
Mo., Di. Ruhetag, Feb. geschl.
Ein Schmuckstück mit eigenem Hubschrauberlandeplatz und gediegenem Gourmetrestaurant »Wappen-Saal«, Café/Brasserie »Louise« und edlem Wellnessbereich.

Hotel Am Wedenhof & Restaurant Milano €
Schulstr. 33
17139 Malchin
Tel. 03994 20 74 12
www.hotel-am-wedenhof.de
5 Zimmer
Unkompliziert familiär geführtes Stadthotel mit reichhaltigem Frühstück. In der angeschlossenen Spaghetteria werden Pizza und Pasta serviert.

***Schloss Basedow** Ein Alleenweg führt von der Ortsmitte auf das imposante Schloss von Basedow zu, das ursprünglich von einem Wassergraben umgeben war. Vom 16. bis ins 19. Jh. wurde an der Dreiflügelanlage gebaut, die heute in Privatbesitz ist. Am umfassenden Umbau im 19. Jh. war maßgeblich der Berliner Architekt Friedrich August Stüler beteiligt. Der grandiose Park (200 ha) zählt zu den bedeutendsten Werken des berühmten Gartenarchitekten **Peter Joseph Lenné**.

****Dorfkirche** Unbedingt zu empfehlen ist der Besuch der Dorfkirche aus dem 13. bzw. 15. Jahrhundert. Die für eine Dorfkirche sehr ungewöhnlich reiche Ausstattung aus Spätrenaissance und Barock lässt sich nur mit dem Patronat der mecklenburgischen Adelsfamilie von Hahn erklären. Beherrschend wirkt der mit Marmorreliefs geschmückte Altaraufsatz aus Sandstein (1592) an der östlichen Chorwand. Die barocke Orgel, 1683 fertiggestellt, ist mit ihren drei Manualen und 36 Registern das kostbarste Ausstattungsstück (im Sommer gibt es Orgelkonzerte).

Blücherhof Von Basedow fährt man zur Hauptstraße, die dem Ostufer des Malchiner Sees folgt. An der Südseite des Sees lohnt ein Abstecher nach Blücherhof, einem Ortsteil von Klocksin (6 km südlich der Einmündung in die B 108), wo eine intakte Gutsanlage erhalten ist. Ab 1904 ließ sich Eigentümer Alexander König das Herrenhaus im neobarocken Stil umbauen. Er brachte als Zoologe Anschauungsmaterial zuhauf von seinen Forschungsreisen mit und ließ diese Gehölze aus aller Welt im Schlosspark einpflanzen: Unter uralten heimischen

Buchen gedeihen nun Mädchenkiefer, Schirmtanne, Zaubernuss und Ginkgo.

Burg Schlitz

Hügelkuppen mit saftig grünen Wiesen, Pferde auf der Koppel, herrliche Alleen – zwischen Schloss Blücherhof und Burg Schlitz (B 108 Richtung Teterow) macht die Mecklenburgische Schweiz ihrem Namen alle Ehre. Gut versteckt hinter der alten Gutsschmiede liegt die 1823 erbaute Burg Schlitz, seit 1999 ist die **klassizistische Anlage** ein Luxushotel. Restaurant und Landschaftspark (180 ha) mit Obelisken sowie der Skulpturenweg nach Görzhausen mit moderner Kunst (www.skulpturenweg-ev.de) stehen allen offen. Dort entdeckt man auf einer Lichtung den Nymphenbrunnen mit drei Mädchenfiguren, die ausgelassen einen Reigen tanzen. Seit 1930 ist die Skulpturengruppe, die 1903 für das Kaufhaus Wertheim in Berlin entstanden war, Bestandteil des Parks. Südöstlich des Nymphenbrunnens ließ der Hausherr neben den im Wald versteckten Säulen, Obelisken und Gedenksteinen dem altgedienten Feldherrn Gebhard Leberecht Blücher von Wahlstatt ein steinernes Denkmal setzen.

Remplin

Zwischen Teterow und Malchin liegt Remplin. Das Schloss der mecklenburgischen Adelsfamilie von Hahn wurde 1851 für den neuen Besitzer Herzog Georg von Mecklenburg-Strelitz im Stil der Renaissance erweitert. Seit einem Brand 1940 stehen von diesem Prunkbau nur noch der Nordflügel und der Torturm (18. Jh.). Im 19. Jh. ließ der neue Schlossherr den Garten von **Peter Joseph Lenné** im Stil englischer Landschaftsparks erweitern.

? BAEDEKER WISSEN

Für Sternengucker

Die älteste Sternwarte Mecklenburg-Vorpommerns steht im Schlosspark von Remplin. Hier betrieb Friedrich von Hahn ab 1793 seine astronomischen Forschungen – der Mondkrater »Ringgebirge Hahn« ist nach dem Grafen benannt. Die zur Ruine verfallene Anlage wurde sorgfältig restauriert und wird seither wieder von Hobbyastronomen genutzt (www.sternwarte-remplin-ev.de).

Nur über kleine Landstraßen zu erreichen ist der Ort **Verchen** am Nordufer des Kummerower Sees (westlich der B 194), wo 1269 mit dem Benediktinerinnenkloster das erste Nonnenkloster Vorpommerns gegründet wurde. Außer der Kirche blieb jedoch nichts erhalten. Der frühgotische Backsteinbau besitzt einen Altarschrein (1420) mit einer meisterhaft geschnitzten Verkündigungsgruppe.

Lelkendorf, Todendorf

Nördlich von Malchin stehen 17 Plastiken im **Skulpturenpark** des Kulturgut Lelkendorf. Das Kulturzentrum Schloss Mitsuko im Gutshaus Todendorf bei Teterow öffnet mit dem deutsch-japanischen Hain ein Fenster nach Fernost (www.schloss-mitsuko.de).

★★ Müritz

L/M 8/9

Landkreis:
Mecklenburgische Seenplatte
Höhe: 62 m ü. d. M. **Fläche::** 112,6 km²

Von Berlin nur knappe zwei Autostunden entfernt, gehört die Müritz beinahe schon zum Naherholungsgebiet der Bundeshauptstadt. Der von der Elde durchflossene See ist ein Dorado für Wassersportler und alle, die gerne in einer weitgehend intakten Natur ausspannen wollen.

»Kleines Meer«

Müritz kommt von dem slawischen Wort »morcze« und bedeutet so viel wie »kleines Meer«. Zwar ist die Müritz kein Meer, aber der **zweitgrößte See Deutschlands** (größer ist nur der Bodensee, den sich Deutschland mit der Schweiz und Österreich teilt). Touristischer Mittelpunkt ist die Stadt Waren am Nordufer, während sich am Südwestufer Röbel zu einem beliebten Ferienort entwickelt hat.

Paradies am Wasser

Waldbedeckte Hügel, Torfmoore und klare Rinnenseen, von Kiefernwäldern bedeckte Sandgebiete sowie Heiden und Wiesen prägen das Landschaftsbild rund um die Müritz. Rund 700 zum Teil rar gewordene Pflanzenarten werden an den Ufern gezählt. Um Pflanzen und Tiere zu schützen, sind weite Flächen als Naturschutzgebiete ausgewiesen. Das Ostufer, das zum ▶Müritz-Nationalpark gehört, fällt sehr flach ab. Vor rund 200 Jahren stand dieses Gebiet noch unter Wasser. Das änderte sich, als man im 18. Jh. den Elde-Wasserweg anlegte, wodurch der Wasserspiegel um etwa 2 m absank. Es entstand eine amphibische Landschaft mit Teichen, Mooren, Röhrichten, Riedflächen und Wäldern, die heute ein **Wild- und Vogelparadies** darstellt. Zu DDR-Zeiten war die Müritz das »Gelobte Land« der Freizeitangler und -jäger und Jagdrevier der Politelite.

RÖBEL

***Beliebter Erholungsort**

Im Hafen es alten Städtchens Röbel (5260 Einw.) am Müritz-Westufer sorgen im Sommer Ausflugsschiffe, Segler und Paddler für viel Trubel. Im Haus des Gastes öffnet die **Heimatstube**.

Heimatstube: Straße der Einheit 7, Mai – Sept. Mi. – Fr. 10.00 – 15.00, Sa. 11.00 – 15.00 Uhr; Okt. u. April Di. – Fr. 10.00 – 15.00 Uhr, Nov. – März geschl.; Eintritt frei.

Altstadt um St. Marien

Das Hafenpanorama dominiert der spitze Turm (mit Aufstieg) von St. Marien (um 1250) in der Altstadt. Bemalte Kreuzrippen- und

Sterngewölbe prägen die Atmosphäre in der Kirche. Erhalten sind die Kreuzigungsgruppe (15. Jh.) und der spätgotische Schnitzaltar mit Mondsichelmadonna.

Um den Marktplatz

Röbels Marktplatz überragt die Nikolaikirche. Die gotische Backsteinhalle entstand um 1280. Die im Kreis angeordneten **Findlinge** im Kirchhof erinnern an die slawischen Ursprünge Röbels. In der 2003 wiederaufgebauten **Synagoge** von 1831 zeigt die Jugendbildungsstätte **Engelscher Hof** eine Dauerausstellung zur jüdischen Geschichte im Bundesland. Die angeschlossene Herberge bietet günstige Übernachtungen.

Engelscher Hof: Kleine Stavenstr. 9 – 11, Mo. – Mi. 9.00 – 21.00, Do. 9.00 – 22.00, Fr. – So. 9.00 – 16.00 Uhr; Eintritt 1 €; www.engelscherhof.de

Müritz-Therme

Badevergnügen bei jedem Wetter verspricht die »Müritz-Therme« mit Spaß- und Badelandschaft.

ⓘ Am Gotthunskamp 14, tgl. 9.00 – 21.00 Uhr; Eintritt ab 5,50 €; www.mueritztherme.de

UMGEBUNG VON RÖBEL

***Ludorf**

Die Backsteinkirche des kleinen Ortes Ludorf (4 km von Röbel) hat eine ungewöhnliche Form: Auf einem achteckigen Grundriss erhebt sich ein Zentralbau mit Apsis und zwei Seitenkapellen, gekrönt von einem steilen Zeltdach, das zwar erst später aufgesetzt wurde, vermutlich aber dem Original entspricht. Der quadratische Vorbau war wohl als Untergeschoss für einen Westturm gedacht. Das Innere erhält durch die tief herabgezogenen Rippengewölbe seine eigenwillige Raumwirkung. Hier sind die Mitglieder der Familie von Bülow, die letzten Gutsbesitzer, beigesetzt.

Blick vom Röbeler Kirchturm auf das »Kleine Meer«

Müritz erleben

AUSKUNFT

Tourist-Information Röbel/Müritz
Straße der Deutschen Einheit 7
17207 Röbel/Müritz
Tel. 039931 5 06 51
www.roebel-mueritz.de

Waren-Information
Neuer Markt 21
17192 Waren/Müritz
Tel. 03991 66 61 83
www.waren-tourismus.de

ESSEN

Hotel-Restaurant Seestern €€€
Röbel, Müritzpromenade 12
Tel. 039931 5 80 30
www.hotel-seestern-roebel.de
Von der Gartenterrasse am Müritz-Ufer genießt der Gast den Blick auf Hafen und Ort. Neben den vorzüglichen mecklenburgischen Spezialitäten ist hier der Fisch zu empfehlen.

Gasthof Paulshöhe €€
Waren, Falkenhäger Weg
Tel. 03991 1 71 40
www.hotel-paulshoehe.de
Beliebte Ausflugsgaststätte am nördlichen Ortsrand mit Blick auf den Tiefwarensee. Regionaltypische Küche mit Spezialitäten wie gefülltem Rollbraten, Sauerfleisch oder Fisch aus den heimischen Gewässern.

ÜBERNACHTEN

Schloss Groß Plasten €€€€
Groß Plasten Parkallee 36
Tel. 039934 80 20
www.schlosshotel-grossplasten.de
54 Zimmer und Suiten
2 Restaurants
Im neobarocken Herrensitz speist man exquisit im Restaurant »Doctor Friedrich«, nimmt im Wintergarten oder auf der Seeterrasse Platz. Ideal für Erholungsuchende, mit gepflegtem Fitnessbereich und Schwimmbad.

Schloss Ulrichshusen €€€
Ulrichshusen Seestraße 14
Tel. 039953 79 00
www.ulrichshusen.de
Herrlich gelegenes Gut mit 50 großzügigen Zimmern zwischen Waren und Teterow. Freundliche Gastgeber, balsamische Ruhe. Scheune und Festsaal gehören inzwischen zu den bekanntesten Konzertsälen Mecklenburg-Vorpommerns und sind Spielstätten der Musikfestspiele.

Restaurant und Hotel Seglerheim €€€
Röbel, Müritzpromenade 11
Tel. 039931 5 91 81
www.seglerheim.de, 7 Zimmer, 1 Suite
Modernes Reetdachhaus, das teils auf Pfählen im Wasser ruht. Die Suite hat eine schöne Terrasse mit Panoramablick, Im Restaurant kommen Hecht und Maräne auf den Tisch.

Kleines Meer €€€
Waren, Alter Markt 7
Tel. 03991 64 80
www.kleinesmeer.com, 30 Zimmer
Eine kleine Perle unter den Hotels von Mecklenburg-Vorpommern! Weinladen, Gourmetrestaurant und Hotel in einem ungewöhnlichen Haus. Das Ambiente ist modern und sehr geschmackvoll, die Atmosphäre freundlich. Im Restaurant kocht Hendrik Türk, einer der Topköche Mecklenburgs.

Ringhotel Villa Margarete €€€
Waren, Fontanestr. 11
Tel. 03991 62 50
www.villa-margarete.de, 29 Zimmer
Direkt am Müritz-Nationalpark gelegenes Hotel mit hübschen Holzbalkonen. Das Restaurant bietet original Mecklenburger Gerichte. In der exklusiven »Theodor-Fontane-Suite« spürt man einen Hauch preußischer Aristokratie. Auch zahlreiche Beauty- und Wellnessprogramme sind im Angebot.

EINKAUFEN

»Scheune Bollewick«
Bollewick, Dudel 1
Tel. 039931 5 20 09
www.die-scheune.m-vp.de
Südlich von Röbel sind in Deutschlands größter Feldsteinscheune das Welcome Center »Mecklenburgische Seenplatte« (mit Ausstellung), Bauernläden, Fischräucherei, Töpferei, und Schmiede vereint. Dazu gibt es ein Café, ein Restaurant und das Bio-Landhotel »Zur Scheune«.

Rechlin

Das **Luftfahrttechnische Museum** Rechlin, südöstlich von Röbel, informiert über die Geschichte der Fliegerei seit 1918 – »Flieger-Versuchs- und Lehranstalt Müritz« – und die Nutzung durch die NVA und die Rote Armee.

ⓘ Am Claassee 1, Feb. – April Mo. – Do. 10.00 – 16.00, Fr. 10.00 – 15.00, Mai – Okt. tgl. 10.00 – 17.00 Uhr; Eintritt 4 €; www.luftfahrttechnisches-museum-rechlin.de

Wredenhagen

12 km von Röbel steht auf einer Anhöhe eine **Burg** aus dem 13. Jh., von der Teile der Feldsteinmauer und zwei im Kern mittelalterliche, aber stark veränderte Gebäude erhalten sind. Auf der Burg befindet sich ist auch die Dorfgrundschule mit dem angeblich schönsten Schulhof Deutschlands sowie das Burgmuseum (Heimat-, Jagd- und Schulstube). Der Burgfalkner begrüßt seine Gäste zu Vorführungen.

ⓘ Am Burgberg 1, Mitte April – Mitte Okt. Di. – So. um 11.00, 13.00 und 15.00 Uhr Vorführungen, Museum: Juli – Sept. Fr. – So. 13.30 – 17.00 Uhr; Eintritt 6,50 €; http://burg-wredenhagen.gomv.de

Klink

Zwischen Röbel und Waren liegt Klink, seit der Eröffnung einer Feriensiedlung ein viel besuchter Urlauberort auf der schmalen Landzunge zwischen Müritz und Kölpinsee. Besonders schön direkt am Ufer der Müritz liegt das 1897/1898 erbaute **Schloss Klink**. Mit seinen runden Ecktürmen und den giebelbekrönten Gaubenfenstern imitiert es den Renaissancestil der Loireschlösser. Heute beherbergt das Anwesen ein Hotel, das durch einen Anbau vergrößert wurde.

* WAREN

Mittelpunkt der Region

Binnenmüritz wird die tief eingeschnittene Bucht am Nordende der Müritz genannt, an der sich Waren ausbreitet. Mit rund 21 300 Ein-

Jenseits des Hafens von Waren ziehen sich hübsche Sträßchen durch die Altstadt.

wohnern ist der Luftkurort die größte Stadt im Gebiet der großen Mecklenburger Seen und der touristische Mittelpunkt der Müritzregion. In den Sommermonaten locken die nahezu unbegrenzten Wassersportmöglichkeiten auf der Müritz und den mit ihr verbundenen Seen zahlreiche Urlauber und Ausflügler in das Städtchen. Als **Tor zum Müritz-Nationalpark** ist Waren auch ein idealer Ausgangspunkt für Radtouren oder Wanderungen in dieser herrlichen Naturlandschaft.

***Altstadt am Hang**

Nach der Wende vollzog sich in der Kleinstadt ein bemerkenswerter Wandel. Die Altstadt präsentiert sich als herausgeputzt, Waren bietet hübsche Geschäfte, Restaurants, Cafés und Bistros sowie Übernachtungsmöglichkeiten für jeden Geschmack und Geldbeutel. Das älteste Viertel der Stadt, das etwas erhöht oberhalb des Seeufers liegt, entstand im 13. Jh. um die Georgenkirche; etwas später kam es jenseits des Neuen Markts zur Gründung der Neustadt, die sich um 1320 mit der Altstadt vereinigte.

***Neuer Markt**

Warens Zentrum ist der kopfsteingepflasterte Neue Markt mit liebevoll renovierten Häusern. An seiner Südostseite zeigt das **Städtische Museum** im Rathaus von 1797 (1855 – 1857 im Stil der englischen Tudorgotik aufgestockt) Exponate zur Stadtgeschichte, Landwirtschaft und Industrie. Die gegenüberliegende Löwenapotheke, ein schmucker Fachwerkbau mit Marmordach, wurde schon 1623 errichtet.

Städtisches Museum: Neuer Markt 1, Mo. – Fr. 9.00 – 17.00, Sa., So. 14.00 – 17.00 Uhr; Eintritt 2 €; www.waren-mueritz.de

St. Georg, Alter Markt

Durch die Kirchenstraße kommt man zur Pfarrkirche St. Georg. Der schlichte Backsteinbau aus dem 14. Jh. ist das älteste Bauwerk in der Stadt. Ihre neogotische Inneneinrichtung erhielt das Gotteshaus im 19. Jahrhundert. Vom Westturm hat man eine weite Aussicht über die Seenlandschaft. Wenige Schritte südlich der Georgenkirche öffnet sich der Alte Markt auf dem höchsten Punkt der Stadt. Obwohl Bombenangriffe im Zweiten Weltkrieg Löcher in die Bebauung gerissen haben, besitzt der intime Platz nostalgischen Charme.

***Uferpromenade, Hafen**

Pulsierendes Herz der Stadt ist der Hafen. Von den Cafés an der Strandstraße blickt man auf das rege Treiben am Hafenbecken. Die Speicher aus dem 19. Jh. künden von Waren als damals bedeutendstem Handelsplatz für Getreide und Holz im südlichen Mecklenburg. Der einstige Kornspeicher (Kietzstraße) ist nun eine Einkaufspassage. An der dortigen Steinmole legen die Ausflugsschiffe zu Müritz-Fahrten ab. 1100 Objekte zu 300 Jahren Marinegeschichte an der Müritz bewahrt das private Militärhistorische Marinemuseum.

Marinemuseum: Lange Str. 3, tgl. 10.00 – 12.00, 13.00 – 18.00 Uhr; Eintritt 3 €; www.marinemuseum-mueritz.de

Müritzeum

Interessante Schätze birgt das 1866 gegründete Müritzeum am nordwestlichen Altstadtrand, das zahlreiche Funde zur Naturgeschichte der Region bewahrt. Zum »**Haus der 1000 Seen**« gehören auch Deutschlands größtes Aquarium für Süßwasserfische mit rund 40 Fischarten, Krebsen und Wasserpflanzen sowie ein Museumsgarten um den Herrensee. Die didaktisch hervorragend aufbereitete Ausstellung, die gelungen verbunden ist mit regelmäßigen Wechselschauen und einem vielfältigen Veranstaltungsprogramm, haben das Müritzeum zu einem lebendigen Kulturtreffpunkt der Stadt gemacht.

ℹ Zur Steinmole 1, April – Okt. tgl. 10.00 – 19.00, Nov. bis März tgl. 10.00 – 18.00 Uhr; Eintritt 7,50 €; www.mueritzeum.de

! BAEDEKER TIPP

Blick in den Adlerhorst

Vom Informationshaus Federow, Damerower Straße 6, aus kann man per Live-Kamera von März bis September direkt in den Horst eines Fischadlerpaars schauen und das Brutgeschäft sowie die Aufzucht der kleinen Adler studieren. Aktuelle Infos unter Tel. 03991 66 88 49, www.nationalpark-service.de

UMGEBUNG VON WAREN

Ankershagen

Im Städtchen Ankershagen, rund 25 km östlich von Waren am Rand des ▸Müritz-Nationalparks gelegen, verbrachte der berühmte Altertumsforscher **Heinrich Schliemann** seine Kinderjahre. In den Räumen des ehemaligen Pfarrhauses informiert heute das **Schliemann-Museum** über Leben und Werk des berühmten Troja-Ausgräbers. Neben dem Museum steht auch ein imposantes »Trojanisches Pferd« mit Rutsche. Im nahe gelegenen Friedrichsfelder Gutshaus kann man sich eingehend über die Besonderheiten des Müritz-Nationalparks informieren.

Schliemann-Museum: Lindenallee 1, April – Okt. Di. – So. 10.00 – 17.00, Nov. – März Di. – Fr. 10.00 – 16.00, Sa. 13.00 – 16.00 Uhr; Eintritt 4 €; www.schliemann-museum.de

Torgelower See

Etwa 10 km nordöstlich von Waren erstreckt sich der Torgelower See. Seine unter Naturschutz stehenden Uferbereiche bieten Fischreihern, Kormoranen und vielen anderen Wasservögeln Nistplätze.

***Damerower Werder** Eine Alternativstrecke nach Malchow über kleine Landstraßen führt am Nordrand der Seenkette zwischen Müritz und Plauer See entlang. Auf dem Damerower Werder, einer in den Kölpinsee hineinreichenden Halbinsel – heute ein Teil des Naturparks Nossentiner/Schwinzer Heide (▶Goldberg, Umgebung) –, ist es in den späten 1950er-Jahren gelungen, den bis dahin nahezu ausgestorbenen Europäischen Wisent anzusiedeln und nachzuzüchten. Das **Wisentgehege** besitzt einen Walderlebnispfad, Fledermauskasten und Ameisenhaus. Angeleinte Hunde sind willkommen.

Wisentgehege: Zum Werder 5 a, Ostern bis 30.9. tgl. 10.00 – 20.00, sonst 10.00 – 17.00 Uhr; Fütterungen: 11.00, 15.00 Uhr; Eintritt 3 €; www.wisentinsel.de

★★ Müritz-Nationalpark

M – P 9/10

Fläche: 322 km²

Adler und Kraniche, Morgennebel über einsamen Seen, Stille und Waldeinsamkeit – der Müritz-Nationalpark ist ein Dorado für Wanderer, Sinnsucher, Erholungsbedürftige und alle, die einfach Freude an unberührter Natur haben.

Menschenleere Großlandschaft Dünn besiedelte Gebiete sind in Mitteleuropa selten geworden – der Müritz-Nationalpark mit seinen 322 km² Fläche ist eines davon. Sanderflächen und angehäufte Sanddünen schufen das Landschaftsbild. Die vom Eis ausgeschabten Täler und Mulden füllten sich mit Wasser und bildeten die zahlreichen Seen und Moore. Knapp drei Viertel des Parks sind Wald. Der Müritz-Nationalpark besteht aus **zwei Teilen**, einem ca. 260 km² großen Gebiet zwischen Waren und ▶Neustrelitz

Müritz-Nationalpark erleben

AUSKUNFT

Nationalpark-Service
Federow, Damerower Str. 6
Tel. 03991 66 88 49
www.nationalpark-service.de

Nationalparkamt Müritz
Hohenzieritz Schlossplatz 3
Tel. 039824 25 20
www.mueritz-nationalpark.de

KRANICH-TICKET

Mit dem Ticket (7,50 €) kann man an geführten Touren im Bus teilnehmen. Von Ende August bis Mitte Oktober fährt spätnachmittags die Naturparklinie zu den Kranich-Schlafplätzen (▶Baedeker Wissen S. 160) – ein einmaliges Spektakel (3 Std.)!

östlich der Müritz sowie dem Teil »Serrahn« (ca. 62 km²) zwischen Neustrelitz und Feldberg. Der Serrahner Teil des Nationalparks ist vom Naturpark ►Feldberger Seenlandschaft umgeben und hat schöne Buchenwälder. Wer Großvögel beobachten will, für den ist der Müritz-Nationalpark ideal, denn See- und Fischadler haben hier ihre Reviere. Kraniche, Grau- und Blässgänse sind hauptsächlich im Frühjahr und Herbst anzutreffen, wenn sie auf ihrem Flug gen Süden oder Norden hier Zwischenstation machen. Zahlreiche Beobachtungsplattformen wurden eingerichtet, um die Vögel zu studieren.

Erkundung

Verschiedene Ortschaften dienen als **Eingangstore** ins Schutzgebiet: Waren, Kargow, Boek, Ankershagen, Kratzeburg, Userin, Carpin, Schillersdorf, Bergfeld und Wokuhl. Von den ausgewiesenen Parkplätzen können Touren zu Fuß, per Fahrrad oder mit der Pferdekutsche in das Gebiet gemacht werden. Wer mit dem Fahrrad unterwegs ist, sollte für seine Touren genügend Zeit einplanen, denn einige Wege im Nationalpark sind sehr sandig, das Radeln kann hier mühsam werden. Naturkundliche Kanufahrten werden entlang der Havel angeboten. Informationstafeln und Infohütten geben wichtige Hinweise, ein neuer GPS-Guide steht zur Verfügung. Das Nationalpark-Busticket erschließt das Gebiet.

ℹ Eintritt 8,50 €; http://nationalparkticket.de

* Neubrandenburg

P 8

Landkreis:
Mecklenburgische Seenplatte

Höhe: 19 m ü. d. M. **Einwohnerzahl:** 65 300

Wahrzeichen Neubrandenburgs sind die vier grandiosen Stadttore im Stil der Backsteingotik. Die reizvolle Hügellandschaft um Neubrandenburg und der Tollensesee mit seinen vielen Freizeitmöglichkeiten machen die Stadt für Besucher zusätzlich attraktiv.

Die drittgrößte Stadt des Landes, 1248 gegründet, liegt im Nordosten der Mecklenburgischen Seenplatte und ist wirtschaftlicher und kultureller Mittelpunkt der Region.

SEHENSWERTES IN NEUBRANDENBURG

Der berühmte Schriftsteller **Fritz Reuter** (► Baedeker Wissen S. 254) lebte von 1856 bis 1863 hier, pflegte einen großen Freundeskreis und schrieb in dieser Zeit u. a. den »Dörchläuchting«. In den Wallanlagen am nördlichen Altstadtring haben die Neubrandenburger ihm 1893 ein Denkmal gesetzt. Auf der anderen Seite der Straße steht der Mudder-Schulten-Brunnen, der eine Szene aus dem »Dörchläuchting« wiedergibt. Der erste Eindruck von Neubrandenburg ist bestimmt von den Hochhaussiedlungen, den Industrie- und Gewerbegebieten, die den Stadtkern umschließen. Die Altstadt, auf einem rechtwinkligen Straßensystem planmäßig angelegt, besaß bis zum 29. April 1945 eine geschlossene, über Jahrhunderte gewachsene Bebauung. Innerhalb weniger Tage wurden mehr als 80 % dieser Häuser zerstört. Nur die mittelalterliche Stadtbefestigung überstand das Inferno unbeschadet. Der Stadtkern wurde zwar wieder aufgebaut, doch breite Straßen und Nachkriegsarchitektur bestimmen heute überwiegend das Bild. Der geräumige Marktplatz wird von zwei Gebäudekolossen beherrscht: dem Haus der Bildung aus dem Jahr 1965 und dem Radisson Blu Hotel gegenüber.

****Stadtmauer** Die Altstadt von Neubrandenburg ist von einer fast vollständig erhaltenen mittelalterlichen Befestigungsanlage umgeben. Um 1300 wurde mit dem Bau der über 2 km langen und 7,5 m hohen Feldsteinmauer begonnen, die mit kleinen Fachwerkbauten, den sogenannten

Neubrandenburg erleben

AUSKUNFT

Tourist-Information Neubrandenburg
Stargader Str. 17
17033 Neubrandenburg
Tel. 01805 17 03 30
www.neubrandenburg-touristinfo.de

ESSEN

1 *Café Fuhrmann im Reuterhaus* €
Stargarder Straße 35
Tel. 0395 5 82 32 54
www.baeckerei-fuhrmann-ist.net
In dem Gebäude, in dem der Dichter Fritz Reuter sieben Jahre lang lebte, werden heute Kaffee und Kuchen, aber auch deftige Gerichte aufgetischt.

ÜBERNACHTEN

1 *Jagdschloss Prillwitz* € € €
Prillwitz 8
17237 Hohenzieritz
Tel. 039824 2 03 45
www.jagdschloss-prillwitz.de
15 Zimmer
In wunderschöner Umgebung gelegen. Die Weinstube serviert auch Wildspezialitäten.

2 *Radisson Blu Hotel* € €
Treptower Straße 1
Tel. 0395 5 58 60
www.radissonblu.com/hotel-neubran denburg
190 Zimmer
Dieses direkt am Marktplatz gelegene Hotel war schon zu DDR-Zeiten Neubrandenburgs größte Unterkunft. Internationalen Standard.

3 *Hotel Marienhof* €
Carl-Stolte-Str. 22
17094 Burg Stargard
Tel. 039603 25 50
www.hotel-marienhof.de
Familiäres, 1994 erbautes Hotel mit Restaurant »Kornkammer« (vegetarische Ayurveda-Küche) und Bauernstube. 25 Zimmer mit Blick auf die Hügellandschaft, Fahrradverleih.

Wiekhäusern, besetzt ist. Die so schnuckelig wirkenden Häuser dienten einst kriegerischen Zwecken: In die Stadtmauer im Abstand von 30 m eingebaut, konnten die Neubrandenburger von dort aus dem Feind vor der Mauer kräftig einheizen. Zur Stadt hin waren die Wiekhäuser damals offen. Ursprünglich gab es 56 solcher Häuser. Mittlerweile sind 25 renoviert oder nach altem Vorbild wiederhergestellt und werden als Galerien oder Kunsthandwerksläden genutzt. Im nördlichen Teil der Stadtmauer, unweit des Franziskanerklosters, blieb der runde zinnenbekrönte Fangelturm (15. Jh.) als letzter Mauerturm erhalten. Sein Spitzhelm wurde erst 1845 aufgemauert.
Besonders beeindruckend sind die vier im 14./15. Jh. errichteten **Tore**, mit denen die Eingänge in die Stadt gesichert wurden. Sie bestanden aus einem inneren, in die Stadtmauer eingelassenen Torturm mit Durchfahrt und einem Vortor auf dem Wall. Das äußere und das innere Tor verband ein von Zwingermauern geschützter, über den Graben geführter Weg, der Zwinger genannt wurde. Mit ihrem rei-

Einst abschreckend für den Feind, heute beeindruckend für Besucher: die Neubrandenburger Stadttore

chen Fassadenschmuck waren die Stadttore auch ein sichtbarer **Ausdruck für den bürgerlichen Wohlstand** und das Selbstbewusstsein der Stadtbewohner im Mittelalter.
Das zu Beginn des 14. Jh.s errichtete **Friedländer Tor** ist wohl der älteste Torturm. Seine Giebelfassade mit Treppenturm erneuerte man in der zweiten Hälfte des 15. Jahrhunderts. Im 16. Jh. wurde dem Friedländer und dem Neuen Tor zur Verstärkung gegen den Beschuss mit Feuerwaffen ein halbkreisförmiger, dreigeschossiger Zingel vorgelagert, auf dessen 4 m dicken Mauern man Geschütze aufstellte.
Den Torturm des **Neuen Tors** (15. Jh.) schmücken weibliche Terrakottafiguren, die zwischen dem zweiten Geschoss und dem mit Wimpergen besetzten Staffelgiebel stehen und die Hände wie zu einem Gruß erheben. Vortor und Zingel dieses Stadteingangs wurden im Dreißigjährigen Krieg zerstört und im 19. Jh. abgetragen.
Die Stadtseite des **Stargader Torturms** (Mitte 14. Jh.) ist gekennzeichnet durch die über alle drei Geschosse hinweggeführten spitzbogigen Blendbogen, in die Terrakottafiguren eingestellt sind. Das Vortor mit allerhand aufwendigem Blenddekor kam um die Mitte des 15. Jh.s hinzu.
Der innere Torturm des ***Treptower Tors** (um 1400) ist vierstöckig und mit Blendbogen geschmückt. Besonders üppig ist der spätgoti-

sche Fassadenschmuck am Vortor. Im Treptower Tor, mit 32 m das höchste der Tore, befindet sich die ur- und frühgeschichtliche Abteilung des **Regionalmuseums**. Auf fünf Geschossen vermitteln viele Exponate einen Überblick über die Besiedlung der Region von der Steinzeit bis ins 13./14. Jahrhundert. Der Museumsteil zur Stadtgeschichte ist in der Vierrademühle direkt beim Tor untergebracht.

Regionalmuseum: Di. – So. 10.00 – 17.00 Uhr; Eintritt 3 €, Kombiticket »Museumsmeile« 5 €; www.museum-neubrandenburg.de

Kunstsammlung Neubrandenburg,

Die auf die Städtischen Kunstsammlung von 1890 zurückgehende Kunstsammlung ist eine der vier großen Sammlungen Mecklenburg-Vorpommerns. Sie zeigt in einem sanierten Fachwerkhaus (Ende 18. Jh.) seit 2003 moderne zeitgenössische Kunst vorwiegend ostdeutscher Herkunft und verfügt über einen Fundus von 6000 Plastiken, Skulpturen und Malereien der zweiten Hälfte des 20. Jahrhunderts. Sie ist Teil der **Museumsmeile Neubrandenburg**. Zur Dauerausstellung im Obergeschoss gesellen sich jährlich sechs Sonderausstellungen im Parterre. 2006 wurden bei archäologischen Grabungen am Markt Reste der 1945 verschollenen alten Kunstsammlung (Porzellan, Skulpturen) entdeckt.

ⓘ Große Wollweberstr. 24; Di. – So. 10.00 – 17.00 Uhr; Eintritt; 3,00 €; www.kunstsammlung-neubrandenburg.de

Marienkirche (Konzertkirche)

Von der imposanten, 1298 geweihten Marienkirche standen nach 1945 nur noch die Umfassungsmauern und der Kirchturm. Der beeindruckende, überreich mit Wimpergen (gotischen Ziergiebeln), Maßwerkfenstern und filigranen Fialtürmchen geschmückte Ostgiebel gilt als herausragendes Beispiel für die **gotische Baukunst** Mecklenburg-Vorpommerns. Seit 2001 ist die Kirche Konzerthalle, fester Bestandteil der Festspiele Mecklenburg-Vorpommern und Heimstatt der Neunbrandenburger Philharmoniker. Die Ausstellung in der Kirche widmet sich den »Wegen zur Backsteingotik«. Die neue Multimedia-Show zur Stadtgeschichte ist im Oktagon des Turms über der Glockenstube untergebracht.

ⓘ Ticketbüro: Stargarder Str. 17, Tel. 0395 5 59 51 27, tgl. 10.00 – 17.00 Uhr, im Winter stark eingeschränkt; Eintritt 3 € (Teil der Museumsmeile); www.konzertkirche-nb.de

Einen Straßenblock südöstlich der Marienkirche steht in der Pfaffenstraße das ehemalige herzogliche Schauspielhaus von 1787. Im zweigeschossigen Fachwerkbau zeigt die Theater- und Orchester GmbH Neu-

? BAEDEKER WISSEN

Gutes Projekt

Die Modelle des Modellpark Mecklenburgische Seenplatte wurden von Langzeitarbeitslosen und Sozialhilfeempfängern gebaut. 265 Personen sind seit dem Start im Jahr 1996 in diesem Beschäftigungsprojekt tätig gewesen, 20 % haben danach einen festen Arbeitsplatz gefunden.

brandenburg/Neustrelitz 150 Aufführungen pro Jahr. Das Haus ist Teil der Europastraße Historischer Theater (www.perspectiv-online.org).

Brigitte-Reimann-Literaturhaus Im Literaturhaus informiert eine Sammlung über Leben und Werk der jung an Krebs verstorbenen Schriftstellerin Brigitte Reimann (1933 – 1973, »Franziska Linkerhand«), die von 1968 bis zu ihrem Tod in Neubrandenburg lebte.

❶ Gartenstr. 6, Di. 10.00 – 12.00 und 13.00 – 18.00, Mi. bis 16.00, jeden 1. Sa. im Monat 10.00 – 16.00 Uhr); Eintritt 2 €; www.literaturzentrum-nb.de

St. Johannis Vom Franziskanerkloster, um 1260 am nördlichen Stadtrand gegründet, blieben nur der Nordflügel mit Kreuzgang (um 1300) und die ehemalige Klosterkirche St. Johannis erhalten. Die kleine, zweischiffige Klosterkirche stammt aus der Zeit der Klostergründung, wurde aber später, insbesondere im ausgehenden 19. Jh., stark verändert. Sie birgt als kostbarstes Ausstattungsstück eine Renaissancekanzel von 1598 und soll zukünftig die urgeschichtliche Sammlung des Regionalmuseums aufnehmen.

Modellpark Wenige Gehminuten südlich des Stargarder Tores, am Gätenbach, erstreckt sich der Modellpark Mecklenburgische Seenplatte. Auf dem Gelände sind die schönsten **Sehenswürdigkeiten der Region »en miniature«** versammelt, so beispielsweise die Höhenburg Stargard, das Kloster von Dargun oder die Stadttore von Neubrandenburg – alles ist detailgetreu nachgebaut im Maßstab 1 : 25. Wer noch nicht weiß, wo der nächste Ausflug hingehen soll, kann sich hier einen Eindruck davon verschaffen, was die Region an Kulturdenkmälern zu bieten hat.

❶ April – Okt. tgl. 9.30 – 19.30, Nov. – März bis 18.00 Uhr; Eintritt 4 €.

AM TOLLENSESEE ENTLANG NACH NEUSTRELITZ

***Tollensesee** Wie malerisch der Tollensesee in die bewaldete Hügellandschaft eingebettet ist, sieht man am besten vom Turm der Behmshöhe am Ostufer oder von Usadel an der äußersten Südspitze. Der beinahe 11 km lange, durchschnittlich nur 1 km breite Tollensesee ist ein beliebtes Erholungsgebiet – von der Altstadt etwa 1 km entfernt. Von der Anlegestelle am Nordufer starten Ausflugsschiffe zu Fahrten auf dem See. Wer ein Ruder- oder ein Segelboot leihen möchte, sollte am Oberbach (Nordufer) nachfragen. Auch zu Fuß und per Rad lässt sich die herrliche Umgebung des Tollensesees gut erkunden. Vom Parkplatz Augustabad kann man in ca. 1,5 Stunden durch den Wald zur Behmshöhe wandern. Am Augustabad beginnt auch der schöne Uferweg nach Klein Nemerow. Dort warten Gasthäuser, ein Abenteuerspielplatz und ein Badestrand auf Besucher. Für den Rückweg nach Neubrandenburg kann man das Fahrgastschiff nehmen, das in Klein Nemerow anlegt. Bademöglichkeiten gibt es auch im Strandbad Broda (südwestlich der Innenstadt), im Augustabad (Ortsteil Lindenberg) und in Buchort am westlichen Seeufer. Das **Naturschutzgebiet Nonnenhof** erstreckt sich auf einer Art Halbinsel zwischen dem Tollensesee und dem wesentlich kleineren See namens »Lieps«. Im Nonnenhof, den man auch mit dem Schiff erreicht, ist der selten gewordenen **Eisvogel** zu Hause. Von der gleichnamigen Gaststätte führt ein Wanderweg in das Naturschutzgebiet.

Broda

Erste Station der Rundfahrt um den Tollensesee ist Broda. Am steilen und bewaldeten Ufer baute 1823 Friedrich Wilhelm Buttel den hübschen, an einen dorischen Tempel erinnernden **Belvedere** als Aussichtspunkt für herzogliche Ausflugsgesellschaften. Die Buchen- und Eichenmischwälder des Brodaer Forstes sind ein herrliches Wandergebiet.

Alt Rehse

In Alt Rehse, heute ein idyllisches Dorf am Tollensesee, bauten die Nationalsozialisten ein Musterdorf mit Lindenallee, reetgedeckten Fachwerkhäusern im »Heimatstil« und einem Schloss. Dort richtete der Hartmannbund 1935 die »Führerschule für deutsche Ärzte« ein. Ärzte und Apotheker wurden hier auf ihre Rolle im nationalsozialistischen System eingeschworen. Im 2011 restaurierten Gutshaus informiert eine Ausstellung über die unrühmliche Vergangenheit.

ⓘ April – Aug. tgl. 10.00 – 18.00, Sept. Di. – So. 10.00 – 18.00, Nov. – März Di. – So. 10.00 – 16.00 Uhr; Eintritt gegen Spende; www.ebb-alt-rehse.de

***Alte Burg in Penzlin**

Die Hauptattraktion des 16 km von Neubrandenburg liegenden Penzlin ist die sogenannte Alte Burg. Von der Anlage aus dem 16. Jh. blieb das aus zwei Flügeln bestehende Backsteingebäude erhalten, der Burghof, der Burggarten und der slawische Wall wurden rekonstruiert. Im Ostflügel befindet sich der Hexenkeller. Das **Museum für Magie und Hexenverfolgungen in Mecklenburg** widmet sich intensiv diesem Thema, zeigt Verliese, Daumenschrauben und Folterwerkzeug, verfügt aber auch über ein Standesamt, Kräutergarten und Restaurant.

ⓘ Warener Chaussee 55a, Mai – Sept. tgl. 10.00 – 18.00, April tgl. 10.00 – 16.00, Okt. tgl. 10.00 – 17.00, Nov. – März Mo. – Fr. 10.00 – 15.00, Sa., So. 13.00 – 16.00 Uhr; Eintritt 5 €; www.penzlin.de

***Hohenzieritz**

Ca. 8 km südlich von Penzlin zweigt kurz vor Peckatel von der B 193 ein Sträßchen nach Westen ab, das an Hohenzieritz vorbeiführt. Der Ort liegt sehr hübsch auf einer Kuppe mit weitem Blick auf die Hügellandschaft südlich des Tollensesees. Die Herzöge von Mecklenburg-Strelitz, die im benachbarten ►Neustrelitz residierten, erkannten den Reiz von Hohenzieritz und errichteten hier 1751 ein barockes Schloss, das heute Sitz des Nationalparkamtes ist. Häufiger Gast in Hohenzieritz war Prinzessin Luise von Mecklenburg-Strelitz, besser bekannt als Königin **Luise von Preußen** (▶Berühmte Persönlichkeiten), die am 19. Juli 1810 im Alter von nur 34 Jahren im Schloss verstarb. Ihr Sterbezimmer mit der Totenmaske wurde zur Gedenkstätte umgewandelt. Im Schlosspark erinnert seit 1815 ein Rundtempel an die beliebte Herrscherin.

❶ Mitte März – Okt. Di. – So. nach Andrang variabel, Auskunft Tagesöffnungszeiten: Tel. 0173 6 39 49 45; Nov. – Mitte März geschl.; Eintritt 2,50 €; www.louisen-gedenkstaette.de

BURG STARGARD

»Alte Burg«

Burg Stargard ist ein sympathisches Landstädtchen mit einigen alten Fachwerkhäusern, stillen Winkeln und holprigen Kopfsteinpflasterstraßen, eingebettet in eine waldreiche Hügellandschaft. Oberhalb der Häuser von Burg Stargard thront die mächtige Backsteinburg, die der Stadt den Namen gab: »stari grad« bedeutet so viel wie »alte Burg«.

***Burganlage**

Burg Stargard ist die einzige aus dem Mittelalter erhaltene **Höhenburg** in Norddeutschland und feierte 2009 ihren 750. Geburtstag. Bauherren waren im 13. Jh. die Markgrafen Johann I. und Otto III. von Brandenburg. Später diente die Burg, die immer wieder umgestaltet und ergänzt wurde, den Stargarder Herzögen als Residenz. Die Fahrstraße von der Stadt hinauf zur Burg endet vor dem Burggraben, wo neben dem Parkplatz ein großzügiger Spielplatz liegt. Durch das Torhaus betritt man die Vorburg. Das eingeschossige Gebäude rechts vom Tor ist der Marstall. Im oberen Hof sind u. a. das Herrenhaus erhalten, der 35 m hohe Bergfried und das Gebäude der ehemaligen Münzprägestätte, die heute eine Gaststätte und ein Hotel beherbergt. Vom Bergfried aus bietet sich ein herrlicher Blick über die Umgebung von Burg Stargard. In der Burgschneiderei im ehemaligen Herrenhaus werden heute noch mittelalterliche Kostüme genäht, die man für extravagante Hochzeiten auf der Burg oder zu anderen Anlässen ausleihen kann. Die Kostüme beleben auch das Burgfest am zweiten Augustwochenende. Der **Wurz- und Krautgarten** öffnet von Mai bis September (10.00 – 17.00 Uhr; mit Verkauf).

Der **Marstall** beherbergt heute ein interessantes Museum zur Alltagsgeschichte. Im Dachstuhl werden traditionelle Handwerke erklärt, im Erdgeschoss wurden eine Küche (um 1900) und ein Schlafzimmer im Stil der 1920er-Jahre aufgebaut. Im Stall dreht sich alles ums Pferd und andere traditionelle »Transportmittel«.

Und eine ganz besondere Attraktion der Burg Stargard ist die 720 m lange **Sommerrodelbahn**, die 30 Höhenmeter überwindet.

Marstall: Mai – Okt. tgl. 10.00 – 17.00, Nov. – April Di. – Do. 10.00 – 16.00, Sa., So. 13.00 – 16.00 Uhr, Eintritt 2 €; www.burg-stargard.de
Sommerrodelbahn: März – Okt. tgl. 10.00 – 18.00 Uhr, Fahrt 2 €; www.rodelbahn-burgstargard.de

Rund um die Burg

Der Landschafts- und Architekturmalerin **Marie Hager** (1872 – 1947) ist die repräsentative Dauerausstellung im **Hager-Haus** gewidmet. 5 km von Burg Stargard zeigt im Ortsteil Kreuzbruchhof seit 2010 das **Munitionsgeschichte- und Technikmuseum** 200 Jahre Waffengeschichte »von der Papierpatrone zur Atombombe«.
Hager-Haus: Dewitzer Chaussee 17, Di. – Fr. 10.00 – 16.00, Sa., So. 13.00 – 16.00 Uhr, Eintritt 2 €
Munitionsgeschichte- und Technikmuseum: April – Mitte Nov. tgl. 10.00 – 18.00 Uhr und n. V.; Eintritt 4 €; www.munitionsmuseum.de

ALTENTREPTOW

Sehenswertes

Auf einer flachen Anhöhe im Tal der Tollense, 16 km nördlich von Neubrandenburg, liegt die kleine Kreisstadt, die um die Mitte des 13. Jh.s gegründet und auf gitterförmigem Straßennetz planmäßig angelegt wurde. **Fritz Reuter** (▶ Baedeker Wissen S. 254) lebte hier einige Jahre – so manche Gedenktafel an seinen einstigen Quartieren erinnert daran. Die überwiegend aus dem 18. und 19. Jh. stammenden Fachwerkhäuser werden überragt von der Pfarrkirche St. Petri, einer im 14. Jh. erbauten Hallenkirche mit massigem Westturm. Im 15. Jh. erhielt das Gotteshaus einen polygonalen Umgangschor; die Restaurierung im Jahr 1865 unter dem preußischen Baumeister Friedrich August Stüler stellte einen neogotischen Innenraum her. Von der Ausstattung blieben der figurenreiche Schnitzaltar (15. Jh.), das romanische Taufbecken und das spätgotische Chorgestühl mit Heiligenreliefs auf den Wangen erhalten.

? BAEDEKER WISSEN

Grüße aus der Eiszeit

Am Klosterberg in Altentreptow steht der größte eiszeitliche Findling Mecklenburg-Vorpommerns, der »Große Stein«. Er misst oberirdisch 8,2 x 6 x 5,2 m, hat einen Umfang von 23 m, ein Volumen von 133 m³ und wiegt 360 Tonnen. 1915 wurde die Vorderseite mit einem Relief Otto von Bismarcks versehen und der Findling wurde feierlich »Bismarck-Stein« getauft. 1959 ließ die DDR-Führung dieses Relief aber entfernen – Spuren davon sind noch zu sehen.

Im Mittelalter war Altentreptow von einer **Stadtmauer** mit drei Tortürmen umgeben, von denen noch Teile der Mauer, das im 19. Jh. veränderte Demminer Tor und das um 1450 errichtete stattliche Neubrandenburger Tor mit Blendengliederung und Staffelgiebel vorhanden sind.

* Neustrelitz

O 9

Landkreis:
Mecklenburgische Seenplatte
Höhe: 83 m ü. d. M. **Einwohnerzahl:** 21 200

Neustrelitz ist ein hübsches Städtchen nahe dem Müritz-Nationalpark. Die Hauptattraktion der ehemaligen Residenzstadt ist der Schlossgarten, der zu den gepflegtesten und reizvollsten fürstlichen Gärten Mecklenburg-Vorpommerns zählt.

Residenz ohne Schloss

Obwohl die Stadt im 18. Jh. als Residenz der Herzöge von Mecklenburg-Strelitz gegründet wurde, fehlt das frühere herzogliche Schloss, das im letzten Kriegsjahr 1945 ausbrannte und dann drei Jahre später abgetragen wurde. Alle anderen Insignien einer Residenzstadt, so Schlosskirche, Schlosspark und Orangerie, sind noch in aller Schönheit vorhanden. Südlich von Neustrelitz, das am Zierker See liegt, erstreckt sich die sogenannte Neustrelitzer Kleinseenplatte, eine unberührte Seenlandschaft mit über 300 Gewässern und vielen, vielen Erholungsmöglichkeiten.

SEHENSWERTES IN NEUSTRELITZ

Im Zentrum der barocken Stadtanlage liegt der beeindruckend weitläufige Marktplatz. 1866 erhielt der Platz ein Rondell und wurde mit zweigeschossigen Häusern umbaut, von denen noch einige erhalten sind. Aus der gleichen Epoche stammt auch das Rathaus (1841 – 1843). Schräg gegenüber steht die Stadtkirche (1768 – 1778). Der 1831 erbaute, 45 m hohe Turm kann im Juli und August montags bis freitags erklommen werden. Den Marktplatz gestaltete im 19. Jh. der herzogliche Oberbaurat Friedrich Wilhelm Buttel, ein Schüler des berühmten Baumeisters Friedrich Schinkel. Der Platz neigt sich übrigens mit einem Gefälle von insgesamt 4 m zum Zierker See hin. In den Straßen, die sternförmig den **Marktplatz** von Neustrelitz verlassen, kann man noch einige barocke Gebäude aus der Gründungszeit von Neustrelitz entdecken. Hübsch herausgeputzt präsentiert sich vor allem die Strelitzer Straße, die als städtische Einkaufsmeile fungiert.

In der Schlossstraße präsentiert im Haus Nr. 3 das **Museum** der Stadt Neustrelitz seine regionalgeschicht-

? BAEDEKER WISSEN

Berühmter Schüler

Im ehemaligen Gymnasium Carolinum in der Glambecker Straße Nr. 10 ging der berühmte Archäologe und Entdecker Trojas Heinrich Schliemann (▸Berühmte Persönlichkeiten S. 58) zur Schule. Wegen Geldmangel musste er aber auf die Realschule wechseln.

Neustrelitz erleben

AUSKUNFT

Tourist- und Nationalparkinfo
Strelitzer Str. 1
17235 Neustrelitz
Tel. 03981 25 31 19
www.neustrelitz.de

Tourismusbüro Wesenberg
Burg, 17255 Wesenberg
Tel. 039832 2 06 21
www.wesenberg-mecklenburg.de

ESSEN

Kaisers Bootshaus € €
Useriner Str. 1
17235 Neustrelitz
Tel. 03981 23 98 60
www.kaisers-bootshaus.de
Speisen auf der schönen Seeterrasse mit Blick auf Jachthafen und den Zirker See. Die freundliche Bedienung serviert Mecklenburgische Küche (z. B. Zander), es gibt auch kaltes und warmes Buffet. Mit eigenem Bootssteg, Boots- und Radverleih und günstiger Pension (sieben Zimmer).

Rest. Hotel Fürstenhof € €
Am Markt 3, 17235 Neustrelitz
Tel. 03981 20 47 74
www.fürstenhof-neustrelitz.de
Mo. Ruhetag
Feine Strelitzer Hofküche (7-Gänge-Menü; auch Reb- und Perlhuhn, Hummer) im Restaurant und auf der überdachten Terrasse mit Blick auf das Marktrondell. Regionale Lieferanten sorgen für Fisch aus Röblin und Kraaser Ziegenkäse.

ÜBERNACHTEN

Inselhotel Brückentinsee € € €
17237 Wokuhl-Dabelow
(20 km südöstlich von Neustrelitz),
Tel. 039825 2 02 47, www.inselhotel-brueckentinsee.de, 10 Zimmer
Nur über eine Holzbrücke erreicht man das einzige Haus auf einer kleinen Insel im Brückentinsee. Die Gastgeber schaffen eine persönliche Atmosphäre mit gehobenem Standard. Die Sauna am Ufer lädt zum Relaxen ein. Wer die Gegend erkunden möchte, kann sich hier auch ein Ruderboot oder Fahrräder leihen.

lich-kulturhistorische Sammlung, zu der auch mehrere Plastiken von Christian Daniel Rauch gehören. Im Obergeschoss erinnert ein Raum an die Museumsgründerin und Heimatforscherin Annalise Wagner. Gegenüber wird das Alte Postamt bis Sommer 2013 zum neuen Zentrum zur Geschichte des Herzogtums Mecklenburg-Strelitz mit Museum umgebaut.

● Mai – Sept. Di. – So. 11.00 – 18.00, Okt. – April Di. – So. 11.00 – 16.00 Uhr; Eintritt 2 €

Kachelofenfabrik

Etwas außerhalb des Zentrums befindet sich die ehemalige Kachelofenfabrik (am Sandberg 3a; vom Marktplatz in die Zierker Straße einbiegen, dann die dritte Querstraße rechts). Die alte Fabrik ist heute ein überregional bekanntes **Kulturzentrum** mit ambitioniertem Filmprogramm, Ausstellungen, Konzerten und Lesungen. Das Industriedenkmal aus der Mitte des 19. Jh.s diente bis 1963 als Produktionsstätte für Kachelöfen. Die 2005 mit dem Bundespreis Denkmalschutz ausgezeichnete Anlage besitzt eine Galerie für moderne Kunst, ein Café, ein Restaurant und ein Öko-Hotel (www.basiskulturfabrik.de).

Inseltheater Helgoland

Das am kleinen Hafen der Stadt gelegene Inseltheater Helgoland e. V. bietet seit über 40 Jahren regelmäßig Programm für Kinder und Erwachsene. Das Ensemble besteht aus rund 50 Amateurschauspielern, sogar eine Ballettgruppe gibt es. In der angeschlossenen Gaststätte wird regionale Küche serviert. Die Wirtin führt auch Regie.

Tel. 03981 20 04 30; www.inseltheater.de

* SCHLOSSGARTEN

Eindrucksvoller Park

Größter Besuchermagnet der Stadt ist der herrliche Schlossgarten. Sein Bezugspunkt, das herzogliche Residenzschloss aus dem 18. Jh., brannte im Jahr 1945 aus und wurde zwischen 1948 und 1950 abgetragen. Der Schlossgarten wurde unter Großherzog Georg in den ersten Jahrzehnten des 19. Jh.s unter Beibehaltung der barocken Hauptachse in einen englischen Landschaftsgarten umgewandelt. 2001 fanden zum ersten Mal die **Schlossgarten-Festspiele** statt. Dieses im Juni und Juli stattfindende **Operetten-Event** im Freien wird vom Landestheater Mecklenburg Neustrelitz sowie der Neubrandenburger Philharmonie mitgestaltet. Am Rande der Tribüne und Zeltbauten am ehemaligen Schlossareal gewährt ein Aussichtsturm den Überblick über den Schlosspark.

Tickets: Service Neustrelitz, Glambecker Str. 5, Tel. 03981 20 64 00; Aufstieg zum Aussichtsturm 1 €; www.festspiele-im-schlossgarten.de

Schlossgarten Neustrelitz

Vom Markt aus kommend, geht man zunächst auf die Orangerie zu, die 1755 als Wintergarten für exotische Pflanzen errichtet worden war. Großherzog Georg ließ sie 1842 von Friedrich Wilhelm Buttel zum Gartensalon mit Antikensammlung umbauen. Dafür wurden u. a. die Säle im Stil der pompejanischen Wandmalerei ausgemalt und die Nischen mit Abgüssen antiker Statuen sowie mit Nachbildungen klassizisti-

Anmutig symbolisiert die griechische Göttin Hebe ewige Jugend.

scher Skulpturen geschmückt. Heute dient das ehemalige Pflanzenhaus als Restaurant und Stätte für Kulturveranstaltungen.

Skulpturenschmuck

Die hübschen barocken Sandsteinplastiken (Kopien) nördlich der Orangerie, die antike Götter und Jahreszeiten verkörpern, bilden die sogenannte Götterallee. Von den sieben Figuren, die südlich der Orangerie als Pendant dazu aufgestellt waren, stehen heute nur noch vier. Die Hauptachse des einstigen Barockgartens, die ursprünglich auf das Schloss zuführte, schmücken Skulpturen und Prunkvasen. Die Figurengruppe Ildefonso ist die Nachbildung eines antiken Kunstwerks, gefertigt nach einer Kopie aus Schloss Charlottenhof in Potsdam. Das Ende der Hauptachse markiert der runde Hebe-Tempel (1840) von Friedrich Wilhelm Buttel. Im Innern steht eine Kopie der berühmten **Hebe-Statue** von Antonio Canova, das Original befindet sich in der Berliner Nationalgalerie.

Luisentempel

Im nordwestlichen Parkteil, der von schmalen Wegen durchzogen ist, baute der Berliner Architekt Seelig 1891/1892 auf dem künstlich angelegten Kaninchenberg ein Grabdenkmal für Königin **Luise von Preußen**, gebürtige Prinzessin zu Mecklenburg-Strelitz (▶Berühmte Persönlichkeiten S. 57). Der kleine Tempel mit antikisierender Säulenvorhalle unter einem Dreiecksgiebel birgt im Innern eine Nachbildung des Sarkophags und eine von Albert Wolff gefertigte Marmorkopie der Grabfigur, die Christian Daniel Rauch für die Verstorbene geschaffen hat.

Marstall, Theater Am Westrand des Parks standen schon in der barocken Gartenanlage ein Reitstall und ein Schauspielhaus. Ein dreiflügeliger Marstall ersetzt seit 1872 das barocke Gebäude, und an die Stelle des Comödienhauses trat das 1928 nach Plänen von Max Littmann erbaute Landestheater, das nach 1945 ausgebrannt war und 1954 als Friedrich-Wolf-Theater wiedereröffnet wurde.

Hirschportal, Schlosskirche Geht man zurück in Richtung Orangerie, liegt rechts das Hirschportal, der Eingang zum Tiergarten, der 1721 gegründet wurde. Neben dem Hirschportal steht die neogotische Schlosskirche (1859). Der Backsteinbau mit den zierlichen Türmen und einer aufwendigen Blendmaßwerkfassade im Stil englischer Gotik ist ein bedeutendes Werk Friedrich Wilhelm Buttels. Die **Plastikgalerie** in der restaurierten Schlosskirche gilt als renommiertes Forum für zeitgenössische figürliche Bildhauerkunst und präsentiert wechselnde Ausstellungen.

Plastikgalerie: Hertelstr. 2, Mai – Okt. Di. – So. 11.00 – 18.00 Uhr; Eintritt 3 €

Strelitzienfest, Hafenfest, Hafengalerie 20 000 € spendeten die Bürger der Stadt für ihr neues Stadtwahrzeichen, die 2008 eingeweihte 6 m hohe Strelitzien-Skulptur des Künstlers René Winter im Zentrum des Kreisverkehrs zum Hafen. Stadtmaskottchen »Strelitzius« und das jährliche Strelitzienfest (Ende Mai) erinnern an den englischen Naturforscher Jospeh Banks, der die südafrikanische Paradiesvogelblume 1773 zu Ehren von Queen Charlotte aus dem Hause Mecklenburg-Strelitz so benannte (strelitzia reginae). Zum Hafenfest im Juli werden Theater und Kinderprogramm geboten. Zu empfehlen sind die Ausstellungen in der Hafengalerie von Ilona Sann (Semmelweisstr. 18c; www.hafengalerie-neustrelitz.de).

UMGEBUNG VON NEUSTRELITZ

Zierker See, Kunstpfad Rund um den Zierker See, der sich westlich der Stadt ausbreitet, begegnet man Kunst – im Wald, am Wegesrand, auf Wiesen und an Seeufern. Alle Objekte sind in den 1990er-Jahren im Rahmen von Bildhauersymposien zum Thema »Natur und Kunst« entstanden. Das **Slawendorf** am Ostufer des Zierker Sees veranschaulicht Wohnen und Arbeiten in einem frühmittelalterlichen Dorf. Man kann auf Anfrage auch auf einem nachgebauten Slawenschiff in See stechen.

❶ Mitte April - Okt. Mo. – Fr. 10.00 – 17.00 Uhr, Sa., So. geschl; Eintritt 4 €; www.slawendorf-neustrelitz.de

*Neustrelitzer Kleinseenplatte

Zwischen der ►Müritz und der ►Feldberger Seenplatte erstreckt sich dieses bei Wassersportlern sehr beliebte Seengebiet. Im Süden reicht es bis Mirow und Rheinsberg. Rund 300 Seen sollen es sein, die – in bewaldete Hügelketten eingebettet – das Landschaftsbild prägen. Sie sind durch kleine Flüsse oder Kanäle miteinander verbunden und deshalb auch hervorragend für Wasserwanderungen geeignet. Wegen des kieshaltigen Untergrunds sind sie sehr sauber und fischreich. An vielen Stellen kann man noch den seltenen **Seeadler** beobachten, aber auch Fischadler, Schreiadler, Kraniche und Schwarzstörche haben hier ihren Lebensraum. In den geschützten Zonen gedeihen neben Beeren und Pilzen u. a. auch einige Orchideenarten wie die Waldhyazinthe und das Knabenkraut (www.kleinseenplatte.de).

WESENBERG

*Wasserwandern

Für Wasserwanderer, Angler, Radfahrer und andere Aktivurlauber ist Wesenberg ein idealer Ausgangspunkt, liegt es doch mitten in der herrlichen Seenlandschaft und an der Müritz-Havel-Wasserstraße. In der **Kanu-Mühle** werden ganzjährig Boote vermietet und geführte Touren angeboten, z. B. Mondscheintouren oder Familientouren. Beliebt ist auch das Herbst-/Winterspecial mit zweistündiger Fahrt über die stillen Seen und anschließendem Lagerfeuer. Unterkünfte stehen in den Ortsteilen Wustrow und Canow sowie in Strasen bereit; schwimmen und tauchen kann man im Großen Weißen See (Strandbad) westlich von Wesenberg.

Kanu-Mühle: Havelmühle 1, Tel. 039832 2 03 50;
www.kanu-muehle.de

Sehenswertes

Von der **Burg** am Seeufer, die im Dreißigjährigen Krieg weitgehend zerstört wurde, zeugen noch Reste des Bergfrieds und der Umfassungsmauern. Die Burg ist Sitz des Fremdenverkehrsbüros und der **Heimatstube**, die über Fischerei, Handwerk und Regionalgeschichte informiert. Das private Museum für Blechspielzeug- und mechanische Musikinstrumente in der **Villa Pusteblume** besitzt auch eine schöne Kollektion an Handpuppen. Am Ortsausgang Richtung Wustrow (B 198; am Radweg Berlin – Kopenhagen) versammelt der Findlingsgarten »Am Kreigenberg« unterschiedlichste Gesteinsarten. Es gibt eine Aussichtsplattform (Zugang frei).
Bereits um 1300 wurden der Feldsteinchor und der Turmunterbau der **Stadtkirche** – südwestlich vom Marktplatz auf etwas erhöht gelegenem Gelände – errichtet. Im 14. Jh. fügte man das Langhaus an. Chorgewölbe und die mit einem Staffelgiebel geschmückte südliche Vorhalle stammen aus spätgotischer Zeit. Die Ausstattung ist überwiegend barock.

Heimatstube: Mai – Sept. Mo. – Fr. 10.00 – 17.00, Sa. 10.00 – 16.00, So. 10.00 – 14.00 Uhr, Okt. – April Mo. – Fr. 10.00 – 16.00 Uhr; Eintritt 2 €
Villa Pusteblume: Burgweg 1, Ostern – Okt. Mo., Mi. – Fr. 10.00 – 16.00, Sa., So. 13.00 – 18.00 Uhr; Eintritt frei

MIROW

***Schloss** An der Stelle der 1227 gegründeten, später abgebrannten Johanniterkomturei baute Christoph Julius Löwe 1749 bis 1760 ein barockes Schloss. Das äußerlich schlichte Gebäude verfügt über eine **kostbare Innenausstattung**; besonders der Festsaal mit üppiger Stuckdekoration und die Wandvorlagen aus farbigem Marmor bezeugen dies. Erhalten geblieben sind auf der Schlossinsel das **Kavaliershaus**, die 1758 angelegten Küchengebäude und ein Renaissancetorhaus von 1588 mit kräftiger Putzquaderung (über der Durchfahrt prangt das mecklenburgische Wappen). Im als Drei-Königinnen-Palais bezeichneten Kavaliershaus mit Tourismusinformation und Café führt seit 2010 eine **historische Erlebnisausstellung** auf eine Zeitreise ins Herzogtum Mecklenburg-Strelitz und zu seinen drei großen Töchtern Sophie Charlotte, Luise und Friederike. Die Ausstellung ist multimedial, zeigt einmalige Adelsgewänder und verfügt über ein Guckloch, durch das man ins »Gewitterzimmer« blickt. Der Eintrittspreis berechtigt zur Teilnahme an einer Schatzsuche, dem auf der Schlossinsel versteckten »3-Königinnen-Schatz« (tgl. ab 10.00 Uhr). Eine Brücke führt auf die kleine, romantische »Liebesinsel«. Hier ist der letzte regierende Großherzog von Mecklenburg-Strelitz, Adolf Friedrich VI., beigesetzt, der im Februar 1918 Selbstmord begangen hatte. Die ab 1709 genutzte Fürstengruft befindet sich an der Nordseite der sanierten gotischen Johanniterkirche. Im Kirchturm mit **Aussichtsplattform** führt das **Johanniter-Museum** (1. Stock) auf die Spur des Ordens.

Kavaliershaus: Schlossinsel 2a, tgl. 10.00 – 18.00 Uhr; Eintritt 5 €; www.3koeniginnen.de
Aussichtsplattform: Ostern, jeden So. nach dem Gottesdienst ab 10.30 Uhr sowie Mai – Okt. tgl. 10.00 – 18.00 Uhr; www.johanniterkirche-mirow.de
Johanniter-Museum: Schlossinsel 1, Mai – Okt. tgl. 10.00 – 18.00 Uhr; Eintritt 2 €

Erbsland Bei Granzow liegt der Waldpark Erbsland, der sich bis zum Mirower See erstreckt. Das 7 ha große **Arboretum** wurde Ende des 19. Jh.s zu Forschungszwecken angelegt. Unter all den aus Übersee importierten Baumarten befinden sich über 40 m hohen Küstenmammutbäume, die in einer solchen Größe in diesen Breitengraden einzigartig sind. Übrigens: Das Erbsland verdankt seinen Namen schlicht und ergreifend der Tatsache, dass hier einst Erbsen angebaut wurden.

★ Parchim

H 9

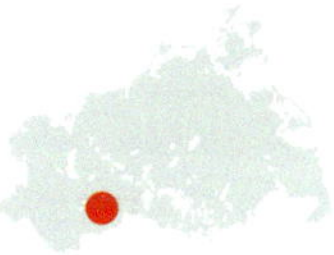

Landkreis: Ludwigslust-Parchim
Höhe: 49 m ü. d. M.
Einwohnerzahl: 18 400

Parchim liegt eingebettet in Wälder und Hügel und direkt an der Müritz-Elde-Wasserstraße. Besonders fotogen sind in diesem alten Tuchmacherzentrum die schmucken Giebelfronten der Häuser.

Stadtbild

Im Zentrum, vor allem um den Alten Markt und in der Langen Straße bzw. in der Lindenstraße, gibt es noch viele alte Fachwerkhäuser, die mit einer aufwendig gestalteten Giebelseite zur Straße blicken. Zu den schönsten zählt das 1612 erbaute und perfekt sanierte **Zinnhaus**, nun Kunst- und Kulturzentrum mit Restaurant, Galerie und »Zinnmuseum«. Haus Lindenstr. 38 hat ein schönes Mansardendach. Hier informiert das **Stadtmuseum** über Heimatliteratur und Geschichte. Die Eintrittskarte berechtigt auch zum Besuch der 1994 eröffneten Gedächtnisstätte für Generalfeldmarschall Graf Helmuth zu Moltke, Lange Str. 28. Bedeutend ist auch das **Landestheater** Parchim, Blutstr. 16 (www.mit-parchim.de).

Zinnmuseum: Lange Str. 24, Mo. – Fr. 11.00 – 18.00,
Sa., So. 14.00 – 17.00 Uhr; Eintritt frei
Stadtmuseum: Lindenstr. 38, Di. – Fr. 10.00 – 12.00, 14.00 – 16.00,
So. 14.00 – 16.00 Uhr; Eintritt 1 €

> ! BAEDEKER TIPP
>
> *Hoher Militär*
>
> Der preußische Generalfeldmarschall Helmuth Graf von Moltke kam am 26. Oktober 1800 in Parchim, in der Langen Straße 28, zur Welt. Eine Ausstellung im Hause erinnert an ihn (geöffnet wie das Stadtmuseum).

SEHENSWERTES IN PARCHIM UND UMGEBUNG

St. Georgenkirche

Nahe beim Alten Markt überragt die St. Georgenkirche die umstehenden Häuser. Die Hallenkirche wurde im 14. Jh. vollendet. Im 1897 neogotisch restaurierten Inneren blieben interessante Ausstattungsstücke erhalten, so z. B. der reliefverzierte Taufstein (um 1600). Im rechten Seitenschiff sind vom einstigen Hochaltar einzelne Tafeln sowie die 1421 entstandenen zwölf Apostelfiguren des Wismarer Meisters Henning Leptow zu sehen. Aus einer Lübecker Werkstatt stammt die herrliche Renaissancekanzel (um 1580) mit ihren Schnitzreliefs. Der Kirchturm (48 m) kann bestiegen werden.

Rathaus

Das Rathaus geht auf einen Backsteinbau aus dem 14. Jh. zurück, von dem der südwestliche Staffelgiebel erhalten geblieben ist. Zu Beginn des

Parchim erleben

AUSKUNFT

Stadtinformation Parchim
Blutstr. 5
19370 Parchim
Tel. 03871 71550
www.parchim.de

19. Jh.s wurde es von dem Ludwigsluster Hofbaumeister Johann Georg Barca im neogotischen Stil umgebaut.

Um die Mitte des 14. Jh.s war die zweite große Kirche in Parchim, die Pfarrkirche **St. Marien**, für die Neustadt fertiggestellt; der Anbau im Norden wurde 1420/1430 an die Hallenkirche angefügt. Ungewöhnlich spät treten am Außenbau romanische Schmuckformen wie Lisenen und Rundbogenfriese auf. Der spätgotische Schnitzaltar, vermutlich um 1500 in einer lübischen Werkstatt entstanden, sowie die reich verzierte Orgelempore (Anfang 17. Jh.) lohnen den Blick ins Innere. Als Teil des Programms »Offene Kirche« kann der Turm von St. Marien bestiegen werden.

❶ Juli/Aug. Mo. – Fr. 10.00 – 17.00, Sa. 13.00 – 15.00 Uhr, Führungen: Tel. 03871 727972.

Alt Damerow Alt Damerow liegt 12 km nordwestlich von Parchim (▶Ludwigslust, Umgebung). Der Pingel-Hof in Alt Damerow wurde über drei Jahrhunderte lang von der Familie Pingel bewirtschaftet, bevor man ihn im Jahr 1989 in ein kleines agrarhistorisches Museum umgewandelt hat. Wohnhaus, Stall und Scheune blieben erhalten und können besichtigt werden. Im alten Backofen wird noch Brot gebacken, und bei Kaffee und Kuchen kann man sich stärken.

❶ April – Okt. Di. – So. 10.00 – 18.00 Uhr, Eintritt 2 €; www.pingelhof-museum.de

***Lancken** Einen kleinen Umweg lohnt die Dorfkirche in Lancken, 10 km nordöstlich von Parchim, wegen des hier verwahrten gotischen Schnitzaltars (Anf. 16. Jh.), der vermutlich im Umkreis von Claus Berg geschaffen wurde.

Lübz Auf der B 191 nach ▶Plau folgt Lübz, wo seit 1877 Bier gebraut wird. Entstanden ist das Städtchen aus einer Grenzburg der Markgrafschaft Brandenburg. Von der Eldenburg, so der Name der Festung, blieb nur der Bergfried aus dem 14. Jh. erhalten, den heute das **Stadtmuseum** »Amtsturm« aufnimmt. Ungewöhnlich ist sowohl die Präsentation als auch die Bandbreite der Sammlung, die von stadtgeschichtlichen Exponaten bis zu Kuriositäten reicht. Lübz ist auch Station auf der Lehm- und Backsteinstraße.

Stadtmuseum: Am Markt 25, Mai – Sept. Mo. – Fr. 10.00 – 12.00, 13.00 – 17.00, Sa., So. 10.00 – 12.00, 13.00 – 16.00, Okt. – April Di. – Fr. 10.00 – 12.00, 13.00 – 16.00 Uhr; Eintritt 3 €; www.amt-eldenburg-luebz.de

Pasewalk

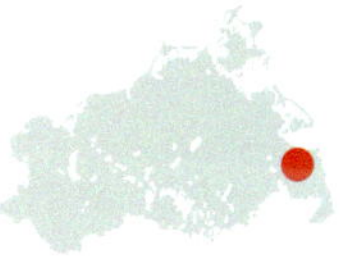

T/U 8

Landkreis: Vorpommern-Greifswald
Höhe: 12 m ü. d. M. **Einwohnerzahl:** 11 320

Pasewalk ist eine der ältesten Städte Vorpommerns, doch der historische Kern wurde im Krieg fast vollkommen zerstört. Wichtig ist die Stadt heute vor allem als Verkehrsknotenpunkt.

Die 1177 erstmals erwähnte Stadt liegt in der nördlichen Uckermark, inmitten eines waldarmen Agrargebietes. Uckermark heißt die Gegend aufgrund ihrer einstigen Lage zwischen den historischen Gebieten Pommern und Mecklenburg-Strelitz (Mark – Grenzgebiet). Wegen der strategisch günstigen Lage war Pasewalk ein ständiger Zankapfel zwischen Pommern und Brandenburg, bis es 1529 an Pommern fiel.

SEHENSWERTES IN PASEWALK

Nach dem Zweiten Weltkrieg war der Stadtkern zu 80 % zerstört. Vier Backsteintürme aus dem 15. Jh. und ein paar Abschnitte der Ringmauer aus Feldstein blieben von der **mittelalterlichen Stadtbefestigung** übrig: der schlanke »Kiek in de Mark«, der an seinem Zinnenkranz erkennbare Pulverturm sowie die beiden Tortürme, das Prenzlauer und das Mühlentor. Das **Hospital St. Spiritus** in der Ringstraße ist ein zweistöckiger Backsteinbau aus der Zeit um 1500. Die Geschichte der einstigen Garnisonsstadt Pasewalk, die Ur- und Frühgeschichte sowie eine Ausstellung des vorpommerschen Zeichners Paul Holz werden im **Städtischen Museum** in einem Nebengebäude des Prenzlauer Tors gezeigt. Der **KunstgARTen** »Stettiner Haff« (ganzjährig geöffnet; Eintritt frei) am nördlichen Stadtrand von Pasewalk zeigt in einer Parklandschaft Arbeiten internationaler Künstler, vor allem zum Thema Pflanze.

Städtisches Museum: Prenzlauer Str. 23a, Di. – Fr. 10.00 – 13.00, 14.00 – 16.00, Sa., So. 14.00 – 16.00 Uhr, Okt. – April So. geschl.; Eintritt 2 €

Pasewalk erleben

AUSKUNFT

Stadtinformation Pasewalk
Haußmannstr. 85, 17309 Pasewalk,
Tel. 03973 21 39 95
www.pasewalk.de

UMGEBUNG VON PASEWALK

Woldegk

Als Grenzfeste des Markgrafen von Brandenburg entstand Woldegk im 13. Jh.; die Stadt wurde im 13./14. Jh. mit einer Stadtmauer, die

Windmühle von Woldegk

auch heute noch zu bestaunen ist, befestigt. Attraktion sind fünf erhaltene Windmühlen (eine mit Café, eine mit Töpferei). Im Mühlenmuseum (zwei Mühlen) auf dem Mühlberg kann man sogar heiraten.

ⓘ April – Sept. tgl. 10.00 – 12.00, 13.00 – 16.00, März, Okt. Di. – Fr. 10.00 – 12.00, 13.00 – 16.00, Sa., So. 13.00 – 6.00 Uhr; Eintritt 3 €

In **Klein Luckow** 8 km westlich von Pasewalk erblickte Boxweltmeister Max Schmeling (1905 – 2005) das Licht der Welt. Seit der Wende unterstützten er und die Max-Schmeling-Stiftung Alten- und Jugendarbeit und die Sanierung der Dorfkirche. Die Bronzebüste vor dem Geburtshaus an der Dorfstraße – sie heißt seit November 2011 Max-Schmeling-Str. – schuf der Torgelower Falko Steimer 2006. In **Strasburg** lohnt der frühgotische Feldsteinbau der Marienkirche (1250) mit dem im 15. Jh. angefügten Backstein-Langhaus.

Löcknitz In dem kleinen Städtchen an der Randow östlich von Pasewalk stand auf den Fundamenten einer slawischen Burg eine pommersche Grenzfestung. Davon ist noch ein achteckiger Bergfried aus dem 14. Jh. erhalten geblieben. Der südlich von Löcknitz gelegene gleichnamige See ist Brutstätte für viele Vögel und deshalb Landschaftsschutzgebiet.

Menkin Die im Kern frühgotische Kirche von Menkin, 6 km südlich von Löcknitz, wurde im 17. Jh. im Übergangsstil von Renaissance zu Barock umgebaut. Sie diente als Kapelle für einen Gutshof der Familie von Winterfeld, die zu den größten Grundbesitzern in Vorpommern zählte, und besitzt daher eine recht reiche Ausstattung.

Penkun Penkun liegt 50 km südöstlich von Pasewalk. Auch hier wachte eine mittelalterliche Burg über das Grenzgebiet zwischen Pommern und Brandenburg. Um 1600 wurde sie zu einem Renaissanceschloss mit drei Flügeln und einem oktogonalen Treppenturm ausgebaut. Über der breiten Durchfahrt des Torhauses, das noch zu Zeiten der Burg errichtet worden war (15. Jh.), ließ der Bauherr sein Wappen mit der Jahreszahl 1614, wohl das Datum der Baufertigstellung, anbringen.

★ Plau am See

J 9

Landkreis: Ludwigslust-Parchim
Höhe: 70 m ü. d. M. **Einwohnerzahl:** 5650

Der hübsch gelegene Luftkurort mitten in der Mecklenburgischen Seenplatte zieht im Sommer zahlreiche Wasserwanderer, Urlauber und Ausflügler an. Schon zu DDR-Zeiten war der Plauer See wichtigstes Kapital des beliebten Ferienorts.

Lauschiger Luftkurort

Die slawischen Gründer von Plau wählten die Stelle, wo die Elde aus dem Plauer See austritt, als Standort für eine Siedlung, die 1235 die Stadtrechte erhielt. Im 19. Jh. war Plau, das verkehrsgünstig an der Bahnlinie Berlin–Rostock liegt, ein wichtiger Industriestandort, bevor es zu einem regionalen Fremdenverkehrszentrum wurde.

Plau am See erleben

AUSKUNFT

Plau-Touristinformation
Marktstr. 20
19395 Plau am See
Tel. 038735 4 56 78
www.plau-am-see.de

ESSEN

Restaurant Seeblick im Seehotel Plau am See €€
Hermann-Niemann-Str. 6
Tel. 038735 8 40
www.plau-kocht.de
Hier sitzt man gemütlich am Ufer des Plauer Sees und lässt sich den frischen Fisch aus dem nahen Gewässer schmecken. Auf der Karte findet man neben Fisch- und Wildgerichten auch Speisen der internationalen Küche.

ÜBERNACHTEN

Parkhotel Klüschenberg €€
Klüschenberg 14
Tel. 038735 4 92 10
www.klueschenberg.de, 68 Zimmer
Am Ortsrand von Plau gelegenes ruhiges Haus, das sich nun in moderner Ausstattung präsentiert. Eine gute (regionale) Küche sowie ein großes Angebot an Freizeitaktivitäten verwöhnen den Gast.

Seehotel Stuersche Hintermühle €
Seeufer 6, 17209 Bad Stuer
Tel. 039924 7 20
www.falk-seehotels.de
Romantisches Hotel mit Restaurant (bodenständige Küche, z. B. »Da haben wir den Salat«) und Terrasse am Südzipfel des Plauer Sees. Die Sauna ist für Gäste im Preis inbegriffen. Mit Radverleih (8 €/Tag); Haustiere willkommen (plus 6 €)

WASSERSPIELE

Wasserfahrzeuge müssen nicht aussehen wie Boote: Bei der Badewannenrallye ist alles zugelassen, was man im Wasser vorwärts bewegen kann. Je skurriler das Gefährt, desto größer die Gaudi. Das Spektakel auf der Elde gibt es jedes Jahr im Juli.

SEHENSWERTES IN PLAU UND UMGEBUNG

***Promenade** Von seiner schönsten Seite zeigt sich Plau an der Eldepromenade, wo man Hobbykapitänen zuschauen kann, die hier die Eldeschleuse passieren. Die **Hubbrücke**, die an dieser Stelle seit 1916 die Elde überspannt, gilt mittlerweile als schützenswertes technisches Denkmal.

Marktplatz Zweimal die Woche wird Markt gehalten auf dem von Kleinstadthäusern umgebenen Marktplatz. An seinem Dachreiter mit Uhr erkennt man das 1888/1889 erbaute Rathaus, dessen Fassade fast vollständig von Efeu zugewachsen ist. Typisch für die alte Bebauung von Plau sind die Fachwerkhäuser aus dem 18. und 19. Jahrhundert.

Evangelische Stadtkirche Die evangelische Stadtkirche (vor 1300 erbaut) sollte man vor allem wegen der drei geschnitzten Teile eines spätgotischen Flügelaltars (um 1500) aus Lübeck sowie der 1570 von dem Plauer Meister Wichtendal in Bronze gegossenen Taufe besichtigen.

Burgfried Plau lag an einem wichtigen **Handelsweg**, den eine Burg schützen sollte, die den Bewohnern aber jahrhundertelang vor allem Brandschatzungen und Belagerungen bescherte. Von der im 17. Jh. geschleiften Burg blieb der Backsteinturm mit 3 m dicken Mauern und Turmuhr von 1581. Auf dem Burghof zeigt das **Heimatmuseum** eine Technikausstellung über den Erfinder der Hochdruckdampfmaschine, Ernst Alban.

Heimatmuseum: Ostern – Okt. tgl. 10.00 – 17.00 Uhr; Eintritt je 1 €

***Müritz-Elde-Wasserstraße** Der rund 180 km lange Wasserweg verbindet die Müritz mit der Unterelbe – etliche »Paddelkilometer« durch unberührte Natur und vorbei an hübschen Kleinstädten. An vielen Stellen gibt es Bootsanlegeplätze, die man für einen Landgang nutzen kann.

***Plauer See** Mit einer Fläche von 39 km² ist der Plauer See das drittgrößte mecklenburgische Gewässer. Der lang gezogene, durchschnittlich 8 m tiefe See eignet sich zum Schwimmen, Angeln, Paddeln, Rudern oder Segeln hervorragend. Badeplätze gibt es sowohl in Plau selbst als auch an anderen Stellen rund um den See wie in dem hübschen Plauer Ortsteil mit dem bezeichnenden Namen Seelust. Mit dem Fahrgastschiff kann man beispielsweise nach Malchow oder Waren/Müritz übersetzen.

Bad Stuer Der Ort an der Südspitze des Plauer Sees war von 1848 bis zur Jahrhundertwende eine bekannte **Wasserheilanstalt**. Einer der prominentesten Kurgäste war der Heimatdichter Fritz Reuter, der in seinem Buch »Ut mine Stromtid« das Badeleben humorvoll auf die Schippe nahm.

Bootfahren an der Südspitze des Plauer Sees bei Bad Stuer

Lehm- und Backsteinstraße

An die einst 450 Ziegeleien in Mecklenburg erinnert diese Themenstraße u. a. mit dem **Lehmmuseum** Gnevsdorf; Dazu gehört auch die Filzmanufaktur im Reetdachhaus **»Ülepüle«** (niederdeutsch für Schmetterling) in Retzow sowie der größte Kräutergarten Mecklenburgs, der **Wangeliner Garten**. Das Ziegelbrennen zeigt die alte **Ziegelei in Benzin** mit historischem Ringofen und Parkeisenbahn.

Lehmmuseum: Steinstr. 64a, Mai – Sept. tgl. 10.00 – 18.00 Uhr: Eintritt 3 €; http://lernpunktlehm.de/wp_gw

Ülepüle: Mai – Sept. Di. – Fr. 10.00 – 16.00, Sa. 13.00 – 17.00 Uhr; www.claudia-stark.de

Wangeliner Garten: Nachtkoppelweg Ganzlin, Mai – Sept. tgl. 10.00 – 18.00, April, Okt. Mo. – Fr. 10.00 – 16.00 Uhr; auch Konzerte, Kino

Ziegelei in Benzin: Ziegeleiweg 8, Mai – Okt. Mo. – Fr. 10.00 – 17.00, Sa., So. 12.00 – 17.00, Nov. – April. Mo. – Fr. 10.00 – 15.00 Uhr; Eintritt 3 €; www.ziegelei-benzin.de

Reuterstadt Stavenhagen

N 7

Landkreis:
Mecklenburgische Seenplatte
Höhe: 30 m ü. d. M. **Einwohnerzahl:** 5850

Das geruhsame Städtchen am Rande der Mecklenburgischen Seenplatte wird hauptsächlich eines Bürgers wegen besucht, dem man hier auf Schritt und Tritt begegnen kann: dem beliebten Nationaldichter Fritz Reuter.

Doppelname seit 1949

Die Siedlung, im 13. Jh. im Schutz einer Burg entstanden, wurde nach Ritter Reimbern von Stove benannt und hieß jahrhundertelang einfach Stavenhagen. Der in Mecklenburg-Vorpommern häufig anzutreffende Zusatz »hagen« bedeutet »gerodeter Wald«. Seinen Doppelnamen verdankt das Städtchen Fritz Reuter (▶ Baedeker Wissen S. 254), der 1810 hier geboren wurde. Seit dem 11. Juli 1949, seinem 75. Todestag, ist »Reuterstadt« offizieller Namensbestandteil des Ortes. An vielen Gebäuden erinnern Gedenktafeln an die Bewohner, die Reuter zu Protagonisten seiner humorvollen, feinfühligen Romane machte. Ein Naturdenkmal findet sich am Ortsausgang Richtung Neubrandenburg. Dort erhebt sich auf einer Anhöhe die Reutereiche, die Fritz Reuter 1859 zum Andenken an seine Eltern pflanzte.

SEHENSWERTES IN REUTERSTADT STAVENHAGEN

***Fritz-Reuter-Literaturmuseum**

Im 1788 erbauten alten Rathaus am Markt, dem Geburtshaus Fritz Reuters, fand die beachtliche Sammlung des Literaturmuseums ihren adäquaten Ausstellungsrahmen. Die Exponate dokumentieren anschaulich Leben und Werk des Schriftstellers. Das auf 13 Räume verteilte Museum besitzt heute nicht nur eine umfangreiche Sammlung von Manuskripten und handschriftlichen Aufzeichnungen des Dichters, sondern auch andere Zeitdokumente und eine Bibliothek niederdeutscher Literatur mit rund 15 000 Bänden. Das Geburtszimmer Reuters, das mit zeitgenössischem Mobiliar eingerichtet ist, vermittelt einen Eindruck von der Wohnkultur in seinem Elternhaus.

ⓘ Mo. – Fr. 9.00 – 17.00, Sa., So. und Feiertage 10.00 – 17.00 Uhr;
Eintritt 4 €; http://fritz-reuter-literaturmuseum.de

In nachdenklicher Pose, auf einem Lehnstuhl sitzend und ein Buch auf dem Schoß – so verewigte der aus dem benachbarten Plau am See stammende Bildhauer Wilhelm Wandschneider 1911 Fritz Reuter

Reuterstadt Stavenhagen erleben

AUSKUNFT

Touristinformation
Markt 1, 17153 Stavenhagen
Tel. 039954 27 98 35
www.stavenhagen.de

ÜBERNACHTEN

Schloss Kittendorf €€€
Tel. 039955 5 00
www.schloss-kittendorf.de, 25 Zimmer
Romantisches, liebevoll restauriertes Hotel mit dem Café Jardin (tgl. ab 14.00 Uhr) und dem Restaurant Lenné (tgl. ab 18.00 Uhr) in einem Schloss im Stil der Tudorgotik. Verkehrsgünstig an der B 194 zwischen Waren und Stavenhagen gelegen, präsentiert es sich dennoch ruhig und idyllisch. Den Landschaftspark hat der berühmte Gartenbauarchitekt Peter Joseph Lenné entworfen.

mit seinem **Bronzedenkmal** vor dem Rathaus. Bekannte Szenen aus Reuters Werken finden sich als Reliefs an der Lehne der monumentalen Sitzbank.

UMGEBUNG VON REUTERSTADT STAVENHAGEN

Ivenack

Am Ufer des Ivenacker Sees ca. 5 km nordöstlich von Reuterstadt Stavenhagen stand im Mittelalter ein Zisterzienserinnenkloster, das der Gründer von Stavenhagen, Reimbern von Stove, im Jahr 1252 gestiftet hatte. Die heutige Dorfkirche (13. Jh.), die nach ihrer Zerstörung im Dreißigjährigen Krieg um 1700 wieder aufgebaut wurde, war das Gotteshaus der Zisterzienserinnen. Anstelle dieses Klosters wurde Ende des 16. Jh.s ein Schloss errichtet und im 18. und 19. Jh. umgebaut. Zu dem einst ausgesprochen stattlichen Adelssitz gehören auch der halbkreisförmige Marstall und die Orangerie, beide aus dem 18. Jh., sowie das entzückende Teehaus am See.
Die schönste und größte der ***Ivenacker Eichen** ist 35 m hoch und hat einen Umfang von 11 m! Mit rund 1000 Jahren sind diese Exemplare **die ältesten Eichen Deutschlands**. Sie stehen auf der westlichen Seeseite von Ivenack in einem weitläufigen Park mit einem Damwildgehege. Leider nagt der Zahn der Zeit kräftig an den ehrwürdigen Bäumen, die täglich von einer großen Besucherzahl bestaunt werden. Doch bewusst werden die Eichen keinen baumchirurgischen Schönheitsoperationen unterzogen und so gehen auch sie den Weg alles Irdischen: Von den einst elf stehen heute nur noch sechs Eichen.

Kittendorf

Einen wuchtigen Westturm aus dem 15. Jh. besitzt die kleine, sehenswerte Dorfkirche in Kittendorf, 10 km südlich von Reuterstadt Stavenhagen (Schlüssel im Pfarrhof). Ein Blick ins Innere empfiehlt sich wegen der reichen Renaissanceausstattung. Im Turm hängt eine der

Der Volksdichter

Fritz Reuter war der meistgelesene Schriftsteller seiner Zeit. Ein Grund für seine Beliebtheit war vermutlich die Tatsache, dass er dem Volk im wahrsten Sinne des Wortes »aufs Maul« geschaut hat: Reuter schrieb in Nieder- oder Plattdeutsch, seiner heimatlichen Sprache. Seine derb-humorvollen Stücke werden auch heute noch auf den Volksbühnen des Landes gespielt.

Als Sohn des Bürgermeisters erblickte Fritz Reuter 1810 in **Stavenhagen** das Licht der Welt. Der junge Fritz studierte in Rostock und Jena, übte Kritik an der Obrigkeit und trat der Studentenbewegung bei. Als Mitglied der Jenaer Burschenschaft verhaftete man ihn 1833 und verurteilte ihn wegen **Hochverrats und Majestätsbeleidigung** zum Tod. Die Begnadigung verwandelte das Urteil in 30 Jahre Haft, von denen er sieben absitzen musste, einen Teil davon auf der Festung Dömitz an der Elbe. Die **Rückkehr ins bürgerliche Leben** fiel schwer, die harten Haftbedingungen hatten ihn mürbe gemacht, körperlich und seelisch. Nach seiner Freilassung arbeitete Reuter mehrere Jahre auf mecklenburgischen und vorpommerschen Gutshöfen als »Strom«, d. h. als Landarbeiter, und erfuhr so am eigenen Leib die sozialen Missstände in seiner Heimat. Im pommerschen **Treptow** erhielt er schließlich eine Stelle als Privatlehrer und die Möglichkeit, sich dem Schreiben zuzuwenden. 1856 ließ er sich für einige Zeit in Neubrandenburg nieder und widmete sich von da an ganz der Schriftstellerei.

Späte Karriere

Ermutigt durch den Erfolg seiner Gedichte, die unter dem Titel **»Läuschen un Rimels«** (Erlauschtes und Gereimtes) erschienen, schrieb Fritz Reuter sein erstes plattdeutsches Prosawerk, »Ut de Fronzosentid«, dem der Roman »Ut mine Festungstid« folgte. Den Abschluss dieser Trilogie bildete »Ut mine Stromtid«, in dem sich seine Erfahrungen als Landarbeiter widerspiegeln. Lebendig und mit viel Witz, aber auch mit kritischen Untertönen schildert Reuter das bäuerliche und kleinstädtische Leben. Als der mecklenburgische Dichter 1874 in Eisenach starb, war er der bekannteste Vertreter der neuplattdeutschen Literatur und das, was man heute einen **Bestsellerautor** nennen würde.

Fritz Reuter vor dem Rathaus in Reuterstadt Stavenhagen

ältesten Glocken Mecklenburgs – sie wurde 1288 gegossen. Das benachbarte Schloss von 1853, mittlerweile in ein Luxus-Hotel umgebaut (► S. 225), entwarf der Berliner Architekt Friedrich Hitzig, ein Schinkel-Schüler. Das von einem Park umgebene Anwesen zitiert mit seinen Terrassen, Zinnen und Türmchen die englische **Tudorgotik**.

Ribnitz-Damgarten

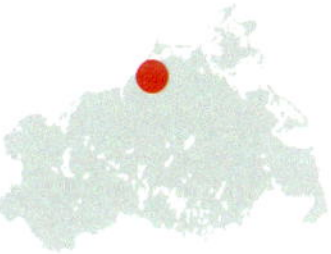

K 4

Landkreis: Vorpommern-Rügen
Höhe: 5 m ü. d. M. **Einwohnerzahl:** 16 000

Ribnitz-Damgarten liegt an der Mündung der Recknitz in den Saaler Bodden und am südwestlichen Zugang zur Halbinselkette Fischland-Darß-Zingst. Von hier aus riecht man schon das Meer, dessen Bernsteine die Stadt berühmt gemacht haben.

Stadt der Segelschiffe

Jahrhundertelang waren das mecklenburgische Ribnitz und das vorpommersche Damgarten zwar benachbarte, aber durch das Flüsschen Recknitz getrennte Gemeinden, bis sie sich im Jahr 1950 zur Doppelstadt Ribnitz-Damgarten zusammenschlossen. Wirtschaftlich bedeutend wurden die beiden Städte erst im 19. Jh. durch die Segelschifffahrt. In den Werften von Ribnitz und Damgarten baute man hauptsächlich Briggschiffe, aber auch Barken und Schoner.

SEHENSWERTES IN RIBNITZ-DAMGARTEN

Den großzügigen **Marktplatz** beherrscht die Stadtkirche **St. Marien** mit ihrem überproportional großen Westturm. Sie wurde im 13. Jh. als dreischiffige Backsteinhalle errichtet. Den polygonalen Chor und den Westturm erhielt sie nach einem Brand 1455. Ihr heutiges Aussehen ist wesentlich geprägt von den durchgreifenden Veränderungen nach dem letzten Brand 1759.

Der Kirche gegenüber steht das spätklassizistische Rathaus (1834) mit Dreiecksgiebel, für das Johann Georg Barca, Buschs Nachfolger als Hofbaumeister, die Entwürfe lieferte.

Ribnitz-Damgarten erleben

AUSKUNFT

Stadtinformation
Am Markt 14
18311 Ribnitz-Damgarten
Tel. 03821 22 01
www.ribnitz-damgarten.de

Touristeninformation Graal-Müritz
Rostocker Straße 3
18181 Ostseeheilbad Graal-Müritz
Tel. 038206 70 30
www.graal-mueritz.de

Wer findet den größten Bernsteinbrocken?

Rostocker Tor, Fachwerkhäuser

Als einziges **Relikt der mittelalterlichen Stadtbefestigung** begrüßt heute das Rostocker Tor den Ankommenden. Den im 15. Jh. errichteten Torturm bekrönt ein achteckiger Aufsatz mit Zeltdach. In allen Geschossen fällt die schöne Blendgliederung auf. Sehenswert im Stadtteil Damgarten sind zahlreiche gut erhaltene alte Fachwerkhäuser aus dem 18. Jh. sowie die im 13. Jh. erbaute Stadtkirche.

***Klosterkirche**

Wegen ihrer **kostbaren Ausstattung** ist die Kirche des ehemaligen Klarissinnenklosters einen Besuch wert. An Stelle seiner fürstlichen Burganlage hatte Heinrich II. von Mecklenburg 1323/1324 ein Nonnenkloster gegründet, mit dem Bau der Klosterkirche wurde um 1325 begonnen. Die wertvollen Kunstwerke in der Kirche stammen zum Großteil aus dem Mittelalter, so die Tafelbilder und die sogenannten »Ribnitzer Madonnen«, Teile aus Altären oder einzelne Andachtsfiguren aus der Zeit zwischen 1330 und 1520. In der Werkstatt des Niederländers Philipp Brandin entstand 1590 das Renaissancegrabmal für die letzte Äbtissin, Ursula von Mecklenburg. Seit Mitte 2009 wird die Geschichte des Klosters in einer eigenen Ausstellung gezeigt.

ⓘ März – Okt. tgl. 9.30 – 18.00, Nov. – Feb. Di. – So. 9.30 – 17.00 Uhr;
Eintritt Kloster/Ausstellung 5 €, mit Bernsteinmuseum 8,50 €;
Führungen plus 2 €; www.kloster-ribnitz.de

***Bernsteinmuseum**

Im ehemaligen Dominahaus des Klarissinnenklosters ist das Deutsche Bernsteinmuseum untergebracht. Der nahe gelegene Darß galt schon vor Jahrhunderten als eine der wichtigsten Fundstellen für den Baltischen Bernstein. Anschaulich präsentiert wird in der Ausstellung die Naturgeschichte des »Goldes des Meeres« (► Baedeker Wissen S. 258). Zu den spektakulärsten Fundstücken zählen die sogenannten Inklusen, Bernsteinstücke, in die Insekten oder Pflanzen eingeschlossen und über Millionen von Jahren konserviert wurden. Gezeigt wird auch der Einschluss einer **Eidechse im Bernstein**. Das Museum stellt auch herrliche Kunsthandwerksarbeiten aus, etwa aus dem Barock: Aus Bernstein geschnitzte oder gedrehte Kleinplastiken, die nicht selten mit Gold oder Elfenbein zu Pretiosen hochstilisiert wurden, entsprachen dem Geschmack der adeligen Auftraggeber. Die Palette der gezeigten Stücke reicht von Dosen, Schmuckkästchen und Terrinen bis zu Kerzenleuchtern, Schachfiguren und Spieluhren. Außerdem wird die Bernsteinverarbeitung vorgeführt und es gibt auch eine Verkaufsausstellung und ein Café.

ⓘ Öffnungszeiten wie das Kloster; Eintritt 8,50 €; www.deutsches-bernsteinmuseum.de).

***Bernstein-Schaumanufaktur**

Im Gewerbegebiet von Damgarten direkt an der B 105 ragt eine gelbblaue Pyramide in die Höhe: die Bernstein-Schaumanufaktur. Besucher können bei Führungen zuschauen, wie Bernstein bearbeitet wird und selber Hand anlegen oder Bernsteinschmuck kaufen.

ⓘ An der Mühle 30, Mo. – Fr. 9.30 – 18.00, Sa. bis 16.00 Uhr; Eintritt: 3 € inkl. 2 € Einkaufsguthaben; www.ostseeschmuck.de

Im Ortsteil **Pütnitz** wird in und um drei Flugzeughallen des ehemaligen Flugplatzes, der bis 1945 als Seefliegerschule und danach der Sowjetarmee diente, historische Fahrzeug- und Flugtechnik gezeigt.

ⓘ Marlower Str. 17a, Mitte April – Juni, Okt. Mi. – So. 10.00 – 16.00, Juli – Sept. tgl. 10.00 – 18.00 Uhr; Eintritt 5 €; www.technikverein-puetnitz.de

? BAEDEKER WISSEN

Bernstein »made in DDR«

Bernstein wurde vor der Wende in großen Mengen aus dem Bitterfelder Braunkohletagebau gewonnen. Seit dort nicht mehr abgebaut wird, greifen Ribnitzer Schmuckproduzenten auf die Vorkommen in Kaliningrad (Königsberg) zurück, denn das »Gold des Meeres«, das am Strand angespült wird, würde nicht ausreichen, um die Nachfrage zu decken.

VON RIBNITZ-DAMGARTEN IN DIE ROSTOCKER HEIDE

Großes Moor

In Neuheide bei Klein Müritz, am Südrand des Ribnitzer Großen Moores (Naturschutzgebiet) bzw. auf dem Weg nach Graal-Müritz, kann man sich im Bestimmen von Pilzen üben: Rund 250 Arten zeigt das Museum **Naturschatzkammer & Paradiesgarten**. Wer sich außerdem noch für präparierte Tiere begeistern kann, ist hier richtig, denn das ist die Leidenschaft des Besitzers, der über seinen nicht ganz alltäglichen Beruf auch gerne Auskunft gibt.
Am Ribnitzer Landweg 3 präsentiert das Infozentrum »Wald & Moor« die Naturentwicklung vom Toteisloch zum Hochmoor. Hier

Das Gold des Meeres

Bernstein ist, obwohl er so heißt, im eigentlichen Sinn kein »Stein«, auch kein Mineral, sondern ein fossiles Baumharz, das vor vielen Millionen Jahren von Nadelbäumen abgesondert wurde. Bäche und Flüsse haben das Harz ins Meer geschwemmt, – und von dort wird es an die Strände der Ostsee gespült.

Bernstein mit Einschluss

Nach einem winterlichen Sturm sind die Chancen am besten, bei einer Strandwanderung ein Bernsteinstück zu finden. Die unregelmäßig geformten, oft nierenförmigen Schmucksteine sind auf den ersten Blick unscheinbar, da sie zumeist von einer sandig-erdigen Verwitterungskruste überzogen sind. Die typische **gelbliche bis bräunliche Färbung** zeigen sie erst, wenn man sie poliert und bearbeitet. Manchmal kommen auch **Inklusen** (Einschlüsse) zum Vorschein: kleine Luftbläschen, Sandkörner oder auch Reste von Pflanzen und Tieren aus der Tertiärzeit, die bei der Verfestigung des Harzes eingeschlossen und konserviert wurden. Heute wird Bernstein überwiegend im **Tagebau** gewonnen, wobei große Vorkommen im Baltikum und Ostpreußen liegen. Bernstein besteht hauptsächlich aus Kohlenstoff, aus Wasserstoff und aus Sauerstoff.

Leicht brennbar

Von ähnlichen Harzen unterscheidet er sich vor allem durch seine Säure. Außerdem ist er relativ leicht, **schwimmt auf Salzwasser** und verbrennt schnell und mit einem hoch aromatischen Geruch. Diese Eigenschaft hat dem fossilen Harz auch zu seinem **Namen** verholfen: »Bern« kommt von Niederdeutsch **»börnen«**, was so viel wie »brennen« bedeutet. Von Imitaten lässt sich der Naturbernstein u. a. durch einen simplen **Test** unterscheiden: Reibt man ihn mit einem Wolltuch oder Fell, so lädt er sich elektrisch auf und zieht z. B. kleine

Papierschnipsel an. Die verhältnismäßig **einfache Bearbeitung** und die sehr unterschiedliche Färbung machten den Bernstein seit Menschengedenken zu einem beliebten Material.

Beliebter Schmuck

Bereits in der Bronzezeit verarbeitete man ihn zu Halsbändern, Ohranhängern oder Ringen, später wurden sogar Möbel- und Wandverkleidungen aus Bernstein hergestellt. Berühmtestes Beispiel: Das **Bernsteinzimmer**, ein Geschenk des preußischen Königs Friedrich Wilhelm I. an den russischen Zaren Peter den Großen. Seit dem Zweiten Weltkrieg ist das einzigartige Juwel verschwunden, die **Nationalsozialisten** hatten es nach Königsberg verschleppt, doch dort verliert sich seine Spur. Ist es beim Untergang des Königsberger Schlosses verbrannt? Oder an einem unbekannten Ort versteckt? Der Mythos Bernsteinzimmer rief Schatzsucher aus aller Herren Länder und sogar die Stasi auf den Plan. Russische Experten stellten von 1979 bis 2003 eine **Rekonstruktion** her, die an ihrem Originalplatz in St. Petersburg aufgebaut wurde. In Ribnitz-Damgarten gibt es ein **Museum** zum Thema Bernstein, und wer seine Liebe zum »Gold des Nordens« entdeckt hat, kann hier oder in der Schaumanufaktur (An der Mühle 30) recht preisgünstig schönen Bernsteinschmuck kaufen.

Aus einem Klumpen Harz wird Schmuck: Bernsteinbearbeitung in Ribnitz-Damgarten

beginnt der **Naturlehrpfad** durchs Große Ribnitzer Moor, ein Rückzugsgebiet für seltene Tiere.

Paradiesgarten: Ribnitzer Landweg 2, tgl. 9.00 – 17.00 Uhr; Eintritt 6 €; www.pilz-naturerlebnismuseum.m-vp.de

Naturlehrpfad: Mai – Okt. Mi. – So. 10.00 – 17.00 Uhr; Eintritt 2 €; Geführte Wanderungen April – Okt. Mo. – Fr. nach n. V.; Tel. 03820 61 44 44.

Ostseeheilbad Graal-Müritz

Umgeben von Mischwäldern mit hohen alten Bäumen liegt das aus zwei Orten zusammengewachsene Ostseeheilbad. Die ersten Badegäste kamen schon zu Beginn des 19. Jh.s hierher und um 1900 war Graal-Müritz bereits ein Kurort mit schönen Hotels und Pensionen. Heute gibt es im Ostseeheilbad, das für sein vorzügliches Heilklima bekannt ist, einige Reha-Kliniken und ein großes Angebot an Unterkünften. Breit und sehr gepflegt ist der Strand von Graal-Müritz, seit 1992 gibt es auch eine Seebrücke. Im Mai und Juni ist der Rhododendronpark die Hauptattraktion. Badefreunde treffen sich in der Wasserwelt des Aquadroms. Angeschlossen an das Erlebnisbad sind diverse Saunen, Hamam und Rhassoul, ein türkisches Dampfbad.

❶ Buchenkampweg 9, 9.30 – 21.30 Uhr; Eintritt 6,80 €; www.aquadrom.net

****Freilichtmuseum Klockenhagen**

Nicht nur für Stadtkinder interessant ist das Freilichtmuseum 5 km westlich von Ribnitz-Damgarten. Ausgangspunkt der Museumsanlage war ein Gehöft mit Wohnhaus, Scheune und Ziehbrunnen. Das Wohnhaus, ein typisch niederdeutsches Hallenhaus eines Mecklenburger Bauern zwischen 1600 und 1900, bewohnte zuletzt Bauer Heinrich Peters, dessen Wohnzimmer komplett erhalten ist. Die anderen Objekte auf dem Museumsgelände wurden aus ganz Mecklenburg zusammengetragen: zwei weitere Hallenhäuser, eine Fachwerkdorfkirche mit frei stehendem Glockenstuhl, das Backhaus, das aus Sievershagen bei Bad Doberan hierher versetzt wurde, ein Spritzenhaus, eine Windmühle sowie zwei Scheunen. Auf vielen mecklenburgischen Bauernhöfen stand neben dem großen Hallenhaus ein zweites kleineres, der sogenannte Katen, den vor allem die ärmere Bevölkerung, meist Landarbeiter oder Fischer, bewohnte. Von den Katen in Klockenhagen ist einer in der Breite geteilt: Der Volksmund nannte diese Variante des zweiteiligen Hallenhauses deshalb Tweipott. Im liebevoll angelegten Bauerngarten kann man sehen, welche Kräuter und Blumen früher angepflanzt wurden. Vervollständigt wird die ländliche Idylle durch Schafe, Pommernenten, Gänse und andere typische Haustiere, die sich frei auf dem Gelände bewegen dürfen. Hausmannskost gibt es in der Gaststätte »Up dei Däl« im Bauernhaus aus Strassen. Bei den alljährlichen Museumsfesten – Ostern, Pfingsten sowie beim Tonnenabschlagen – werden Folkloretänze aufgeführt und alte Handwerkstechniken vorgeführt. Jeden zweiten Samstag im Monat wird der Holzbackofen angefeuert und Brot gebacken wie zu Großmutters Zeiten. Neu ab 2012 sind das Restaurant im Haus Strassen, drei neue Kinderspielplätze, die Stellmacherei und Themenmonate.

❶ April, Mai, Okt. tgl. 10.00 – 17.00, Juni – Sept. tgl. 10.00 – 18.00 Uhr; Eintritt 6 €, mit Kurkarte 5 €; www.freilichtmuseum-klockenhagen.de

Westlich von Ribnitz-Damgarten und nordöstlich von ▸ Rostock erstreckt sich bis zur Halbinsel Fischland die **Rostocker Heide**, ein etwa 6000 ha großes Gebiet mit Torfstichen, Mooren, Wäldern und landwirtschaftlichen Nutzflächen. In den Wäldern dominieren Buchen, Kiefern und Eichen, wobei Letztere bis zu 300 Jahre alt sind. Außergewöhnlich sind die Eiben, die hier teilweise ein **Alter von 1500 Jahren** erreicht haben. Ein idealer Ausgangspunkt für Wanderungen ist der Ort **Wiethagen** am Südrand der Rostocker Heide (B 105 Richtung Rostock, Abfahrt Rövershagen). Hier kann man im **Köhlerhof** zwei Teeröfen, Scheune, Wohnkaten, Modellpark, Märchenwald und Skulpturenpfad besichtigen.
Zwischen Rövershagen und Ribnitz-Damgarten, in Gelbensande, ist das romantische **Jagdschloss** eine Stippvisite wert. Gotthilf Ludwig Möckel baute es 1887. Die Gesellschaftsräume kann man besichtigen, außerdem sind einige originale technische Details noch gut erhalten, z. B. die Warmluftheizanlage.

Köhlerhof: April – Sept. Di. – Fr. 9.00 – 17.00, Sa., So. 10.00 – 17.00, Okt. – Mitte Dez. Di. – Fr., So. 10.00 – 16.00 Uhr; Eintritt 3 €; www.koehlerhof-wiethagen.de
Jagdschloss: tgl. 11.00 – 17.00 Uhr; Eintritt 4 €; www.jagdschloss-gelbensande.de

Freilichtmuseum Klockenhagen

ÖSTLICH UND SÜDLICH VON RIBNITZ-DAMGARTEN

Hessenburg/ Saal Im September 2011 öffnete im denkmalgeschützten Gutshof Hessenburg östlich von Ribnitz-Damgarten eine spektakuläre Präsentation zeitgenössischer Kunst zum Thema »Kranich«. Der Gutshof wurde eigens für dieses Projekt ausgewählt, restauriert und ausgebaut. Dauerhaft sind 16 Installationen in zwölf Räumen des **Kranichmuseums** zu sehen.

● Dorfplatz 2, Fr. – So. 11.00 – 17.00 Uhr; Eintritt 3 €; www.kranichmuseum.de

Marlow Hauptattraktion von Marlow, 13 km südöstlich von Ribnitz-Damgarten gelegen, ist der **Vogelpark** an der Flussniederung der Recknitz. Hier kann man tropische und heimische Vogelarten bewundern und ihnen beim Schaufüttern und der Tiershow »Begegnung mit Tieren« ganz nah kommen. Auf einem speziellen Gelände führen die großen Greifvögel ihre Flugkünste vor. Spielplatz und Streichelgehege vervollständigen das Ensemble.

● Mitte März – Okt. tgl. 9.00 – 19.00, Nov. – Mitte März. tgl. 10.00 – 16.00 Uhr, »Begegnung mit Tieren« Mitte März – Okt. tgl. 13.30, Juli, Aug. auch 17.00 Uhr, Flugshow Mitte März – Okt. tgl. 11.00 u. 15.00, Nov. – Mitte März. tgl. 13.30 Uhr; Eintritt 10 €; www.vogelpark-marlow.de

Semlow Die Dorfkirche im 7 km nordöstlich von Marlow gelegenen Semlow wurde 1861 von Carl Julius Milde ausgemalt, der wahrscheinlich auch die Brüstungsfelder der Empore mit den Bildnissen pommerscher Missionare und Reformatoren versah. Kunsthistorisch bedeutsamer sind die älteren Ausstattungsstücke, insbesondere die Taufe (1576), die Renaissancekanzel (1590) sowie der 1723 von Elias Keßler geschaffene Altaraufbau. Die Wandgräber der Familie von Behr aus der Zeit um 1600 werden dem Güstrower Bildhauer Claus Midow zugeschrieben.

Bad Sülze In Bad Sülze, 9,5 km südlich von Marlow, waren bereits im Jahr 1229 Solequellen bekannt. Ab 1744 bestimmten die mecklenburgischen Herzöge über die Salzquellen. 1774 wurde ein Gradierwerk, das bis 1944 bestand, gebaut. Zum Kurort wurde Bad Sülze durch die Initiative des herzoglichen Leibarztes Samuel Gottlob Vogel, der hier 1822 das erste Solbad einrichtete. Das zweigeschossige klassizistische Kurhaus entstand 1824 nach Plänen von Carl Theodor Severin, der für den Großherzog bereits in ►Bad Doberan aktiv war. Das ehemalige Salzamt beherbergt das Salzmuseum.

● Mai – Okt. Di. – Fr. 10.00 – 12.00, 14.00 – 16.30, Sa., So. 14.00 – 16.00, Nov – April Di. – Fr. 10.00 – 12.00, 14.00 – 16.00, So. 14.00 – 16.00 Uhr, Eintritt 3 €; www.stadtbadsuelze.de

** Rostock

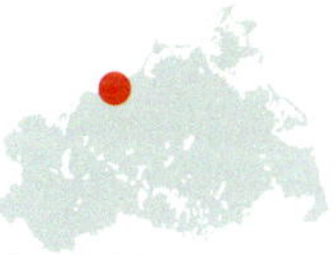

15

Kreisfreie Stadt
Höhe: 13 m ü. d. M. **Einwohnerzahl:** 202 735

Rostock ist eine der bedeutendsten Hafenstädte an der deutschen Ostseeküste. Riesige Frachtschiffe laufen in den Überseehafen ein. Jenseits der gigantischen Docks und Werften weht Großstadtluft: Fußgängerzonen und Einkaufspassagen im Zentrum, Restaurants und zahlreiche kulturelle Einrichtungen lohnen den Besuch der einstigen Hansestadt. Bekanntester Bürger ist der 1940 in Rostock geborene Bundespräsident Joachim Gauck.

Hafenstadt mit Seebad

Der Ballungsraum Rostock ist die **dichteste Wirtschaftsregion** des Landes, die Stadt selbst ist deutlich größer als Schwerin, die Landeshauptstadt. Im historischen Stadtzentrum hat sich viel getan. Vor allem zwischen dem neu gestaltetem Stadthafen und dem Rosengarten sowie zwischen dem Alten Markt und dem Kröpeliner Tor wurden Häuser zum Teil aufwendig saniert. Die Kröpeliner Straße mit zahlreichen schönen Giebelhäusern aus dem 17. bis 19. Jh. ist heute eine belebte Fußgängerzone, und auch die Lange Straße hat durch verkehrsberuhigende Maßnahmen sehr an Attraktivität gewonnen.
Keine 15 km vom Herzen der Hafenstadt entfernt lockt das ungetrübte Badevergnügen am Strand von Warnemünde. Dass das bekannte Seebad vor den Toren der Stadt ursprünglich ein kleines Fischerdorf mit bunten Kapitänshäuschen und urigen Kneipen war, macht auch heute noch den Charme des Ferienorts aus.

Wirtschaft

Hafen, Schifffahrt und Schiffbau spielen im Rostocker Wirtschaftsleben nach wie vor eine große Rolle. Aber auch Maschinen- und Großmotorenbau, Elektrotechnik, Bauwesen, IT-Technologie und Großhandel sind wichtige Wirtschaftsfaktoren. Mit dem Technologiezentrum und dem Technologiepark in Warnemünde wurden weitere Anreize für die Wirtschaft geschaffen.

***Überseehafen**

Dort, wo sich die Unterwarnow zum sogenannten Breitling öffnet, wurde am rechten Ufer 1957 – 1960 der Überseehafen ausgebaut, der den alten Stadthafen ablöste. Um die Einfahrt großer Schiffe zu ermöglichen, wurde der Seekanal ausgehoben, eine gegenüber dem Neuen Strom verbreiterte und bis zu 12 m tiefe Fahrrinne. Mit einem Gesamtumschlag von 22,3 Mio. t im Jahr 2011 ist Rostock neben Lübeck größter deutscher Ostseehafen und dank Warnemündes Kreuzfahrthafen mit über 2 Mio. Passagieren 2011 auch größter deutscher Kreuzfahrthafen.

Geschichte Am rechten Warnowufer gab es bereits im späten 12. Jh. eine Handelsniederlassung der Westslawen bei einer Burg Roztoc. Auf der linken Seite des Gewässers ließen sich um 1200 einige deutsche Kaufleute nieder. Zentrum dieser Siedlung war seinerzeit der Alte Markt mit der Petrikirche. Westlich davon entstand ab 1232 die sogenannte Mittelstadt um den Neuen Markt. Und ab 1252 wuchs noch weiter westlich die Neustadt mit ihrem Markt heran, der heute Universitätsplatz heißt. In der zweiten Hälfte des 13. Jh.s wuchsen die drei Siedlungen allmählich zusammen. Ab 1270 gab es eine gemeinsame Stadtbefestigung und Rostock entwickelte sich zu einem wichtigen **Seehandelsplatz**.

Während der **Hansezeit**, als Rostock Handelsbeziehungen bis Riga, Bergen und Brügge unterhielt, blühte die Stadt wirtschaftlich auf. Seit der Erbteilung Mecklenburgs war Rostock ab 1229 Sitz des Fürstentums Rostock, 1314/1323 fiel die Stadt an das Fürstentum und spätere Herzogtum Mecklenburg. Die **1419 gegründete Universität**, die älteste Nordeuropas, machte Rostock auch zu einem geistigen und kulturellen Mittelpunkt.

Nach dem Dreißigjährigen Krieg (1618 – 1648) und der Auflösung der Hanse folgte der wirtschaftliche Niedergang. In der zweiten Hälfte des 18. Jh.s sorgte die blühende Segelschifffahrt für einen Aufschwung. Ab 1830 wuchs die Stadt über ihr mittelalterliches Stadtgebiet hinaus. Bedeutend für die wirtschaftliche Entwicklung Rostocks nach dem Zweiten Weltkrieg war der Ausbau des Überseehafens und der Werftindustrie. Gleichzeitig entstanden vorwiegend am Westrand der Stadt und am rechten Warnowufer neue Wohngebiete in Form gigantischer Betonstädte wie Reutershagen, Lütten Klein, Evershagen oder auch Lichtenhagen.

Warnowtunnel Rund 220 Mio. Euro investierten ein australischer und ein französischer Konzern in die vierspurige Unterquerung der Warnow und kassieren nun (Tarife: www.warnowtunnel.de). Der 790 m lange Tunnel verbindet die Stadtteile östlich und westlich der Warnow miteinander und umgeht die Rostocker Innenstadt. Von Berlin auf der A 19 kommend, gelangt man nun recht rasch an die Ostsee. Doch an den Mauthäuschen blieb es bisher ruhig: Statt prognostizierter 20 000 Kraftfahrzeuge brausen lediglich rund 11 000 Autos und Lkws pro Tag durch den Tunnel. Vor allem der Fernverkehr zeigt sich noch spröde und saust über die A 20 und B 103 gratis an die Ostsee.

NEUER MARKT UND ÖSTLICHE ALTSTADT

***Neuer Markt** Die einstige Bedeutung des Neuen Markts ist auch heute in seiner beeindruckenden Größe (80 x 90 m) spürbar. Die mittelalterlichen Giebelhäuser verschwanden hinter schmucken bis schlichten Fassaden des 17. bis 19. Jh.s. An der Nord- und an der Südseite rissen die Bomben des Zweiten Weltkriegs große Löcher in die Bebauung. Sie wurden teils durch historisierende Neubauten gefüllt, etwa die Alte Post an der Südseite (1953 – 1956). Heute hat in dem modernen Gebäude mit den Sandsteinarkaden auch die Tourist-Information ihr Domizil. Für den Verkehr ist der Platz gesperrt.

****Marienkirche**

Das beherrschende Bauwerk am Platz ist die Marienkirche, die einstige Patriziats- und Ratspfarrkirche von Rostock. Sie nimmt unter den Kirchen der Backsteingotik eine herausragende Stellung ein. Der Backsteinbau wurde 1260 als Hallenkirche begonnen und ab 1290

Rostock

Übernachten

1. Arkona Hotel Neptun
2. Fischerhus
3. Penta Hotel Rostock
4. Zum Kater
5. Parkhotel Seeblick
6. Trihotel am Schweizer Wald
7. Gutshaus Neu Wendorf

Essen

1. Silo 4
2. planb. restaurant
3. Café Panorama

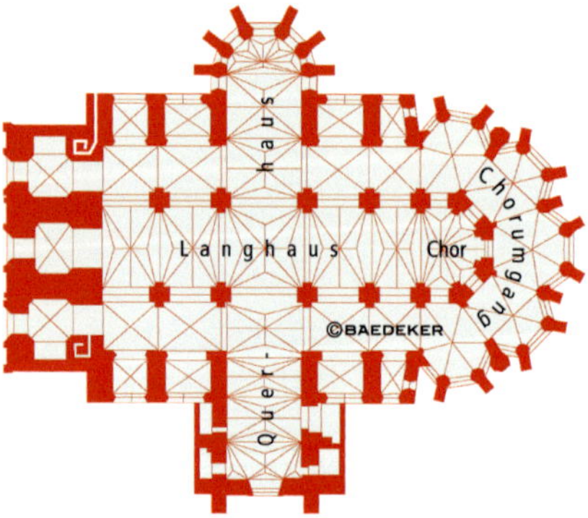

nach dem Vorbild der Lübecker Marienkirche zunächst als querschifflose Basilika mit Chorumgang und Kapellenkranz fortgeführt, dann aber doch mit einem Querschiff versehen. Mitte des 15. Jh.s waren die Bauarbeiten im Wesentlichen beendet. Sehr auffallend ist das ungewöhnliche Verhältnis zwischen dem kurzen Langhaus und den weit ausholenden Querhäusern.

Im 31,5 m hohen Innenraum erwarten den Besucher einige kostbare Kunstwerke. Eines der schönsten Stücke ist die knapp 3 m hohe Bronzetaufe. Sie ist wohl das größte und künstlerisch bedeutendste Taufbecken ihrer Zeit im norddeutschen Küstengebiet. Den im Jahr 1290 vermutlich in einer Rostocker Werkstatt gegossenen, auf vier knienden männlichen Figuren ruhenden Kessel schmücken Reliefszenen bzw. Einzelfiguren. Stilistische und technische Unterschiede zwischen Kessel und Deckel weisen darauf hin, dass das Werk nicht die Arbeit nur eines Künstlers ist. Ein technisches und künstlerisches Denkmal ist die **astronomische Uhr**, die 1472 in Nürnberg von Hans Düringer gefertigt, 1643 erneuert und mit einem Rahmen im Stil der Spätrenaissance versehen wurde. Auf den beiden Zifferblättern (15. Jh.) sind oben die Monatsbilder und unten die Tierkreiszeichen dargestellt. Aus dem 16. Jh. stammen der sogenannte Rochus-Altar (1530) und die Kanzel (1574). Im 18. Jh. erhielt die Kirche einen barocken, reich dekorierten Aufsatz für den Hauptaltar (1721), und gegenüber, an der Westseite des Mittelschiffs, wurde die Fürstenloge (1751) eingebaut. Den Raum über ihr füllt die 1769 entstandene Orgel, die zusammen mit der Loge eine optische Einheit bildet.

Kirchenöffnungszeiten: Mai – Sept. Mo. – Sa. 10.00 – 18.00, So. 11.15 – 17.00, Okt. – Apr. Mo. – Sa. 10.00 – 12.15, 14.00 – 16.00, So. 11.00 – 12.15 Uhr; Führungen: Mo. – Sa. 11.00 Uhr; Eintritt gegen Spende (1 €); http://marienkirche-rostock.de

Am Ziegenmarkt, Alte Münze

An der Südseite der Marienkirche (Am Ziegenmarkt 3) stehen zwei zu einer Fassade zusammengefasste spätgotische Giebelhäuser, vom 16. bis zum späten 18. Jh. Sitz der städtischen Münze. Blickfang des Gebäudes ist das Sandsteinportal im Stil der Spätrenaissance (Kopie)

Die hübschen Giebelhäuser am Neuen Markt werden von der trutzigen Marienkirche dominiert.

TABAK-ECK
Bäckerei
Gaststätte Burwitz

Rostock und Warnemünde erleben

Karten ▸S. 265 und 279

AUSKUNFT

Tourist-Information Rostock
Universitätsplatz 6, 18055 Rostock
Tel. 0381 3 81 22 22
www.rostock.de/touristinfo/

Touristinformation Warnemünde
Am Strom 59
18119 Rostock-Warnemünde
Tel. 0381 54 80 00
www.rostock.de/warnemuende,
www.der-warnemuender.de

Kurverwaltung Ostseebad Nienhagen
Strandstraße 16, 18211 Nienhagen
Tel. 038203 8 11 63
www.ostseebadnienhagen.de

FESTE

Im August zieht Hanse Sail Rostock als eines der größten Windjammertreffen im Ostseeraum Hunderttausende an.

Regatta vor Warnemünde

SHOPPING

Die Kröpeliner Straße ist die Haupteinkaufsmeile. Bei Regen macht das Einkaufen in der Ladenpassage des Rostocker Hofes Spaß. Samstagvormittags geht es auf den Rostocker Fischmarkt.

BESICHTIGUNGEN

Stadtführungen Rostock

Ab Tourist-Info Universitätsplatz 6 (90 Min.; Ticket: 4 € zzgl. 1 € Spende für die Marienkirche, plus 2 € Eintritt Petrikirche): Nov. – April Sa. 14.00; Mai – Okt. Mo. bis Sa. 14.00, So. 11.00, zusätzlich (Mai – Sept.) Do. 18.00 Uhr
ab Touristinfo Am Strom 59: April – Okt. Do. 11.00, Mai – Okt. Di. 18.00 Uhr

Führung durch das Seebad Warnemünde

Ab Touristinfo Am Strom 59 (90 Min.; Ticket: 4 €, mit Kurkarte 3 €): Nov. – April Di. 14.00, April – Okt. Do. 11.00, Mai. – Okt. Di. 18.00, Sa. 11.00 Uhr.

ESSEN

❶ *Silo 4* €€

Rostock, Stadthafen, Am Strande 3 d
Tel. 0381 4 58 58 00; www.silo4.de
Das Restaurant bietet eine grandiose Aussicht über die Stadt und den Hafen. Sonntags ab 10.00 Uhr gibt es Brunch, abends kann man zusehen, wie das Essen in der Showküche zubereitet wird. Die Bar im 8. Stock ist wie das Restaurant ab 18.00 Uhr geöffnet. Mo. Ruhetag, So. abends geschl.

❷ *planb.restaurant* €€

Rostock, Doberanerstraße 147
Tel. 0381 8 17 09 94
http://planb-rostock.de

Hier genießt man Köstlichkeiten aus aller Welt. Vom Schnitzelbuffet darf man essen, so viel man will und kann. Ein umfangreiches Frühstücksbuffet wird ebenfalls angeboten. Kein Ruhetag.

3 *Café Panorama* € €

Im Hotel Neptun, Warnemünde
Seestraße 19, Tel. 0381 77 70
www.hotel-neptun.de
Neben leckerem Kuchen und Kaffee lockt vor allem der Blick aus dem 19. Stock über Warnemünde Gäste in dieses Café. Kein Ruhetag, tgl. 13.00 bzw. 14.00–18.00 Uhr.

ÜBERNACHTEN

1 *Arkona Hotel Neptun* € € € €

Warnemünde, Seestraße 19
Tel. 0381 77 70, www.hotel-neptun.de
337 Zimmer und Suiten
Direkt hinter dem Strand, gegenüber dem Kurhaus, ragt das Hochhaus des Neptun-Hotels in die Höhe. Das Neptun war bereits zu DDR-Zeiten eine renommierte Adresse und ist es heute wieder.

2 *Fischerhus* € € € €

Warnemünde, Alexandrinenstr. 124
Tel. 0381 54 83 10
www.vogel-hotels.m-vp.de
6 Zimmer und 12 Apartments
Liebevoll gestaltete Hotel-Pension mitten im alten Warnemünde. Das Frühstück wird im Café Wellenspiel serviert, bei schönem Wetter auf der Terrasse.

3 *Penta Hotel Rostock* € € €

Rostock, Kröpeliner/Schwaansche Straße 6, Tel. 0381 4 97 00
www.pentahotels.com, 152 Zimmer
Modernes Quartier in altem Gebäude: Das Hotel Rostock ist ein elegantes Stadthotel mitten im Zentrum.

4 *Zum Kater* € €

Warnemünde, Alexandrinenstr.115/116
Tel. 0381 54 82 10
www.pension-zum-kater.de, 19 Zimmer
Gemütliche kleine Pension in der Parallelstraße zum Alten Strom. Die Zimmer sind mit allem Komfort ausgestattet. Ein Restaurant, einen Pub mit irischen und einheimischen Bieren sowie eine Garage gibt es ebenfalls.

5 *Parkhotel Seeblick* € €

Warnemünde, Strandweg 12 a/13/14
Tel. 0381 51 95 50
www.parkhotel-seeblick.de
32 Zimmer und 34 Apartments
Im westlichen Teil von Warnemünde, etwas abseits vom großen Trubel, aber dennoch direkt hinter dem Strand, liegt dieses angenehme Hotel und Apartmenthaus (u. a. mit Dampfbad und Sonnenterrasse).

6 *Trihotel am Schweizer Wald* € €

Rostock, Tessiner Str. 103
Tel. 0381 6 59 70
www.trihotel-rostock.de, 101 Zimmer
Viersternehotel etwas außerhalb des Zentrums, behindertengerecht, mit Restaurant, Konferenzzentrum und einem umfangreichen Wellnessbereich: diverse Bäder, Beauty-Salon, Saunalandschaft und Kneipp-Anwendungen.

7 *Gutshaus Neu Wendorf* €

Reppelin, Am Gutshaus 7
Tel. 038209 3 40
www.gutshaus-neu-wendorf.de
Rund 17 km östlich von Rostock liegt in Reppelin ein kleineres Gutshaus. HIer werden Spargel angebaut und Rinder gehalten. Kamin und Wintergarten, angenehme Zimmer sowie ein sehr gutes Preis-Leistungs-Verhältnis.

Highlights Rostock

- **Marienkirche**
  Schönstes Zeugnis der Backsteingotik
  Seite 265
- **Stadthafen**
  Flanieren mit Blick auf Segeljachten
  Seite 275
- **Kulturhistorisches Museum**
  Mittelalterliche Kunst, Holländische Meister, Künstlerkolonien Ahrenshoop und Schwaan
  Seite 272

mit der geschnitzten Rokoko-Tür. Rechts daneben steht ein schlichtes zweistöckiges Wohnhaus mit Treppengiebel, das vor allem wegen der angebauten »Bude«, wie man die schlichten Fachwerkwohnhäuser der ärmeren Bevölkerung nannte, Beachtung verdient.

***Rathaus** Aus dem Zusammenschluss von drei Giebelhäusern entstand an der Ostseite des Neuen Marktes im 13. Jh. das Rathaus. Von seiner schönen Schaufassade in Backstein ist nur der oberste Teil der Spitzbogenblenden zu sehen; den unteren Teil verdeckt der dreistöckige barocke Vorbau mit Rundbogenarkaden im Erdgeschoss und geschwungenem Giebelaufsatz, den 1727/1729 Zacharias Voigt und Joseph Petrini an der Stelle der mittelalterlichen Ratslaube errichtet haben.

****Kerkhoff-Haus** Eine Vorstellung von den mittelalterlichen Bürgerhäusern vermittelt das Eckgebäude östlich hinter dem Rathaus, ein um 1470 für den Bürgermeister Kerkhoff erbautes Wohnhaus mit herrlicher Backsteinfassade. Recht ungewöhnlich ist der **farbige Terrakottaschmuck** in Form von Friesen und Medaillonporträts (Mitte 16. Jh.).

Giebelhaus Beim Kerkhoff-Haus gibt es in der Großen Wasserstraße (Nr. 30 bzw. 30 a) noch ein gotisches Wohnhaus aus dem 15. Jh. zu bestaunen. Über dem modern umgestalteten Erdgeschoss setzen sieben Blendbögen an, die bis in den zinnenbekrönten Giebel geführt werden.

Stadttore Die vom Neuen Markt abzweigende Steinstraße endet vor dem Steintor, früher Teil der südlichen Stadtmauer. An der Stelle des mittelalterlichen Tores wurde 1577 dieses Renaissancetor erbaut, eines der vier erhaltenen Stadttore von Rostock. Die mittelalterliche Stadtbefestigung bestand aus einem Mauerring mit Wiekhäusern und Mauertürmen sowie 22 Stadttoren. Zwischen der Steinstraße und der Grubenstraße blieben ein Abschnitt der Stadtmauer sowie der achteckige Lagebuschturm erhalten. Den Abschluss bildet das Kuhtor aus dem 13. Jh., der älteste Torturm der Stadt.

Ehemaliges Ständehaus

Als bedeutendstes Bauwerk im Stil des **Historismus** in Rostock gilt das Ständehaus, das sich rechts neben dem Steintor erhebt. Die Entwürfe für das überreich mit gotischen Formen geschmückte Backsteingebäude (1889/1893), in dem früher die Landstände Mecklenburgs zusammentraten, stammen von dem in Bad Doberan viel beschäftigten Architekten Gotthilf Ludwig Möckel. Tagsüber kann man auch einen Blick in den prächtigen Lichthof werfen, wo sich Arkadengänge zum Treppenaufgang öffnen.

Nikolaikirche

In der Südostecke der Altstadt wurde im 13. Jh. mit dem Bau einer gotischen dreischiffigen Hallenkirche begonnen, die im 15. Jh. mit Erweiterungen vollendet war. Das 1942 schwer zerstörte Gotteshaus wurde wieder aufgebaut. Unter dem Kirchendach gibt es übrigens fünf Gästezimmer.

ⓘ Mo. – Fr. 10.00 – 13.00 Uhr, Führungen nach Voranmeldung; www.nikolaikirche-rostock.de

Petrikirche, Slüterdenkmal

Ebenfalls nach erheblichen Kriegsschäden wieder erstanden ist die Petrikirche, die auf einem 12 m hohen Plateau an der Nordseite des Alten Marktes auf die Warnow blickt. Sie wurde als querschifflose Basilika vom 14 Jh. an errichtet. Höchstes Gebäude der Stadt ist der Westturm (117 m). Zur **Aussichtsplattform** in 45 m Höhe gelangt man über die Wendeltreppe oder per Lift. Den Bombenangriff überlebt hat u. a. die 1512 von einem Rostocker Meister geschaffene Bronzetaufe. An der Stadtmauer, nordöstlich der Petrikirche, befindet sich das Denkmal für den Rostocker Reformator Joachim Slüter, ein 1862 errichtetes Postament mit der Grabplatte von 1532.

ⓘ tgl. Mai – Okt. 10.00 – 18.00, Nov. – April 10.00 – 16.00 Uhr; Eintritt 2 €; www.petrikirche-rostock.de

Galerie am Alten Markt

Gegenüber zeigt die **Galerie am Alten Markt** im Gebäude der Volkshochschule diverse Wechselausstellungen des Kunstvereins Rostock.

ⓘ Di. – Fr. 10.00 – 17.00, Sa. 9.30 – 15.30 Uhr; Eintritt frei; www.kunstverien-rostock.de

ZWISCHEN NEUEM MARKT UND KRÖPELINER TOR

In der Kröpeliner Straße, dem belebten Fußgängerboulevard, stammen bis auf einige wenige mittelalterliche Gebäude die meisten Giebelhäuser aus der Zeit des 17. bis 19. Jh.s. Die Baulücken dazwischen füllen inzwischen moderne Gebäude mit Backstein- und Giebelfassaden, wobei die Elemente der gotischen Wohnhäuser aufgenommen und spielerisch zitiert werden. Ein solcher Neubau ist das 1986 an der

Nordseite des Universitätsplatzes errichtete Fünf-Giebel-Haus. Gegenüber vom Haus Ratschow öffnet sich die Ladenpassage Rostocker Hof.

****Haus Ratschow** Ein Gebäude in der Kröpeliner Straße sticht ins Auge: Haus Nr. 82, heute Sitz der Stadtbibliothek. Es gehörte einst einem reichen Kaufmann und ist neben dem Kerkhoff-Haus ein hervorragendes Beispiel für die **Backsteingotik** in Rostock. Besonders fein untergliedert ist der Blendschmuck im gestaffelten, zinnenbekrönten Giebel.

Universitätsplatz Auf halber Länge weitet sich die Kröpeliner Straße zum Universitätsplatz. An warmen Sommertagen ist hier der »Brunnen der Lebensfreude« mit seinen Wasserspielen ein beliebter Treffpunkt. An der Südseite des Platzes baute 1750 Jean Laurent Legeay das Saalgebäude mit dem lang gestreckten Barocksaal im Obergeschoss, der heute für festliche Veranstaltungen und Konzerte genutzt wird (www.barocksaal-rostock.de). Daran anschließend erhebt sich das ehemalige herzogliche Palais, ein dreigeschossiger Bau mit einem zierlichen Altan über dem Portal, den 1714 Leonhard Christoph Sturm nach Plänen von Reutz und von Hammerstein errichtete.

Carl Theodor Severin entwarf die daneben stehende Hauptwache (1823), die der monumentalen Säulenvorhalle ein wuchtiges Aussehen verleiht. Die Westseite des Platzes nimmt das **Hauptgebäude der Universität** ein, das der in Schwerin tätige Baumeister Hermann Willebrand 1867 – 1870 erbaute. Die Fassadengliederung mit Standbildern und Terrakottaschmuck ist den fürstlichen Renaissancebauten in Mecklenburg nachempfunden, insbesondere dem Fürstenhof in Wismar. In der kleinen Grünanlage vor dem Universitätsgebäude steht das Denkmal für Gebhard Leberecht von Blücher, der am 16. Dezember 1742 in Rostock geboren wurde.

****Kulturhistorisches Museum** Vom Universitätsplatz sind es nur wenige Schritte bis zum ehemaligen Kloster zum Heiligen Kreuz an der südwestlichen Stadtmauer, dem am besten erhaltenen mittelalterlichen Stadtkloster in Rostock. Die Gebäude des um 1270 gegründeten Zisterzienserinnenkonvents stammen im Wesentlichen aus dem 14. Jh.; im 18. Jh. kamen die einstöckigen Klosterhäuser im Südosten des Klausurbereichs hinzu. Das nur mit einem Dachreiter bekrönte Gotteshaus im Stil der Bettelordenskirchen wurde restauriert.

Der Kreuzgang und ein Teil der Klausurgebäude beherbergen die sehenswerten Sammlungen des Kulturhistorischen Museums. Im Refektorium mit den gotischen Gewölbemalereien werden mittelalterliche Kunstwerke aus Rostock, darunter der Dreikönigsaltar mit einer der frühesten Stadtansichten Rostocks, sowie Plastiken aus dem 20. Jh. gezeigt. Neben Exponaten zur Stadtgeschichte besitzt das Kulturhistorische Museum auch eine Sammlung niederländischer Ma-

Rostocks Kröpeliner Straße ist die stark belebte Hauptflaniermeile der Stadt besonders an sonnigen Tagen.

lerei und Grafik sowie Werke von Vertretern der Künstlerkolonien in Ahrenshoop und Schwaan.

ⓘ Klosterhof 7, Di.–So. 10.00–18.00 Uhr; Eintritt 2,50 €; www.kulturhistorisches-museum-rostock.de

Kempowski-Archiv

Das Kempowski-Archiv im Klosterhof Haus Nr. 3 zeigt Erstausgaben von Walter Kempowskis Werken sowie viele Gegenstände, die in seinen Büchern eine Rolle spielen. Stadtrundgänge auf den Spuren der Familie Kempowski finden monatlich sowie nach Vereinbarung statt.

ⓘ Di.–So. 14.00–18.00, Do. 9.30–12.00 Uhr, Tel. 0381 92 03 75 40; Ticket 4 €; www.kempowski-archiv-rostock.de

Stasi-Dokumentations- und Gedenkstätte

Ende der 1950er-Jahre wurde in der Hermannstr. 34 b ein Gefängnis der Stasi eingerichtet. In den winzigen Zellen von gerade mal 7,5 m^2 schmachteten zwischen 1960 und 1989 über 4800 Frauen und Männer. Der Zellentrakt inklusive der Dunkelzellen im Keller kann besichtigt werden. Eine **Dokumentations- und Gedenkstätte** informiert mit Dokumenten und Zeitzeugenberichte über den Staatssicherheitsdienst und die U-Haftanstalt.

ⓘ Zugang über Augustenstr./Grüner Weg, März–Okt. Di.–Fr. 10.00–18.00, Nov.–Febr. Di.–Fr. 9.00–17.00, Sa. jeweils 10.00–17.00 Uhr, Führung: Mi., Sa. 14.00 Uhr; Eintritt frei; www.bstu.bund.de

*Kröpeliner Tor

Den Abschluss der Kröpeliner Straße bildet ein 54 m hohes Tor. Eine Ausstellung informiert über Rostocks Stadtgeschichte. Zwischen Tor und Schwaanscher Straße blieb ein Teilstück der Stadtbefestigung mit halbrunden Wiekhäusern aus dem 14. Jh. erhalten. In der Nähe des Klosters zum Heiligen Kreuz wurde ein Stück des Wehrgangs aus Holz rekonstruiert.

Mo. – Fr., So. 10.00 – 17.00 Uhr; Eintritt 1 €, Führung 2 €; www.geschichtswerkstatt-rostock.de

Fischerbastion Vom Kröpeliner Tor gelangt man auf den Wallanlagen in Richtung Unterwarnow zur Fischerbastion, die als Teil der im 17. Jh. errichteten Wallanlagen mit ihren Kanonen den Stadthafen schützte.

ZWISCHEN LANGER STRASSE UND STADTHAFEN

Lange Straße Großstädtisch präsentiert sich Rostock in der Langen Straße. Im Krieg zerstört, bekam sie in den 1950er-Jahren ein neues Gesicht. Interessant ist der mittlere Abschnitt mit den fünf- bis elfstöckigen Gebäuden, an denen monumentale Architektur stalinistischer Prägung mit Bauschmuck im Stil der Backsteingotik verkleidet wurde. Auf halber Höhe der Straße setzt das Backsteinhochhaus mit Staffelgiebel und Laubengang im Erdgeschoss einen weithin sichtbaren Akzent.

Bunte Wimpel schmücken den Rostocker Stadthafen für die »Hanse Sail«.

Nördliche Altstadt

Zwischen Lange Straße und Warnow-Ufer mit dem Stadthafen wurde hier noch bis in die 1980er-Jahre großzügig alte Bausubstanz abgerissen und man zog neue Giebelhäuser in Plattenbauweise hoch. Vom Abbruch verschont blieb u. a. ein spätgotisches Backsteinhaus in der Wokrenterstraße (Nr. 40) mit durch Blenden gegliedertem Staffelgiebel. Es wird »Hausbaumhaus« genannt, weil ein **Eichenmast** die gesamte Balkenkonstruktion des Gebäudes trägt. Früher prägten auch große Speicher das Bild dieses Viertels.

*Stadthafen

Der Stadthafen am Ufer der Warnow hat sich zu einer Spaziermeile entwickelt, an der Jachten, Großsegler und Museumsschiffe zu sehen sind. Millionenbeträge flossen in die Sanierung der Kais und des weiträumigen Geländes. Neben den imposanten, neu genutzten Speichern sind Theaterspielstätten und Restaurants entstanden.

SEHENSWERTES AUSSERHALB DER ALTSTADT

*Zoo, DARWINEUM

Der Rostocker Zoo ist der größte Nordostdeutschlands. Er ist u. a. für seine sehr erfolgreiche **Eisbärenaufzucht** bekannt. In der weitläufigen Parkanlage kann man rund 1700 Tiere aus 250 Arten bestaunen und einige auch im Streichelzoo anfassen. Auf kleine Zoobesucher ist man hier wirklich besonders gut eingerichtet. Neueste Attraktion ist seit Herbst 2012 das 20 000 m^2 große **DARWINEUM**. Es gibt neue Außengehege für Menschenaffen (Orang-Utan, Gorilla), Naturwaldparzellen und eine spektakuläre Zeitreise namens »Abenteuer Evolution«, die auf die Spur von 40 bedrohten Tierarten führt (u. a. Axolotl, Opossum, Seepferdchen, Malawi-Buntbarsche): Erlebnis, Umweltbildung und Wissenschaft zugleich! Lagepläne sind an den Kassen erhältlich.

ⓘ Rennbahnallee 21; Eingänge: Trotzenburg, Barnsdorfer Ring (Winter); tgl. April – Okt. 9.00 – 19.00, Nov. – März bis 17.00 Uhr, Eintritt 11,50 €; www.zoo-rostock.de, www.darwineum-zoo-rostock.de

Kunsthalle

Nordwestlich der Altstadt, an der B 105, steht am Schwanenteich die 1969 eröffnete Kunsthalle, die sich vor allem durch Sonderausstellungen zur zeitgenössischen norddeutschen und nordeuropäischen Kunst einen Namen gemacht hat.

ⓘ Hamburger Str. 40, Di. – So. 10.00 – 18.00 Uhr; Eintritt frei; www.kunsthallerostock.de

Schiffbau- und Schifffahrtsmuseum

Wer einen Blick ins Innere eines echten Frachtschiffs werfen will, muss zum IGA-Park hinausfahren, etwa auf halber Strecke zwischen der Altstadt und Warnemünde (S-Bahnhaltestelle Lütten Klein). Am Liegeplatz Schmarl liegt das **Traditionsschiff »Dresden«** vor Anker, ein 10 000-Tonnen-Frachter, der 1957 in der Werft in Warnemünde

Parade der Großsegler

Jedes Jahr im August pilgern maritime Nostalgiker nach Rostock zur Hansesail, einem der größten Treffen von Schiffsveteranen und Traditionsseglern weltweit. Höhepunkt ist die Windjammerparade, an der regelmäßig prächtige Großsegelschiffe teilnehmen.

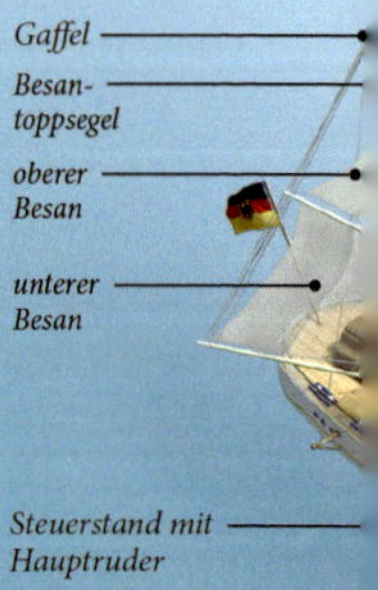

▶ Die Gorch Fock

Die Dreimastbark »Gorch Fock« (»Gorch Fock II«) ist ein Nachbau der »Gorch Fock I« von 1933 und wird als Segelschulschiff der Bundesmarine eingesetzt. Zuletzt war sie bei der Hanse Sail 2011 zu sehen, danach ging sie zur Überholung in die Werft. Ende 2012 hat sie den Ausbildungsbetrieb wieder aufgenommen.

Technische Daten

Länge/Breite	89,32 m/12 m
Tiefgang	5,5 m
Großmast (Höhe)	45,3 m
größte Rahlänge	24 m
Verdrängung (Einsatz)	1860 t (2002 t)
Segelfläche	2037 m²
zurückgelegte Seemeilen	ca. 750 000 sm
max. Geschwindigkeit unter Segeln	32 km/h

Hanse Sail Rostock
www.hansesail.com

▶ Die Hanse Sail 2012 in Zahlen

Zuschauer insgesamt	ca. 1 Mio.
davon Gäste auf den Schiffen	30 000
Teilnehmerschiffe	225
davon Traditionssegler	160 - 170

▶ Termine der kommenden Hanse Sails

08. bis 11. August 2013
07. bis 10. August 2014
06. bis 09. August 2015
11. bis 14. August 2016
10. bis 13. August 2017
09. bis 12. August 2018

▶ Die besten Aussichtspunkte

1. Stadthafen
2. Fischereihafen
3. IGA-Park
4. Hohe Düne
5. Warnemünde

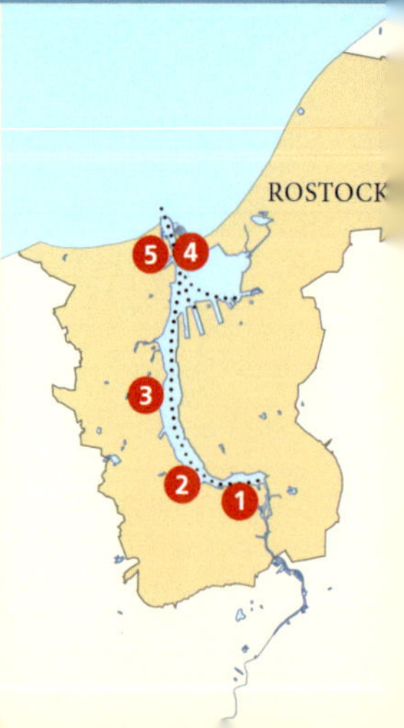

Allgemeine Daten

Kiellegung 24.02.1958, Stapellauf 23.08.1958	
Indienststellung	17.12.1958
Werft	Blohm + Voss, Hamburg
Baukosten 1958	8,5 Mio. DM
Zeitwert 2007	ca. 50 Mio. €

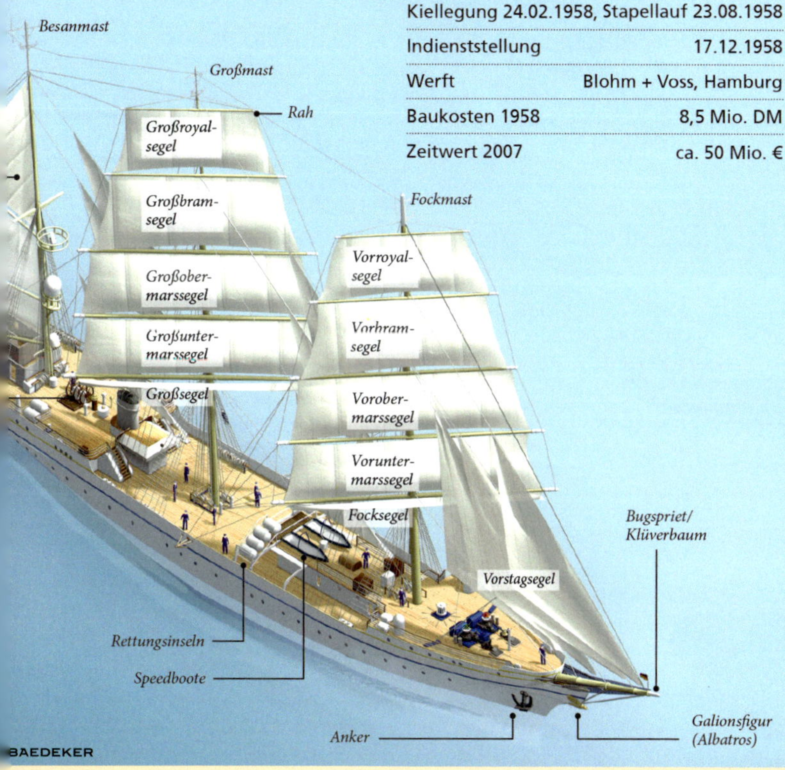

Die Stars der Hanse Sail 2012

	»Star Flyer«	»Kruzenshtern«	»Gulden Leeuw«
Schiffsart:	Viermastbarkentine	Viermastbark	Dreimast-Toppsegelschoner
Land:	Schweden	Russland	Niederlande
Baujahr:	1991	1926	1937
Länge:	115,5 m	114,5 m	70,1 m
Breite:	15 m	14,2 m	8,5 m
Tiefgang:	5,6 m	6,7 m	4,2 m
Besatzung:	70	76	56

gebaut wurde und bis 1970 im Einsatz war. Besichtigen kann man das Hauptdeck, den Maschinenraum und die Kommandobrücke. In den Laderäumen und im Zwischendeck informiert eine Ausstellung über die Geschichte des Schiffbaus in Rostock und Mecklenburg. Mehr als 1500 Schiffe wurden allein in Rostocks Neptun-Werft gebaut, die heute ca. 400 Mitarbeiter beschäftigt. In der Ausstellung gibt es ein Modell der Werft.

Sehr lohnend ist auch der Besuch im Haus des früheren Schifffahrtsmuseums: Hier pflegt seit 2006 der Verein **»Societät maritim Rostock«** die Sammlung, die u. a. eine Hansekogge, eine chinesische Dschunke und eine arabische Dhau umfasst. Die Ausstellung zeigt Handel und Schifffahrt zur Hansezeit, das Obergeschoss ist der Marine in Rostock gewidmet. Im Atrium steht ein Deckshaus als Spielplatz für Kinder. Das Untergeschoss widmet sich dem Tauchen und der Geschichte des Rostocker Flugzeugbaus.

Traditionsschiff »Dresden«: Dorf Schmarl 40; April – Juni, Sept. Di. – So. 9.00 – 18.00, Juli – Aug. tgl. 9.00 – 18.00, Okt. – März Di. – So. 10.00 – 16.00 Uhr; Eintritt 3 €, mit IGA-Park 4 €; www.schifffahrtsmuseum-rostock.de

Societät maritim Rostock: August-Bebel-Str. 1, tgl. 10.00 – 18.00 Uhr, Eintritt 2,50 €; www.societätrostock-maritim.de

IGA PARK

Nach Abschluss der Internationalen Gartenbauausstellung 2003 wurde das Gelände auf der Höhe von Schmarl am Ufer der Warnow in einen 70 ha großen **Erholungspark** verwandelt. Es gibt einen Weidendom, die japanischen und kenianischen Gärten leuchten in exotischer Pracht, geblieben sind auch die maritime Bummelmeile am Fluss sowie das Traditionsschiff.

❶ April – Okt. tgl. 9.00 – 18.00, Nov. – März 10.00 – 16.00 Uhr; Eintritt 1 €, mit Schifffahrtsmuseum 4 €; www.iga-park-rostock.de

** WARNEMÜNDE

Naherholungsziel an der Ostsee

An schönen Sommerwochenenden wird es schwer, ein freies Zimmer in Warnemünde zu bekommen, denn das Naherholungsziel steht hoch im Kurs. Das **charmante Seebad** an der Warnowmündung bietet viel: Geschäfte, Kneipen und Cafés zum Bummeln und Einkehren, große und kleine Schiffe – vom Frachter bzw. Luxuskreuzer bis zur Jolle – liegen im Hafen, Bade- und Sportmöglichkeiten hat man am herrlichen Sandstrand oder, wenn das Wetter nicht mitspielt, im Bade- und Wellnesspark beim Neptun-Hotel. Die hübsch renovierten Kapitäns- und Fischerhäuschen in der Alexandrinenstraße erinnern noch daran, dass Warnemünde einst ein Fischerdorf gewesen ist.

Die Lage an der Warnowmündung und damit am Zugang zur Ostsee war wohl entscheidend dafür, dass der Rostocker Rat bereits 1323 den Fischerort vom mecklenburgischen Fürsten erwarb. Als zu Beginn des 19. Jh.s das Baden im Meerwasser in Mode kam, entwickelte sich auch Warnemünde allmählich zum Seebad, dem Theodor Fontane bei seinem Besuch 1870 aber noch bescheinigte: »Es wäre reizend, wenn es nicht so reizlos wäre.« Neben Strandbetrieb, Fischerei und Werft ist seit 2005 das Warnemünde Cruise Center am Passagierkai ein sichtbares Zeichen des Wandels zum 2011 größten Kreuzfahrthafen Deutschlands. Täglich können hier 2500 Passagiere ein- und auschecken.

****Am Alten Strom, Edvard-Munch-Haus**

Von der Atmosphäre des alten Fischerstädtchens und Seebads ist vor allem Am Alten Strom, dem einstigen Warnowausfluss, der heute als Jachthafen genutzt wird, noch jede Menge zu spüren. Hier stehen zahlreiche ein-, höchstens zweistöckige Giebelhäuschen mit ihren breiten Veranden und wintergartenartigen Glasvorbauten, in denen heute Gaststätten, urige Kneipen und kleine Geschäfte Interessierte zu einem Besuch einladen. In einem hübsch renovierten niedrigen Fachwerkhaus in der Alexandrinenstraße 31, einer ehemaligen Fischerkate, wartet das hiesige **Heimatmuseum** mit einer äußerst sehenswerten heimatkundlichen Sammlung auf, welche die Lebens-

WOLKENSTÜRMER

und Arbeitswelt der Warnemünder Bevölkerung sehr anschaulich beleuchtet.
Die Jahre 1907/1908 verbrachte der norwegische Expressionist **Edvard Munch** im restaurierten Fachwerkhaus Am Strom 53. Es steht nun bereit für Stipendiaten und dient auch als Veranstaltungsstätte mit Ausstellung.
Fernweh kommt auf bei einem Spaziergang auf der 541 m langen **Westmole**, wo die riesigen Frachter und Kreuzfahrtschiffe die Küste hinter sich lassen und in die Weite des Meeres entschwinden. Noch besser ist der Blick vom Wahrzeichen von Warnemünde, dem 1898 errichteten, 37 m hohen **Leuchtturm**.
Am Leuchtturm beginnt der beliebte Warnemünder Planetenwanderweg mit zehn Stationen (www.warnemuender-gedenktafeln.de). Nur Schritte entfernt ermöglicht das **Ostsee-Welten Erlebniszentrum** Blicke in die Unterwasserwelt und Einblicke in das Ostsee-Piratenleben samt 4-D und 5-D-Filmsimulation.
Am Leuchtturm steht der 1968 wiederaufgebaute »Teepott«, ein in Spritzbetontechnik erstelltes Kuriosum mit einem eigenwilligen Dach nach dem Vorbild des heutigen Berliner Haus der Kulturen der Welt (einst Kongresszentrum). Damals ersetzte er den 1925/26 errichteten Teepavillon und diente bis 1985 als Café. Vollständig saniert konnte er im Jahr 2002 wiedereröffnet werden (www.teepott-restaurant.de).

Heimatmuseum: April – Okt. Di. – So. 10.00 – 18.00, Nov. – März Mi. – So. 10.00 – 18.00 Uhr; Eintritt 3 €; www.heimatmuse um-warnemuende.de
Edvard-Munch-Haus: Öffnungszeiten variabel; Eintritt frei; www.edvard-munch-haus.de
Leuchtturm: Mai – Sept. tgl. 10.00 – 19.00 Uhr
Ostsee-Welten Erlebniszentrum: Am Leuchtturm 15; Erlebniswelten tgl. 10.00 – 18.00, Kino 10.00 – 24.00 Uhr, Eintritt Erlebniswelten 5 €; Kino 5 – 16 €; www.ostsee-welten.de

*Strand-promenade

Am Leuchtturm beginnt die Strandpromenade von Warnemünde. Den Einfluss der Bauhausarchitektur spiegelt das Kurhaus an der parallel zur Strandpromenade verlaufenden Seestraße wider, das zwischen 1914 und 1925 nach den Plänen von Gustav Berringer und Walter Butzek entstand. Mittlerweile wird es als Spielkasino genutzt. Direkt daneben ragt das Hochhaus des Neptun-Hotels in den Himmel auf.
Etwa **4 km lang** und 100 m breit ist der feine **Sandstrand** von Warnemünde. Ganz im Westen erstreckt sich ein steil zum Meer abfallender, bewaldeter Küstenstreifen (Stoltera), der heute unter Naturschutz steht.

Am Strand von Warnemünde lässt es sich aushalten – hier wird immer viel geboten.

UMGEBUNG VON ROSTOCK

***Nienhagen, Gespensterwald**

Etwa 10 km westlich von Warnemünde kommt man nach Nienhagen, das seit dem ausgehenden 19. Jh. als Ostseebad besucht wird. Der Buchenwald am Westrand des Ortes, oberhalb der Klippen, heißt nicht ohne Grund »Gespensterwald«. Durch den Küstenwind skurril geformt, ragen die filigranen Äste der Bäume wie Skelette in die Höhe – in der Tat ein Anblick, der durchaus schaurige Fantasien hervorrufen kann.

Hohe Düne, Markgrafenheide

Hohe Düne liegt auf der schmalen Nehrung, die den Breitling von der Ostsee trennt, und ist am schnellsten von Warnemünde mit der Autofähre zu erreichen. In dem Stadtteil gründete **Ernst Heinkel** 1922 die Flugzeugwerke, die später nach Rostock-Marienehe verlegt wurden. Das anschließende Markgrafenheide, ein alter Siedlungsplatz, ist traditionell ein viel besuchtes Ostseebad in der waldreichen Umgebung der Rostocker Heide (Campingplatz). Auf acht Parcours auch von Baum zu Baum schwingen kann man im spektakulären Kletterwald »Hohe Düne«.

❶ Juni – Aug. tgl. 9.30 – 19.30, April, Mai, Sept., Okt. Di., Fr. – So. 10.00 – 19.00 Uhr; Eintritt 17 €; www.kletterwald.de

***Jachthafen Hohe Düne**

Eine Attraktion an der deutschen Ostseeküste ist die gegenüber von Warnemünde eröffnete Jachthafenresidenz Hohe Düne vor einem Segelrevier, das als eines der besten der Welt gilt. Die großzügig geplante und allen Ansprüchen genügende Anlage mit 750 Liegeplätze umfassendem Jachthafen, Hotel, Residenzen, Restaurants, Bars, Wellness-Einrichtungen, Kinderclub, Jachtclub und Kongresszentrum will nicht nur ambitionierte Skipper aus aller Welt anlocken, sondern auch Erholungsgäste aus nah und fern.

** Rügen

O – S 2 – 4

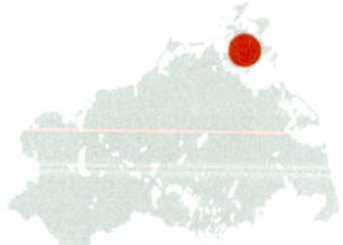

Landkreis: Vorpommern-Rügen
Höhe: 1–161 m ü. d. M.
Einwohnerzahl: 67 500

Lange, gepflegte Sandstrände, dichte Wälder, hübsche Badeorte und malerische Fischerdörfer machen die größte Ostseeinsel zu einem wahren Urlaubsidyll. Radfahren, Wandern, Baden, Kreidefelsen bestaunen, alles ist hier möglich.

Die Beschreibung der Insel Rügen wird im Rahmen dieses Reiseführers kurz gehalten. In der Reihe »Baedeker Allianz Reiseführer« liegt ein detaillierter Band zu Rügen und Hiddensee vor.

Malerischer Blick von Vitt aus hinüber zu den Felsen von Kap Arkona, Deutschlands »Nordkap«

Mit 926 km² ist Rügen die größte und – so heißt es – auch die schönste deutsche Ostseeinsel. So ist es kein Wunder, dass der Tourismus hier zum Wirtschaftsfaktor Nummer eins avanciert ist. Wahrzeichen Rügens ist die **weltberühmte Kreideküste** – sie besteht aus leuchtend weißen, mächtigen Felsen, die Besucher sowohl von einem Wanderweg an der Abbruchkante der 8 km langen Steilküste als auch von einem der Ausflugsboote aus bewundern können. Vom Festland ist Rügen nur durch den ungefähr 1 km breiten Strelasund abgetrennt. Über die Meerenge führen seit 1936 der 2,5 km lange Rügendamm und seit Oktober 2007 außerdem die 4,1 km lange **Rügenbrücke**.

Größte Ostseeinsel

Während der Südwesten der Insel relativ flach ist, prägen bewaldete Hügel den Nordosten. Die Halbinseln Wittow und Jasmund im Norden Rügens gehören wegen ihrer landschaftlichen Schönheit zu den attraktivsten Regionen der Insel. Imposant ist die wildromantische Kliffküste Wittows mit dem 47 m hohen **Kap Arkona**, der nördlichsten Stelle Rügens.

Einmalige Landschaft

Wie mit einer Nabelschnur sind Wittow und **Jasmund** durch eine ca. 11 km lange, schmale Landzunge, die Schaabe, verbunden, an deren Ostküste ein wunderbarer Sandstrand verläuft. Die wie ein Pult nach Osten aufragende Halbinsel Jasmund, deren höchste Erhebung der Piekberg (161 m) bildet, ist von schönen Buchenwäldern bedeckt. Hier ragen die berühmten, strahlend weißen **Kreidefelsen** (117 m) auf, die zum Steilufer der Stubnitz gehören.

Im Süden geht der Jasmund in die Schmale Heide über, eine Landzunge, die ebenfalls einen langen, breiten Sandstrand zu bieten hat, der in den Sommermonaten zahlreiche Badegäste anlockt. Sie stellt die Verbindung zur **Granitz** her. An der Ostküste dieser Halbinsel reihen sich die beliebten großen **Ostseebäder** Binz, Sellin und Göhren mit ihren viel besuchten Sandstränden aneinander. Höchste Erhebung der Granitz ist der 107 m hohe Tempelberg. Mönchgut, der südöstliche Zipfel von Rügen, ist bekannt für seine malerische, von Wiesen und Weiden geprägte Landschaft.

Die rund 600 km lange Küste von Rügen ist vor allem im Norden durch **Bodden** stark gegliedert und zerklüftet; der Jasmunder Bodden schiebt sich weit ins Innere der Insel hinein und trennt die beiden nördlichen Halbinseln vom südwestlichen Teil Rügens.

Naturschutzgebiete

Die vielfältige und überwiegend noch intakte Natur ist das Hauptkapital von Rügen. Weite Teile der Insel stehen bereits unter Naturschutz: Die Kreideküste auf Jasmund sowie ihr Hinterland und die waldreiche Stubnitz bilden den Nationalpark Jasmund. Mönchgut, Granitz und das Gebiet südlich von Putbus einschließlich eines breiten Küstenstreifens mit der Insel Vilm gehören zum Biosphärenreservat Südost-Rügen. Der **Nationalpark Vorpommersche Boddenlandschaft** reicht bis an die Westküste von Rügen.

Der Landweg nach Rügen führt über den Rügendamm, es gibt aber auch eine Brücke. Beide queren bei Stralsund die Strelasund genannte Meerenge. Bis 2007 war am Rügendamm vor allem im Sommer viel Geduld gefragt. Entlastung bringen nach wie vor die Autofähren Stahlbrode – Glewitz (Zudar) und Stralsund – Altefähr. Die Eisenbahn verkehrt über den Rügendamm bis nach Binz und weiter nach Sassnitz. Fährverbindungen werden von

? BAEDEKER WISSEN

Umstrittene Brücke

Rügendamm und Rügenbrücke teilen sich das Verkehrsaufkommen Richtung Insel. Die längste Brücke Deutschlands bringt seit Oktober 2007 Entlastung. Die sogenannte Schrägseilbrücke quert auf einer Länge von 2830 m den Strelasund zwischen Stralsund und Altefähr. Blickfang ist der 128 m hohe Pylon des insgesamt rund 85 Mio. Euro teuren Bauwerks. Weil sie um Zugvögel und Landschaftsbild bangten, protestierten Naturschützer vehement gegen das Projekt, konnten es aber auch juristisch nicht verhindern.

Rügen erleben

Karte Sassnitz ▸S. 300

AUSKUNFT

Kurverwaltung Baabe
Am Kurpark 9, 18586 Baabe
Tel. 038303 1 42 18
www.baabe.de

Touristen-Information Bergen
Markt 23, 18528 Bergen
Tel. 03838 81 12 06
www.stadt-bergen-auf-ruegen.de

Kurverwaltung Binz
H.-Heine-Straße 7
18609 Ostseebad Binz
Tel. 038393 14 81 48
www.ostseebad-binz.de

Kurverwaltung Göhren
Poststr. 9, 18586 Ostseebad Göhren
Tel. 038308 6 67 90
www.goehren.de

Putbus-Information
Alleestr. 35, 18581 Putbus
Tel. 038301 4 31
www.putbus.de

Tourist-Service Sassnitz
Bahnhofstr. 19a, 18546 Sassnitz
Tel. 038392 64 90
www.insassnitz.de

ESSEN

niXe €€€€
Ostseebad Binz, Strandpromenade 10
(im Hotel niXe), Tel. 038393 1 49 00
www.nixe.de
Nordische Gourmet-Kunstwerke zaubert Ralf Haug hinter den roten Glaswänden der High-Tech-Küche. Dazu gibt es 12 Zimmer, 4 Suiten, Wellness und Spa in der Jugendstilvilla. Kein Ruhetag.

KOXorange im Wreecher Hof €€
Putbus-Wreechen, Kastanienallee
Tel. 038301 8 50; www.wreecher-hof.de
Elegantes Hotel-Restaurant mit guter regionaler Küche und gediegener Weinkarte. In der warmen Jahreszeit sitzt man schön im Wintergarten oder auf einer der Terrassen des Hauses. Kein Ruhetag.

Kliesows Reuse €€
Alt-Reddevitz, Dorfstr. 23 a
Tel. 038308 21 71
www.kliesows-reuse.de
Di. Ruhetag
Uriges Restaurant in einer schilfgedeckten Bauernscheune aus dem 16. Jh. So rustikal wie die Gasträume ist auch die Küche: Fischgerichte nach alten Rezepten (z. B. Salzhering in saurer Sahne mit Pellkartoffeln).

Restaurant Flora €€
Göhren, Nordperdstraße 11
Tel. 038308 70, www.travelcharme.com/hotels/nordperd.html
Anspruchsvolle regionale Küche im Hotel »Nordperd« (▸S. 287) mit hübscher Gartenterrasse.

Wellness-Restaurant meerSalz €€
Ostseebad Binz, Schillerstr. 8
Tel. 038393 66 30, www.meersinn.de
Einziges Biorestaurant auf Rügen, das 100 % »Biogustogenese« (kulinarische Klasse plus Gesundheit) bietet! Tipp: Ländlich feines Menü (29 €); auch Kochkurse. Frische Produkte aus Mecklenburg. Vegetarisches, auch Fisch, Rinderfilet oder Friedländer Damwild.

❶ *Restaurant König Gustav* € €
Sassnitz, Hauptstraße 10 a
Tel. 038392 2 23 59
www.koenig-gustav.de
Das »schwedische« Restaurant bietet nordische Fischspezialitäten, das größte Schnitzel auf Rügen und ausgezeichnete Desserts. Kein Ruhetag (tgl. ab 11.30 Uhr).

❷ *Zur Mole* € €
Sassnitz, Strandpromenade 1
Tel. 038392 2 27 98, www.faehrblick.de/restaurant-zur-mole, www.zurmole.de
In dem direkt am Hafen gelegenen rustikalen Restaurant werden regionale Fisch- und Fleischspezialitäten serviert. Kein Ruhetag (tgl. 11.30 – 22.00 Uhr); Nov. – März geschl.

❸ *Gastmahl des Meeres* € €
Sassnitz, Strandpromenade 2
Tel. 038392 51 70
www.gastmahl-des-meeres-ruegen.de
Hier gibt's Fisch in allen nur erdenklichen Variationen: gebraten, gegrillt, gekocht und geräuchert (kein Ruhetag; tgl. 7.00 – 23.00 Uhr). Angeschlossen ist ein kleines Hotel: 12 Zimmer mit Blick aufs Meer.

***Zum Goldenen Anker* € €**
Putgarten, Vitt Nr. 2
Tel. 038391 1 21 34, www.gasthof-vitt.de
Gleich am Eingang des kleinen, denkmalgeschützten Fischerdörfchens liegt das Restaurant, das für deftige Hausmannskost (z. B. Vitter Fischsuppe) in rustikalem Ambiente steht. April – Okt. kein Ruhetag.

❹ *Eiscafé Badouin* €
Sassnitz, Strandpromenade 3
Tel. 038392 2 22 26
Köstliche Kuchen und Eisspezialitäten, herrlicher Blick aufs Meer – was will man im Urlaub mehr ... Kein Ruhetag (Mai – Okt.).

ÜBERNACHTEN

***Roewers Privathotel* € € € €**
Sellin, Wilhelmstr. 34
Tel. 038303 12 20, www.roewers.de
Gleich an Sellins Promenade gelegen, bieten die fünf unter Denkmalschutz stehenden Villen allen erdenklichen Komfort. Freundlicher Service und umfangreiches Wellness-Angebot gehören ebenfalls dazu.

***artepuri@ hotel meerSinn* € € € €**
Ostseebad Binz, Schillerstr. 8
Tel. 038393 66 30, www.meersinn.de
61 Zimmer und 14 Suiten
Design-Biohotel der Extraklasse, für das TV-Musiker Helmut Zerlett (Harald-Schmidt-Show) sogar eine Hymne komponiert hat. Mit Gesundheitszentrum (800 m²), Spa und Pool (400 m²), Yoga, Biorestaurant und leichtSinn Lounge.

***Hotel Hanseatic* € € €**
Göhren, Nordperdstraße 2
Tel. 038308 5 15
www.hotel-hanseatic.de, 89 Zimmer
Auf der Spitze der Landzunge Nordperd thront das »Hanseatic«. Vom hauseigenen Turm aus überblickt man Göhren, das Umland und die blaue Weite der See. Die Zimmer sind angenehm modern eingerichtet. Einige verfügen auch über eine Pantry (Einbauküche).

***Schlosshotel Spyker* € € €**
Spyker, Schlossallee, Tel. 038302 7 70
www.schloss-spyker.de, 32 Zimmer
Luxushotel in einem der ältesten und stattlichsten Herrenhäuser Rügens in ru-

higer Lage an einer Niederung am Spykerschen See. Komfortable, mit italienischen Stilmöbeln ausgestattete Zimmer, 2 Restaurants.

Wreecher Hof € € €

Putbus-Wreechen, Kastanienallee
Tel. 038301 8 50
www.wreecher-hof.de, 43 Zimmer
Inmitten einer großen Gartenanlage stehen die sieben Reetdachhäuser, in denen sich komfortabel ausgestattete Zimmer und Suiten befinden. Zu den Annehmlichkeiten dieses anspruchsvollen Hauses gehören auch Hallenbad, Sauna und Dampfbad.

Nordperd & Villen € €

Göhren, Nordperdstraße 11
Tel. 038308 70, www.travelcharme.com/hotels/nordperd.html, 95 Zimmer
Eine der ersten Adressen in Göhren mit hohem Komfort, Sauna und Sonnenstudio. Restaurant mit ausgezeichneter regionaler Küche

1 *Kurhotel* € €

Sassnitz, Hauptstr. 1, Tel. 038392 5 30, www.kurhotelsassnitz.de, 83 Zimmer
Das Hotel bietet einen schönen Blick über die Prorer Wiek, ein Restaurant und einen Bierkeller (leckere Fischgerichten!).

2 *Parkhotel del Mar* € €

Sassnitz, Hauptstr. 36
Tel. 038392 69 50
www.parkhotel-del-mar.de
20 Zimmer und 1 Suite
Das in einem Patrizierhaus untergebrachte Hotel hat moderne Zimmer mit exklusivem Mobiliar.

Villa Granitz € €

Baabe, Birkenallee 17
Tel. 038303 14 10
www.villa-granitz.de, 47 Zimmer
Behindertengerechtes, im traditionellen Bäderstil neu erbautes Hotel; Zimmer mit Balkon oder Terrasse.

3 *Villa Aegir* €

Sassnitz, Mittelstraße 5
Tel. 038392 30 20
www.villa-aegir.de, 36 Zimmer
Villen-Ensemble in traditioneller Rügener Bauweise; schöner Blick auf die Ostsee dank der Lage hoch über dem Fährhafen.

zahlreichen Häfen an der Küste Mecklenburg-Vorpommerns Richtung Rügen angeboten, beispielsweise von Stralsund, Greifswald, Lubmin und der Insel Usedom (Zinnowitz, Heringsdorf und Peenemünde).

Rasender Roland

Eine Fahrt mit dem Dampfzug »Rasender Roland« gehört zu den Hauptattraktionen der Insel. Die im Jahr 1895 vornehmlich als Transportmittel für die wohlhabenden Erholungsuchenden bzw. Badegäste eröffnete **Schmalspurbahn** verkehrt zwischen Lauterbach (bei Putbus), Binz, Sellin, Baabe und Göhren. Unterwegs wird mehrmals angehalten, auch unterhalb des Jagdschlösschens Granitz und in Lancken-Granitz. Für die knapp 25 km benötigt der Zug etwa 75 Minuten, ist also nichts für Eilige, auch wenn der Name etwas anderes suggeriert.

ℹ Fahrkarte Putbus – Göhren: 9 €; www.rasender-roland.de, www.ruegensche-baederbahn.de

Hiddensee Nur einen Katzensprung von Rügen entfernt und unbedingt einen Besuch wert ist »die kleine Schwester Rügens«, die hübsche, fast autofreie Insel ►Hiddensee.

VOM RÜGENDAMM NACH PUTBUS

Altefähr Der erste Ort nach Überquerung des Rügendamms ist Altefähr, gegenüber von Stralsund gelegen und deshalb ein guter Standort für einen Panoramablick auf die alte Hansestadt. Die kleine Ortschaft besitzt zudem den einzigen nennenswerten Strand entlang der rügenschen Südküste und eine hübsche spätgotische Backsteinkirche aus dem 15. Jahrhundert.

Garz Die Fahrt durch den Süden der Insel folgt zunächst einer Etappe der Deutschen Alleenstraße. Das Erscheinungsbild der Siedlung Garz ist bis heute sehr dörflich geblieben, obwohl der Ort im Jahr 1317 als erste Siedlung auf Rügen das Stadtrecht erhalten hat. Von einer slawischen Fürstenburg mit Tempel, 1168 durch die Dänen zerstört, blieb ausschließlich der Wall erhalten. Zu den schönsten Gebäuden vor Ort zählt das alte Pfarrhaus, ein reetgedeckter Fachwerkbau in der Wendorfer Straße Nr. 17. Die Stadtkirche St. Petri ist ein schlichter Backsteinbau mit überwiegend barocker Ausstattung. Dem patriotischen Dichter **Ernst Moritz Arndt**, der im Gutshaus von Groß Schoritz (7 km südlich) zur Welt kam, ist mittlerweile ein Museum gewidmet.

Ernst-Moritz-Arndt-Museum: An den Anlagen 1, Mai – Okt. Di. – Sa. 10.00 – 16.00, Nov. – April Di. – Sa. 11.00 – 15.00 Uhr; Eintritt 1,50 €

Silmenitz Auf ein beeindruckendes Hügelgrab stößt man etwa 8 km östlich von Garz bei dem kleinen Ort Silmenitz.

Halbinsel Zudar, Biosphärenreservat Südost-Rügen Die flache, dünn besiedelte Halbinsel südlich von Garz ist ein **Vogelparadies** und Teil des Biosphärenreservats Südost-Rügen, zu dem auch Putbus und das Mönchgut gehören (www.biosphaerenreservat-suedostruegen.de). Im Dorf Lösenitz ließ Moritz von Dyke zwischen 1794 und 1811 ein Arboretum mit exotischen Gehölzen anpflanzen. Der 6 ha große Park kann von Interessenten besichtigt werden. Von Glewitz an der Südspitze der Halbinsel pendelt eine Fähre nach Stahlbrode auf dem Festland, die auch für Radler eine gute Reisealternative ist.

ℹ Betriebszeiten der Fähre April, Sept., Okt. tgl. 6.00 – 20.10, Mai – Aug. tgl. 6.00 – 21.40 Uhr; www.ruegen-schifffahrt.de, www.weisse-flotte.de

PUTBUS

Die »weiße Stadt«, wie Putbus wegen der Farbe seiner Häuser gern genannt wird, erreicht man von Garz aus nach 9 km über die Deutsche Alleenstraße. Putbus gilt als bedeutendes Beispiel für eine nach einheitlichem Plan angelegte **spätklassizistische Residenzstadt**. Ihren Namen erhielt sie von den hier ansässigen Grafen von Putbus, die 1807 in den Fürstenstand erhoben wurden. 1808 begann Fürst Wilhelm Malte I. (1783 – 1854) mit dem Bau der Residenz. Wie sein Vorbild ►Bad Doberan, wo die großherzogliche Familie die Sommerfrische genoss, sollte die Residenzstadt Putbus ebenfalls das Erscheinungsbild eines Badeortes annehmen.

***Circus**

Den Angelpunkt der Stadtanlage bildet der kreisrunde Platz, der von zwei- und dreigeschossigen weißen Gebäuden mit klassizistischen Fassaden gefasst wird. Acht baumgesäumte Wege führen auf den Obelisken in der Platzmitte zu, der 1845 hier aufgestellt wurde. An der Westseite des Platzes steht das Pädagogium, das ursprünglich als Eliteschule für adelige Sprösslinge geplant war.

Alleestraße

Die vom Circus wegführende Alleestraße ist die städtische Hauptachse und Nahtstelle zwischen Stadt und Schlosspark. Wo sich die Straße zum Marktplatz öffnet, steht das klassizistische Theater, das 1819 nach Plänen von Wilhelm Steinbach erbaut wurde. Seine Hauptfassade wird durch den übergiebelten Säulenportikus akzentuiert. Der Stuckfries über den Eingängen stellt Apoll und die Musen dar. Nicht weit entfernt lohnt in der Alleestraße 13 der Besuch des Historischen **Uhren- und Musikgeräte-Museums**, in dem Interessierte vieles über die Geschichte der Uhren und der mechanischen Musikinstrumente erfahren können.

Uhren- und Musikgeräte-Museum: Mai – Okt. tgl. 10.00 – 18.00, Nov. – März So. 11.00 – 16.00 Uhr; Eintritt 3 €; www.uhrenmuseum-putbus.de

Aus einem ehemaligen Barockgarten entstand 1825 der 7,5 km² große ****Schlosspark** im Stil englischer

Das Theater in Putbus ist ein kunsthistorisches Kleinod.

Landschaftsgärten. Mit seinen Teichen, den alten, teilweise sehr exotischen Bäumen und dem Wildgehege gehört er zu den schönsten im Land. In der Mitte des Parks oberhalb des Schwanenteichs stand das Schloss, ein 1825 klassizistisch erweiterter Barockbau, der leider 1960 gesprengt wurde. Auf der anderen Seite des Teichs befindet sich der 1846 von Friedrich August Stüler und Gottfried Steinmeyer errichtete Kursalon, der 1892 zur Schlosskirche umgestaltet wurde. Der Marstall (1824), das Fasanenhaus (1835, Ruine) und das Affenhaus (1830) gehören ebenfalls zu den herrschaftlichen Parkbauten. Im Affenhaus hat neben einem kleinen Café ein hübsches **Spielzeug- und Puppenmuseum** ein neues Domizil gefunden. An Fürst Wilhelm Malte I. erinnert ein 1859 von Friedrich Drake geschaffenes Denkmal zwischen dem ehemaligen Schloss und der Lindenallee.
Im oberen Parkbereich findet man das Mausoleum (1850), einen neugotischen Bau mit den Sarkophagen von Mitgliedern des Fürstenhauses (geschlossen) sowie die Orangerie (1853). Die beiden Löwen vor der Gartenfassade flankierten ursprünglich das Schlossportal. In der Orangerie sind heute mehrere Galerien und ein Café unetrgebracht. In der Nähe steht auch das ehemalige Gärtnerhaus (1829, ebenfalls von Steinmeyer), »Rosen-Café«, auch »Villa Löwenstein« genannt.

Puppenmuseum: Kastanienallee, Mai – Okt. tgl. 10.00 – 18.00, sonst 10.00 – 17.00 Uhr; Eintritt 3,50 €; www.puppenmuseum-putbus.de

***Lauterbach** Was Heiligendamm für Bad Doberan war, sollte das ehemalige Fischerdorf Lauterbach für Putbus werden: das zugehörige Seebad am

Meer. Das Badehaus »an der Goor«, das Fürst Wilhelm Malte I. 1817 hier errichten ließ, steht am Ortsrand am Ende einer Allee. Vornehm schlicht gehalten ist die weiß getünchte Fassade des Gebäudes mit einer im Jahr 1830 angebauten, monumental wirkenden Säulenvorhalle über die gesamte Gebäudebreite (heute ein Hotel). Auf der Strecke von Putbus nach Lauterbach informiert das **Historische Museum** über die Geschichte der Residenz Putbus. Das 2010 aus Prora hierher gezogene Erlebnismuseum »Welt der Experimente« bietet Besuchern Modelle zum Anfassen.

Historisches Museum und »Welt der Experimente«: an der Lauterbacher Str. 9 a, April – Okt. tgl. 10.00 – 18.00, Nov. – März tgl. 10.00 – 16.00 Uhr, Eintritt 1 Museum 4,50 €, beide 6 €; www.museum-prora.de

? BAEDEKER WISSEN

Ruhiges Refugium

Vilm, eine Rügen südlich vorgelagerte Insel, ist seit Jahrzehnten streng abgeschottet: Zu DDR-Zeiten war sie das exklusive Sommerrefugium und Jagdrevier der Parteiprominenz. Heute ist Vilm ein Vogelschutzgebiet und darf deshalb nur von 30 Menschen pro Tag betreten werden. Der Wald dort blieb 500 Jahre sich selbst überlassen. Überfahrt/Führungen mit dem Motorschiff »Julchen«: Tel. 038301 6 18 96; Betriebszeiten: April – Okt. tgl. 10.30 – 13.00 Uhr; Gebühr: 16 €; www.vilmexkursion.de. Auf Vilm finden am und im Tagungsraum der Außenstelle des Bundesamtes für Naturschutz sowie im Generatorhaus Ausstellungen und Konzerte statt.

Zirkow

Ein Abstecher von der Alleenstraße führt hinter Putbus über eine 6,5 km lange Straße nach Zirkow. Im Museumshof, einem Bauerngehöft aus dem Jahr 1727, sind in drei Gebäuden Geräte und Maschinen zu sehen. Sie stammen aus allen möglichen Jahren, von der Zeit der Leibeigenschaft bis zu jener der Landwirtschaftlichen Produktionsgenossenschaften in der DDR.

Museumshof: Binzer Straße 43 a, Mai – Okt. Di. – Sa. 10.00 – 17.00, Nov. – März Mo. – Fr. 10.00 – 16.00 Uhr, Tel. 038393 3 28 24; Eintritt 2 €

*Wasserferienwelt »im-jaich«

Eine Attraktion am Rügischen Bodden ist die Wasserferienwelt »im-jaich« bei Lauterbach. Neben einer Marina mit 300 Liegeplätzen und dazugehörenden Hallen sowie einer Segelschule und einer Jachtcharter-Niederlassung gibt es hier spektakuläre, auf dem Ostseewasser »schwimmende Ferienhäuser«, ein Jugendgästehaus sowie einige luxuriöse Ferienapartments (www.im-jaich.de).

VON PUTBUS AN DIE KÜSTE

*Binz

Das größte und **bekannteste Ostseebad Rügens** liegt an der Ostküste der Insel und am nördlichen Rand der Höhenzüge der Granitz. Mit dem Bau der Schmalspurbahn ►»Rasender Roland« von Putbus

Sonne, Sand und Meer vor dem altehrwürdigen Kurhaus von Binz

nach Binz 1895 nahm der Fremdenverkehr im Ort einen raschen Aufschwung. Bis heute ist Binz das einzige Seebad Rügens, das man mit dem »InterCity« erreicht. Bis zum Ersten Weltkrieg entstand ein vornehmer Badeort mit einer 550 m langen Seebrücke, einer 4 km langen Strandpromenade, einem Kurhaus und zahlreichen Hotels und Pensionen. Auch in den 1920er-Jahren stand der Ort, der auch als **»Nizza des Ostens«** bezeichnet wurde, bei den Urlaubern hoch im Kurs. Heute lockt Binz mit dem Charme eines altehrwürdigen Seebads, mit vielen Freizeitgestaltungsmöglichkeiten, Geschäften, Cafés und Restaurants sowie einem herrlichen breiten Sandstrand. Es feierte 2009 sein 125-jähriges Bestehen als Ostseebad. Die 1942 zerstörte **Seebrücke** von Binz wurde wieder aufgebaut. Hier legen die Ausflugsschiffe zu den Kreidefelsen, zu Fahrten rund um Rügen und zur Insel Usedom an. Steht man auf der Seebrücke, hat man den besten Blick auf das schöne, hufeisenförmig angelegte, dreiflügelige Kurhaus, das 1908 entstanden ist.

****Bäderarchitektur**

In keinem anderen Ostseebad auf Rügen finden sich so viele Beispiele für die sogenannte Bäderarchitektur: Villen und Pensionshäuser mit kleinen Ecktürmchen, zierlichen Erkern und Giebeln. Der **heitere, verspielte Charakter** dieser Häuser wird durch die Holzbalkone und die verglasten Veranden in Fachwerkkonstruktion noch unterstrichen.

Das **Museum Ostseebad Binz** im Kleinbahnhof informiert über die aufregende Zeit der Entstehung des Ostseebads.

Museum Ostseebad Binz: Bahnhofstr. 56; April – Okt. tgl. 10.00 – 17.00, Nov. – März Di. – So. 10.00 – 16.00 Uhr; Eintritt 3,50 €

***Jagdschloss Granitz**

Nur wenige Kilometer südlich von Binz, auf der höchsten Erhebung der waldreichen Granitz, dem 107 m hohen Tempelberg, ließ Fürst Wilhelm Malte I. sich 1836 von Johann Gotthard Steinmeyer ein Jagdschloss errichten, das heute zu den meistbesuchten Ausflugszielen auf Rügen zählt. Man erreicht das Schloss entweder zu Fuß über einen Waldweg vom südlichen Ortsrand von Binz aus oder mit einer der kleinen Jagdschloss-Express-Pendelbahnen, die von der Seebrücke in Binz und vom Parkplatz am Fuß des Tempelbergs starten. Die Vierflügelanlage, mit ihren vier zinnenbekrönten Ecktürmen an eine Burg erinnernd, wird von einem 38 m hohen Turm überragt, den 1844 **Karl Friedrich Schinkel** errichtet hat und von dem aus man eine tolle Aussicht hat. Im Inneren des Turms windet sich eine kunstvolle gusseiserne Wendeltreppe (1844) nach oben. Zu besichtigen sind die restaurierten Räume im Hauptgeschoss, die zum Teil ihrer ursprünglichen Funktion gemäß wieder eingerichtet wurden (u. a. Speisezimmer, Salon, Damensalon und Marmorsaal mit einem Kamin aus Carrara-Marmor).

Im Hauptgeschoss befinden sich auch die Ausstellungen des **Jagdmuseums**. Neben ausgestopftem Wild und Exponaten zum Thema »Die Jagd auf Rügen« beinhaltet das Museum Gemälde des Tier- und Landschaftsmalers Max Hünten sowie ein Kabinett mit Stichen von Johann Elias Riedlinger.

ⓘ Mai – Sept. tgl. 9.00 – 18.00, Okt. – April Di. – So. 10.00 – 16.00 Uhr; Eintritt 3 €; www.granitz-jagdschloss.de

Lancken-Granitz

Zeugnisse der steinzeitlichen Besiedlung sind die fünf gut erhaltenen **Megalithgräber** bei Lancken-Granitz. Um zu den Hünengräbern zu gelangen, die entlang eines Feldweges aufgereiht sind, fährt man von der Straße Putbus–Sellin in Richtung Dummertevitz ab. Nur 4 km sind es von hier bis nach Sellin.

***Sellin**

Sellin gehört zusammen mit Binz und Göhren zu den bedeutendsten Seebädern auf der Insel Rügen. Der alte Kern von Sellin – 1225 erstmals als Fischerdorf erwähnt – liegt am gleichnamigen See. Das Seebad an der Ostsee entstand jedoch erst nach dem Anschluss an die Schmalspurbahn (1896). Besonders reizvoll ist die Lage von Sellin an der Steilküste. Am Fuß des Hangs dehnt sich der 2,6 km lange, feinsandige Strand aus. In der Verlängerung der Hauptstraße (Wilhelmstraße) ragt die wiedererrichtete Seebrücke in die Ostsee. Auf ihr steht ein prächtiges, zweistöckiges Restaurant- und Geschäftsgebäude, das dem Bau ähnelt, der hier schon in den 1940er-Jahren gestan-

Malerisch: die Seebrücke von Sellin

den hat. Entlang der jäh abbrechenden Steilküste verläuft der **Hochuferweg**, auf dem man bis nach Binz oder bis zum Südstrand von Sellin spazieren kann. Das Bernsteinmuseum (mit Verkauf), erläutert die Geschichte der Bernsteinbearbeitung

Bernsteinmuseum: Granitzer Str. 43 a, Mo.–Fr. 10.00–12.00, 14.00–17.00, Sa. 10.00–12.00 Uhr; Eintritt 1,50 €; www.bernsteinmuseum-sellin.de

Die Halbinsel ***Mönchgut**, die südlich von Sellin beginnt und den südöstlichsten Zipfel Rügens bildet, gehört mit ihrer stark zerlappten Binnenküste, der sanften Hügellandschaft und den alten Fischer- und Bauerndörfern zu den schönsten Landstrichen auf ganz Rügen. Seit 1360 war die Halbinsel mehrere Jahrhunderte lang im Besitz des Zisterzienserklosters Eldena bei Greifswald, wodurch sich der Name Mönchgut sowie die Traditionsverbundenheit und die Herausbildung einer ganz eigenen regionalen Kultur erklären lassen. Die historische Grenze des Klosterbesitzes bildete der sogenannte Mönchsgraben am nördlichen Ortsrand von Baabe.

Baabe Baabe, unmittelbar südlich von Sellin, entwickelte sich erst um 1900 zum Badeort und ist heute das kleinste der rügenschen Ostseebäder. Das **Küstenfischermuseum**, eines der acht Mönchguter Museen, zeigt die Lebenswelt der Mönchgut-Fischer u. a. mit dem Motorschiff »Ossi«, einem Reusenschiff, einer Heringssortiermaschine und dem Landungsboot »Polt«.

Küstenfischermuseum: Ecke Bollwerk-/Dorfstr.; tgl. 9.00–20.00 Uhr; Eintritt frei; www.mönchguter-museen.de

***Göhren** Göhren gehört mit Binz und Sellin zum Triumvirat der großen Ostseebäder. Es liegt im äußersten Südosten der Insel auf einem waldbedeckten Höhenzug, der am 60 m hohen **Nordperd** in die Ostsee hineinragt. Das seit dem Mittelalter (1276 erwähnt) existierende Bauern-, Fischer- und Lotsendorf entwickelte sich in den 1880er-Jahren zum Seebad; seit 1899 ist der aufstrebende Badeort durch die Schmalspurbahn »Rasender Roland« mit Putbus und den nördlichen Seebädern verbunden. Reizvoll sind die alten Pensions- und Ferienhäuser im Stil der Bäderarchitektur. Als Außenstandort der IGA 2003 gestaltete Göhren den Bereich rund um die Strandpromenade zu einer ansprechenden Parkanlage mit Musikpavillon und Kneipp-Anlage um. An der ruhigen Strandstraße mit Geschäften und Restaurants liegt an Nr. 4 der **Museumshof**, Zentrum der vier Göhrener und vier Mönchguter Museen. Ergänzend zeigt das Heimatmuseum in einem **Rohrdachhaus** Exponate aus der Arbeitswelt von Bauern, Fischern und Lotsen, informiert über die Geschichte Göhrens und organisiert Sonderausstellungen. An der Thiessower Str. 7, Ecke Friedrichstr., steht das **Rookhus** (Rauchhaus), ein Fachwerkbau mit Walmdach von 1720. Die Ausstellung widmet sich der Alltagskultur im 18./19. Jahrhundert.

In der Nähe des Rookhuus steht auch die expressionistisch beeinflusste Backsteinkirche (1930) und westlich dahinter der **Speckbusch**, ein 3000 Jahre altes Großsteingrab. Auf einer Wiese nahe dem Südstrand kann man das **Museumsschiff »Luise«** durchstreifen, das die Rolle der Frachtschifffahrt für die Region vergegenwärtigt. Schön ist eine Wanderung um den Nordperd, den Nordzipfel Göhrens. Nördlich und südlich davon gibt es Strände.

BAEDEKER WISSEN

? *Der Gottesstein*

Vor dem nördlichen Strandabschnitt von Göhren reckt der »Buskam« sein dunkles Haupt aus den Wellen. Er ist mit rund 40 m Umfang der größte Findling der deutschen Ostseeküste. Sein Name aus dem Slawischen bedeutet »Gottesstein«. Ob hier heidnische Rituale gefeiert wurden, ist unbekannt, angeblich sollen sich hier aber zur Mittsommernacht Seejungfrauen treffen …

Museumshof: Mitte April – Juni, Sept. – Mitte Okt. tgl. 10.00 – 17.00, Juli, Aug. tgl. 10.00 – 18.00, Mitte Okt. – Mitte April Mo. – Fr. 10.00 – 16.00 Uhr; Eintritt 3 €, Museumskarte Göhren (4 Museen) 10 €, www.mönchguter-museen.de

Rohrdachaus: Strandstr. 1, Öffnungszeiten wie Museumshof; Einzeleintritt 3 €

Rookhus: Thiessower Str. 7, Mitte April – Juni, Sept., Okt. tgl. 10.00 – 13.00, Juli, Aug. tgl. 10.00 – 17.00 Uhr, Nov. – Mitte April geschl.; Einzeleintritt 3 €

Museumsschiff: Öffnungszeiten, Eintritt: wie Rookhus

Insel Oie

Von der Seebrücke Sellins aus werden Schiffsexkursionen angeboten, u. a. auf die kleine Insel Oie, wo die letzten wild lebenden Shetlandponys Deutschlands zu Hause sind (►Usedom).

Middelhagen

Im Nachbarort Middelhagen wurde das kleine **Schulmuseum** in einem reetgedeckten Fachwerkbau aus dem Jahr 1825 eingerichtet. Im Klassenzimmer finden sogar historische Schulstunden statt.

❶ Historische Schulstunden: Juli/Aug. Di., Mi. 10.00 Uhr, Mai, Sept. nur Mi. 10.00, April, Okt. Mi. 11.00 Uhr, Öffnungszeiten: April, Okt. Di. – So. 10.00 – 15.00, Mai, Sept. tgl. 10.00 – 16.00, Jun. – Aug. tgl. 10.00 bis 17.00 Uhr, Nov. – März geschl.; Eintritt 3 €

Der Koloss von Rügen

Im Mai 1936 erfolgte der erste Spatenstich des von Clemens Klotz für die nationalsozialistische Ferienorganisation »Kraft durch Freude« entworfenen Seebads an einem der schönsten Strände Rügens. Drei Jahre später stand der Rohbau der etwa 4,5 km langen Anlage, die 20 000 urlaubende »Volksgenossen« aufnehmen sollte. Doch der Betonkoloss wurde nie fertiggestellt. Lange Jahre als Kaserne genutzt, haben sich heute in einigen Teilen der Bauruine Museen eingerichtet.

❶ Dokumentationszentrum
Das Dokumentationszentrum informiert über Entstehung und Nutzung des Monumentalbaus.

❷ Bettenhäuser
Fünf der geplanten acht sogenannten Bettenhäuser sind noch erhalten und werden zum Teil genutzt.

❸ Gemeinschaftshäuser
In den Gebäuden sollten u. a. Läden, Restaurants und Kegelbahnen untergebracht werden.

❹ Schwimmhalle
Der nördliche und südliche Teil des durch die Festhalle und den Festplatz unterbrochenen Baus sollten jeweils eine Schwimmhalle erhalten. Im nördlichsten Block V eröffnete 2011 eine Jugendherberge.

❺ Seebrücken
Die beiden Seebrücken sollten als Landungsstege für Kreuzfahrtschiffe dienen.

❻ Festhalle
Hinter der Festhalle wurde ein Fest- und Aufmarschplatz angelegt.

❼ »Tonfilmhalle«
Auch ein Kino durfte im »Seebad der 20 000« nicht fehlen.

❽ Museumsmeile
Der sogenannte Block III hat sich mittlerweile als attraktive Museumsmeile etabliert.

Lobbe Auch Lobbe, 4 km südlich von Göhren, ist ein kleines altes Bauerndorf, das heute mit einem langen Badestrand und Campingplätzen um Urlauber wirbt.

> **! BAEDEKER TIPP**
>
> *Durch Wiesen und Wald*
>
> Eine schöne Wanderung über die sogenannten Zickerschen Berge zum 66 m hohen Bakenberg bietet sich vom westlichen Ortsausgang von Groß Zicker an, wo ein schön gelegenes Ausflugslokal zu einer verfrühten Rast verführt. Vom Bakenberg aus genießt man eine herrliche Aussicht auf die sanft geschwungene Landschaft des Mönchguts.

Am Ortsrand von **Groß Zicker**, ca. 5 km südwestlich vom Bauerndorf Lobbe, steht das 1723 erbaute **Pfarrwitwenhaus**, ein besonders gut erhaltenes Beispiel für ein Hallenhaus im »Zuckerhutstil«. Es wird heute als Museum und Galerie mit wechselnden Ausstellungen genutzt. Auf dem Friedhof bei der alten Dorfkirche (Ende 14. Jh.) sind die Grabsteine aus dem 17. bis 19. Jh. sehenswert.

Pfarrwitwenhaus: Ostern – Mai, Okt. Mo. – Sa. 10.00 – 17.00, So. 13.00 bis 17.00, Jun., Sept. Mo. – Sa. 10.00 bis 18.00, So. 13.00 – 18.00, Juli, Aug. Mo. – Sa. 10.00 – 19.00, So. 13.00 bis 19.00 Uhr, Nov. – Ostern geschl.; Eintritt frei; www.mönchguter-museen.de

Thiessow Das südlichste Dorf auf dem Mönchgut ist Thiessow. Die alte Lotsenwache und der **Lotsenturm** sind zu besichtigen. Im **Haus des Gastes** wird die Geschichte der Thiessower Lotsen ab dem frühen 17. Jh. anhand von Lotsenglocke und Navigationsinstrumenten gezeigt.

Lotsenturm: Lotsenberg 1, April – Okt. tgl. 9.00 – 18.00 Uhr; Eintritt Wache frei, Turmaufstieg 1 €

Haus des Gastes: Hauptstr. 36, April – Okt. tgl. 9.00 – 12.00, 13.00 – 16.00, Nov. – März tgl. 9.00 – 12.00 Uhr; Eintritt frei; www.mönchguter-museeen.de

IN DEN NORDEN DER INSEL

****Prora** An der Südspitze des östlichen Rügens angelangt, führt die Rundfahrt wieder zurück nach Binz und von dort Richtung Norden. Rund 4 km nördlich von Binz passiert man ein gewaltiges Bauwerk, das bis heute Anlass zu Diskussionen gibt: Prora, ein 4,5 km langer, sechsgeschossiger Gebäudekomplex aus acht Trakten, der sich parallel zum Strand hinzieht(►Baedeker Wissen S. 296). Errichtet wurde der graue Block aus Stahl und Beton zwischen 1936 und 1939 von den Nationalsozialisten, die hier eine Ferienanlage für 20 000 »Volksgenossen« bauen wollten. Die Fertigstellung der monumentalen Anlage wurde jedoch durch den Beginn des Zweiten Weltkriegs verhindert. Im Jahr 1950 zog die Nationale Volksarmee (NVA) in einen Teil des Gebäudes ein und nutzte den Sandstrand als Militärübungsplatz. Seit

der Wiedervereinigung streitet man sich um den seit 1994 denkmalgeschützten Betonklotz, in den mehrere Museen, Galerien und Cafés eingezogen sind. Im Dokumentationszentrum im Herzen der Prora-Anlage neben dem Theaterbau wird die Geschichte Proras thematisiert und die Dauerausstellung MACHTUrlaub gezeigt (Eintritt 6 €). Die **KulturKunststatt Prora** vereint fünf Museen, eine Bildergalerie und Sonderausstellungen, u. a. das NS-KdF-Museum, das NVA-Museum, das Rügen-Museum, »Motorradwelt DDR« und die Ausstellung »Zeitfenster Prora 1934 – 2002«. In der oberen Etage lockt das Wiener Kaffeehaus mit Panoramasaal Silberreiher.
2011 begannen Arbeiten zum Bau eines Einkaufszentrums, eines Hotels und 400 altersgerechter Wohnungen (Blöcke I, II). Im Juni 2011 eröffnete im nördlichen Block V die Jugendherberge (96 Zimmer, 402 Betten). Dort ist auch das **PRORA-ZENTRUM** Bildung-Dokumentation-Forschung, das Jugendbildungsmaßnahmen und Projekte durchführt und Ausstellungen zeigt.
Das **Eisenbahn- und Technikmuseum** Rügen wartet mit Güterzügen, Oldtimerbussen, Feuerwehrfahrzeugen und einem originalen »Trabbi« auf. Die **Grafik-Galerie Prora**, in der Strandstr., besitzt auf fünf Stockwerken 4000 Druckgrafiken von 250 Künstlern von 1900 bis zur Gegenwart.

❶ Führungen (zzgl. 2 €): tgl. 11.45, 14.30 Uhr, Jan./Feb. nur Mo. – Fr. 11.45 Uhr; Eintritt: 6 €; www.prora.eu, www.proradok.de
KulturKunststatt Prora: Objektstr., Block 3/TH 2, Mai – Okt. tgl. 9.00 – 19.00, Nov. – April tgl. 10.00 – 16.00 Uhr; Sammelticket 6,50 €; www.kulturkunststatt.de
PRORA-ZENTRUM: Mukraner Str. 12, Tel. 038301 6 15 33, April, Okt. tgl. 10.00 – 17.00, Mai – Sept. tgl. 10.00 – 18.00 Uhr, sonst n. V.; Eintritt frei; www.prora-zentrum.de
Eisenbahn- und Technikmuseum: Am Bahnhof 4, April – Okt. tgl. 10.00 – 17.00 Uhr; Eintritt 6 €; www.etm-ruegen.de
Grafik-Galerie Prora: April – Okt. Di. – So. 11.00 – 17.00, Nov. – März Di. – So. 10.00 – 16.00 Uhr; Eintritt 2 €

Feuersteinfelder von Neu Mukran

Neu Mukran ist ein Fährhafen zwischen Binz und Sassnitz für den internationalen Fähr- und Eisenbahngüterverkehr. Sehenswert ist Neu Mukran vor allem wegen der Feuersteinfelder in seiner Nähe. Der kürzeste Fußweg dorthin (ca. 30 Min.) beginnt beim Parkplatz auf der linken Straßenseite vor dem Ortseingang von Neu Mukran. Das grauschwarze Gestein, das auch Flint genannt wird und hier recht eindrucksvoll weite Flächen bedeckt, wurde einst von unseren Vorfahren zum Feuermachen und zur Herstellung von Werkzeugen genutzt.

Sassnitz

Sassnitz ist die zweitgrößte Stadt auf Rügen und der Hauptort auf der Halbinsel Jasmund. In der zweiten Hälfte des 19. Jh.s war Sassnitz ein

Sassnitz

Übernachten

1. Kurhotel
2. Parkhotel del Mar
3. Villa Aegir

Essen

1. König Gustav
2. Zur Mole
3. Gastmahl des Meeres
4. Eiscafé Badouin

prominentes Seebad. Durch das Kreidewerk sowie durch Fischfang und Fischverarbeitung entwickelte sich Sassnitz nach 1945 zu einem Industrieort. Südlich von Sassnitz liegt bei Neu Mukran der Fährhafen für den Verkehr nach Mecklenburg-Vorpommern und den Eisenbahngüterverkehr nach Litauen. Seit 1909 war Sassnitz als Fährhafen von überregionaler Bedeutung, denn die kürzeste Verbindung von Mitteleuropa nach Skandinavien verläuft zwischen Neu Mukran und dem schwedischen Trelleborg.

Sassnitz ist eine durch den Hafenbetrieb geprägte Stadt, die vor allem als Ausgangspunkt für Wanderungen im Nationalpark Jasmund geschätzt wird. Im Norden der Stadt liegt das alte Zentrum, das aus einigen wenigen hübschen Sträßchen besteht. Im Stadthafen beschäftigt sich das **Fischerei- und Hafenmuseum** mit der Sassnitzer Fischereigeschichte der letzten 150 Jahre. Etwa 300 m weiter wird das Museum für Unterwasserarchäologie derzeit saniert. In den Räumen wird bis zur Fertigstellung die **Ausstellung »100 Jahre Fährverbindung Sassnitz – Trelleborg«** gezeigt. Dazwischen hat als **U-Boot-museum** das englische U-Boot H.M.S. Otus angelegt.

Fischerei- und Hafenmuseum: April – Okt. tgl. 10.00 – 18.00, sonst Di. – So. 10.00 – 17.00 Uhr; Eintritt 3,50 €; www.hafenmuseum. de
Ausstellung »100 Jahre Fährverbindung Sassnitz – Trelleborg«: tgl. 10.00 – 17.00 Uhr; Eintritt 1,50 €
U-Bootmuseum: Hauptsaison 10.00 – 19.00, Nebensaison bis 16.00 Uhr; Eintritt 6 €; www.hms-otus.com

** NATIONALPARK JASMUND

Landschaft

Hunderttausende von Besuchern reisen jährlich nach Rügen, um die leuchtend weißen **Kreidefelsen** der Stubnitz im Nationalpark Jasmund zu sehen, die Wahrzeichen der Insel. Der 1990 gegründete Nationalpark erstreckt sich zwischen Sassnitz im Süden und Lohme im Norden an der Ostküste der gleichnamigen Halbinsel. Den größten Anteil hat die etwa 100 m hoch gelegene, eiszeitlich geformte Hochfläche der Stubnitz, ein etwa 2500 ha großes Buchenwaldgebiet, das bis an die Steilküste heranreicht und seit 2011 zum UNESCO-Weltnaturerbe »Alte Buchenwälder Deutschlands« gehört. In geradezu spektakulärer Weise sind hier am Steilufer die bis zu 120 m mächtigen, weiß leuchtenden Sedimente des Kreidemeers freigelegt. Diese sind rund 70 Mio. Jahre alt, sehr reich an Fossilien und von dunklen Feuersteinbändern durchzogen. Nicht nur die Steilküste, sondern auch die abwechslungsreiche Landschaft im Hinterland mit Bächen und Seen (u. a. dem sagenumwobenen Hertha-See), mit Feuchtwiesen und Mooren sind von großem Reiz. An den Uferhängen der Steilküste wachsen u. a. Wildobstarten, in den Kesselmooren gedeihen Moos- und Krähenbeere, in den Quellmooren im Küstenbereich ist der Riesenschachtelhalm beheimatet. Zeugnisse für die lange Besiedlungszeit der Halbinsel sind die neolithischen **Megalithgräber**, bronzezeitliche Hügelgräber und Erdwälle slawischer Fliehburgen (Herthaburg).

> ! BAEDEKER TIPP
>
> *Morgenstund'*
>
> Die beste Zeit für einen Besuch der Kreidefelsen ist der frühe Morgen. Beschienen vom wechselnden Licht der Sonne, erstrahlen die Felsen in wundervollen Rot-, Gold- und Weißtönen. Auch ist es an den Aussichtsplattformen dann noch relativ leer, sodass man das Naturschauspiel mit der gebührenden Ruhe genießen kann.

Will man den Königsstuhl bzw. die Stubbenkammer sehen, dann sollte man nicht über das Nadelöhr Sassnitz fahren, sondern am besten den Weg über Sagard – Ruschvitz – Nipmerow wählen. Vom Parkplatz Hagen geht es zu Fuß (2,8 km; ca. 45 Min.) oder mit dem Pendelbus zur Aussichtsplattform. Parkplatz, Pendelbus und Zutritt zum Königsstuhl sind gebührenpflichtig! Das beim Königsstuhl eröffneten **Nationalparkzentrum** ist einen Besuch wert. In einer »Erlebnis-

ausstellung« auf 2000 m² geht es auf eine Zeitreise durch die Naturgeschichte des Naturparks Jasmund.

Nationalparkzentrum: Stubbenkammer 2, Ostern – Okt. tgl. 9.00 – 19.00, Nov. – Ostern tgl. 10.00 – 17.00 Uhr; Eintritt 6 €; www.koenigsstuhl.com

****Stubbenkammer, Königsstuhl**

Die höchsten Kreidefelsen an der Steilküste des Jasmund sind die Große Stubbenkammer im Norden und die südlichere Kleine Stubbenkammer. Der 117 m hohe Königsstuhl ist wohl der berühmteste Aussichtsbalkon auf die spektakulären Kreidefelsen der Großen Stubbenkammer, die **Caspar David Friedrich** in seinem romantischen Gemälde »Kreidefelsen auf Rügen« (um 1818) verewigt hat.
Aber auch von der etwas tiefer gelegenen »Viktoriasicht« (kein Eintritt!) und weiteren guten Aussichtsplattformen kann man herrliche Ausblicke genießen. Bei klarem Wetter ist das Zusammenspiel von weißen Kreidefelsen, grünen Buchenwäldern und blauem Meer sehr beeindruckend. Auch vom Strand aus bietet die Steilküste einen grandiosen Anblick; ein steiler Pfad führt vom Königsstuhl hinunter.
Das zweite bekannte Kreidekliff der Stubbenkammer waren die **Wissower Klinken** – bis zum 24. Februar 2005: Dann donnerten sie, von Wasser, Wind und Wetter angenagt, mit Getöse in die Tiefe. Die Reste der Wissower Klinken findet man südlich des Königsstuhls. Man erreicht sie am besten über den Hochuferweg von Sassnitz aus, kann sie aber auch von der B 96 aus erwandern. Mit dem Pkw fährt man über eine 3 km lange, allerdings nur teilweise ausgebaute Straße zum Gasthaus »Waldhalle« bei den einstigen Wissower Klinken.

Wanderwege

Die Stubnitz ist ein ausgesprochenes Wanderparadies mit einigen ausgeschilderten Routen. Besonders empfehlenswert ist der Hochuferweg, der von Sassnitz entlang der Steilküste zur Stubbenkammer führt – eine Wanderung über etwa 9 km – und den man weiter nach Lohme gehen kann (weitere 4 km). Er ist gespickt mit herrlichen Ausblicken auf die Kreidefelsen (Gehzeit ca. 3 – 4 Std.) und daher in der Hochsaison von ganzen Wandererscharen bevölkert. Kürzer ist der Rundwanderweg von Sassnitz über die Wissower Klinken zur Waldhalle und zurück nach Sassnitz. Am Parkplatz Hagen beginnen geführte Rundwanderungen durch den Nationalpark. **Achtung: Aufgrund weiterer Abbrüche und tragischer Unfälle, zuletzt Weihnachten 2011, sind Wegsperrungen, Warnhinweise und sonstige Sicherungsmaßnahmen unbedingt zu respektieren!** Auf Nummer sicher geht man bei geführten Wanderungen der Nationalparkverwaltung.

Kutterfahrt

Im Sommer gibt es täglich die Möglichkeit, von Sassnitz aus an einer etwa zweistündigen Kutterfahrt entlang der Küste des Jasmund teil-

Berühmtester Aussichtsfelsen von Rügen ist der Königsstuhl.

zunehmen. Auch die größeren Badeorte wie Binz und Göhren bieten Fahrten an, die zur Kreideküste führen.

VON SAGARD ZUM KAP ARKONA

Sagard Sagard ist der zweitgrößte Ort auf der Halbinsel Jasmund. Hier kreuzten sich schon in slawischer Zeit die wichtigsten Verkehrswege. Um die Mitte des 18. Jh.s setzte in Sagard wegen der Quellen der Badetourismus ein. Schon im Jahr 1794 wurde eine »Brunnen-, Bade- und Vergnügungsanstalt« gegründet. An der B 96 südlich von Sagard liegt der **Dobberworth**, ein großes bronzezeitliches Hügelgrab. Das Geheimnis der Rügener Schreibkreide wird im Sagarder **Kreidemuseum** gelüftet. Das Museum liegt an einem originalen Abbauplatz, in der Ex-Werkhalle des Gummanzer Kreidewerks. Sonderausstellungen informieren über die aktuellen Kreideabbrüche.

Kreidemuseum: Gummanz 3 a, Ostern – Okt. tgl. 10.00 – 17.00, Nov. bis Ostern Di. – So. 10.00 – 16.00 Uhr; Eintritt: 3 €; www.kreidemuseum.de

Bobbin Bobbin, 4 km nördlich von Sagard an der B 96, erkennt man schon von Weitem an seiner hübschen Feldsteinkirche, die in leicht erhöhter Lage über den Ort blickt. Im Inneren bewahrt sie ein sehenswertes Barockensemble aus einem Altar von 1668, einer Kanzel von 1662 und einer Patronatsloge; der Taufstein stammt aus der Zeit um das Jahr 1300.

Schloss Spyker Nur wenige Hundert Meter hinter Bobbin zweigt links eine schmale Straße zum Schloss Spyker ab, einem der wenigen erhaltenen Schlossbauten aus der Renaissancezeit auf Rügen. Um 1650 fügte der damalige Besitzer, Gouverneur Carl Gustav Wrangel, die runden Ecktürme hinzu. Das rot getünchte Gebäude mit seinem kleinen Rosengarten wird heute als Hotel und Restaurant genutzt.

> **! BAEDEKER TIPP**
>
> *Windschutz*
>
> Um die Schönheit und die anderen Vorzüge des Badestrands auf der Schaabe in vollen Zügen genießen zu können, sollte man einen Windschutz (z. B. ein halboffenes Zelt) mitnehmen – der Strand zählt zu den windigsten der ganzen Insel!

Die **Schaabe**, der kilometerlange breite Sandstrand zwischen den Halbinseln Jasmund und Wittow, gilt als einer der schönsten Badeplätze auf Rügen. Von der Straße aus ist der Strand wegen der **Kiefernwälder**, die hier gegen die Abtragung des Sands gepflanzt wurden, nicht zu sehen. Hat man den Wald und die Dünen durchquert, breitet sich in der weiten Bucht des Tromper Wieks ein endlos langer, feinsandiger Strand aus.

Der Ort Glowe liegt am südlichen Ende der Schaabe, etwa 9 km nordwestlich von Sagard, und ist ein großzügiger Badeort mit einem langen Sandstrand.

Altenkirchen

Altenkirchen blieb vom Tourismus noch weitgehend unberührt. Das vermutlich kurz nach der Eroberung der slawischen Feste Arkona im Jahr 1168 gegründete Dorf besitzt eine von einem schönen alten Friedhof umgebene Kirche. Ihr Chor stammt aus der Zeit kurz vor 1200; das dreischiffige, kreuzrippengewölbte Langhaus wurde im 14. Jh. vollendet. In die Außenwand zum südlichen Choranbau ist ein alter slawischer Grabstein eingemauert, einen bärtigen Mann mit Horn darstellend. Der mit vier plastisch ausgebildeten Männerköpfen verzierte Taufstein wurde um 1250 auf Gotland geschaffen. Bemerkenswert ist auch der 1724 entstandene Altaraufsatz aus der Werkstatt des Elias Keßler aus Stralsund. Auf dem Friedhof, links neben dem Kircheneingang, befindet sich das schlichte Grab des im Jahr 1818 verstorbenen Dichters und Predigers Gotthard Ludwig Theobul Kosegarten, der einige Jahre als Probst in Altenkirchen gewirkt hatte.

*Kap Arkona

Kap Arkona bildet den **nördlichsten Punkt** der Insel Rügen. Bei gutem Wetter kann man bis zur dänischen Insel Møn sehen. Das Kap, das zu allen Jahreszeiten sehr viele Besucher anzieht, liegt etwa 9 km nördlich von Altenkirchen. Sein Fahrzeug muss man schon auf dem

Wahrzeichen von Kap Arkona sind seine beiden Leuchttürme.

BAEDEKER WISSEN

? *Heiraten im hohen Norden*

Auf Kap Arkona hat das nördlichste Standesamt Deutschlands seinen Sitz. Rund 400 Paare haben sich hier bereits trauen lassen. Ihre Namen wurden auf den Hochzeitsplatten vor Schinkels Leuchtturm eingraviert. Ein wahrlich malerischer Ort für eine Eheschließung!

kostenpflichtigen Parkplatz in Putgarten abstellen und die 1,2 km zur Nordspitze der Insel zu Fuß auf einer Asphaltstraße zurücklegen. Man kann sich auch von der Pferdekutsche oder der Arkonabahn hinfahren lassen. Von der slawischen Tempelburg, die 1168 von den Dänen erobert wurde, sind nur noch die Reste des einstigen Burgwalls als hügelige Erhebungen erkennbar. Das Wahrzeichen von Kap Arkona sind seine beiden **Leuchttürme**. 1827 entwarf Baumeister Karl Friedrich Schinkel den quadratischen, ca. 20 m hohen Backsteinturm. Neben diesem steht der schlanke, 39 m hohe Rundturm von 1902. Im **Schinkelturm** sind Ausstellungen zum Schinkel-Schaffen in Vorpommern und auf Rügen sowie zur Geschichte von Leuchtfeuer, Seezeichen und Seenotrettung eingerichtet. Im Leuchtturmwärterhaus können Ferienwohnungen gemietet werden. Zum Museum gehört der begehbare **Marinepeilturm** am slawischen Burgwall mit Atelier und Ausstellungen. Mit der Kapkarte (8 €) kann man auch die **Bunker** der ehemaligen Marine-Führungswarte der 6. Flotte der DDR-Volksarmee besichtigen. In Putgarten zeigt die Druckwerkstatt Rügenhof in der Dorfstr. 22 die Geschichte von Buchdruck und Buchbinderei.

Schinkelturm: Jan. – März, Nov., Dez. tgl. 11.00 – 16.00, April – Juni, Okt. 10.00 – 17.00, Juli, Aug. 10.00 – 19.00, Sept. 10.00 – 18.00 Uhr; Eintritt 2 € oder Kapkarte für 8 €; www.kap-arkona.de, www.leuchtturm-atlas.de
Marinepeilturm: April – Juni, Okt. tgl. 11.00 – 17.00, Juli – Sept. 11.00 – 18.00 Uhr; Eintritt s. o.
Bunker: Mai – Okt. tgl. 10.00 – 19.00 Uhr; Eintritt 1 €; Führungen jede volle Std.; Dauer: 45 Min.; Eintritt 5 €; www.foerderverein-kap-arkona.de

****Vitt** Ebenfalls nur zu Fuß oder per Kutsche erreichbar ist von Putgarten aus das **Bilderbuchdorf** Vitt, dessen reetgedeckte Fischerkaten sich in eine geschützte Mulde schmiegen. Keine modernen Neubauten stören die Idylle. Im urigen »Gasthof zum Goldenen Anker« kann man eine Rast einlegen. Der Name Vitt bezeichnete früher die nur zu Fangzeiten aufgesuchten, mit Salzhäusern ausgestatteten Fischhandelsplätze, aus denen dann mit der Zeit feste Siedlungen entstanden. An der Straße nach Arkona ließ der weithin bekannte Pfarrer Gotthard Ludwig Theobul Kosegarten für seine Predigten vor den Fischern 1806 eine weiß geschlämmte achteckige Kapelle bauen. Das von seinem Zeitgenossen Philipp Otto Runge (▶Berühmte Persönlichkeiten) geschaffene Altarbild im Innern des kleinen Zentralbaus ist eine Kopie; das Original hängt in der Kunsthalle in Hamburg.

Schön, wenngleich keineswegs einsam, ist die ca. 1,5-stündige Rundwanderung von Putgarten zum Kap Arkona und zurück über Vitt.

VON WIEK NACH BERGEN

Wiek

Von Altenkirchen erreicht man nach 3 km Wiek am gleichnamigen Bodden. Das Dorf war bis ins 19. Jh. ein bedeutender Hafenplatz (bis 1936 Dampfschifflinie nach Stralsund); die Bewohner lebten u. a. vom Bootsbau. Sehenswert ist neben den reetgedeckten Häusern die Dorfkirche aus dem 15. Jh. mit reicher Ausstattung: einem spätromanischen Taufstein, einer gotischen Triumphkreuzgruppe, einer Plastik des hl. Georgs zu Pferd sowie einem barocken Altaraufsatz von 1748. Im nahen **Dranske** zeigt das **Marinehistorische und Heimatmuseum** die Dorfgeschichte samt Exponaten zu Militär, Fischerei und Tourismus sowie die Fossiliensammlung »Die Steine des Mimen« des DEFA-Schauspielers Willi Neuenhan.

Marinehistorisches und Heimatmuseum: Max-Reichpietsch-Ring 2, Juni – Aug. Mo. – Sa. 14.00 – 17.00 Uhr; Eintritt 2 €; www.bug-wittow.de

Wittower Fähre

Um die Halbinsel Wittow Richtung Süden wieder zu verlassen, muss man nun mit der Wittower Fähre den Breetzer Bodden nach Zentralrügen überqueren. Wegen der gelegentlichen Warteschlangen sollte man hier etwas Zeit einplanen, auch wenn die eigentliche Überfahrt nur Minuten dauert.

Schaprode

Schaprode ist den meisten nur als Fährhafen zur Insel ►Hiddensee bekannt, obwohl das Dorf 11 km südwestlich des Wittower Fährhafens auch eine bemerkenswerte Kirche besitzt, deren älteste Teile (Chor und Apsis) aus dem 13. Jh. stammen. Das Langhaus mit der trutzigen, im Giebelbereich durch Staffelblenden gegliederten Westfassade erhielt im 15. Jh. seine heutige Form. Im Innern bilden die bemalte spätgotische Triumphkreuzgruppe (um 1500) mit den barocken Ausstattungsstücken (Kanzel von Hans Broder, 1723; Altaraufsatz, Taufe und Beichtstuhl) ein harmonisches Ensemble.

***Waase**

Das idyllische Fischerdorf auf der Insel Ummanz, seit 1901 durch eine Brücke mit Rügen verbunden, besitzt eine schöne Dorfkirche mit spätgotischer Ausstattung. Um eine besonders hochwertige Arbeit handelt es sich bei dem um 1520 in Antwerpen entstandenen Schnitzaltar. Im Mittelteil zeigt er die Passion Christi und darunter Szenen aus dem Leben des hl. Thomas Becket von Canterbury.

Gingst

Gingst, knapp 18 km südlich von Schaprode gelegen, ist das Zentrum des touristisch weniger frequentierten Westteils von Rügen. In zwei reetgedeckten Fachwerkhäusern aus dem 18. Jh. informieren die

Riesenspektakel auf der Freilichtbühne zu Ralswiek

Historischen Handwerkerstuben über rund 30 einst hier ausgeübte Handwerksberufe. Die Pfarrkirche St. Jakobi (14./15. Jh.) besitzt eine schöne, qualitätvolle Barockausstattung. Besondere Beachtung verdienen vor allem die Taufe (1735), der Altar (1776) sowie die Kanzel, die 1743 Martin Becker aus Stralsund fertigte. Die Orgel mit ihrem klassizistischem Prospekt stammt vom Stralsunder Christian Kindt.

Historische Handwerkerstuben: Karl-Marx-Str. 19/20, Juni – Aug. tgl. 10.00 – 17.00, Mai, Sept. Mo. – Sa. 10.00 – 17.00, Okt. bis 16.00, Nov. – April Mo. – Fr. 10.00 – 17.00 Uhr; Eintritt 2 €; www.historische-handwerkerstuben-gingst.de

Rügen-Park Eine besondere Attraktion auf der Ferieninsel macht nicht nur den Kindern großen Spaß, auch die Erwachsenen werden ihre Freude haben: Auf 8000 m² kann man einen Nachbau Rügens sowie 80 Modelle von berühmten, teilweise historischen Bauwerken im **Maßstab 1 : 25** bewundern, darunter den schiefen Turm von Pisa, Notre Dame oder die ägyptischen Pyramiden. Außerdem gibt es eine Parkbahn, eine Superrutsche und ein Wildwasserrondell.

ⓘ Mühlenstr. 22 b, April – Juni Di. – So. 10.00 – 18.00, Juli, Aug. tgl. bis 19.00, Sept., Okt. Di. – So. 10.00 – 17.00 Uhr; Eintritt 8,90 €; www.ruegenpark.de

Bergen

Bergen ist die größte Stadt auf Rügen und das Verkehrs-, Verwaltungs- und Handelszentrum der Insel. Nahe dem Marktplatz erhebt sich die Marienkirche, die um 1180, also schon wenige Jahre nach der dänischen Eroberung Rügens (1163), gestiftet und seinerzeit vermutlich auch von dänischen Bauleuten errichtet wurde. Romanische Formen finden sich noch am Chor mit Apsis, am Querhaus sowie am Westwerk, über dem später der Turm aufgerichtet wurde. Das kreuzrippengewölbte Langhaus und die Turmobergeschosse des Backsteinbaus stammen aus dem 14. Jh., die nördlichen Kapellen kamen im 15. Jh. dazu. Im Klosterhof informiert das **Stadtmuseum** über die Geschichte von Bergen und über die Gründung des Zisterzienserklosters.

Das Geburtshaus des berühmten Chirurgen **Theodor Billroth** (1829 – 1894) in der nach ihm benannten Straße (Nr. 17) ist zur Veranstaltung »Hauskonzert bei Billroth« öffentlich zugänglich. Eine prächtige Sicht genießt man vom nahe gelegenen **Rugard**, einst Standort einer slawischen Burg. Seit 1877 steht auf dem 91 m hohen Hügel der Ernst Moritz Arndt gewidmete Backsteinturm mit drei Aussichtsterrassen.

Stadtmuseum: Billrothstr. 20 a, Mai – Okt. Di. – Sa. 10.00 – 16.30, Nov. – April Di. – Fr. 11.00 – 15.00, Sa. 10.00 – 13.00 Uhr; Eintritt 2 €; www.stadt-bergen-auf-ruegen.de

Ralswiek

Einer der größten Seehandelsplätze der slawischen Ranen befand sich etwa 5 km nordöstlich von Bergen in der Nähe der Ortschaft Ralswiek, am Ufer des Großen Jasmunder Bodden.

In der tief eingeschnittenen, hübschen Ralswieker Bucht mit einem kleinen Segelhafen und einem Wassersportcenter (mit Bootsverleih und einer Segelschule) geht es noch schön geruhsam zu. Allerdings nicht, wenn die 1992 wiederbelebten **Störtebeker-Festspiele** Tausende von Zuschauern anlocken. Auf einer großen Freilichtbühne werden dann die Abenteuer des berühmt-berüchtigten Ostseepiraten, der im 14. Jh. lebte, mit Hunderten von Mitwirkenden, mehreren Schiffen, zahlreichen Pferden und großem Getöse nachgespielt (►S. 309). Auf der Anhöhe oberhalb der Naturbühne thront das 1894 für den Gutsbesitzer Douglas erbaute Neorenaissance-Schloss im Stil der französischen Loire-Schlösser. Das Gebäude selbst ist heute ein Hotel. Douglas ließ auch die schmucke Schwedenkapelle in Ralswiek erbauen (1907).

? BAEDEKER WISSEN

Schwäbisches Schloss

Unweit von Ralswieck liegt das kleine Dörfchen Lietzow. Für das dortige Schlösschen, das ursprünglich als Wohnhaus konzipiert war, diente das in der Nähe von Reutlingen bzw. Pfullingen (Baden-Württemberg) gelegene Schloss Lichtenstein als architektonische Vorlage.

★★ Schwerin

E 8

Kreisfreie Stadt

Höhe: 40 m ü. d. M.

Einwohnerzahl: 95 220

Malerisch breitet sich Schwerin an den Ufern des Schweriner Sees aus. Hauptattraktion der Landeshauptstadt ist das mit großem Aufwand restaurierte Schloss, das einst die Residenz der Herzöge von Mecklenburg gewesen ist. Das Schloss, viele Museen und Freizeiteinrichtungen sowie eine breite Palette an Veranstaltungen machen Schwerin zu einem erstrangigen Reiseziel.

Schwerin, die Residenz der mecklenburgischen Herzöge, ist die Hauptstadt von Mecklenburg-Vorpommern und die zweitgrößte Stadt des Landes. Viele der Behörden und Institutionen sitzen in den herzoglichen Repräsentativbauten des 19. Jh.s, die nach umfangreichen Renovierungsmaßnahmen in alter Pracht erscheinen.

Geschichte

In den Urkunden erwähnt wird der Ort erstmals im 11. Jh., als das Gebiet von slawischen Obotriten bewohnt war. Deren Fürst **Niklot** herrschte von einer Burg auf der heutigen Schlossinsel von Schwerin aus. Im Zuge der Ostkolonisation nahm der Sachsenherzog Heinrich der Löwe im Jahr 1160 das Gebiet ein. Die Burg ließ Heinrich als Sitz für die neu gegründete Grafschaft Schwerin wieder aufbauen, die Erhebung zum Bischofssitz folgte.

1358 erwarben die mecklenburgischen Herzöge die Grafschaft Schwerin und machten Schwerin zur **Residenz**. Nur 1628 – 1631 und 1756 – 1837, als der Hof in Ludwigslust residierte, wurde diese Tradition unterbrochen. Wegen mehrerer Stadtbrände ist von der mittelalterlichen Bausubstanz, abgesehen vom Dom, fast nichts übrig geblieben. Ab 1705 wuchs im Norden der Altstadt aus einem Fischerdorf die »Neustadt auf der Schelfe« heran, die 1832 mit Schwerin vereinigt wurde. Als Großherzog Paul Friedrich 1837 die Residenz von Ludwigslust wieder nach Schwerin verlegte und das Schloss umbauen ließ, begann eine neue Ära der Stadtgeschichte. Nach der Abdankung der Großherzöge wurde Schwerin **1918 Landeshauptstadt** von Mecklenburg-Schwerin; den Zweiten Weltkrieg überstand es fast unbeschadet. 1990 wurde Schwerin erneut Landeshauptstadt.

Bundesgartenschau 2009

Im April 2009 begann in Schwerin auf insgesamt 550 000 m² die Bundesgartenschau, mit sieben Gärten im südwestlichen Bereich des Schweriner Sees, verschiedenen Blumenhallenschauen und einem bunten Veranstaltungsprogramm, ergänzt durch 32 Außenstellen im ganzen Land.

Schwerin

1 Altes Palais
2 Staatliches Museum, Kunstsammlungen
3 Staatstheater
4 Schlachtermarkt
5 Altstädt. Rathaus
6 Neues Gebäude

Übernachten

1 Niederländischer Hof
2 Biohotel Amadeus
3 Hotel Arte
4 Haus am Pfaffenteich

Essen

1 Alt-Schweriner Schankstuben
2 Restaurant »aurum«
3 Café Prag
4 Fernsehturmcafé
5 Friedrichs am Pfaffenteich

Schwerin erleben

AUSKUNFT

Tourist-Information
Am Markt 14, 19055 Schwerin
Tel. 0385 5 92 52 12
www.schwerin.com

STADTFÜHRUNGEN

Ab Tourist-Information: »Schwerin kompakt« tgl. 11.00 Uhr (90 Min.; 5,50 €); »Nachtwächtertour« (90 Min.; Mai – Sept. Fr., Sa. 20.30, Okt. – April Fr. 18.00 Uhr; 8 €); »Kleine Kneipenplauderei« (2 Std.; März – Dez. 1. u. 3. Sa. im Monat, 15.30 Uhr; 10 €); »Hinters Haus geschaut« Mai – Sept. 2. u. 4. Sa. im Monat, 15.30 Uhr; 8 €); Schweriner Schloss n. tel. V.

WEISSE FLOTTE

Zwischen Marstall und Schlossinsel legt die Weiße Flotte zu Ausflugsfahrten auf dem Schweriner See ab (Tel. 0385 55 77 70; www.weisseflotte schwerin.de).

SHOPPING

Kaufhäuser und Ladenketten finden sich vor allem in der Fußgängerzone der Mecklenburgstraße. Das Schlosspark Center am Marienplatz vereint über 100 Geschäfte und außerdem ein gut besuchtes Eiscafé.

ESSEN

❶ *Alt-Schweriner Schankstuben* € €

Am Schlachtermarkt 9 – 13
Tel. 0385 5 92 53 13
www.schankstuben.de
Die traditionsreiche Gaststätte ist in einem schönen Fachwerkhaus mitten in Schwerin zu Hause. Kein Ruhetag.

❷ *Restaurant »aurum«* € €

Speicherstraße 11, 19055 Schwerin
Tel. 0385 5 00 30
www.speicher-hotel.de
Gehobene Kreativküche an einer der besten Adressen der Stadt. Küchenchef Markus Podszus kocht streng ökologisch mit regionalen Produkten aus nachhaltiger Landwirtschaft. Mit Bistro, Holzdeckterrasse und Bar »bobinga«. Zuweilen gibt es Spezialitäten vom Grill und Themen-Buffets. Kein Ruhetag.

❸ *Café Prag* €

Schloßstraße 17, Tel. 0385 56 59 09
www.restaurant-cafe-prag.de
Ideal für eine Pause beim Stadtbummel. Während man eine kleine Mahlzeit oder Kaffee und Kuchen genießt, kann man durch die hohen Fenster das Treiben auf der Schloßstraße beobachten. Kein Ruhetag.

❹ *Fernsehturmcafé* €

Hamburger Allee 72 – 74
Tel. 0385 2 01 00 20
www.fernsehturm-schwerin.de
Die Tasse Kaffee schmeckt mit dem phantastischen Panoramablick über den Schweriner See gleich doppelt so gut. Kein Ruhetag.

❺ *Friedrichs am Pfaffenteich* €

Friedrichstr. 2, 19055 Schwerin
Tel. 0385 55 54 73
www.restaurant-friedrichs.com
Vegetarisches, aber auch Fisch und allerlei anderes Leckeres aus Topf und Pfanne. Kinderteller werden ebenfalls serviert. Neoklassizistisches Ambiente mit Loggia, dazu eine schöne Sommerterrasse. Kein Ruhetag.

ÜBERNACHTEN

❶ *Niederländischer Hof* € € € €

Alexandrinenstr. 12/13
Tel. 0385 59 11 00
www.niederlaendischer-hof.de
32 Zimmer
Vornehmes, 1901 gegründetes Hotel mit stilvollen Zimmern, z. T. mit Blick auf den Pfaffenteich.

❷ *Biohotel Amadeus* € € €

Franz-Mehring-Str. 26, 129053 Schwerin
Tel. 0385 51 20 84, www.schwerin.cc
www.biohotel-amadeus.de
Sanierte Stadtvilla an der Paulskirche, drei Gehminuten vom Pfaffenteich. Gäste werden mit Biofrühstück und Mecklenburger wie Österreichischer Gastlichkeit verwöhnt. Jeder Kaffee wird frisch gemahlen! Mit Sauna und Pool.

❸ *Hotel Arte* € €

Krebsförden, Dorfstraße 6
Tel. 0385 6 34 50
www.hotel-arte-schwerin.de, 40 Zimmer
Angenehmes Countryhotel in einem restaurierten Bauernhaus unweit von Schwerins Innenstadt in ländlicher Atmosphäre. Neben den modern ausgestatteten Zimmern bietet das Haus ein Restaurant mit feiner, saisonal ausgerichteter Küche.

❹ *Haus am Pfaffenteich* €

Gaußstraße 19, Tel. 0385 52 19 50
www.haus-am-pfaffenteich.de
13 DZ, 2 EZ
Frühstückspension in einem Altbau am Pfaffenteich. Große, sehr gepflegte Zimmer, ruhige Lage nur wenige Minuten vom Zentrum entfernt.

Einkaufen, Ausgehen

Schwerin ist eine Stadt für gemütliche Einkäufe. In den Straßen, Gassen und Passagen rund um den Marktplatz gibt es viele hübsche kleine Geschäfte. Auch in der Gastronomieszene ist für jeden Geschmack etwas dabei. Das Kulturprogramm der Stadt ist insbesondere im Sommer besonders bunt. Während der Theatersaison kann man zwischen dem traditionsreichen Mecklenburgischen Staatstheater, dem Theater im E-Werk, der Fritz-Reuter-Bühne und Werk 3 wählen. Kabarett, Kleinkunsttheater und Musik gibt es ganzjährig im Alten Speicher in der Röntgenstraße.

** SCHLOSS

Von der Burg zum Schloss

Die fünfflügelige Schlossanlage nimmt die Stelle des **Fürstensitzes der Obotriten** und der späteren Burg der Grafen von Schwerin ein. Überwiegend im 16. und 17. Jh. entstanden sind die protestantische Schlosskirche im Erdgeschoss des Nordflügels sowie die beiden seeseitig liegenden Flügel, Großes Haus und Bischofshaus genannt. Weil der Dreißigjährigen Krieg dazwischenkam, wurden von den umfassenden Plänen Herzog Adolph Friedrichs I. nur der Küchenflügel im Südosten und der Nordflügel über der Schlosskirche verwirklicht.
Herzog Friedrich Franz II. beschloss die Rückverlegung der Residenz von Ludwigslust nach Schwerin und die Umgestaltung der Residenz,

für die zwischen 1843 und 1845 alle außer den genannten Gebäuden abgerissen wurden. Als Baumeister verpflichtete er Georg Adolph Demmler, der sich mit seinem Entwurf an französischen Renaissanceschlössern orientierte. Er baute den 70 m hohen, überkuppelten Hauptturm sowie den Burggarten-, den Schlossgarten- und den Burgseeflügel. Als Demmler 1851 wegen seines Engagements für die demokratische Bewegung aus herzoglichen Diensten entlassen wurde, führte Friedrich August Stüler bis 1857 die Arbeiten fort. Unter seiner Leitung wurden u. a. das Reiterstandbild des Obotritenfürsten Niklot in dem Rundbogen über dem Eingang postiert, die Terrassen und die Orangerie angelegt sowie die gesamte Innenausstattung des Schlosses gefertigt. Im Mai 1857 konnte die neue Residenz der mecklenburgischen Herzöge übergeben werden.

Im Jahr 1913 vernichtete ein Feuer den Burgseeflügel bis auf die Grundmauern, den Schlossgartenflügel teilweise. Die Räume der Residenz sind im schwülstigen Stil des 19. Jh.s ausgestattet. Zur Einrichtung gehören u. a. Möbel und Kunsthandwerk aus dem 18. und 19. Jh., Prunkvasen aus Russland und Porzellan aus Berlin. Seit Oktober 1990 hat im Burgsee- und im Eingangsflügel der **Landtag von Mecklenburg-Vorpommern** seinen Sitz.

In drei Etagen der einstigen Residenz ist heute das ****Schlossmuseum** untergebracht. Besichtigt werden können die Wohn- und Gesellschaftsräume der Großherzogin in der Beletage, in der Festetage die Wohnung des Großherzogs sowie die Fest- und Repräsentationsräume und eine Galerie mit Gemälden aus Mecklenburg sowie Porzellan aus Meißen und anderen europäischen Manufakturen.

Schloss

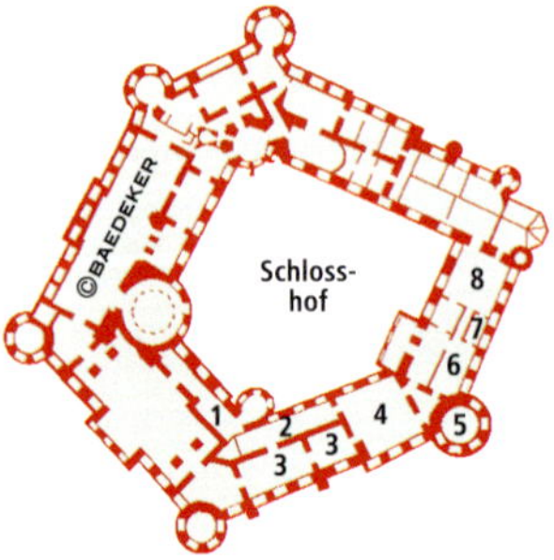

Festetage

1 Niklotraum
2 Schlössergalerie
3 Ahnengalerie
4 Thronsaal
5 Raucherzimmer
6 Billardzimmer
7 Adjudantenzimmer
8 Bibliothek

Beletage

1 Rote Marmortreppe
2 Vorraum
3 Schlosscafé
4 Säulenzimmer
5 Sylvestergalerie
6 Speisezimmer
7 Rote Audienz
8 Teezimmer
9 Blumenzimmer
10 Winterzimmer
11 Wohnzimmer
12 Obotritentreppe

Highlights Schwerin

- **Schloss**
  Malerisch auf einer Insel gelegener und prachtvoller Gebäudekomplex
  Seite 313
- **Dom**
  Heinrich der Löwe legte den Grundstein.
  Seite 319
- **Staatliches Museum**
  Exquisite Sammlung von Werken niederländischer Meister
  Seite 318
- **Schweriner See**
  Angeln und Wasserfreuden aller Art auf dem Haussee der Schweriner
  Seite 323

ⓘ Eingang am Schlossgartenflügel, Mitte April – Mitte Okt. tgl. 10.00 – 18.00, Mitte Okt. – Mitte April Di. – So. 10.00 – 17.00 Uhr; Eintritt 6 €, Führungen zzgl. 3 €; www.schloss-schwerin.de

Porzellangalerie

Die nach umfänglicher Sanierung 2012 wiedereröffnete Porzellangalerie in den Kinderzimmern des Schlosses ermöglicht einen Überblick über nahezu drei Jahrhunderte Porzellanherstellung. Gezeigt werden 380 Exponate aus Meißen, der ersten europäischen Manufaktur, ebenso wie aus Berlin, Fürstenberg und Petersburg sowie aus anderen, kleineren Porzellanmanufakturen. Zu einem gemütlichen Abschluss der Besichtigung lädt das stilecht renovierte **Schlosscafé** in der Beletage des Schlossgartenflügels ein.

Schlosskapelle

Von der ursprünglichen Ausstattung sind die Kanzel von den Brüdern Georg und Simon Schröter aus Torgau, das hofseitige Portal von Hans Walther und sechs Alabasterreliefs mehrerer niederländischer Künstler noch vor Ort (Altar im Staatlichen Museum, Kunstsammlungen). Im Zuge des Schlossneubaus wurde 1855 der netzgewölbte, saalartige Kirchenraum von Carl Gottfried Pfannschmidt ausgemalt und um einen neogotischen Chor erweitert. Unter dem 2007 prachtvoll restaurierten Sternenhimmel finden Mittagskonzerte statt.
ⓘ Lennéstraße, Mai – Sept. Mo., Mi., Sa., So. 14.00 – 17.00 Uhr; Mittagskonzerte Juli – Sept. Mi., 14.00 – 14.30 Uhr; www.schlosskirche-schwerin.de

Burggarten

Der Burggarten mit seinen schönen alten Bäumen ist ebenfalls eine Schöpfung des 19. Jh.s. Er wurde gleichzeitig mit der Residenz auf den alten Bastionen angelegt. Der Berliner Bildhauer Christian Daniel Rauch schuf 1849 die Bronzestatue des Großherzogs Paul Friedrich, die seit 1935 vor dem Burgseeflügel steht.

***Schlossgarten**

Vom Burggarten führt eine Brücke südwestwärts in den herrlichen Schlossgarten, den Jean Laurent Legeay 1748 – 1756 als barocken

Herzogliche Pracht

Das Wahrzeichen von Schwerin und eines der bedeutendsten Baudenkmäler des Historismus in Deutschland ist das ehemalige Residenzschloss. Zusammen mit Burggarten und Schlossgarten bildet der malerisch auf der Insel gelegene Schlosskomplex mit seiner vergoldeten Kuppel und den vielen Türmen und Giebeln ein romantisches, geradezu märchenhaftes Ensemble.

1 Thronsaal
In der Festetage befindet sich der Thronsaal aus dem Jahr 1858. Er übertrifft mit zum Teil vergoldetem Stuckdekor und dem feinteiligen Intarsienboden alle anderen Räume an Pracht. Über der Portalzone lassen sich zwischen rundbogigen Blendarkaden die 40 Stadtwappen des Großherzigtums Mecklenburg-Schwerin betrachten.

2 Ahnengalerie
Ebenfalls beeindruckend ist die über zwei Räume reichende Ahnengalerie mit den Porträts der mecklenburgischen Herzöge von der Mitte des 14. Jh.s. bis kurz vor 1800.

Unter einem Baldachin thronten die mecklenburgischen Großherzöge.

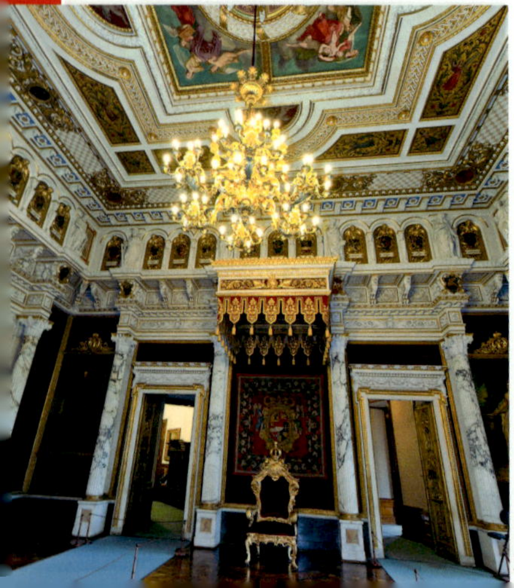

3 Schlössergalerie
Die auf Gemälden festgehaltenen großherzoglichen Schlossbauten sind bis auf zwei Ausnahmen (Dargun und Herrensteinfeld) alle erhalten.

4 Beletage
Wandvertäfelungen aus Vogelaugenahorn, filigraner Stuck und Seidendamast an den Wänden schmücken die Beletage. Im 19. Jh. befanden sich hier die Wohn- und Gesellschaftsräume der Großherzogin. Über die große Freitreppe gelangte man in den Burggarten.

5 Schlosskapelle
Zu den ältesten Gebäudeteilen gehört die 1560–1563 von Johann Baptist Parr errichtete Schlosskapelle im Nordflügel. Als Vorbilder dienten ihm die Schlosskapellen in Torgau und Dresden.

6 Kinderzimmer
In den ehemaligen herzoglichen Kinderzimmern ist die Dauerausstellung »Europäische Porzellane und höfische Malerei« zu besichtigen.

7 Felsengrotte
Unter der Aussichtsterrasse befindet sich eine künstlich angelegte Felsengrotte.

8 Orangerie
Die Orangerie ist wieder zugänglich, einen Besuch wert ist das Restaurant.

Park anlegte. Das Zentrum der Anlage bildet der **Kreuzkanal** mit Kopien von 14 Sandsteinplastiken (1720) aus der Werkstatt von Balthasar Permoser, Darstellungen antiker Götter und Allegorien der vier Jahreszeiten. Im 19. Jh. kamen der Gartenpavillon (1818), heute ein viel besuchtes Café, die Laubengänge und das im Jahr 1883 aufgestellte bronzene Reiterstandbild von Großherzog Friedrich Franz II. hinzu. Über eine Brücke gelangt man in den sogenannten Grünhausgarten, der nach Entwürfen des Gartenarchitekten **Peter Joseph Lenné** im Stil eines englischen Landschaftsgartens entstand. Das Marmordenkmal von Großherzogin Alexandrine schuf Hugo Berwald im Jahr 1907.
Die historische **Schleifmühle** aus dem 18. Jh. im äußersten Süden des Schlossgartens wird für Besucher in Betrieb genommen. Im Obergeschoss befindet sich eine kleine Ausstellung zur Geschichte der Mühle. Die Sammlung geschliffener Minerale und Halbedelsteine erinnert daran, dass die Steinschleifer hier auch wertvolle Steine zu Schmuckstücken verarbeitet haben.
Es empfiehlt sich, einmal vom Schlossgarten aus durch die Waldschneise in der Achse des Kanals hinaufzuwandern – von dort hat man den schönsten Blick auf Schloss und Park!

Schleifmühle: Schleifmühlenweg 1, April – Nov. tgl. 10.00 – 17.00 Uhr; Eintritt 3 €; www.schleifmuehle-schwerin.de

VOM SCHLOSS ZUM MARKT

***Alter Garten**

Der Rundgang durch die Altstadt beginnt auf dem weitläufigen, von einigen repräsentativen Bauten des 18. und 19. Jh.s gerahmten Platz am Ufer des Schweriner Sees. Bis zum 18. Jh. erstreckte sich hier eine zur Residenz gehörende Grünanlage. Die nach dem Krieg 1870/1871 aufgestellte Siegessäule ist das Werk von Hermann Willebrand. Der Alte Garten wurde 2010 bis Frühjahr 2012 restauriert und in seinen ursprünglichen Zustand zurückverwandelt.

****Staatliches Museum**

An der Ostseite des Alten Gartens führt eine Freitreppe bis vor den Säulenportikus des Staatlichen Museums. Den von Hofbaumeister Demmler als herzogliches Palais begonnenen Bau vollendete 1882 Hermann Willebrand als Museumsgebäude für die von Herzog Christian Ludwig II. begründete Sammlung. Sie umfasst heute über 3000 Gemälde, 35 000 grafische Blätter, etwa 8000 Zeichnungen, mittelalterliche Plastik aus Mecklenburg, deutsche Malerei des 18. bis 20. Jh.s sowie Gold- und Silberschmiedekunst, Porzellan, Möbel, Textilien, Keramik, Münzen und anderes Kunsthandwerk. Vom französischen Hofmaler Jean Baptiste Oudry (1686 – 1755) besitzt Schwerin mit 34 Gemälden und knapp 60 Zeichnungen eine repräsentative Werkauswahl. Für Freunde der niederländischen und flämischen

Malerei des »Goldenen Zeitalters« (17. Jh.) ist der Besuch dieser Einrichtung ein Muss, denn nur wenige Museen in Deutschland besitzen eine so exquisite **Niederländer-Sammlung** wie Schwerin. Höhepunkte sind die »Torwache« (1654) von Carel Fabritius und die beiden Knabenporträts von Frans Hals.

ⓘ Mitte April – Mitte Okt. Di., Mi., Fr. – So. 10.00 – 18.00, Do. 12.00 – 20.00, Mitte Okt. – Mitte April. Di., Mi., Fr. – So. 10.00 – 17.00, Do. 13.00 – 20.00 Uhr; Eintritt 8 €, nur Dauerausstellung 5,50 €; www.museum-schwerin.de

***Staatstheater**

Nebenan lockt das 1886 nach Plänen von Georg Daniel erbaute Mecklenburgische Staatstheater mit hochkarätigen Darbietungen das ganze Jahr über Besucher aus aller Herren Länder an: Musiktheater, Schauspiel, Ballett sowie Mecklenburgische Staatskapelle und Puppentheater. In der zugehörigen Kammerbühne führt die Fritz-Reuter-Bühne niederdeutsche Stücke auf (www.theater-schwerin.de).

Altes Palais

Etwas geduckt wirkt daneben (Ecke Alter Garten/Schlossstraße) das Alte Palais, ein schöner Fachwerkbau aus den Jahren 1791/1799, ehemals herzoglicher Witwensitz der Mecklenburger.

***Schlossstraße, Puschkinstraße**

Das gegenüber dem Alten Palais am Beginn der Schlossstraße liegende Kollegiengebäude aus dem Jahr 1834 (heute Regierungsgebäude) entwarf Georg Adolph Demmler. Mit dem repräsentativen Bau verbunden ist das Regierungsgebäude von 1890. Im weiteren Verlauf der Schlossstraße, aber auch in der Puschkin-, der Schuster-, der Schmiede- und der Buschstraße gibt es noch einige Wohnhäuser und Adelspaläste aus dem 17. bis 19. Jh. Vermutlich ältestes Gebäude der Stadt (außer dem Dom) ist der ehemalige Domhof in der Puschkinstraße 34 von 1574. An der Ecke Schloss-/Puschkinstraße kann man im stilvollen Café-Restaurant eine Pause einlegen und das Leben auf der Straße beobachten. Wer Appetit auf Deftiges hat, sollte lieber ins gegenüberliegende »Kartoffelhaus« gehen.

RUND UM DEN MARKT

****Dom**

Nördlich oberhalb des Marktplatzes erhebt sich der über zwei Vorgängerbauten errichtete Dom St. Maria und St. Johannes. Die erste Bischofskirche entstand 1171 nach der Verlegung des Domkapitels nach Schwerin. 1228 ist die Weihe der zweiten Kirche, einer spätromanischen Basilika, überliefert, von der noch die Paradiespforte am südlichen Turmunterbau (um 1230) erhalten geblieben ist. Der bestehende Kirchenbau wurde in knapp 150-jähriger Bauzeit, zwischen 1280 und etwa 1420, als dreischiffige Backsteinbasilika nach dem Schema nordfranzösischer Kathedralen errichtet. Dazu gehören das

Dom

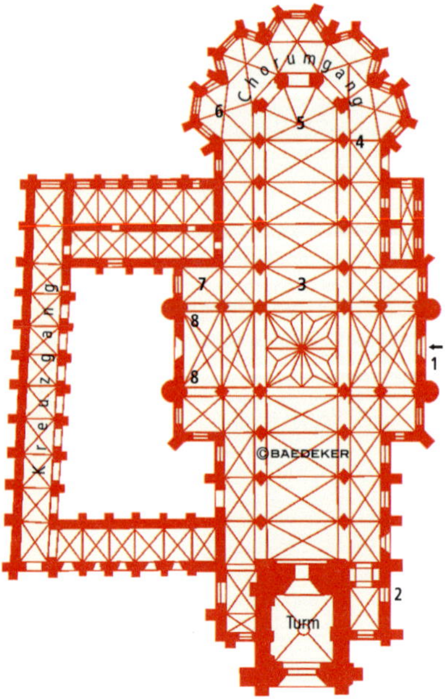

1 Marktportal
2 Paradiespforte
3 Flügelaltar mit Kreuzigung
4 Bronzeepitaph von Herzogin Helena
5 Hauptaltar
6 Grabmal Herzog Christophs und Elisabeths von Schweden
7 Mariä-Himmelfahrt-Kapelle mit Taufbecken
8 Grabplatten für vier Bischöfe

dreischiffige Querhaus sowie ein Umgangschor mit Kapellenkranz. Der 118 m hohe, schlanke **Turm**, eine Ergänzung aus dem späten 19. Jh., ist ein hervorragender Aussichtspunkt, um sich die Stadt von oben anzuschauen. Unerwartet hell erscheint beim Eintreten in den Dom das **Innere**, denn Wände, Pfeiler und Gewölbe im Querhaus liegen unter strahlend weißem Verputz. Bedeutendstes Stück der neugotischen Ausstattung ist die im Jahr 1871 geweihte **Orgel** von Friedrich Ladegast. Die mittelalterliche Kirchenausstattung fiel leider größtenteils den Renovierungen des 19. Jh.s zum Opfer. Reste der mittelalterlichen Ausmalung aus dem 13. und 14. Jh. finden sich noch in der Mariä-Himmelfahrt-Kapelle, wo auch das bronzene Taufbecken aus dem frühen 14. Jh. steht. An der Nordwand des Querschiffs hängen die beiden um 1400 in Flandern gearbeiteten Doppel-Grabplatten aus Messing. Beim Eintritt in den Chor schreitet man unter dem prächtigen, im Jahr 1420 für die Marienkirche in Wismar geschaffenen Triumphkreuz hindurch. Den Flügelaltar, nach seinem Stifter Conrad Loste benannt, schmückt ein 1440 entstandenes Sandsteinrelief mit einer figurenreichen Kreuzigungsszene. Ein typisches Werk der Renaissance ist das Grabmal (1595) für Herzog Christoph und seine Frau Elisabeth von Schweden im Chor.

● Mai – Okt. Mo. – Sa. 10.00 – 17.00, So. 12.00 – 17.00, Nov. – April Mo – Sa. 11.00 – 14.00, So. 12.00 – 14.00; www.dom-schwerin.de

Altstädtisches Rathaus

Die Puschkinstraße führt ins Herz der Altstadt, zum Markt, wo auf der rechten, östlichen Seite das Altstädtische Rathaus steht. Dem 1351 erstmals urkundlich genannten Bau wurde im Jahr 1835 von Georg Adolph Demmler eine Fassade im Stil der Tudorgotik vorgeblendet; dahinter verbergen sich vier Fachwerkgiebelhäuser aus dem 17. Jh. Auf dem Zinnenkranz des Hauses steht die kleine goldene **Reiterstatue des Stadtgründers**, Heinrichs des Löwen, die auch das Stadtwappen schmückt.

Neues Gebäude

Im Norden wird der Platz von einem markanten, schmal-rechteckigen Bau mit klassizistischer Säulenhalle an der Schauseite begrenzt, für das sich der Name Neues Gebäude eingebürgert hat. Hofbaumeister Johann Joachim Busch baute es 1785 für Herzog Friedrich den Frommen.

Schlachtermarkt

Hinter dem Rathaus (Durchgang), zwischen Markt und Schlachterstraße, öffnet sich der Schlachtermarkt, ein an allen vier Seiten geschlossener Platz mit Charme, auf dem von Dienstag bis Samstag ein Markt abgehalten wird. Im Haus Nr. 5 ist die Gedenkstätte der jüdischen Landesgemeinde eingerichtet, im Hof wurde an der Stelle der 1938 zerstörten Synagoge ein Mahnmal aufgestellt.

VOM MARKT ZUM PFAFFENTEICH

Altstadtgassen

Das hübscheste Viertel der Schweriner Altstadt liegt zwischen der Puschkinstraße bzw. dem Markt und der Mecklenburgstraße. Dies gilt besonders für die 1. und 2. Enge Straße, zwei – wie der Name schon sagt – schmale Sträßchen, die Einheimische und Besucher zum Bummeln und Einkaufen einladen.

***Pfaffenteich**

Die Mecklenburger Straße ist die Einkaufsmeile von Schwerin. Sie führt auf den Pfaffenteich im Nordwesten der Altstadt zu. Bis heute ist das Erscheinungsbild dieses Stadtteils von den historistischen Bauten des 19. Jh.s geprägt. Eines der ersten Wohnhäuser war die Villa von Baumeister Georg Adolph Demmler (1842) am Südufer, Ecke Arsenal/Mecklenburgstraße. Auf dem für das Altstadtfest und die Drachenboottage bekannten Pfaffenteich pendelt die **»Petermännchen«-Fähre**.

Fähre: Mai – Sept. tgl. 10.00 – 14.00, 14.30 – 18.00 Uhr; Ticket 1 €

Arsenal

Als Waffenlager und Kaserne erbaute Georg Adolph Demmler 1840 – 1844 an der südwestlichen Ecke des Pfaffenteichs den lang gestreckten, kastellartigen Quaderbau im Stil der Tudorgotik, der den Auftakt für die städtebauliche Erschließung des Gebiets um den Binnensee bildete.

Paulskirche, Hauptbahnhof

Westlich hinter dem Arsenal liegt die 1869 fertiggestellte Paulskirche, ein neogotischer Backsteinbau, und nördlich der Kirche der 1888/1889 erbaute Hauptbahnhof. Hier zeigt das **Mecklenburgische**

Eisenbahn- und Technikmuseum eine große Auswahl von Dampf- und Dieselloks, historische Signale und eine Modellanlage. Herz des Museums ist die Lokwerkstatt der einstigen Friedrich-Franz-Eisenbahn.
Bemerkenswert ist das 2001 eröffnete **Dokumentationszentrum des Landes für die Opfer der Diktaturen** am südwestlich des Bahnhofs liegenden Dremmlerplatz. In einem Teil des Justizkomplexes werden drei Ausstellungen zu Justiz und Terror 1933 – 1945, Justiz und Besatzungswillkür 1945 – 1949/53 sowie zur Arbeit von Staatssicherheit und Justiz der DDR 1949 – 1989 gezeigt.

Mecklenburgisches Eisenbahn- und Technikmuseum: Am Bahnhof 13, Mai – Sept. letzter Sa. im Monat 10.00 – 17.00, Okt. , Nov., Jan. – April letzter Sa. im Monat 10.00 – 16.00 Uhr; Eintritt 2,50 €; www.mef-schwerin.de
Dokumentationszentrum: Obotritenring 106, Di. – Fr. 12.30 – 16.00 Uhr und n. V., Tel. 0385 74 52 99 11; Eintritt frei; www.lpb-mv.de

VON DER SCHELFSTADT ZURÜCK ZUR SCHLOSSINSEL

***Schelfmarkt**

Östlich des Pfaffenteichs liegt die Schelfstadt, die ab 1705 zu einer geschlossenen Siedlung heranwuchs und erst 1832 mit der Schweriner Altstadt vereint wurde. Der Name dieses Stadtteils kommt von »schelf«, was so viel wie »flache Insel« bedeutet. Den zentralen Schelfmarkt, ein rechteckiger Platz, der von hübschen alten Fachwerkhäusern umgeben ist, beherrscht die **St.-Nikolai-Kirche**, Puschkinstr. 2, auch Schelfkirche genannt (Anfang 18. Jh.). Im Eckhaus Kirchstraße 2 wohnte während seiner Anstellung als Intendant am Schweriner Hoftheater 1858 bis 1863 der Komponist Friedrich von Flotow. An der Puschkinstr. 12 hat sich in dem Barockhaus von 1737 das **Schleswig-Holstein-Haus** seit 1995 zur festen kulturellen Größe in Schwerin etabliert. Es zeigt wechselnd Ausstellungen mit Künstlern des 20. und 21. Jahrhundert.

Schleswig-Holstein-Haus: tgl. 10.00 – 18.00 Uhr; Eintritt 6 €

Neustädtisches Palais

Auf dem Weg in Richtung Altstadt über die Puschkinstraße kommt man am Neustädtischen Palais (19 – 21) vorbei, das Großherzogin Marie als Witwensitz diente. Die Dreiflügelanlage um einen Ehrenhof entstand 1776 nach Plänen von Johann Joachim Busch und wurde später im Neorenaissancestil umgebaut.

Marstall

Die Straße Großer Moor führt direkt auf den an der Werderstraße gelegenen Marstall (1843) zu, einem weiteren Werk von Schwerins viel beschäftigtem Baumeister Georg Adolph Demmler. Heute ist es Sitz des Kultus- und des Sozialministeriums von Mecklenburg-Vorpommern.

Blick von der Schlossinsel auf den sogenannten Alten Garten

UM DEN SCHWERINER SEE

****Schweriner See**

Der gut 20 km lange und nur 3 bis 5 km breite Schweriner See ist mit einer Wasserfläche von 63 km² nach der Müritz das zweitgrößte Gewässer in Mecklenburg-Vorpommern. Zusammen mit den zahlreichen anderen benachbarten Gewässern gehört er zum Landschaftsschutzgebiet Schweriner Seenlandschaft, dem westlichen Teil der ▶Mecklenburgischen Seenplatte. Aufgrund seiner Entstehung lässt sich der Schweriner See als Rinnensee kategorisieren, der durch die Gletscherbewegung seine ausgeprägte Nord-Süd-Ausrichtung erhielt. Unter den Inseln des Schweriner Außensees ist die 2 km lange Lieps die größte. Im Binnensee liegen u. a. die unter Naturschutz stehende Kaninchenwerder, zu der man hinüberfahren kann, sowie die etwas kleinere Ziegelwerder, die für Besucher gesperrt ist. Durch die schöne landschaftliche Umgebung hat sich der Schweriner See zu einer bedeutenden Erholungsregion entwickelt. Vor allem für verschiedene Wassersportarten (Segeln, Surfen, Baden usw.), aber auch für Wanderungen und Radwanderungen rundherum bietet er beste Voraussetzungen.

***Schweriner Zoo**

Der Schweriner Zoo liegt zwischen dem Faulen See und dem Südufer des Schweriner Sees. Uralte Bäume und ein Moor prägen das Landschaftsbild des Zooareals. Etwa 700 Tiere bzw. 140 verschiedene Ar-

Seerose im Schweriner See

ten leben im Schweriner Zoo, darunter auch Zebras, Giraffen, Kängurus, Tapire und Nashörner. Braunbären und Wölfe leben im sogenannten Bärenwald.

Großzügig bemessen ist auch die etwa 3 ha große Vogelwiese mit verschlungenen Bächen und kleinen Teichen. Im Schweriner Zoo werden u. a. die prachtvollen **Sibirischen Tiger** gezüchtet. Damit nimmt der Zoo an einem europaweiten Zuchtprogramm teil, um diese stark bedrohten Großkatzen vor dem Aussterben zu retten.

Damit es den Menschenkindern nicht langweilig wird, gibt es einen Bauernhof, auf dem man Kaninchen und Schafe streicheln und füttern kann, einen Ponyreitplatz und viele Spielplätze. Für das leibliche Wohl sorgt der Gasthof Zoo. Der Picknickplatz ist im Sommer eine beliebte Alternative.

❶ April – Mitte Okt. Mo. – Fr. 9.00 – 17.00, Sa., So. 9.00 – 18.00, Mitte – Ende Okt. Mo. – Fr. 9.00 – 16.00, Sa., So. 9.00 – 17.00 Uhr, Nov – Jan. tgl. 10.00 – 15.00, Feb./März tgl. 10.00 – 16.00 Uhr; Eintritt 9,50 €; www.zoo-schwerin.de

Internationales Feuerwehrmuseum

Südöstlich des Zoos ist die Halle am Fernsehturm seit 2009 Heimstatt für 15 000 Exponate des größten Feuerwehrmuseums in Deutschland (4500 m^2). Allein 112 Fahrzeuge und Großgeräte aus der Zeit von 1840 bis 1990 sind ausgestellt. Imponierend ist die Ordenssammlung mit ca. 1000 Exemplaren.

❶ Hamburger Allee 68, Mai – Okt. Di. – So. 10.00 – 18.00, Nov. – April Di. – Sa. 10.00 – 18.00 Uhr; Eintritt 4,50 €; www.ifm-schwerin.com

Raben-Steinfeld

Der nächste Ort am Südufer ist Raben-Steinfeld, wo über dem Hochufer des Schweriner Sees Hofgärtner Theodor Klett um die Mitte des 19. Jh.s einen englischen Landschaftspark anlegte. In den Jahren 1886/1887 kam das von Hermann Willebrand entworfene Neorenaissance-Schloss hinzu. An das einstige herzogliche Gestüt in Raben-Steinfeld erinnern noch die sieben Gestütswärterhäuser an der Durchgangsstraße nach Leezen und der Marstall, für den Georg Adolph Demmler die Pläne lieferte.

Gedenkstätte

An der Brücke über die Stör, direkt neben der B 321, steht die Gedenkstätte für den Todesmarsch Tausender KZ-Häftlinge aus dem Lager Sachsenhausen Anfang Mai 1945.

Zippendorf und Umgebung

Ein beliebtes Ausflugsziel am Südufer ist der eingemeindete Ort Zippendorf, der wegen seines Sandstrands im Sommer ein beliebtes Ausflugsziel für Wasserratten und Sonnenhungrige ist. Am Grünhausgarten, im Ostteil des Schlossparks, beginnt der ausgesprochen schöne Wanderweg, der sogenannte Franzosenweg, von Schwerin nach Zippendorf. Da der Weg zumeist direkt am Ufer verläuft, bieten sich immer wieder herrliche Blicke auf den See und die beiden Inseln Ziegelwerder und Kaninchenwerder. An der Uferpromenade von Zippendorf starten Ausflugsschiffe zur Insel Kaninchenwerder.

***Freilichtmuseum Mueß**

An Zippendorf schließt sich der Stadtteil Mueß an, ein idyllisch am See gelegenes altes Fischer- und Bauerndorf, das 1936 zu Schwerin eingemeindet wurde. Mit einem niederdeutschen Hallenhaus aus dem 17. Jh. mit Scheune (rechts vom Eingang) wurde 1970 das dortige Freilichtmuseum eröffnet, das mittlerweile auf 17 Objekte angewachsen ist, darunter eine Dorfschmiede aus dem 18. Jh., eine Scheune mit landwirtschaftlichen Geräten, ein Hirtenkaten, ein Bauern- und Kräutergarten, eine Dorfschule und das Spritzenhaus von Mueß. Ein wichtiger Erwerbszweig neben der Landwirtschaft war die Binnenfischerei, über die eine Ausstellung informiert. In einem weiteren Katen wird Kunst gezeigt.

❶ Crivitzer Landstr. 13, Mai – Sept. Di. – So. 10.00 – 18.00, Okt. bis 17.00 Uhr; Eintritt 3,50 €; www.schwerin.de/freilichtmuseum

Freilichtmuseum Schwerin-Mueß

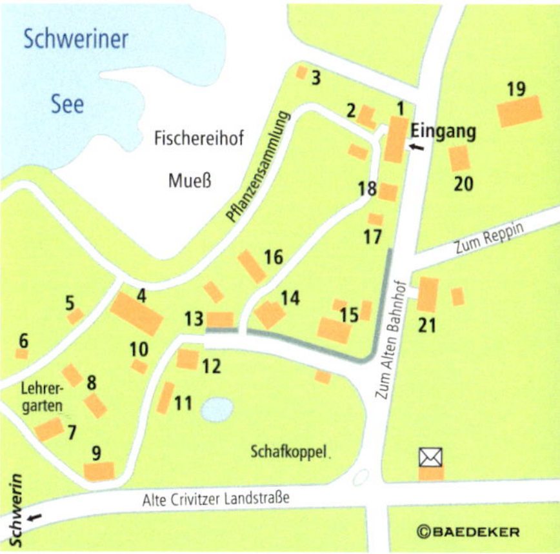

1 Büdnerei
2 Hirtenkaten
3 Backofen
4 Ausstellung zur Birnenfischerei
5 Sägegatter
6 Bienenschauer
7 Schulscheune
8 Wagenschauer
9 Dorfschule
10 Bienenschauer
11 Spritzenhaus
12 Kunstkaten
13 Bauernhaus
14 Scheune
15 Altenteilergebäude
16 Caféstube
17 Wagenschauer
18 Schmiede
19 Bauernhaus
20 Scheune
21 Armenkaten

UMGEBUNG VON SCHWERIN

Etwa 12 km östlich vom Südufer des Schweriner Sees liegt das Ackerbürgerstädtchen **Crivitz**. In der Stadtkirche, einer um 1380 erbauten Backsteinhalle mit einem gedrungenen Turm, kamen im Rahmen von Renovierungsarbeiten im Chor Wandmalereien aus unterschiedlichen Zeiten zum Vorschein. Aus der Entstehungszeit der Kirche datieren die Fragmente eines Freskenzyklus im Chor, Apostelfiguren zwischen den Fenstern, Szenen aus dem Leben Christi an den Nord- und Südseiten sowie eine Schutzmantelmadonna an der Nordwand. Die hölzerne, von einer Mosesfigur getragene Kanzel von 1621 kam einst aus Wittenburg, der spätgotische Schnitzaltar aus Teterow in die Kirche.

Frauenmark 12 km südöstlich von Crivitz (B 321, Abfahrt Goldenbow) steht in Frauenmark eine der wenigen bis auf den später angefügten Ostgiebel ganz in Feldstein ausgeführten spätromanischen Dorfkirchen in Mecklenburg.

Jagdschloss Friedrichsthal Im nordwestlich von Schwerin gelegenen Stadtteil Friedrichsthal, direkt an der B 104 in Richtung Gadebusch, steht das ehemals herzogliche Jagdschloss, im Jahr 1798 von Johann Heinrich von Seydewitz erbaut. Eine Besonderheit dieses Anwesens ist die gleichzeitig mit dem Schlossbau gepflanzte **Lärchenallee**, die auf den Fachwerkbau zuführt.

Sternberg

G/H 7

Landkreis: Ludwigslust-Parchim
Höhe: 37 m ü. d. M.
Einwohnerzahl: 4340

Einst pilgerten fromme Wallfahrer ins schöne Sternberg. Heute wird das charmante Städtchen wegen seiner reizvollen Umgebung gerne von Wanderern aufgesucht. Zudem kann man am Großen Sternberger See und am Luckower See baden und Boote mieten.

Brennpunkt der Geschichte Das geruhsame Landstädtchen auf halber Strecke zwischen ►Schwerin und ►Güstrow spielte in der Geschichte des Landes eine nicht unwesentliche Rolle: 1549 beschlossen die Landstände an der Sagsdorfer Brücke über die Warnow, etwa 3 km außerhalb von Sternberg, in Mecklenburg die **Reformation** einzuführen.

SEHENSWERTES IN STERNBERG UND UMGEBUNG

Marktplatz Rund um den Marktplatz mit den traufständigen, zweigeschossigen Fachwerkhäusern aus dem 18./19. Jh. zeigt sich Sternberg von seiner schönsten Seite. Typisch sind die Kopfsteinpflasterstraßen und die Verzierungen am Balken über dem Erdgeschoss der alten Wohnhäu-

Historisches Gemälde in Sternbergs Stadtkirche

Greve 1896.

Sternberg erleben

AUSKUNFT

Tourismusamt
Am Markt 3
19406 Sternberg
Tel. 03847 44 45 35
www.amt-sternberger-seenlandschaft.de

ÜBERNACHTEN

Schloss und Park Kaarz €€€
Kaarz, Obere Dorfstraße 6
Tel. 038483 30 80
www.schloss-kaarz.m-vp.de
11 Zimmer, 9 Ferienwohnungen
Romantisches Schloss (8 km westlich von Sternberg) aus dem 19. Jh., ideal für einen Entspannungs- oder Familienurlaub. Tennissandplatz, Reitschule, Rad- und Kajakverleih.

Seehotel Sternberg am See €€
J.-Dörwaldt-Allee 4, Tel. 03847 35 00
www.seehotel-sternberg.de, 42 Zimmer
Direkt am Sternberger See gelegenes Hotel im ehemaligen Kulturhaus Sternbergs. Das Restaurant serviert mecklenburgische Speisen.

ser. An der Nordseite des Marktes erhielt die Stadt um 1850 ein neogotisches Rathaus.

Heimatmuseum

Hinter der Kirche im ältesten Bürgerhaus der Stadt, ist heute das **Heimatmuseum** eingerichtet. Seine Bestände umfassen eine geologische Sammlung, ur- und frühgeschichtliche Funde, stadtgeschichtliche Dokumente – u. a. einen **Brief von Martin Luther** – sowie Exponate zur Volkskunde und Alltagskultur.

❶ Mühlenstr. 6, Mai – Sept. Di., Mi., Do. 10.00 – 15.00, Juli/Aug. zusätzlich So. 14.00 – 16.00, Okt. – April Do. 10.00 – 15.00 Uhr; Eintritt 3 €

Stadtkirche

Der wuchtige Turm der Stadtkirche St. Maria und St. Nikolaus aus dem 13./14. Jh. beherrscht das Stadtbild und ist ein hervorragender Aussichtspunkt. Eine angebliche Hostienschändung löste 1492 ein Judenpogrom in der Stadt aus. Für die geschändeten Hostien baute man 1496 die Kapelle des Heiligen Blutes an die Stadtkirche. Sternberg wurde für die nächsten 100 Jahre zum Wallfahrtsort. Die Versammlung an der Sagsdorfer Brücke 1549, bei der die Landstände die Einführung der Reformation in Mecklenburg beschlossen, ist in einem Wandgemälde aus dem 19. Jh. in der Turmhalle dargestellt. Das Gemälde entstand im Zuge einer Renovierung des Innenraums, bei der auch die Walcker-Orgel eingebaut wurde.

❶ Kirchenführungen: jeden Fr. 11 Uhr (60 Min. 2 €); Turmbesteigung: n. V., Tel. 03847 29 19; Eintritt: 2 €

Brüel

In dem 8 km nordwestlich von Sternberg gelegenen Städtchen wurde der **Verleger Carl Hinstorff**, der u. a. auch die Werke von Fritz Reuter verlegte, geboren. Der Übergang von der Romanik zur Gotik lässt sich an der Stadtkirche aus dem 13. Jh. ablesen. Den Turmbau fügte man 100 Jahre später an. Sehenswert im Innern sind das ganzfigurige Porträt des Heinrich von Plessen und seiner Frau, die barocke Kanzel mit geschnitzten Evangelisten am Korb (1624) und die Orgel aus dem Jahr 1710 (Besichtigung nach Anmeldung im Pfarrhaus, Tel. 038483 2 03 34). Die **Heimatstube** zeigt Wohn- und Schlafzimmer sowie Hausrat einer historischen Wohnung sowie Geschichten über »Schausting« Harms, ein Original der Stadt (2800 Einw.). In Brüel absolvierte Landschaftsarchitekt Peter Joseph Lenné die Gärtnerlehre bei seinem Onkel..

Heimatstube: Sternberger Str. 33, Di. 14.00 – 16.30, Do. 9.00 – 11.30 Uhr; Eintritt frei

Tempzin

Ca. 3 km nördlich von Brüel entstand 1222 ein Kloster mit Hospital. Von dem Gebäudekomplex steht noch die Klosterkirche aus dem frühen 15. Jahrhundert. Das Innere der schlichten Backsteinkirche schmucken schöne Gewölbe. Der prächtig gemalte Flügelaltar von 1411 befindet sich allerdings im Staatlichen Museum in Schwerin. An Ort und Stelle blieben u. a. die überlebensgroße hölzerne Sitzfigur des hl. Antonius (Anfang 15. Jh.) und die spätgotische Kanzel. Die Klosteranlage wird auch als Freilichtbühne genutzt. Außerdem öffnet seit einigen Jahren eine von evangelischen Laien betriebene Pilgerherberge.

ⓘ Besichtigung nach Anmeldung im Pfarrhaus Brüel, Tel. 038483 2 03 34; www.pilger-kloster-tempzin.de

? BAEDEKER WISSEN

Sternberger Kuchen

Das ist nicht etwa ein originelles Gebäck, sondern ein »Gesteinsklumpen«, wie er für die mecklenburgische Landschaft ganz typisch ist. Seine Besonderheit sind die darin eingeschlossenen Fossilien. Rund um Sternberg sind die »Kuchenstücke« besonders häufig. Auch im Heimatmuseum kann man sie bewundern.

Naturpark Sternberger Seenland, Kutschenmuseum Kobrow II

Nördlich von Sternberg wurde das größte Durchbruchstal Mecklenburgs am Zusammenfluss von Mildenitz und Warnow 2005 zum 54 000 ha großen Naturpark Sternberger Seenland umgewandelt. Information erhältlich im **Naturparkzentrum** Warin. Im Naturpark liegt das Dörfchen Kobrow II mit **Agrarmuseum** samt Heimatstube, Rauchhaus, Gästehaus, Museumscafé und 130 Mecklenburger Kutschen im Kutschenmuseum.

Naturparkzentrum: Am Markt 1, Mai – Sept. tgl. 10.00 – 18.00, Okt. – April 10.00 – 16.00 Uhr; www.np-sternberger-seenland.de

Agrarmuseum: Dorfstr. 10, tgl. 10.00 – 17.00 Uhr; Eintritt 4,50 €; www.museumsdorf-kobrow.de

***Freilichtmuseum**

Über die B 104 Richtung Güstrow erreicht man das knapp 4 km von Sternberg entfernte **Groß Raden**, das mit dem Archäologischen Freilichtmuseum eine besondere Attraktion besitzt. Die Halbinsel war im 9. und 10. Jh. das Heiligtum der Warnower, eines Teilstammes der slawischen Obotriten. Archäologen entdeckten zwischen 1973 und 1980 die Fundamente von zwei Kultstätten und eine dazugehörige Häusergruppe sowie zahlreiche Funde aus dem Alltagsleben der Bewohner dieser Siedlung. Das Dorf wurde rekonstruiert, die Funde werden heute in einem Museum gezeigt.

Das auf einer Halbinsel gelegene, rekonstruierte Slawendorf dokumentiert die beiden aufeinander folgenden Siedlungsphasen. Die erste Siedlung aus dem 9. Jh. war durch Sohlgraben, Palisadenzaun und dem 2009 rekonstruierten Tunneltor zum Festland hin befestigt. Gewohnt hat man in einräumigen, ca. 20 m^2 großen Flechtwandhäusern, die links und rechts eines gebohlten Hauptwegs angeordnet waren. Diese Häuser bestanden aus einem »Gerüst« aus Stabbohlen, das mit einem Flechtwerk aus Weidenruten und Lehm gefüllt wurde. Etwas abseits der Wohnhäuser lag der etwa 77 m^2 große **Tempel**. Eine Brücke in der Verlängerung des Hauptwegs führte hinüber zur vorgelagerten Insel, auf der ebenfalls Flechtwandhäuser standen. In der zweiten Siedlungsphase im 10. Jh. wurden Blockhäuser, ein Mahlhaus, eine Werkstatt und mehrere Kuppelbacköfen errichtet und auf der Insel ein Wall mit überdachtem Wehrgang angelegt, der den nicht mehr vorhandenen Tempel als Kultstätte ersetzte.

ⓘ April – Okt. tgl. 10.00 – 17.30, Nov. – März Di – So. 10.00 – 16.30 Uhr; Eintritt 2,50 €; www.gross-raden.de

Freilichtmuseum Groß Raden

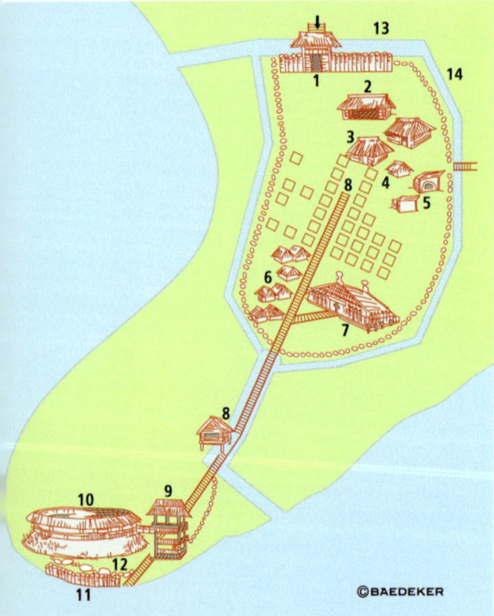

1	Eingangsbereich (9.Jh.)	7	Tempel (9. Jh.)
2	Werkstatt (Schmiede; 10. Jh.)	8	Bohlenweg, Brücke, Brückenhaus (10. Jh.)
3	Blockhäuser (10. Jh.)	9	Bastion (10. Jh.)
4	Mahlhaus (10. Jh.)	10	Ringwall (10. Jh.)
5	Backöfen (10. Jh.)	11	Brückenkopf
6	Flechtwandhäuser (9. Jh.)	12	Uferbefestigung
		13	Gartenbau
		14	Schafzucht

In einem alten Getreidespeicher in Groß Raden lockt das **Oldtimermuseum** Fans an. Die liebevoll gepflegten Autos und Motorräder dokumentieren Fahrgefühl und Fahrtechnik der letzten 80 Jahre. Zu den ältesten Stücken gehört der Ford von 1928 und das Fox-Motorrad von 1924.

ⓘ April – Okt. tgl. 11.00 – 16.00 Uhr, Nov. – März geschl.; Eintritt 3 €; www.oldtimermuseum-grossraden.de

★★ Stralsund

O 4

Landkreis: Vorpommern-Rügen
Höhe: 9 m ü. d. M. **Einwohnerzahl:** 57 650

Als ehemalige Hansestadt blickt Stralsund auf eine glanzvolle Vergangenheit zurück, die sich heute noch am historischen Stadtbild ablesen lässt. Das »Venedig des Nordens«, wie Stralsund gerne genannt wird, gehört zu den beeindruckendsten Reisezielen an der deutschen Ostseeküste und zählt zum Weltkulturerbe.

★★Metropole am Meer

Die größte Stadt in Vorpommern liegt an der Strelasund genannten Meerenge, welche die Insel ►Rügen vom Festland trennt. Neben ►Rostock ist sie die bedeutendste Wirtschafts- und Kulturmetropole im nördlichen Mecklenburg-Vorpommern. Schiffbau und Hafenwirtschaft haben Stralsund zu einem wichtigen Wirtschaftsstandort an der deutschen Ostseeküste gemacht. Der auf die Küstenschifffahrt ausgerichtete Hafen ist der drittgrößte in Mecklenburg-Vorpommern. Zu DDR-Zeiten entwickelte sich in Stralsund, ähnlich wie in anderen Städten an der Ostsee, die **Werftindustrie** zum wirtschaftlichen Rückgrat der Region. Nach der Wiedervereinigung geriet diese Industriebranche jedoch in eine tiefgreifende Krise, die Stadt verlor allein durch die Neustrukturierung der Volkswerft Stralsund rund 5000 Arbeitsplätze. Inzwischen hat sich die Lage wieder ein wenig gebessert. Wirtschaftlichen Aufschwung brachte aber auch der Tourismus.

Geschichte

Neben dem slawischen Fischer- und Fährdorf Stralow entstand zu Beginn des 13. Jh.s eine deutsche Kaufmannssiedlung, deren Kern sich rund um den Alten Markt und die Nikolaikirche befand. Südlich davon lag um den Neuen Markt mit der Marienkirche die Neustadt. Nachdem der mächtige Konkurrent Lübeck die Stadt überfallen hatte (1249), begannen die Stralsunder, eine Stadtbefestigung mit elf Toren zu errichten, die auch die Neustadt mit einschloss. 1293 trat die Stadt der **Hanse** bei, trieb Handel insbesondere mit Skandinavien, dem Baltikum und Russland und gehörte schon bald in die Riege der einflussreichsten Hansestädte an der Ostseeküste.
Mit der Hanse trat Stralsund 1361 auch in den Krieg gegen Dänemark um die Vorherrschaft im Ostseeraum ein. Der 1370 in Stralsund geschlossene Frieden sicherte dann aber für lange Zeit die politische und wirtschaftliche Vormachtstellung der Hanse. Mit ihrer abnehmenden Bedeutung gegen Ende des 15. Jh.s war auch Stralsunds Blütezeit überschritten. Der Belagerung durch **Wallenstein** während des Dreißigjährigen Kriegs 1628 hielt die Stadt stand, mit

Stralsund

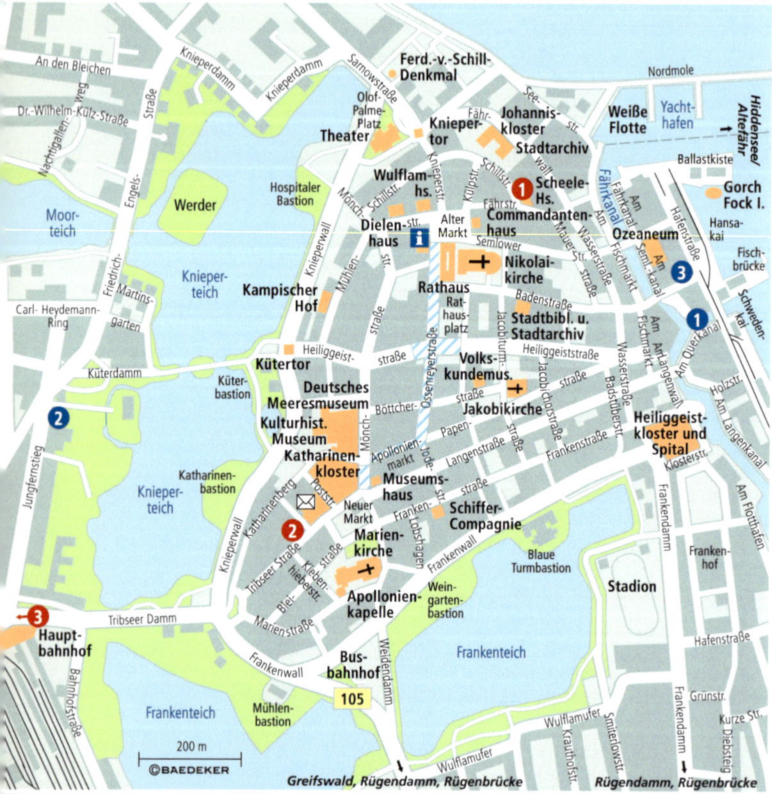

Übernachten
1 Scheelehof
2 Zur Post
3 Familotel Stralsund

Essen
1 »Esszimmer«
2 Tafelfreuden
3 Hiddenseer Hafenkneipe
4 Brasserie Grand Café

dem Ende des Krieges (1648) fiel sie dann zusammen mit Vorpommern an Schweden. Stralsund hatte schwer unter den Plünderungen während der Nordischen Kriege zu leiden und erstarkte erst wieder, als Schweden 1720 den Regierungssitz von Schwedisch-Pommern hierher verlegte. Nach dem Wiener Kongress (1815) gehörte Stralsund ebenso wie Rügen und Vorpommern zu Preußen. Die Rolle Stralsunds als Tor zur Insel Rügen verstärkte sich durch den Bau des Rügendamms 1936. Stark zerstört im Zweiten Weltkrieg, entwickelte sich die Stadt später rasch zu einer Industrie- und Hafenstadt (Ostseehandel).

Historisches Stadtbild

Die fast rundum von Wasser umgebene Altstadt von Stralsund besitzt mit ihren drei mächtigen Backsteinkirchen, dem stolzen Rathaus, den Klöstern und unzähligen Wohn- und Geschäftshäusern aus der Zeit vom Mittelalter bis zum Klassizismus eine unglaubliche Fülle an historischer Bausubstanz und wurde 2002 zum **UNESCO-Welterbe** erklärt. Obgleich auch dieses einmalige Kulturgut im Laufe seiner Geschichte schwere Schäden hinnehmen musste, ist ein Spaziergang durch die Altstadt der ehrwürdigen Hansestadt ein schönes Erlebnis. Die wichtigsten Gebäude werden im Rahmen eines Rundgangs besprochen.

Schöne alte Häuser aus unterschiedlichsten Bauepochen, viele renoviert, findet man auch in der Franken-, Mönch-, Mühlen-, Ravensberger-, Baden-, Böttcher- und in der Semlowerstraße.

Charakteristisch für die mittelalterliche Bebauung der Stadt sind die hohen, in der Regel etwa 9 m breiten **Giebelhäuser** aus Backstein, die seit dem ausgehenden 13. Jh. die Holzbauten ersetzten. Im Innern der Gebäude befanden sich im Erdgeschoss die Wohn- und Geschäftsräume und darüber die Speichergeschosse. Blendbögen, pfeilerartige Vorlagen und Fialtürmchen bilden den Schmuck der Giebelfassaden.

ALTER MARKT UND NORDÖSTLICHE ALTSTADT

**Rathaus

Ein Juwel der norddeutschen **Backsteingotik** ist das Rathaus, das mit der nördlichen Schmalseite an den Alten Markt stößt. Seine prächtige Fassade, die sich mit den Türmen der Nikolaikirche zu einem eindrucksvollen Ensemble gotischer Baukunst verbindet, entstand nach dem Vorbild des Rathauses in Lübeck, dem großen Konkurrenten der einstigen Hansestadt. Hinter den Arkaden im Erdgeschoss liegt eine zweischiffige Laubenhalle, die ehemalige Gerichtslaube, und darüber, im Obergeschoss, der sogenannte Löwensche Saal. Durch die Laubenhalle gelangt man in den Innenhof des Gebäudes, der durch ein Glasdach zur Passage umgewandelt wurde. Als älteste Teile waren vermutlich in der zweiten Hälfte des 13. Jh.s die Längsflügel entstanden – ursprünglich zwei schmale Giebelhäuser mit zum Innenhof offenen Verkaufsräumen (Kreuzgewölbe) im Erdgeschoss. Sie wurden durch einen südlichen, später auch durch einen nördlichen Querbau verbunden. An dessen Stelle trat um 1400 der Neubau mit der marktseitigen Schaufront. Erst um 1680 erhielt der Innenhof die hölzerne Galerie. Im 18. Jh. wurde die der Ossenreyerstraße zugewandte Westseite barock umgestaltet. Aus dieser Zeit stammt das Portal mit dem Wappen der Stadt. Die im September 2011 begonne-

Stralsund erleben

AUSKUNFT

Tourismuszentrale Stralsund
Alter Markt 9, 18439 Stralsund
Tel. 03831 2 46 90
www.stralsundtourismus.de

STADTFÜHRUNGEN

Stadtführungen finden ab der Tourismuszentrale statt.
Mai – Okt. tgl. 11.00 und 14.00 (6 €), Di. und Fr. 21.00 Uhr (mit Nachtwächtern; 8 €)
Attraktiv ist die Führung, »die Türen öffnet« zu sonst verschlossenen Denkmälern (Di. 14.00 Uhr; 7 €). Welterbe-Touren gibt es von April bis Oktober samstags um 16.00 Uhr, Brauereiführungen ab dem Gasthof »Zum Alten Fritz«, von April bis Dezember täglich um 11.00, 14.00 oder 16.00 Uhr (9,80 €).
»Stralsund per Schiff« bieten drei Reedereien ab dem Hafen. Seit Mai 2009 verkehrt hier das erste Cabrio-Schiff Norddeutschlands.

SHOPPING

Haupteinkaufsmeile sind Ossenreyer- und Mönchstraße, in der Altstadt Baden- und Heiliggeiststraße sowie Neuer Markt und seine nächste Umgebung.

ESSEN

❶ *»Esszimmer«* €€€€
Am Querkanal 5, Tel. 03891 3 09 77 07
www.esszimmer-stralsund.de
Tradition und Moderne verbinden die Gastgeber in ihren Menüs in diesem neuen, stilvollen Restaurant. Tipp: Überraschungsmenü (4 Gänge) inkl. Wein 59 €. Mi. Ruhetag.

Schön anzusehen: Fassaden am Alten Markt, in der Mitte das Wulframhaus

2 ***Tafelfreuden*** €€€
Jungfernstieg 5a, Tel. 03831 29 92 60
www.tafelfreuden-stralsund.de
Ansprechendes Restaurant mit kleiner Karte in einem Haus im schwedischen Landhausstil. Günstiger Mittagstisch. Wer will, kann in einem der drei Zimmer übernachten. Mo. Ruhetag.

3 ***Hiddenseer Hafenkneipe*** €€€
Hafenstr. 12, Tel. 03831 2 89 23 90
www.hotel-hiddenseer.de
Sehr gemütliches Restaurant in einem renovierten Gebäude auf der Hafeninsel. Fischvariationen und pfiffige Süppchen. Kein Ruhetag.

4 ***Brasserie Grand Café*** €€
Neuer Markt 2, Tel. 03831 70 35 14
www.brasseriegrandcafe-hst.de
Dieses Restaurant mit Biergarten lockt mit leckeren Kleinigkeiten und Fischgerichten.

ÜBERNACHTEN

1 ***Scheelehof*** €€€
Fährstr. 23-25, Tel. 03831 28 33 00
www.scheelehof.de
75 Zimmer, 14 Suiten
Seit 2010 ist der historische Scheelehof in der Altstadt wieder ein touristischer Magnet, ab dem Frühjahr 2012 sogar mit einem eigenem Wellnessbereich. Im Haus gibt es dazu die Kellerkneipe »Scheel's Labor«, das Hotelrestaurant »Zum Scheel«, das Café »Kontor Scheele« mit Rösterei sowie das Gourmetrestaurant »Scheel's«.

2 ***Hotel Zur Post*** €€€
Am Neuen Markt, Tribseer Str. 22
Tel. 03831 20 05 00
www.hotel-zur-post-stralsund.de
108 Zimmer
Zentral, aber meist ruhig wohnt man hier im Herzen von Stralsund. Für längere Aufenthalte gibt es Studios in unterschiedlicher Größe im Ateliergeschoss.

3 ***Familotel Stralsund*** €€
Lindenallee 41, Tel. 03831 44 20
www.familotel-stralsund.de
Familienfreundliches Hotel mit Spielfläche und Rasen sowie sehr gutem Biorestaurant. Die Nutzung der Sauna ist im Preis inbegriffen, Massagen sind im Angebot. Großes Frühstücksbuffet, großer Parkplatz. Bett & Bike-Partner.

ne Sanierung des Alten Marktes verzögerte sich aufgrund archäologischer Grabungen und soll – ebenso wie auch Teilsanierung der Nikolaikirchhöfe – 2013 abgeschlossen sein. Zwischenzeitlich müssen Absperrungen in Kauf genommen werden.

Olthofsches Palais

Direkt neben der Tourismuszentrale öffneten im Juni 2011 die fünf Kabinette der neuen **Welterbe-Ausstellung** zu Stralsund, Wismar, dem Welterbe in Deutschland und in der Welt im historisch wertvollen barocken Olthofschen Palais.

ℹ Ossenreyerstr. 2, tgl. 10.00 – 17.00 Uhr; Eintritt frei;
www.stralsund-wismar.de

***Wulframhaus**

An der Nordwestseite des Alten Markts steht das Wulflamhaus, eines der schönsten und am besten erhaltenen mittelalterlichen Bürger-

Aus der Vogelperspektive sieht man sehr schön, warum Stralsund oft »Venedig des Nordens« genannt wird.

häuser, vermutlich um 1380 für den Bürgermeister Bertram Wulflam errichtet. Charakteristisch ist der durch Pfeilervorlagen gegliederte Staffelgiebel mit reichen Blendarkaden.

Commandantenhus Das dreigeschossige Traufenhaus aus dem Jahr 1746 an der Ostseite des Platzes (Alter Markt 14) war einst Sitz der schwedischen Kommandantur. Den Mittelrisalit des schlichten Barockbaus betont ein spitzer Dreiecksgiebel.

Kniepertor Vom Alten Markt führt die schmale Knieperstraße hinab zu dem gleichnamigen Torturm aus der ersten Hälfte des 15. Jh.s, einst Teil der mittelalterlichen Stadtbefestigung. Außerhalb der Altstadt, vor dem Kniepertor, wurde 1913/1914 das Stadttheater errichtet.

Johanniskloster Östlich vom Kniepertor, an der alten Stadtmauer (heute zwischen Schillstraße und Fährwall), errichteten ab 1254 Franziskanermönche ein Kloster. Im Zuge der Reformation gelangte es in den Besitz der Stadt, die es zum Armenhaus umbaute. Vom Chor der Klosterkirche, der nach einem Brand 1624 wieder aufgebaut wurde, stehen seit dem Zweiten Weltkrieg nur noch die Außenmauern. Als Mahnmal für die Gefallenen des Ersten Weltkriegs wurde hier 1988 eine Nachbildung der **»Pietà«** von Ernst Barlach aufgestellt.

Die Klausurgebäude nehmen heute das **Stadtarchiv** und Räume für wechselnde Ausstellungen auf.

Stadtarchiv: Mo. 13.00 – 17.00, Di., Mi. 9.00 – 17.00, Do. 9.00 – 13.00 Uhr; Besichtigung. St. Johannis: Mai – Sept.; www.stralsund.de/stadtarchiv

Fährstraße

Vor dem Haus Fährstraße 21 markiert eine Gedenkplatte die Stelle, an der am 31. Mai 1809 der preußische Offizier Ferdinand von Schill bei der Verteidigung Stralsunds gegen napoleonische Truppen den Tod fand. Das Geburtshaus des bedeutenden Chemikers **Carl Wilhelm Scheele** (1742 – 1786, Entdecker des Sauerstoffs) mit seiner schönen Renaissance-Fassade von 1660 ist heute ein besonders hübscher Blickfang an der Fährstraße (Nr. 23).

Hafen

Folgt man der Fährstraße stadtauswärts, kommt man in den Hafen von Stralsund, wo u. a. auch die Fähren der Weißen Flotte nach Hiddensee bzw. Rügen auslaufen und Hafenrundfahrten beginnen. Hier lohnen der **Fischmarkt** mit der Stralsunder Fischhalle (Neue Badenstr. 2) und ein Spaziergang zur restaurierten **Speicherstadt** und zu den Liegeplätzen des Forschungsschiffs »Professor Albrecht Penck« und der Bark **»Gorch Fock I«**, die 1933 vom Stapel lief.
Vor allem aber muss man hier das zum Deutschen Meeresmuseum (►S. 339) gehörende, 2008 eröffnete und bereits 2010 zu Europas Museum des Jahres gekürte ****Ozeaneum** gesehen haben. Spannend und erlebnisreich reist man im Bau des Stuttgarter Architekturbüros Behnisch von der Nordsee ins Nordpolarmeer, wobei besonders das 9 m tiefe und 2,6 Mio. l Wasser fassende Schwarmfischbecken beeindruckt, in dem auch zwei Ammenhaie ihre Runden drehen. Der Höhepunkt der verschiedenen Ausstellungen heißt »1 : 1 – Riesen der Meere« mit lebensgroßen Modellen von Walen (►Abb. S. 78).

Gorch Fock I: April – Okt. tgl. 10.00 – 18.00 Uhr, Nov. – März geschl.; Eintritt 4 €; www.gorchfock1.de

Ozeaneum: Juni – Mitte Sept.tgl. 9.30 – 21.00, Mitte Sept. – Mai bis 19.00 Uhr, Eintritt 14 € (Kombiticket Meeresmuseum 18 €); www.ozeaneum.de

** NIKOLAIKIRCHE

Hinter dem Rathaus erhebt sich St. Nikolai, Stralsunds älteste, dem **Schutzpatron der Seeleute** geweihte Pfarrkirche. Auftraggeber des 1270 begonnenen und um 1360 vollendeten Gotteshauses waren die Patrizier und Ratsherren der Stadt. Die dreischiffige, querschifflose Basilika mit Umgangschor, Kapellen an Chor und Langhaus sowie offenem Strebewerk greift das Grund- und Aufrissschema der nordfranzösischen Kathedralgotik auf, das bereits bei der Lübecker Marienkirche, dem Vorbild von St. Nikolai, zur Anwendung kam. Die beiden mächtigen, durch Blendfensterreihen schmuckvoll gestalteten

Westtürme wurden in der zweiten Hälfte des 14. Jhs. hinzugefügt. Nach einem Brand 1662 setzte man dem Südturm 1667 eine barocke Haube auf, der Nordturm ist bis heute nur mit einem flachen Zeltdach gedeckt.

Hochgotische Architektur und eine überreiche Ausstattung aus der Zeit der Gotik bis zum Barock verbinden sich zu einem herrlichen Gesamteindruck. Die wirkungsvolle **Ausmalung** aus dem 14./15. Jh. wurde in ihrer ursprünglichen Farbigkeit wieder hergestellt. Besondere Beachtung verdienen die szenischen Darstellungen an den Wänden der Seitenschiffkapellen. Eines der ältesten Ausstattungsstücke ist die vor 1280 entstandene Figurengruppe der Anna Selbdritt, ein bedeutendes Werk der Plastik im Ostseeraum um 1300. Das gotische Kruzifix über dem Hochaltar wurde um 1360 als Triumphbogenkreuz angefertigt. Die **astronomische Uhr** mit ihrem bemalten Zifferblatt vollendete laut Inschrift Nikolaus Lilienfeld am Nikolaustag des Jahres 1394. Aus dem beginnenden 15. Jh. stammen die Holzpaneele des sogenannten Nowgorodfahrer-Gestühls. Die vier Reliefdarstellungen auf den Gestühlswangen zeigen Jagdszenen in Russland sowie einen Pelztierverkauf an einen hanseatischen Kaufmann. Bedeutsam sind auch verschiedene **Einbauten aus gotischer Zeit**, so die Chorschranken mit reichem Schnitzwerk, die Empore im Chorscheitel mit gemalten Heiligen zwischen geschnitztem Maßwerk (um 1500) sowie die oberhalb der Arkadenreihe verlaufende Holzbrüstung mit gemalten Wappen.

Von den spätmittelalterlichen Wandelaltären sollte man sich vor allem den **Hochaltar** (wohl Ende 15. Jh.) anschauen, der im Schrein eine figurenreiche Kreuzigungsdarstellung zeigt, sowie den Bergenfahrer-Altar

Nikolaikirche

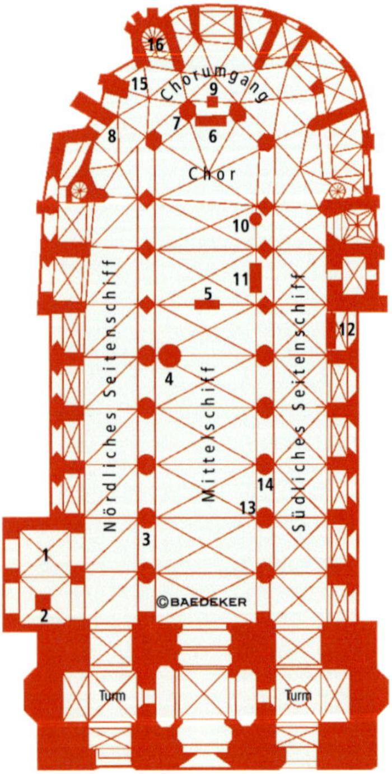

1 Bürgermeisteraltar, um 1500-1516
2 Taufgehäuse, 1714
3 Christus mit Kreuz, um 1400
4 Kanzel, 1611
5 Hauptaltar, 1708
6 Hochaltar, um 1480
7 Altar der Schneider, 15. Jh.
8 Altar der Familie Junge, um 1430
9 Astronomische Uhr, 1394
10 Taufbecken
11 Nowgorodfahrer-Gestühl, um 1420
12 Ratsgestühl, 1652
13 Kramergestühl, 1574
14 Bergenfahreraltar
15 Anna Selbtritt, vor 1280
16 Chorkapelle mit Sterngewölbe

(um 1500) mit einer schön geschnitzten Kreuzigung im Schrein und vier gemalten Passionsszenen auf den Flügeln. Beinahe unüberschaubar ist die Zahl der mittelalterlichen und frühneuzeitlichen Grabsteine und Epitaphe.
Zu den herausragenden Ausstattungsstücken aus nachmittelalterlicher Zeit gehört die 1611 geschaffene **Sandstein-Kanzel** mit Alabasterreliefs. Für den barocken Hochaltar (1708) mit seitlichen, lettnerartigen Schranken lieferte der Berliner Bildhauer Andreas Schlüter die Entwürfe. Ebenfalls einen architektonischen Aufbau zeigt das barocke, 1710 bis 1714 von Elias Keßler gefertigte Taufgehäuse.
❶ April, Mai, Sept., Okt. Mo. – Sa. 9.00 – 18.00, So. 13.00 – 17.00, Juni – Aug. Mo. – Sa. 9.00 – 19.00, So. 13.00 – 17.00, Nov. – März Mo. – Sa. 10.00 – 16.00, So. 13.00 – 16.00 Uhr; Eintritt 2 € (Erhaltungsbeitrag); www.nikolai-stralsund.de

VOM ALTEN MARKT ZUM NEUEN MARKT

Mühlenstraße

An der Westseite des Alten Markts beginnt die Mühlenstraße mit einigen sehenswerten alten Gebäuden. Giebelhaus Nr. 1 stammt aus der Zeit um 1400 und gehört zu den ältesten Backsteinhäusern Stralsunds. Das Kaufmannshaus (Nr. 3) wurde zwischen 1975 und 1979 als gotisches Dielenhaus wiederhergestellt und kann auch innen besichtigt werden. Hier zeigt die Ausstellung »Stralsund in Miniatur« ein Modell der UNESCO-Welterbe-Altstadt. Die Gebäudegruppe **Mühlenstraße Nr. 23** gehörte dem Zisterzienserkloster Neuenkamp (heute Franzburg). Der Dreiflügelbau besteht aus Speicher, Wohnhaus (15. Jh.) und einem späteren Verbindungsflügel. Das Wohnhaus (rechts) mit dem typischen Blendenschmuck erhielt durch einen Umbau im 18. Jh. seinen geschweiften Giebel.
Miniaturausstellung: tgl. 10.00 – 17.00 Uhr, Eintritt frei

Stadtbefestigung

Die mittelalterliche Stadtbefestigung mit den **Wiekhäuschen** wurde im nördlichen und nordwestlichen Abschnitt zwischen Johanniskloster und Kütertor restauriert. Von den Tortürmen stehen noch das Kniepertor aus dem 15. Jh. und das 1446 errichtete Kütertor.

Katharinenkloster

In dem weitläufigen Gebäudekomplex des ehemaligen Dominikanerklosters St. Katharinen an der Mönchstraße sind die beiden großen Museen von Stralsund untergebracht, das Deutsche Meeresmuseum und das Kulturhistorische Museum.

****Deutsches Meeresmuseum**

Das Deutsche Meeresmuseum, zu dem als Außenstellen das Nautineum auf Dänholm (►S. 345) und das Natureum in Darßer Ort (►S. 164) gehören, bildet zusammen mit dem Ozeaneum (►S. 337) die größte naturkundliche Ausstellung ihrer Art in Norddeutschland

Das Ozeaneum schmiegt sich zwischen die alten Hafengebäude.

ist dank ihrer Thematik und Präsentation für Erwachsene ebenso interessant wie für Kinder und Jugendliche.
In den Aquarien im alten Klostergebäude kann man u. a. pfeilschnelle Haie und Kraken beobachten, wie sie schwimmen, sich eingraben oder um die Wette fressen. Ständig etwas geboten ist in dem 350 000 l fassenden Meeresschildkröten-Becken, in dem sich auch Schwarzspitzen-Riffhaie tummeln. Eine Sensation ist der präparierte 6 m lange Riesenkalmar, denn nur rund 20 Museen weltweit können mit solch einem sagenumwobenen Riesenkraken aufwarten. Weitere Themen im Ausstellungsbereich sind u. a. die Geschichte der Fischerei und die Wale, wo im ehemaligen Chor der Kirche das Skelett eines Finnwals hängt, der im Jahr 1825 an der Küste von Rügen strandete.
❶ Eingang: Mönchstr./Bielkenhagen, Juni – Sept. tgl. 10.00 – 18.00, Okt. – Mai bis 17.00 Uhr; Eintritt 7,50 € (Kombiticket Ozaneum 14 €); www.meeresmuseum.de

Kulturhistorisches Museum

Interessant sind die Sammlungen des Kulturhistorischen Museums (Eingang gleich um die Ecke in der Mönchstraße) in den herrlichen historischen Räumlichkeiten des Klausurkomplexes, die schon an sich eine Besichtigung wert sind.
Insbesondere im Erdgeschoss mit den zwei Kreuzgängen und dem schönen Remter (Refektorium) bilden Architektur und Exponate ein ausgesprochen geglücktes Ensemble. Zu den bedeutendsten Funden aus der Frühgeschichte des Landes zählt der prächtige **Hiddenseer Goldschmuck** aus dem 10. Jh., der 1874 vor der Küste der kleinen

Insel ►Hiddensee gefunden wurde (►Baedeker Wissen S. 45). Die Epoche des Mittelalters ist vor allem durch Altäre, Plastiken und Kruzifixe aus den Kirchen von Stralsund vertreten. Aus dem 16. bis 18. Jh. besitzt das Kulturhistorische Museum einige recht kostbare Truhen und Schränke.

Mönchstr. 25–27, tgl. 10.00 – 17.00, Nov. – Jan. Mo. geschl.; Eintritt 6 €

*Museumshaus

Das größte Exponat des Kulturhistorischen Museums ist das Museumshaus in der Mönchstr. 38 (►Baedeker Wissen S. 342). Hinter der unscheinbaren Fassade des Giebelhauses von 320 verbirgt sich ein Museum, das mit einem ungewöhnlichen Konzept und spannenden Einblicken aufwartet. Anstatt das Gebäude in den vermeintlichen Originalzustand zurückzuversetzen, haben sich die Restauratoren dafür entschieden, die Geschichte seiner Nutzung, die zahllosen großen und kleinen Veränderungen, Um- und Einbauten, ja sogar Abnutzung und Vernachlässigung zum Ausstellungsthema zu machen.

Öffnungszeiten wie Kulturhistorisches Museum

NEUER MARKT UND MARIENKIRCHE

Neuer Markt

Durch die Mönchstraße, im letzten Abschnitt eine Fußgängerzone, kommt man auf den zweiten großen Stadtplatz, den Neuen Markt, Mittelpunkt der südlichen Altstadt. Er wird von der dritten und größten Stadtkirche, St. Marien, überragt.

**Marienkirche

Der mächtige Backsteinbau wurde als dreischiffige Basilika mit Querhaus und kapellenbesetztem Umgangschor angelegt und im Lauf des 15. Jh.s weitgehend fertiggestellt. Wie ein Bollwerk wirkt der trutzige Westbau mit seinen drei monumentalen Fenstern. Über dem quadratischen, von zierlichen Ecktürmchen begleiteten Unterbau ragt der 104 m hohe, achteckige Turm auf, der von einer barocken Haube bekrönt wird.

Will man das gewaltige Gotteshaus mit etwas Abstand betrachten, dann empfiehlt sich ein Spaziergang über den Weidendamm ans Wulflamufer. Von hier aus zeigt sich die Marienkirche von ihrer schönsten Seite.

Die schlichte Monumentalität des Außenbaus setzt sich auch im Inneren fort. Vor allem die Architektur selbst bzw. ihre **enormen Ausmaße**

! BAEDEKER TIPP

Ein- und Ausblicke

Ungewöhnliche Ansichten vermittelt eine Führung, bei der man über die Gewölbe der Marienkirche spaziert und die Dachkonstruktion des Baus aus der Nähe inspizieren kann. Zum Abschluss geht es dann noch hinauf auf den Turm: nicht weniger als 366 Stufen, doch dafür wird man mit einem herrlichen Ausblick belohnt (Di. 15.00, Do. 15.30 Uhr, Anmeldung beim Küster unter Tel. 0172 3 12 54 91; Eintritt 8 €).

Dokument aus Stein

Bescheiden reiht sich das Haus Nr. 38 in die Häuserfront der Mönchstraße ein. Um 1320 erbaut, ist das gotische Giebelhaus eines der ältesten in Stralsund – und birgt hinter seinen Türen ein wahres Schatzkästlein: Statt das Haus, das einem Krämer gehörte, umzubauen, beließ man alle Zimmer im ursprünglichen Zustand. Als Besucher begibt man sich auf eine Zeitreise vom 14. bis ins 20. Jahrhundert.

❶ Eingang

❷ Schwarzküche
Mittelalterliche Küchen hatten keine Fenster und wurden daher »Schwarzküche« genannt. Die geschwärzte Fettschicht an den Wänden, die nie entfernt wurde, verstärkt den düsteren Gesamteindruck natürlich. Bis 1979 war das Haus bewohnt und hier wurde noch gekocht.

❸ Gute Stube
Der größte Wohnraum des Hauses ist die »Gute Stube«, die nur bei besonderen Gelegenheiten benutzt wurde. Die Ausstattung datiert ins Jahr 1680. Damit sind die hölzerne Verkleidung der Wände und der Wandschrank auf der linken Seite des Raumes die ältesten Teile im Haus. Einst war der Raum so niedrig wie alle anderen Zimmer, doch dann ließ der Besitzer die Decke anheben, um einen Empfangsraum mit Fenstern zur Straße zu schaffen.

❹ Stube
In dieser Biedermeierstube sind die Tapeten der wichtigste Befund: 20 übereinander geklebte Schichten kamen hier zum Vorschein. Sie liefern eine eindrucksvolle Stilgeschichte der Tapetenmoden. Übrigens: Die weiße Tischdecke mit Lochstickerei hat eine Stralsunderin, die hier im Haus geboren wurde, dem Museum geschenkt.

❺ Küche
Auch diese Küche hatte kein Fenster ins Freie, sondern nur auf die Diele hinaus. So blieb allen anderen Familien im Haus nicht verborgen, was auf dem Kohleherd gebrutzelt wurde. Der Küchentisch ist ausziehbar und diente auch als Spüle.

❻ Dachboden
Der mittelalterliche Warenaufzug reicht vom Keller bis zum obersten Speicherboden, funktioniert seit 700 Jahren anstandslos und wurde bei der Sanierung des Hauses 1996 – 1999 eingesetzt.

Auf den
Getreide
speicher
noch alt
ten – z.
Sackkar
einstige
Raumes
elektrisc
tung ist

(das Mittelschiff ist 96 m lang und 32 m hoch) verwundern. Den fulminanten Auftakt bildet das Westwerk (Eingang), dessen drei quadratische Hallen in Schwindel erregender Höhe von herrlichen Netz- bzw. Sterngewölben überspannt werden. Das Langhaus ist in Mittel- und Seitenschiffen kreuzrippengewölbt, die Vierung besitzt ein Stern- und die Chorkapellen ein sechsteiliges Gewölbe. Die Langhauswände sind nahezu ohne Bauschmuck. Sie leiten den Blick weiter in die Raumtiefe, wo die achteckigen Vierungspfeiler und der polygonale, fein gegliederte Binnenchor optisch zu einer Einheit verschmelzen. An den Arkadenbögen des nördlichen und im Gewölbe des südlichen Seitenschiffs finden sich noch gotische Malereien (15. Jh.).

Von der reichen mittelalterlichen **Ausstattung** – die Kirche besaß u. a. 44 große, von den städtischen Zünften gestiftete Altäre – blieb fast nichts erhalten. Was nicht schon durch die Bilderstürmer oder durch Kriegsplünderungen abhanden gekommen war, wurde während der Restaurierung 1842 – 1847 entfernt. Die ältesten erhaltenen Ausstattungsstücke sind die drei Schnitzfiguren neben dem nördlichen Querhausportal (Maria mit Kind, Petrus und Paulus; erste Hälfte 15. Jh.) und ein Kruzifix an der Westturmwand (um 1480). Die 1659 fertiggestellte prächtige Barock-Orgel war das letzte Werk des namhaften Orgelbauers Friedrich Stellwagen aus Lübeck. Im 18. Jh. kamen u. a. das aus Holz geschnitzte Taufgehäuse (um 1740) in die Kirche, die Begräbniskapelle der Grafen Küssow im nördlichen Chorumgang und das Grabmal des schwedischen Grafen Johannes von Lilljenstedt im südlichen Chorumgang. Der schwarze Marmorsarkophag mit der liegenden Figur des Verstorbenen ist ein Werk des Antwerpener Bildhauers Johann Baptist Xavery von 1732. 2005 wurde der Gemeinde das Nagelkreuz von Coventry mit Versöhnungsgebet verliehen.

Kirchenöffnungszeiten: Di. – Fr. 10.00 – 12.00, 14.00 – 16.00, Sa. 10.00 – 12.00, So. 11.00 – 12.00 Uhr; mit tgl. Licht-/Ton-Shows im Mittelgang der Kirche; Eintritt frei (Spende); Turmbesteigung 4 €; regelmäßig Ausstellungen, Konzerte; www.st-mariengemeinde-stralsund.de

SÜDÖSTLICHE ALTSTADT

Durch Mönchstraße, Apollonienmarkt und Ossenreyerstraße erreicht man die Böttcherstraße. In dem hohen Speichergebäude (Nr. 23) logiert die **volkskundliche Abteilung** des Kulturhistorischen Museums, die über Brauchtum und traditionelle Lebensweise der Bevölkerung auf dem Darß und Rügen informiert. Nicht nur Kinder sind begeistert von der Spielzeugausstellung im Erdgeschoss mit schönen alten Puppenstuben, Blechspielzeug und Plüschtieren.

● tgl. 10.00 – 17.00, Nov. – Jan. Mo. geschl.; Eintritt 5 € oder Kombikarte

Jakobikirche

Auf der Grenze zwischen Alt- und Neustadt steht die Ende des 13. Jh.s gegründete Jakobikirche. Zunächst als Halle angelegt, wurde die chorlose Kirche im 15. Jh. zur Basilika umgebaut. Aus dieser Zeit stammt auch der 68 m hohe Westturm mit seinen Maßwerk-Blendfenstern. Die 40 Jahre als Baustofflager genutzte, renovierte Kulturkirche zeigt bis 2019 eine Ausstellung mit Werken von **Friedensreich Hundertwasser**, 2012 ergänzt durch eine Hommage an **Hermann van Veen**.

❶ Jacobiturmstr. 28a, Juni – Okt. tgl. 11.00 – 18.00 Uhr, Eintritt 8 €; www.hundertwasser-in-stralsund.de

Heilgeist-Spital

Um 1325 hatte sich das 1256 gegründete und zunächst zwischen der Langen- und Heilgeiststraße gelegene Heilgeist-Spital an der südlichen Stadtmauer niedergelassen. Erhalten blieben von den Räumlichkeiten dieser Einrichtung, in der Alte und Kranke gepflegt wurden, die dreischiffige Backsteinhalle aus dem frühen 15. Jh., das östlich an die Kirche angrenzende Spitalgebäude und das sogenannte Elendenhaus (1641), ein eingeschossiger Bau mit Schweifgiebel an den Stirnseiten.

❶ April – Okt. Mo. – Sa. 10.00 – 17.00, So. 14.00 – 17.00 Uhr; www.kirchenkreis-stralsund.de/91.html

Spielkartenmuseum

Ein »arbeitendes Museum« ist in den Räumen der Vereinigten Stralsunder Spielkarten-Fabriken innerhalb der Altstadtmauern im Speicher am Katharinenberg 35 eingerichtet. Die Werkstatt zeigt historische Kartenblätter und die Maschinen der alten Druckerei rund um den »Affenstall«. Am Wochenende werden Typographie-, Buchdruck-, Papierschöpf- und Buchbinderkurse geboten.

❶ Mo. – Fr. 11.00 – 13.00, 15.00 – 19.00 Uhr; Eintritt frei, Spende erwünscht; www.spiefa.de, www.jugendkunst.de

AUSSERHALB DER ALTSTADT

Marinemuseum Dänholm

Eine Außenstelle des Kulturhistorischen Museums ist das Marinemuseum auf der kleinen Insel Dänholm zwischen Rügen und Stralsund. Vom Rügendammbahnhof erreicht man es in einem 15-minütigen Fußmarsch. Dokumentiert ist auf zwei Etagen die Geschichte der Marine Stralsunds und Dänholms als Wiege der preußischen Marine.

❶ Zur Sternschanze 7, Mai – Okt. tgl. 10.00 – 17.00 Uhr, Nov. – April geschl.; Eintritt 6 € oder Kombikarte Kulturhist. Museum

Dänholm, Nautineum

Das Nautineum Dänholm ist eine **Außenstelle des Deutschen Meeresmuseums** in Stralsund. Auf dem Freigelände und in einer Ausstellungshalle sind Exponate zum Thema Fischerei, Meeresforschung und Hydrografie zusammengetragen worden, so z. B. das Unterwasserlabor »Helgoland« oder Deutschlands größter Eisbrecher »Stephan Jantzen«, der an der Pier des Nautineums vor Anker liegt. Man erreicht das Nautineum über den Rügendamm oder mit dem Shuttleboot vom Stadthafen aus.

ⓘ Zum Kleinen Dänholm, Juni – Sept. tgl. 10.00 – 18.00, Mai, Okt. 10.00 – 17.00 Uhr; Eintritt 3 € oder Kombi-Tickets Meeresmuseum; www.meeresmuseum.de/nautineum

Segelzentrum & Tauchbasis Dänholm

Wer segeln lernen oder eine Jacht chartern will, kann dies im Segelzentrum Dänholm tun. In unmittelbarer Nähe finden Tauchfreunde in der Tauchbasis Dänholm alles, was sie zur Ausübung ihres Sports brauchen, inklusive Unterkunft in der basiseigenen Pension (www.ycstr.de).

***HanseDom**

Vergnügen rund ums Wasser bei gutem und bei schlechtem Wetter verspricht der Freizeit- und Erholungspark HanseDom, eine der spritzigsten Attraktionen von Stralsund (Grünhufer Bogen, beim Tierpark). Vom palmengesäumten Wellenbecken mit Strömungskanal, Wasserfall und Wildwasserbach über nachgebaute Tempelruinen und James-Bond-Felsen bis zur Wellness-Abteilung ist alles geboten, was Entspannung verspricht. Sportliche können sich im Fitness-Club, auf den Tennis-, Badminton- und Squashplätzen oder an der Kletterwand verausgaben.

ⓘ So. – Do. 9.30 – 22.00, Fr., Sa. bis 23.00 Uhr, Eintritt ab 10,50 €; www.hansedom.de

Feucht-fröhlicher Spaß im »HanseDom«: Hier kann man die Seele einmal baumeln lassen – für jeden Besucher ist das Richtige dabei.

UMGEBUNG VON STRALSUND

Groß Mohrdorf, Hohendorf

Wer im Herbst in die Region von Groß Mohrdorf bzw. in das Gebiet des Nationalparks Vorpommersche Boddenlandschaft (►Fischland – Darß – Zingst) kommt, hat gute Chancen, **Kraniche** zu beobachten, die hier auf ihrem langen Weg in den Süden zu Zehntausenden rasten (►Baedeker Wissen S. 160). Wie man sich den Tieren am besten nähert, ohne sie zu stören, und vieles mehr über die hier rastenden Vögel erfährt man im Kranich-Informationszentrum in Groß Mohrdorf, 15 km nordwestlich von Stralsund.

ⓘ Lindenstr. 27, März – Mai tgl. 10.00 – 16.00, Juni/Juli, Nov. Mo. – Fr. 10.00 – 16.00, Aug. tgl. 10.00 – 16.30, Sept., Okt,. tgl. 9.30 – 17.30 Uhr, sonst n. V.; Eintritt gegen Spende; www.kraniche.de

Deviner Haken, Kormorankolonie

Stille, erholsame Natur findet man noch an vielen Stellen in der Umgebung von Stralsund, u. a. im sogenannten Deviner Haken, rund 6 km südlich der Stadt. Wie ein Haken schiebt sich die kleine Halbinsel, die seit 1990 unter Naturschutz steht, in den Strelasund. Etwas weiter südlich, in Niederhof, brüten Kormorane und Graureiher in einem ebenfalls unter Schutz gestellten Landschaftspark, der ursprünglich zu einem Gut gehörte.

Steinhagen

Auf der B 194 nach Grimmen kommt man nach 10 km in das Dorf Steinhagen, wo die letzte der einstmals 60 holländischen Windmühlen dieser Region steht.

Teterow

L 7

Landkreis: Rostock
Höhe: 30 m ü. d. M. **Einwohnerzahl:** 8900

Exakt in der Mitte des Landes Mecklenburg liegt das Städtchen Teterow. Es ist für Ausflüge in die herrliche Seenlandschaft der Mecklenburgischen Schweiz ein hervorragender Standort. Jährlich an Pfingsten ist die Kleinstadt an der Peene gut besuchter Schauplatz heißer Rennen.

Dorado der Motorsportler

Freunde des Motorradsports kennen Teterow, denn seit 1930 wird hier jedes Jahr an Pfingsten ein **internationales Grasbahnrennen** ausgetragen, das Tausende von Besuchern anlockt. Veranstaltet werden die Rennen auf dem nördlich der Stadt gelegenen, 1877 m langen Teterower Bergring – für die stolzen Teterower die schönste Grasrennbahn in Europa. Morgens ab 11 Uhr brausen dann Motorräder mit und ohne Seitenwagen über Bahn und Sprungschanzen.

Teterow erleben

AUSKUNFT

Tourist-Information Teterow
Markt 9, 17166 Teterow
Tel. 03996 17 20 28
www.teterow.m-vp.de

ESSEN

Restaurant Seeterrassen im Hotel »Burgwall – Ferieninsel im Teterower See« €

Burgwallinsel, 17166 Teterow
Tel. 03996 9 17 20 28
(über Tourist-Information)
Das 1995 errichtete Reetdachhaus verfügt im Obergeschoss über 6 DZ, im Parterre über ein schönes Restaurant mit Wintergarten. Ein Abenteuerspielplatz, ein Naturbadestrand, Rad- und Bootsverleih gehören ebenfalls dazu. Der Kuchen kommt aus der hauseigne Konditorei. Parkplatz vorhanden. Kein Ruhetag.

ÜBERNACHTEN

Golf- und Wellnesshotel Schloss Teschow €€€€

Teschow, Gutshofallee 1
Tel. 03996 14 00
http://schloss-teschow.arcona.de
120 Zimmer
Fürstlich untergebracht fühlen sich auf Schloss Teschow nicht nur Golfer, obwohl diese von dem 18-Loch-Meisterschaftsplatz und dem Golfodrom am meisten profitieren. Das vor den Toren Teterows gelegene Hotel besitzt auch einen Wellnessbereich und zeichnet sich sowohl durch freundlichen Service als auch durch stilvolle Ausstattung aus.

ℹ Veranstalter MC Bergring Teterow, Appelhäger Chaussee 1, Tel. 03996 17 29 35; www.bergring-teterow.de

SEHENSWERTES IN TETEROW UND UMGEBUNG

***Stadttore** Die alte Innenstadt umschließt eine Ringstraße, an der zwei von ursprünglich drei Toren erhalten geblieben sind: das Rostocker Tor, ein Backsteinbau (Anfang 15. Jh.) mit reichem Blendschmuck, und das etwas spärlicher dekorierte **Malchiner Tor** (Mitte 15. Jh.). Im komplett sanierten Bau wird genauso wie im angrenzenden Rats- und Polizeidienerhaus und auf dem Museumshof über die Slawenzeit (Modell der Burg im Teterower See), den Dreißigjährigen Krieg und Alltag und Handwerk in Teterow informiert. Im Malchiner Tor gehören auch Gefängniszellen dazu, in denen bis 1927 auf Strohlagern geschlafen wurde. Eine Museumsaußenstelle sind Gutsschmiede und Backstube Teschow, Am Südring 1, wo von Mai bis September einmal monatlich Backtage stattfinden. Bei weiteren Sanierungsarbeiten sind wichtige Exponate auch ins Bergring- und Eisenbahnmuseum im ehemaligen Mädchenschulhaus ausgelagert.

Malchiner Tor: Di. – Fr. 10.00 – 12.00, 13.00 – 17.00, So. 14.00 – 17.00 Uhr; Eintritt 2 €

Eisenbahnmuseum: Schulkamp 2, Mi. – Fr. 10.00 – 12.00, 13.00 – 17.00 Uhr und n. V.; Eintritt 2 €

Hechtbrunnen

An einen Schildbürgerstreich erinnert der 1914 eingeweihte bronzene Hechtbrunnen auf dem Marktplatz. Zwei Fischer des Orts, so erzählt der Volksmund, hatten im Teterower See einen großen Hecht gefangen. Um ihn bis zum Schützenfest am Leben zu halten, wurde er mit einer Glocke um den Hals wieder freigesetzt. Damit sie den Fisch leichter wiederfinden würden, schnitten die Fischer eine Kerbe in ihren Kahn an der Stelle, wo sie ihn freigelassen hatten. Seit 1995 erinnert eine **Gedenkplatte** auf dem Marktplatz an den Mittelpunkt Mecklenburg-Vorpommerns.

St. Peter und Paul

Die schlichte Backsteinbasilika St. Peter und Paul wurde 1215 durch den Landesherrn Heinrich Borwin I. gestiftet. Der Chor und die Sakristei entstanden zwischen 1225 und 1250, das Langhaus und der Turm später. Im Gewölbe des Chors können Besucher **Wandmalereien** aus der Mitte des 14. Jh.s mit Szenen aus dem Leben und der Passion Christi entdecken. Beachtenswert ist auch der gotische Flügelaltar mit einer geschnitzten Marienkrönung zwischen Heiligen und Aposteln.

***Teterower See, Burgwallinsel**

Die Burgwallinsel auf dem schilfumgürteten Teterower See ist ein empfehlenswertes Ausflugsziel. Auf der Insel befand sich eine slawische Fliehburg, deren Modell im Stadtmuseum zu besichtigen ist. Burg und Vorburg nahmen den Nordteil der Insel ein, auf der Südseite des langen, schmalen Eilands gab es in slawischer Zeit eine ca. 750 m lange Bohlenbrücke zum Festland. Die Insel ist per **Seilfähre** sowie mit der **Barkasse »Regulus«** zu erreichen. 2010 wurde die Burgwallinsel von der UNESCO zum »schützenswerten Kulturgut der Menschheit« erklärt.

Seilfähre: Ostern – Mitte Okt. tgl. ab 9.30 Uhr; auch Pkw
Regulus: Ostern – Sept. tgl. ab 10.00 Uhr; ab Badeanstalt Teterow

Heidberge

Einen herrlichen Blick auf Teterow, die Hügelkuppen und Seen der Mecklenburgischen Schweiz genießt man vom Aussichtsturm auf der südlichsten Erhebung der Teterower Heidberge, die im Nordwesten von Teterow bis zu einer Höhe von 100 m ansteigen.

Tellow

Im kleinen Dorf Tellow, 11 km nördlich von Teterow gelegen (B 108 nach Rostock, nach 10 km links abbiegen), lebte von 1810 bis zu seinem Tod 1850 der Agrarwissenschaftler Johann Heinrich von Thünen, Begründer der landwirtschaftlichen Betriebslehre und einer der bedeutendsten Wirtschaftstheoretiker und Landwirtschaftsreformer des 19. Jh.s. Um seinen ehemaligen Wohnsitz, ein Gutshaus aus der Zeit um 1800, ist ein kleines Freilichtmuseum entstanden mit einer

Wer die Fähre nimmt, kommt auch mit dem Auto schnell hinüber auf die Burgwallinsel.

original eingerichteten Neubauernkate, landwirtschaftlichen Geräten und einer Scheune, in der Märkte und Konzerte veranstaltet werden. Hofladen und Café bieten nicht nur Schmuck, Keramik und Literatur zu von Thünen, sondern auch täglich frischen Mecklenburger »Platenkauken« und Wildgerichte. Es gibt Ferienwohnungen im Guts- und Gärtnerhaus und einem Nebengebäude.

❶ Mai – Sept. 9.00 – 17.00, sonst bis 16.00 Uhr; Eintritt 3 €

***Belitz** Mit einem Kleinod der Renaissancebildhauerei kann die Dorfkirche in Belitz nördlich von Tellow aufwarten. Das Epitaph für den 1596 verstorbenen M. Schmecker entstand vermutlich um 1600 in der Werkstatt von Claus Midow, einem der führenden Baumeister und Bildhauer seiner Zeit in Mecklenburg-Vorpommern. Das Gutshaus Belitz von 1906 wurde aufgrund seines authentischen Gesamteindrucks aus 50 Mecklenburger Gutshäusern ausgewählt und zum Drehort der erfolgreichen ARD-Living-History-Reihen »Abenteuer 1900 – Leben im Gutshaus« und »Abenteuer 1927 – Sommerfrische« gemacht.

* Ueckermünde

U 7

Landkreis: Vorpommern-Greifswald
Höhe: 5 – 10 m ü. d. M. **Einwohnerzahl:** 9980

Noch ist diese Ecke Mecklenburg-Vorpommerns ein ruhiges, da wenig bekanntes Ferienziel. Vor allem Aktivurlauber kommen hierher, denn die Natur ist Ueckermündes größtes Kapital.

Radeln, Wandern, Segeln

Der Name sagt es bereits: Ueckermünde liegt an der Mündung der Uecker ins Stettiner Haff, im äußersten Nordosten des Bundeslands. Als Ausgangspunkt für Segeltouren ins Stettiner Haff ist Ueckermünde durch die neue »Lagunenstadt«, eine Feriensiedlung mit Liegeplätzen an der Ueckermündung, noch attraktiver. Zum Baden geht es an die Sandstrände der naturgeschützten Hafflandschaft; Wandern und Radwandern lässt es sich am besten in der Ueckermünder Heide, die vor den Toren der Stadt beginnt und von einem Wander- und Radwanderwegenetz von annähernd 300 km Länge durchzogen wird. Sportliche und kulturelle Veranstaltungen geballt gibt es bei den Ueckermünder Hafftagen am letzten Juliwochenende, dem größten Volksfest in der Stadt.

Ueckermünde erleben

AUSKUNFT

Touristik-Info Ueckermünde
Altes Bollwerk 9, 17373 Ueckermünde
Tel. 039771 2 84 84
www.ueckermuende.de

SEHENSWERTES

Mittelpunkt des Stadtzentrums ist der verkehrsberuhigte Marktplatz mit seinen hübsch herausgeputzten Häusern. Das Haus Hospitalstr. 1 ist das älteste Gebäude am Platz. Das alte Küsterhaus in der Ueckerstr. 84 mit einer Sonnenuhr ist ein typisches Beispiel für die **Traufenhäuser** in der Innenstadt. Der hohe Backsteinturm links der Straße gehört zur 1752 – 1766 erbauten barocken Pfarrkirche St. Marien.

An der Stelle des Schlosses stand im 12. Jh. bereits eine Burg. Die pommerschen Herzöge nutzten sie als Quartier bei der Jagd. Herzog Philipp I. ließ 1546 anstelle der Burg unter Einbeziehung des Bergfrieds ein Renaissanceschloss errichten. Während des Nordischen Krieges beherbergte das **Schloss** Ueckermünde immerhin so berühmte Gäste wie Zar Peter I., Kurfürst August den Starken und den preußischen König Friedrich Wilhelm I. Doch bereits zu Beginn des 18. Jh.s verfiel das Bauwerk, sodass es 1730 abgerissen wurde. Daher sind heute von der einstigen Vierflügelanlage nur noch der Südflügel

GADUS

mit einem spätmittelalterlichen Treppenturm und der Bergfried zu sehen. Am Treppenturm gibt es zwei schöne Details: die seltenen **Vorhangbogenfenster** und die Stabwerkverzierungen am Portal. Vom 27 m hohen Bergfried überblickt man die ganze Stadt und das Stettiner Haff. Die Geschichte von Stadt und Schloss sowie das Alltagsleben eines Gemeinwesens, das lange Zeit von Schifffahrt und Fischfang geprägt war, werden im **Haffmuseum** im Schloss lebendig. Gezeigt werden aber auch Funde aus der Ur- und Frühgeschichte der Gegend.

ⓘ März – Mai, Sept., Okt. Mi. – Fr. 10.00 – 12.00, 13.00 – 17.00, Sa. 13.00 – 17.00, Juni – Aug. tgl. 10.00 – 17.00, Nov. – Feb. Do., Fr. 10.00 – 15.30 Uhr; Eintritt 2,50 €

Hafen

Vom Schloss sind es nur ein paar Schritte zum einstigen Fischerei- und Handelshafen an der Uecker, der heute als Jachthafen und Anlegestelle für Dampferschiffe genutzt wird. Vom Stadthafen legen Ausflugsdampfer nach Kamminke (Usedom), Swinoujscie (Swinemünde) und Neuwarp (Nowe Warpno) ab (Fahrpläne: www.reederei-peters.de). Eine Fähre pendelt nach Schweden (80 Min.). Seit 2009 reihen sich im Stadthafen **Poetische Segel** aneinander, mit Dichterversen versehene Segel, die an einem weißen Holzmast aufgehängt sind.

Tierpark

Tiere zum Anfassen gibt's im Tierparkvon Ueckermünde. Auf 18 ha leben rund 400 Tiere aus 100 Arten, es gibt ein begehbares Damwildgehege, ein Streichelgehege sowie einen 6000 m² großen Affenwald.

ⓘ Chausseestr. 76, März – Okt. tgl. 10.00 – 18.00, Nov. – Feb. tgl. 10.00 – 15.00 Uhr; Eintritt Sommer 8 €, Winter 5 €; www.tierpark-ueckermuende.de

Strand, Mönkebude

Ueckermünde besitzt einen besonders für Familien geeigneten Sandstrand. Lohnend ist der Ausflug ins westlich liegende Seebad Mönkebude mit schönem Badestrand und Jachthafen. In der musealen **Fischerstube** erfährt man alles über Aalstecher, Quatzenschiff oder Ölträufelbeutel und die allererste und verlorene Seeschlacht Preußens am 10. September 1759 im Stettiner Haff gegen die Schweden.

Fischerstube: Juli, Aug. Mo. – Fr. 9.00 – 12.00, 14.00 – 16.00, Sa., So. 14.00 – 16.00, Sept. – Juni. Mo. – Fr. 9.00 – 12.00, 14.00 – 16.00, jeden 2. und 4. Sa. 14.00 – 16.00 Uhr, So. »Wenn de Dör up is!«; Eintritt 1 €; www.moenkebude.de

Vogelsang, Luckow-Christiansberg

9 km von Ueckermünde baute der Berliner Baumeister Eduard Knoblauch 1847 an Vogelsangs Haffküste ein neogotisches Schloss. Sehenswert ist der im Stil der China-Mode erbaute Teepavillon im Park. In Christiansberg liegt ein privater **Schaugarten** (15 000 m²) mit Pfingstrosen, Magnolien und Alpinum ein grünes Paradies.

Im Hafen von Ueckermünde

Schaugarten: tgl. 9.00 – 20.00 Uhr; keine Haustiere; Eintritt 5 €; www.botanischer-garten-christiansberg.de

Altwarp Rund 9 km hinter Vogelsang liegt Altwarp (750 Einw.). Im östlichsten Hafen Deutschlands bietet seit 2011 der Traditionssegler »Lütt Matten« Ausflugs- und Angelfahrten nach Kamminke (Usedom) und Nowe Warpno in Polen (www.altwarp.de).

Torgelow 13 km südlich von Ueckermünde liegt Torgelow, wo vor allem die Verarbeitung des Raseneisenerzes (auch als Brauneisen bekannt) eine lange Tradition hat. 1753 gründete Friedrich der Große hier eine Eisenhütte, 150 Jahre später waren es rund ein Dutzend. Die nur noch als Ruine existierende Burg bestand vermutlich schon im 12. bzw. 13. Jahrhundert. Als **Castrum Turglowe** ist sie nun zu besichtigen. Im stadtauswärts liegenden **Freilichtmuseum Ukranenland** an der Uecker wurde eine slawische Siedlung mit Flechtwand-, Block- und Bohlenhäusern nachgebaut. Vielfältig sind die Handwerksaktivitäten, auch in der Werft: Bisher entstanden die fahrtüchtigen historischen Boote »Svarog«, »Svantevit«, »Agnes« und eine Uecker-Randow-Kogge (Werftbesuch: 2 €). Die Gruppe »Cantilena« musiziert auf historischen Instrumenten.

Castrum Turglowe: Mai – Okt. tgl. 10.00 – 17.00, sonst Mo. – Fr. 13.00 – 17.00, Sa. 10.00 – 16.00 Uhr; Eintritt 4 €, mit Ukranenland 7 €
Ukranenland: Öffnungszeiten wie Castrum Turglowe; Eintritt 4 €, mit Castrum 7 €; www.ukranenland.de

** Usedom

S – W 4 – 6

Landkreis: Vorpommern-Greifswald
Höhe: 1 – 69 m ü. d. M.
Einwohnerzahl: 30 300 (mit polnischem Inselteil 76 500)

Usedom hat zwei unterschiedliche Gesichter. An der Küste mit ihren feinsandigen Stränden und den »Kaiserbädern« herrscht im Sommer Hochbetrieb. Im Hinterland und an der Haffküste entdeckt man ein ganz anderes Usedom: stille Seen, Wiesen und Pferdeweiden – ideal für einen ruhigen Natururlaub.

Herrliche Landschaft Der Name der zweitgrößten deutschen Ostseeinsel nach Rügen geht auf das slawische Wort »**uznam**« zurück, das so viel wie Mündung bedeutet. Tatsächlich liegt die 42 km lange und an manchen Stellen nur wenige Kilometer schmale Insel vor dem Mündungsdelta der Oder. Usedom besitzt eine fast durchgängig von einem breiten Sandstreifen und Kiefernwäldern gesäumte Ostseeküste. Die Binnengewässer, Achterwasser und Krummer Wiek genannt, sind relativ flach; die extreme Verzahnung von Land und Wasser wird durch die Inselseen (Schmollensee, Gothensee, Wolgastsee) noch verstärkt. Während der Nordwestteil von Usedom recht eben ist, wird der Südosten wegen seiner gewellten Landschaft als »Usedomer Schweiz« bezeichnet. Die höchste Erhebung ist der 69 m hohe Golm. Die von der Eiszeit geformte Landschaft vereint unterschiedlichste Vegetationsformen und bietet zahlreichen, zum Teil bedrohten Tierarten Lebensraum. Obgleich Usedom als eine alte Kulturlandschaft gilt, gibt es auf der Insel noch naturbelassene Wälder und von Mooren umgebene Seen. Um diese zu schützen, wurde die Insel bis zur polnischen Grenze zum **Naturpark** erklärt. Teile davon sind Naturschutzgebiet, der größte Teil der Insel steht unter Landschaftsschutz.

Geschichte

Schon in der Jungsteinzeit war Usedom besiedelt. Später wohnten die slawischen Stämme, die auf die germanischen folgten, in Runddörfern und hinterließen Burgwallanlagen, wie man sie u. a. in Mellenthin noch erkennen kann. Die Missionstätigkeit führte um 1225 Bischof Otto von Bamberg auf die Insel, der den Grundstein für die Marienkirche in der Stadt Usedom legte. Nach der Landung Gustav Adolfs auf Usedom (1630) gehörte die Insel bis 1721 zu Schweden. Das heute polnische Swinemünde machte 1824 den Anfang mit dem Badebetrieb. Nachdem 1876 die Bahnverbindung Berlin – Ahlbeck fertiggestellt war, entwickelten sich Heringsdorf und vor allem Ahlbeck zu viel besuchten Ferienzielen. Seit 1945 gehören von den

Romantik pur auf Usedom

Usedom erleben

Karte Ahlbeck ▸S. 362

AUSKUNFT

Kurverwaltung Ahlbeck
Dünenstr. 45, 17419 Seebad Ahlbeck
Tel. 038378 49 93 50, www.ahlbeck.de

Kurverwaltung Bansin
An der Seebrücke, 17429 Seebad Bansin
Tel. 038378 4 70 50, www.kaiserbaeder.de

Kurverwaltung Heringsdorf
Kulmstraße 33
17424 Seebad Heringsdorf
Tel. 038378 24 51
http://kaiserbaeder.usedom.de
www.drei-kaiserbaeder.de

Touristinformation Koserow
Hauptstraße 31, 17459 Seebad Koserow
Tel. 038375 2 04 15
www.usedomer-bernsteinbaeder.de

Kurverwaltung Zinnowitz
Neue Strandstraße 30, 17454 Zinnowitz
Tel. 038377 49 20, www.zinnowitz.de

Kurverwaltung Ückeritz
Bäderstraße 5, 17459 Seebad Ückeritz
Tel. 038375 25 20, www.ueckeritz.de

ESSEN

❶ *Rossini* €€€€
Heringsdorf, Puschkinstr. 10
Tel. 038378 26 50, www.villa-oasis.de
Stilvolles Restaurant mit raffinierter Küche im Hotel Oasis. Kein Ruhetag (tgl. ab 18.00 Uhr).

❷ *Kulm Eck* €€€€
Heringsdorf, Kulmstr. 17
Tel. 038378 2 25 60, www.kulm-eck.de
Gekocht wird mit Kräutern aus dem eigenen Garten und Biofrischkost vom Zulieferer »Essbaren Landschaften«. Empfehlenswert sind die Salate, der Zander mit Bio-»Tüften« (Kartoffeln) und der Welziner Käse. Mo. Ruhetag, Nov. geschl.

❸ *Kaiser Pavillon* €€€
Heringsdorf, Friedensstr. 12
Tel. 038378 2 27 45, www.kaiser-pavillon-seebad-heringsdorf.de
Mit dem Künstlercharme hat auch eine neue Küche in den historischen Holzpavillon Einzug gehalten. Nachmittags eigene Kuchen, abends moderne Gastronomie. Kein Ruhetag.

❹ *Lukullus* €€€
Heringsdorf, Rudolf-Breitscheid-Str. 3
Tel. 038378 4 74 71
www.lukullus-heringsdorf.de
Dieses geschmackvoll eingerichtete Restaurant besticht mit seiner einfallsreichen Küche. Serviert werden überwiegend regionale Speisen: Die Spezialität des Hauses ist eine Ostseefischsuppe, köstlich sind aber auch die Lammgerichte und die Kreationen, die der Koch aus dem täglichen Fang zaubert. Kein Ruhetag.

***Koserower Salzhütte* €€**
Koserow, Hauptstraße 52
Tel. 038375 2 06 80
www.koserower-salzhuette.de
Urige Gaststätte in einer ehemaligen Salzhütte, die sich in den Dünen bei der Seebrücke versteckt. Fangfrischer Fisch wird in vielen Varianten serviert, Räucherfisch gibt es zum Mitnehmen. Mo. Ruhetag.

5 ***»1900 Restaurant und Terrassen«*** € €
Heringsdorf, Grenzstr. 1
Tel. 038378 47 76 19, www.aurelia.net
Schönes Restaurant mit neuer lokaler Küche und schicken Jahrhundertwende-Kleiderhaken aus dem Hotel de Ville de Paris. Kein Ruhetag (tgl. 7.00 – 11.00, 12.00 – 21.00 Uhr).

ÜBERNACHTEN

Strandhotel Atlantic € € € €
Bansin, Strandpromenade 18
Tel. 038378 6 04 00
www.seetel-resorts.de
46 Zimmer und Suiten
Dieses individuelle Haus in einer alten Villa bietet exklusives Wohnen sowie Wellnesseinrichtungen. Schöner Blick auf die Ostsee von der Terrasse!

1 ***Romantik Seehotel Ahlbecker Hof*** € € € €
Ahlbeck, Dünenstraße 47
Tel. 038378 6 20, www.seetel-resorts.de
70 Zimmer und Suiten
Die Verwöhnadresse von Usedom! In diesem Haus im Stil der Bäderarchitektur wohnt man nicht nur komfortabel, sondern kann sich auch im großen Wellnessbereich bestens erholen.

Romantik Hotel Esplanade € € € €
Heringsdorf, Seestraße 5
Tel. 038378 6 04 00
www.seetel-resorts.de, 48 Zimmer
Gediegene Atmosphäre im aufwendig restaurierten Traditionshaus unweit von Strand und Seebrücke.

2 ***Strandhotel Ahlbeck*** € € €
Ahlbeck, Dünenstraße 19–21
Tel. 038378 5 20
www.strandhotelahlbeck.de, 101 Zimmer
An der Strandpromenade gelegen. Schöne Aussicht vom Panoramarestaurant »La Mer«.

Strandhotel Preußenhof € € €
Zinnowitz, Dünenstraße 10
Tel. 038337 3 94 50
www.schoenerinseln.de, 28 Zimmer
Das direkt an der Strandpromenade gelegene Hotel blickt auf eine 100-jährige Geschichte zurück – und lässt seine Gäste daran teilhaben, z. B. im nostalgischen Café und Restaurant, wo man sich mit einem historischen Menü in die gute alte Zeit versetzen lassen kann.

Vineta Forsthaus Damerow € € €
Koserow-Damerow, An der B 111
Tel. 038375 5 60
www.forsthaus-damerow.de
68 Zimmer und 58 Ferienhäuser
Idyllisch gelegene, reetgedeckte Anlage: angenehmes, stilvoll eingerichtetes Hotel mit gutem Restaurant sowie familienfreundliche Ferienwohnungen.

Hotel Norddeutscher Hof € €
Markt 12, 17406 Stadt Usedom
Tel. 038372 7 02 66
www.norddeutscherhof.de
Im Traditionsgasthof, den auch Biker schätzen, gibt es 7 große Zimmer, dazu eine Ferienwohnung in Kölpin. Im Restaurant wird exzellente saisonale und regionale Küche mit Pfiff und zu vernünftigen Preisen serviert. (So. abends geschl.)!

Hotel Buchenpark € €
Bansin, Seestraße 83
Tel. 038378 2 29 58
www.hotel-buchenpark.m-vp.de
1906 im Bäderarchitekturstil gebautes Haus mitten im Ortszentrum. Restaurant mit Terrasse.

445 km² der Insel 354 zu Mecklenburg-Vorpommern, der kleinere, östliche Teil liegt auf **polnischem Gebiet**.

****Strände** Usedoms Strände sind Legende: rund 40 km weißer, bis zu 60 m breiter Sandstrand von Ahlbeck bis Zinnowitz mit allen wünschenswerten Einrichtungen, Strandkorb-, Surfbrett- und Bootsverleih, FKK-Abschnitten und separaten Hundestränden. Da der Strand fast überall sehr flach ins Meer übergeht, ist Usedom für Kinder ein geeignetes Baderevier. Auch an Verpflegungsmöglichkeiten in unmittelbarer Strandnähe mangelt es nicht. Behindertengerechte Strandzugänge gibt es u. a. in Zinnowitz. Ruhiger als an der Ostseeküste geht es an den Badestellen am Achterwasser bzw. am Haff zu, so etwa am Sandstrand auf dem Lieper Winkel (Quilitz).

Erlebnisbäder Das Erlebnisbad **Ostseetherme Usedom**, am westlichen Ortsausgang von Ahlbeck gelegen, dürfte für Familien besonders interessant sein: Sechs Schwimmbecken mit Wasserfällen und Rutsche, Luftsprudelbecken, Sauna, Dampfbad und Solarium bieten Badevergnügen. Alternative zur Ostseetherme: die **Bernsteintherme** in Zinnowitz mit Meerwasserbad, Saunen, Solarien, Thermalbad mit Innen- und Außenbecken und eigenem Strandzugang.

Ostseetherme Usedom: Mai – Okt. Mo. – Sa. 10.00 – 22.00, So. bis 20.00 Uhr, sonst Mo. – Sa. 10.00 – 21.00, So. bis 20.00 Uhr; Eintritt ab 14 €, mit Kurkarte ab 10,50 €; www.ostseetherme-usedom.de

Bernsteintherme: tgl. 10.00 – 22.00 Uhr; Eintritt ab 6,50 €; www.bernsteintherme.de

Bäderbahn Wer sich Staus und Warteschlangen sowie die Parkplatzsucherei ersparen möchte, steigt auf die Inselbahn um, die im Stundentakt, in der Hauptsaison halbstündlich, zwischen Swinemünde und Stralsund bzw. Barth sowie zwischen Peenemünde und Zinnowitz verkehrt (Fahrplan: www.ubb-online.de).

VON ANKLAM NACH AHLBECK

Karnin Nur an zwei Stellen überqueren Brücken den Peenestrom und verbinden Usedom mit dem Festland: in ▶Wolgast und östlich vom Städtchen ▶Anklam bei Zecherin.

Wer sich für technische Denkmäler interessiert, sollte von Anklam kommend gleich hinter dem Übergang über den Peenestrom rechts abbiegen in Richtung Karnin. Dort ragt noch das Mittelstück der bei Kriegsende vom deutschen Militär gesprengten Eisenbahnhubbrücke aus dem Peenestrom. Der Torso steht seit 1990 unter Denkmalschutz. Die heutige Bahnlinie nach Usedom führt über die Stadt Wolgast, früher gab es eine Direktverbindung von Berlin nach Ahlbeck. Die 1876 eröffnete Bahnlinie überquerte bei Karnin über eine Drehbrücke die Peene. 1933 wurde sie dann durch eine Hubbrücke – damals die modernste Eisenbahnhubbrücke Europas – ersetzt. Für Fernradler und Wanderer: Von Mai bis September pendelt täglich von 11 bis 17 Uhr eine Fahrrad-und Personenfähre von Karnin nach Kamp auf dem Festland. Die Rückfahrt am selben Tag ist gratis.

Stadt Usedom

Die erste Stadt, die man als Inselbesucher passiert, ist zugleich der älteste Ort: Usedom, im südwestlichen Teil am gleichnamigen See gelegen. Sie ging aus einer slawischen Siedlung bei einer Burg hervor und war im Mittelalter wirtschaftliches und politisches Zentrum der Insel. Heute, da sich durch den Fremdenverkehr der Schwerpunkt der Insel mehr auf die Badeorte an der Ostseeküste verlagert hat, ist es ein beschauliches Städtchen mit einem kleinen Hafen.
Aus der Blütezeit Usedoms stammt noch das um 1450 errichtete Anklamer Tor, das als einziges von ursprünglich drei Stadttoren erhalten blieb. Der Backsteinturm, heute städtisches Wahrzeichen, beherbergt die **Heimatstube** . Als spätgotische, dreischiffige Halle aus der zweiten Hälfte des 15. Jh.s präsentiert sich die **Marienkirche**, die 1893 grundlegend erneuert wurde. An die Missionstätigkeit Ottos von Bamberg erinnert ein großes Granitkreuz an der Stelle der ehemaligen Burg von Usedom. Aus der Inschrift geht hervor, dass hier an Pfingsten 1128 der slawische Adel die Taufe empfing.

Heimatstube: Mo. – Fr. 11.00 – 12.00 Uhr; Eintritt frei; historische Stadtführung »anno 1749« Aug./Sept. Fr. 11.00 Uhr; Buchung: Tel. 038372 7 08 90; Beitrag 3 €

Der halbinselartig ins Achterwasser hineinragende Landstrich nördlich von Usedom und der B 110 wird ***Lieper Winkel** genannt. Hier kann man auch in der Hochsaison Ruhe tanken. Idyllisch liegt der Ort Rankwitz mit seinem Fischerhafen am Bodden. Probieren kann man den frischen Fisch und andere regionaltypische Gerichte am besten im »Rankwitzer Hof«. Knapp 1 km weiter, in Quilitz, bietet sich ein schöner Blick auf den Peenestrom. Auf dem Weg an die Spitze der Halbinsel kommt man auch durch Liepe, das eine malerische Feldsteinkirche und einige alte Fischerhäuser besitzt.

! BAEDEKER TIPP

Wandern im Winkel

Den Lieper Winkel sollte man zu Fuß erkunden – am besten geht das auf jenem Wanderweg, der einmal rund um die Halbinsel führt. Dazu einfach immer den Hinweistafeln mit dem grünen Querbalken auf weißem Grund folgen!

Mellenthin, Morgenitz

Bevor man über die B 110 nach Ahlbeck an die Ostseeküste fährt, sollte man einen kurzen Abstecher nach Mellenthin unternehmen, das in die stille Landschaft der gleichnamigen Heide eingebettet liegt (Abzweigung 8 km hinter Usedom). »Brückenzoll« von Besuchern erhebt das dortige teilrenovierte Wasserschloss (www.wasserschloss-mellenthin.de). Der Obolus kann als Verzehrcoupon im hauseigenen Restaurant wieder eingelöst werden. Bauherr des 1575 errichten Schlosses war Rüdiger von Neuenkirchen, dessen prächtige Renaissancegrabplatte die gotische Dorfkirche schmückt. Sehenswert sind dort auch die alten Gewölbemalereien, die eine derbe, volksnahe Sprache sprechen.

Wer auf der Suche nach einem hübschen Souvenir ist, sollte nach Morgenitz weiterfahren: Dort werden in der **Keramikwerkstatt Dannegger** handgefertigte Unikate verkauft.

Keramikwerkstatt: Dorfstr. 8, Mo. – Sa. 12.00 – 13.00, 16.00 – 17.00 Uhr; www.keramik-morgenitz.de

Golm

Am 12. März 1945, kurz vor Ende des Zweiten Weltkriegs, war die Hafenstadt Swinemünde überfüllt mit unzähligen Flüchtlingen und Soldaten. Da traf die Stadt ein verheerender Bombenangriff, bei dem mehr als 20 000 Menschen getötet wurden. Die Opfer wurden auf der höchsten Erhebung Usedoms, dem Golm (12 km östlich von Mellenthin, direkt an der deutsch-polnischen Grenze) begraben. Nach wiederholten Diebstählen wurden die noch vorhandenen Bronze-Namenstafeln auf der Kriegsgräberstätte im Oktober 2010 abmontiert, die Anlage wurde im Frühjahr 2012 neu gestaltet (Information: www.jbs-golm.de). Ein Informationspavillon ist eingerichtet.

Dargen

In Dargen präsentiert das Technik- und Zweiradmuseum u. a. »Erich Honeckers Regierungsbus« und Exponate, besonders Fahrzeuge, mit viel DDR-Flair.

❶ April – Okt. tgl. 10.00 – 18.00, Nov – März tgl. 11.00 – 15.30 Uhr; Eintritt 4 €; www.museumdargen.de

** AHLBECK

Mondäne »Badewanne Berlins«

Ahlbeck war vor seinem Aufstieg zum Modebad ein Fischerdorf, das 1771 am Ausfluss des Thurbruchs gegründet wurde. Ab 1852 bestimmten Feriengäste im Sommer die Szenerie des Orts, der mehr und mehr auf den Fremdenverkehr setzte. Zwischen 1900 und 1930 dürfte Ahlbeck das meistbesuchte Bad an der Ostseeküste Vorpommerns gewesen sein. Da es vor den Toren der deutschen Hauptstadt lag, traf sich dort halb Berlin – deshalb erhielt Ahlbeck auch den Bei-

Strandpromenade von Ahlbeck auf Usedom mit berühmter Seebrücke

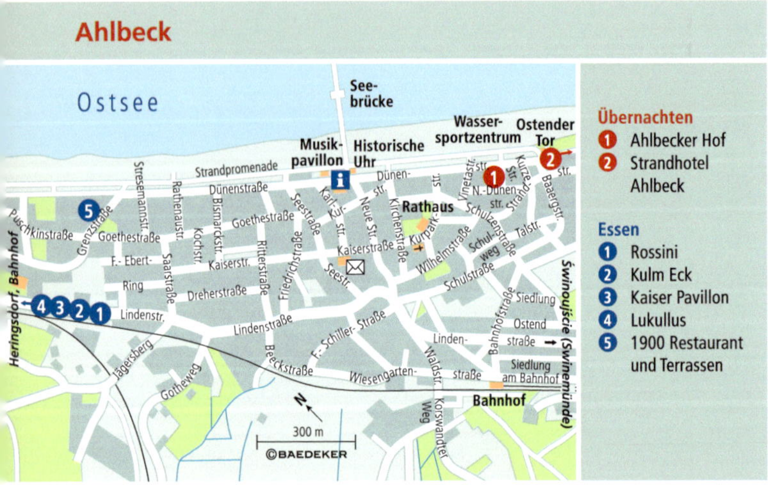

namen »Badewanne Berlins«. Mittlerweile ist es das **größte Seebad auf Usedom** und noch immer populär. Hier gibt es hübsche alte Pensionen mit kleinen Gärten und Glasveranden im Bäderstil. Dass Familien gern Urlaub in Ahlbeck machen, ist nicht zuletzt an den vielen Spielplätzen, am Trubel auf der Strandpromenade und am breiten Sandstrand zu erkennen. Prächtige Gründerzeitvillen findet man vor allem entlang der Strandpromenade – z. B. das Luxushotel Ahlbecker Hof – oder in der Kur- bzw. in der Kaiserstraße.

Strandpromenade

Die Strandpromenade ist mit zwei breiten Fußgängerwegen unter Bäumen, mit Rasenflächen, einem Musik- und mehreren kleinen Restaurant- und Imbisspavillons der **Treffpunkt schlechthin** für Einheimische und Besucher in Ahlbeck. Ein Kurgast machte dem Seebad die gusseiserne Jugendstiluhr zum Geschenk, die am Beginn der Seebrücke aufgestellt wurde. Ein Spaziergang über den im Jahr 1898 eröffneten, 280 m langen Steg ist ein Muss – schließlich ist die Seebrücke das bekannteste Bauwerk von Ahlbeck. Im Rathaus Ahlbeck dokumentiert die **heimatgeschichtliche Ausstellung** die Entwicklung des erst ab 1817 verbürgten Fischerdorfs.

Ausstellung: Mo – Do. 9.00 – 12.00, Di. auch 14.00 – 17.00 Uhr; Eintritt frei

Ausflug nach Swinemünde

2 km östlich von Ahlbeck verläuft die deutsch-polnische Grenze, direkt dahinter liegt, zu beiden Seiten der Swine, der Urlaubsort Swinemünde. Der Grenzübergang ist nur für Fußgänger und Radfahrer zugelassen. Wer sich Wartezeiten am Parkplatz vor der Grenze ersparen möchte, sollte mit der Inselbahn zur Grenze fahren. Swinemünde

war vor dem Zweiten Weltkrieg ein prominentes Seebad und das Verwaltungszentrum von Usedom. Heute zieht vor allem der riesige **Flohmarkt** mit all seinen echten und vermeintlichen Schnäppchen Tagesbesucher in die Stadt.

* HERINGSDORF

Traditionelles Nobelbad

Sandstrand, Uferpromenade, die Villen und Ferienhäuser reißen nicht ab zwischen Ahlbeck und Heringsdorf. Die Ortsgeschichte begann erst im Jahr 1818, als der Gutsbesitzer von Bülow hier Fischer mit ihren Familien ansiedelte. Mit dem 1821 eröffneten Seebad Swinemünde verbanden Heringsdorf regelmäßig verkehrende Schiffe. Von Bülow ließ 1825 die ersten drei Logierhäuser bauen, u. a. auch das sogenannte Weiße Schloss auf dem Kulm-Berg. Der Berliner Hugo Delbrück initiierte 1872 die »Aktiengesellschaft Seebad Heringsdorf«, durch die der Fischerort eine rasante Entwicklung zum vornehmsten Seebad an der vorpommerschen Ostseeküste nahm. Bald schon war Heringsdorf eine bevorzugte Sommerfrische der vornehmen Gesellschaft, die hier in den eleganten Pensionen abstieg. Seinen Namen erhielt das Seebad von ganz oben: Als 1820 der preußische Kronprinz Friedrich Wilhelm den Ort besuchte, taufte er ihn nach den dortigen Heringssalzereien »Heringsdorf«.

> ! BAEDEKER TIPP
>
> *Sitzkomfort*
>
> Was schützt am besten vor Sonne und Wind und ist außerdem sehr bequem? Richtig, der Strandkorb. 1883 wurde das Möbelstück von einem Rostocker Korbmacher erfunden, heute ist es ein unabdingbares Utensil an jedem Ostseestrand. Wer einmal aus erster Hand erfahren möchte, wie solch ein Strandsessel hergestellt wird – die Korb GmbH Heringsdorf bietet Do. 10.00 Uhr Führungen durch das Unternehmen an.
> Tel. 038378 46 50 50; www.korbwerk.de

In der 1907 für einen Bankier erbauten Villa Irmgard – in der parallel zur Promenade verlaufenden Maxim-Gorki-Str. (Nr. 13) – erholte sich 1922 der russische Dichter **Maxim Gorki** von seinem Lungenleiden. Er bewohnte das »Arabische Zimmer«, so benannt wegen der recht eindrucksvollen orientalischen Einrichtung. Auch Tolstoj wohnte einst hier. Nicht nur mit den illustren Gästen, sondern auch mit Heringsdorfs Entwicklung zum Nobelbad beschäftigt sich eine kleine Ausstellung im Haus.

ℹ Mai – Sept. Di. – So. 14.00 – 18.00, Okt. – April Di. – So. 12.00 – 18.00 Uhr; Eintritt 4 €

Kulmberg

Von der glanzvollen Vergangenheit Heringsdorfs künden weiß getünchte Prachtvillen am Hang des Kulmbergs, die sich oft dezent in parkartigen Gärten verstecken. Viele dieser mit Säulen, Ecktürmchen, Holzveranden und verglasten Wintergärten geschmückten Sommerresidenzen wurden in den vergangenen Jahren grundlegend renoviert und in Hotels umgewandelt oder in luxuriöse Ferienapartments aufgeteilt, so auch eines der ehemals vornehmsten Häuser, die 1873 entstandene Villa Staudt in der Delbrückstr. 6. Sie zählte damals auch **Kaiser Wilhelm** zu ihren Gästen. In der benachbarten Villa Oppenheim (Nr. 10/11), die palladianische Villen zum Vorbild hat, verbrachte zwischen 1909 und 1912 der Maler **Lyonel Feininger** samt Familie die Sommermonate.

Seebrücke

50 m östlich der alten weihte Heringsdorf 1995 die 508 m lange neue Seebrücke ein. An ihr liegen zwei Dutzend Geschäfte und Souvenirläden, ein Bistro und das **Muschelmuseum** mit einem 75 cm langen, 95 kg schweren Exponat. Vom Restaurant im futuristisch anmutenden, pyramidenförmigen Pavillon am Ende der Seebrücke genießt man einen herrlichen Blick aufs weite Meer. Weit weniger attraktiv ist die Aussicht auf die monströse Kurklinik, die man 1979 hinter der Strandpromenade, an der Stelle eines großen Nobelhotels, hochgezogen hat. In das Bild des vornehmen Seebades mit Parks und Gründerzeitvillen passt der Hochhauskomplex samt seinem angegliederten Einkaufs- und Freizeitzentrum auch nach einer Fassadenkosmetik nicht recht. Ähnlich verhält es sich mit dem benachbarten Forum Usedom, das die sowjetische Besatzungsmacht als Kulturhaus erbaut hatte. Heute wird das Gebäude von verschiedenen Einrichtungen genutzt. Auch das erste **Spielcasino** des Landes hat hier seine Pforten geöffnet.

Muschelmuseum: Jun. – Sept. tgl. 9.00 – 21.00, Okt. – Mai tgl. 10.00 bis 18.00 Uhr; Eintritt 3 €

BANSIN

Jüngstes Seebad

Das jüngste der drei großen Seebäder ist Bansin, das sich an der Küste zwischen dem Schloonsee und dem bewaldeten Langen Berg erstreckt und durch die Gründung einer Aktiengesellschaft 1897 zum Badeort aufstieg. Auch Bansin besitzt eine Seebrücke, die allerdings weitaus schlichter gehalten ist als die von Ahlbeck oder Heringsdorf. Die schönsten Villen stehen in der See- bzw. in der parallel zur Strandpromenade verlaufenden Bergstraße.

Rolf-Werner-Gedenkatelier

Von der Durchgangsstraße führt die Seestraße zum Ortskern. Das bescheidene, von einem Garten umgebene Haus Nr. 60 war das Atelier und Wohnhaus des im Jahr 1989 verstorbenen Malers Rolf Werner. In seinem Atelier informiert eine Ausstellung über Leben und Werk des Bansiner Künstlers. Wer an Werners Insel-Ansichten Ge-

Der Strand von Bansin: Hier ist in der Hochsaison viel los.

fallen gefunden hat, kann hier beispielsweise einen Kunstdruck eines seiner Bilder erwerben.

ⓘ Nur Führungen (60 Min.): Sommer tgl. 11.00, Di., Do., Sa., So. auch 14.30, 18.00, Winter tgl. 11.00, Di., Do., Sa., So. 14.30 Uhr; Eintritt 2 €

Hans-Werner-Richter-Haus

Bansins ehemaliges Spritzenhaus wurde 2000 zum zweistöckigen Literaturhaus. Es beherbergt im Parterre das Arbeitszimmer des durch die Gruppe 47 bekannt gewordenen Schriftstellers Hans-Werner Richter. Er wurde am 12. November 1908 in Neu-Sellenthin (Bansin) geboren und nach seinem Tod 1993 auf Bansins Friedhof beigesetzt. Zu seinen bedeutendsten Werken zählen die »Geschichten aus Bansin« (1980) sowie »Spuren im Sand« von 1967.

ⓘ Waldstr. 1, Mai – Sept. Di. – So. 10.00 – 12.00, 14.00 – 18.00, Okt. – April Di. – So. 12.00 – 16.00 Uhr; Eintritt 3 €

Tropenhaus

Exotisch wird es im Tropenhaus, das in eine Ferienapartmentanlage integriert ist. In dem Minizoo werden rund 150 Tiere gehalten, u. a. Schlangen, Kaimane, Vogelspinnen, Skorpione und andere tropische Tiere. Zu sehen sind auch Drachenbäume und Dattelpalmen.

ⓘ Goethestr. 10, April – Okt. tgl. 10.00 – 18.00, Nov. – März 10.00 bis 16.00 Uhr; Eintritt 4 €; www.tropenhaus-bansin.de

Ausflug zum Mümmelkensee

Kontrastprogramm zum Strandleben: eine Wanderung zum ca. 2 km entfernten Mümmelkensee, einem stillen **Moorsee**, auf dem im Sommer Teichrosen blühen. Eine Alternative für geübte Wanderer ist der knapp 20 km lange Weg um den naturgeschützten Gothensee, das größte Gewässer auf Usedom.

VON BANSIN NACH ZINNOWITZ

Achterwasser

»Achter« kommt aus dem Niederdeutschen und heißt so viel wie »hinter«, Achterwasser ist demnach das »Wasser hinter der Ostsee«. Das nur ca. 3 m tiefe, doch 85 km² große Gewässer ist eine Ausbuchtung des Peenestroms und wird besonders von Surfern und Seglern geschätzt. Der Nordwesten und der Südosten Usedoms sind hier durch eine Landenge zwischen Zempin und Ückeritz miteinander verbunden. Das idyllische Fischerdorf Ückeritz ist von Wald umgeben und war zeitweise eine Künstlerkolonie. Im Ortsteil Neu-Pudagla lohnt der Besuch des Usedomer **Gesteinsgartens** am Forstamt. Sehr informativ sind die Führungen, die das Waldkabinett im Amt mit einschließen. Im Seebad Loddin öffnet die **Heimatstube Kölpinsee** ihre Türen.

Gesteinsgarten: tgl. 7.30 – 18.00 Uhr; Eintritt 5 €; www.neupudaglia.wald-mv.de
Heimatstube Kölpinsee: Am Bahnhof 2, Di. – Sa. 10.00 – 16.00 Uhr; Eintritt 1 €

Koserow

Bei Koserow kommen sich Ostsee und Achterwasser ziemlich nahe. Das alte Dorf liegt unmittelbar am 60 m hohen Streckelsberg, dessen Steilküste jedes Jahr um ein weiteres kleines Stück abgetragen wird. Von der bewaldeten Höhe hat man einen schönen Ausblick über das Meer bis hinüber zur Greifswalder Oie. Dass Koserow bis weit ins 19. Jh. hinein ein ärmliches Fischerdorf war, erfahren Besucher in den **Salzhütten** am westlichen Ortsrand bei der Seebrücke. Neben dem Fischrestaurant mit einer eigenen Räucherei fungiert ein alter Katen als Heimatstube »Uns Fischers Arbeitshütt« sowie als hiesiges Standesamt.

***Atelier von Otto Niemeyer-Holstein**

An der schmalsten Stelle von Usedom, nämlich in Lüttenort, hatte der 1896 in Kiel geborene und 1984 an einem Herzinfarkt verstorbene Maler Otto Niemeyer-Holstein zu Beginn der 1930er-Jahre auf der Flucht vor den Nationalsozialisten seinen Wohnsitz aufgeschlagen – und er war über 50 Jahre lang geblieben. Zunächst hatte sein Heim nur aus einem alten, ausgedienten Zugwagen bestanden, dem im Lauf der Jahre aber verschiedene Anbauten hinzugefügt wurden. Auf seinen Wunsch hin blieb diese **ungewöhnliche Wohn- und Arbeitsstätte**, mittlerweile mit diversen Kunstwerken zeitgenössischer Künstler angereichert, nach seinem Tod unverändert und kann heute als Museum besichtigt werden. In diversen Ölgemälden und mittels verschiedener grafischer Techniken hatte sich Niemeyer-Holstein immer wieder mit der Landschaft und insbesondere mit der Strandlandschaft der Ostseeinsel Usedom auseinandergesetzt. Nach seinem Tod wurde der eigenwillige Künstler auf dem alten Friedhof in Benz beigesetzt.

ⓘ Mitte April – Mitte Okt. tgl. 10.00 – 18.00, Mitte Okt. – Mitte April Mi., Do., Sa., So. 10.00 – 16.00 Uhr; Besichtigung Wohnhaus und Atelier nur mit Führung; Eintritt Atelierführung mit Galerie und Garten 7 €, nur Galerie und Garten 4 €, nur Garten 2 €; www.atelier-otto-niemeyer-holstein.de

Zempin

Die nächste Station auf der Fahrt in Usedoms Norden ist Zempin, das »kleinste Seebad« auf der Insel. Wer sich mit einer bescheidenen Auswahl von Unterkünften begnügt und die Nähe zur Natur schätzt, wird sich hier richtig wohlfühlen, denn Zempin ist trotz des Titels »Seebad« ein Fischerdorf mit schilfgedeckten Häusern am Achterwasser.

ZINNOWITZ UND DER NORDEN

*Zinnowitz

Von Wäldern umgeben, liegt der größte Badeort im Nordwesten der Insel. 2009 feierte er sein **700-jähriges Bestehen**. Das Gesicht des Seebads prägen noch viele schöne alte Pensionshäuser, Villen und Hotels. Zum Bummeln laden hübsche Geschäfte in der Neuen Strandstraße ein. Für sportlich Aktive gibt es den Strand oder, bei schlechtem Wetter, die Meeresschwimmhalle. An prominenter Stelle,

Architektur der Kaiserzeit: Strandvillen in Zinnowitz

BAEDEKER TIPP

Auf ins Theater!

In Zinnowitz kommen auch Theaterfreunde auf ihre Kosten. Ein Muss: die Vineta-Festspiele von Juli bis September. Aufführungsort der multimedial gestalteten Theaterstücke um die sagenumwobene Stadt (▸Baedeker Wissen S. 370) ist die Ostseebühne (Kartenbestellung: Tel. 03971 20 89 25).

direkt am Anfang der neuen, 315 m langen Seebrücke, steht das älteste Hotel am Ort, der Preußenhof, zu erkennen an seinen verspielten Ecktürmchen. Schon der preußische Kronprinz Wilhelm hatte hier logiert. Die ersten Badegäste kamen um die Mitte des 19. Jh.s nach Zinnowitz, nachdem 1851 das Seebad offiziell gegründet worden war. An die Kindertage des Fremdenverkehrs erinnert die kleine Ausstellung im Museumscafé des Hotels Preußenhof, wo einige Badeversatzstücke zusammengetragen wurden und selbst die Serviererinnen Mode im Stil der vorigen Jahrhundertwende tragen.

***Halbinsel Gnitz**

Wer etwas Zeit hat, sollte unbedingt zur Südspitze der ins Achterwasser hineinragenden Halbinsel Gnitz wandern (15 km). Besonders reizvoll ist das Landschaftsbild im **Naturschutzgebiet Möwenort**. Hier trifft man noch auf eine weitgehend unberührte Natur, stille Küsten, Wiesen mit Wacholder- und Holundersträuchern sowie zahlreiche an der Küste heimische Vögel. Vom Weißen Berg – 32 m hoch – bietet sich ein schöner Blick über das Achterwasser bis hinüber nach ▸Wolgast.

Krummin

Südlich der B 111 nach Wolgast liegt das Dorf Krummin mit einer gotischen Backsteinkirche, die von Zisterziensern, die sich um 1300 niederließen, als Klosterkirche genutzt wurde. Zum Ort gehört auch ein kleiner Jachthafen.

Trassenheide, Karlshagen

Die beiden sehr spät gegründeten Ostseebäder Trassenheide (1913) und Karlshagen (1929) standen immer schon im Schatten der drei älteren »Schwestern«, und dies erst recht, nachdem das benachbarte Peenemünde zur Raketenversuchsstation ausgebaut worden war. Trassenheide besitzt heute Europas größte Schmetterlingsfarm (www.schmetterlingsfarm.de/usedom). Von Karlshagens **Naturschutzzentrum Usedom** aus werden spektakuläre Tagesausflüge organisiert.

Naturschutzzentrum: Mai – Sept. Di. – So. 10.00 – 17.00, Okt. und Feb. – April Di. – So. 10.00 – 16.00, Nov. – Jan. Di. – Sa. 10.00 – 16.00 Uhr; Eintritt frei; www.naturschutzzentrum-karlshagen.de

Peenemünde

Bis 1989 war Peenemünde etliche Jahrzehnte lang militärisches Sperrgebiet und streng von der Öffentlichkeit abgeschirmt. 1936 richtete die deutsche Wehrmacht hier eine **Raketenversuchsanstalt** ein, in welcher der damals noch junge Wissenschaftler **Wernher von Braun** und seine Mitarbeiter die Rakete A 4, die spätere berüchtigte V 2 entwickelten. Gebaut wurde die V 2 großenteils in Thüringen in den Bergwerksstollen des KZ-Außenlagers Mittelbau-Dora – rund 20 000 Häftlinge starben im Zusammenhang mit der Herstellung der »Wunderwaffe«. Seit 1942 war die V 2 in der Erprobung. Sie kam 1944/1945 zum Einsatz bei den Luftangriffen auf London, Antwerpen und Lüttich.

Als die Engländer im August 1943 die Anlage bombardierten, wurden vor allem die Wohnsiedlungen der Mitarbeiter und die Unterkünfte der Häftlinge getroffen. Als **Historisch-Technisches Museum** sind die Überreste der Versuchsanlagen heute für Interessierte zugänglich. Das Museum im ehemaligen Kraftwerk der Heeresversuchsanstalt am Hafen versteht sich auch als ein Ort, an dem die gesellschaftlich-politische Rolle von Wissenschaft und Technik diskutiert werden soll. Der 2007 konzipierte Rundweg »Denkmal-Landschaft erschließt das 25 km² große Areal. Der Weg führt über 22 km zu 17 Stationen und historisch interessanten Punkten. Im Hafen liegt das riesige U-Boot **Juliett U-461** als Maritim Museum Peenemünde.

Eine vergnügliche Art, sich mit der Physik und der Naturwissenschaft allgemein auseinanderzusetzen, ist die **Phänomenta**, wo über 200 Experimente auf neugierige Besucher mit der Bereitschaft zum Ausprobieren warten. Das neue **Museum »Spielzeug(en), Kinder- und Märchenwelten«** Peenemünde zeigt Spielzeug aus 300 Jahren. Unter den 25 000 Exponaten ist auch das Sandmännchen und diverses weiteres, auch Pionieruniformen und Militärspielzeug, auch aus der DDR.

Historisch-Technisches Museum: April – Sept. 10.00 – 18.00, Okt. – März 10.00 – 16.00, Nov. – März Mo. geschl.; Eintritt: 6 €; www.peenemünde.de
Juliett U-461: Mai, Juni, Mitte Sept. – Mitte Okt. tgl. 10.00 – 18.00, Juli – Mitte Sept. tgl. 9.00 – 20.00, Mitte Okt. – April tgl. 10.00 – 16.00 Uhr; Eintritt 6 €; www.u-461.del
Phänomenta: tgl. 10.00 – 18.00 Uhr; Eintritt 8 €; www.phaenomenta-peenemuende.de
Spielzeugmuseum: Museumstr. 14, Peenemünde, Okt. – April tgl. 11.00 – 16.00, Mai – Sept. 10.00 – 18 Uhr; Eintritt 6 €l

Ruden, Greifswalder Oie

Auch die Inselchen vor der Nordwestspitze von Usedom waren jahrzehntelang militärisches Sperrgebiet. Heute kann man diese Naturparadiese besuchen, im Sommer auch per Ausflugsschiff (Informationen über Abfahrtszeiten erhält man bei den Tourismusbüros der Seebäder). Ein schöner Wanderweg erschließt die Insel Ruden. In den Flachwasserbereichen rasten häufig zahlreiche Wasservögel, und auf der Greifswalder Oie lebt eine Herde ausgewilderter **Shetlandponys**.

Rätselhaftes Vineta

Um die reiche Hafenstadt des slawischen Volkes der Wenden ranken sich märchenhafte Sagen. Beispielsweise sollen die Kirchenglocken aus purem Silber, die Spindeln der Mädchen aus Gold gewesen sein. Aber wo lag Vineta tatsächlich?

Wie endete die reiche Stadt Vineta? Versank sie – wie einst Atlantis – nach einem Sturm im Meer? Wurde sie von Eindringlingen zerstört? Seit jeher macht es Archäologen stutzig, dass Vineta seit dem vermutlichen Ende im 12. Jh. lange Zeit aus den Chroniken verschwunden war. Vineta überdauerte nur in Legenden – was letztlich dazu führte, das es heute an unterschiedlichen Stellen verortet wird:

Die Vineta-Legende eignet sich prima für dramatische Bearbeitung.

Noch im 16. Jh. vermuteten viele Vineta vor Koserow auf der Insel Usedom. Auf der Höhe zwischen Koserow und Zinnowitz lag dort im Meer das **Vinetariff**, heute Vinetabank genannt: An der Untiefe wurden Reste der einstigen Stadt vermutet. Zahlreiche Dachziegel kamen dort ans Licht und viele hiesige Steine wurden im 20. Jh. beim Bau der Mole verwendet.

Auch Koserows Vorwerk Damerow kam als Standort in Betracht. Bis 1700 »wanderte« Vineta auf Usedom gen Norden. Nun galt eine Stelle östlich der Insel Ruden vor der Peenemündung als Vineta.

Heute geht man davon aus, dass der Nordwesten Usedoms niemals slawisch besiedelt war. Geblieben ist die Faszination für das **»Venedig der Ostsee«**, Stoff für Geschichten, Gedichte, Opern, Festspiele – und Souvenirs.

Verschiedene Theorien

Die älteste Vineta-Überlieferung geht auf Ibrāhīm ibn Ya'qūb zurück. Der Gesandte des Kalifen von Cordoba besuchte um 965 oder 973 Kaiser Otto I. und berichtete später sowohl vom Dorf Mecklenburg als auch von der reichen Meermetropole »mit zwölf Toren« und einer allen Völkern des Nordens überlegenen Streitmacht.

Eine andere Quelle besagt, dass schon 935 auf der Insel Wollin (nun

Polen) die Wikingerfestung Jomsburg/Jumme gegründet worden wäre, in der König Harald Blauzahn am 1. November 987 starb. Die Festung soll das sagenhafte Vineta geschützt oder sogar mit der Stadt identisch gewesen sein, vermutet zumindest der Berliner Professor Rudolf Virchow 1872.

Adam von Bremen indes beschrieb 1075 in der »Hamburger Kirchengeschichte« Lage und Aussehen der Stadt genauer: »Es ist wirklich **die größte von allen Städten, die Europa birgt** (...) Die Stadt ist angefüllt mit Waren aller Völker des Nordens, nichts Begehrenswertes oder Seltenes fehlt (...). Von dieser Stadt aus setzt man in kurzer Ruderfahrt nach der Stadt Demmin in der Peenemündung über, wo die Ranen wohnen ...«

Versunken im Meer?

1043 soll Vineta erstmals **vom dänisch-norwegischen König Magnus I. erobert**, 1159 schließlich durch eine dänische Flotte (oder einen Sturm?) zerstört worden sein. Anfang des 20. Jh.s versuchten Forscher wie Carl Schuchardt, die Existenz der Stadt am westlichen der drei Oderarme, **an der Mündung des Peenestroms**, nachzuweisen. Dass die Vineta-Festspiele in Zinnowitz stattfinden, kommt also nicht von ungefähr.

Als wissenschaftlich fundierter erwiesen sich jedoch die Grabungen des Archäologen Wladislaw Filipowiak. Auf der polnischen Nachbarinsel Wollin entdeckte er **Überreste slawischer Siedlungen**. Der Stettiner Professor legte vier Häfen, mehrere Handwerksviertel und Friedhöfe frei. Einige Hafenbauten datierten aus dem 8. Jh. – zumindest also hatte Filipowiak einen wichtigen Seehandelsplatz des 10. bis 12. Jh.s entdeckt, wenn auch nicht sicher war, welchen.

Begraben im Schlamm?

Für den Wissenschaftler Klaus Goldmann hingegen spricht vieles für die Lage Vinetas im Barther Bodden. Mit Satellitenaufnahmen und durch genaue Beobachtung des Verlaufs des Jahrhunderthochwassers der Oder 1997 hat er die **ursprüngliche Odermündung** ausfindig gemacht. Goldmanns Erkenntnis daraus: Nach dem Abschmelzen der Eiszeitgletscher floss die Oder westlich von Rügen bei Ribnitz-Damgarten ins Meer. Das von Fluten geformte **Urstromtal bildet bis heute die natürliche Grenze zwischen Mecklenburg und Pommern**. Da Vineta an der Odermündung gelegen haben soll, könnte es also durchaus im Schlamm des Barther Boddens begraben sein.

Barth, Zinnowitz, Wollin?

Goldmanns Theorie zufolge besaß Vineta ein **ausgeklügeltes Damm- und Deichsystem**, das den Bodden entwässerte. Durch Zerstörung dieses Schutzes könnte die Stadt tatsächlich versunken sein. Weitere Untersuchungen sollen folgen. Der Stadt Barth zumindest kam diese Entwicklung sehr entgegen, mehr Tourismus und das **Vineta-Museum** sind die Folge. Auch Zinnowitz profitiert. Aber eifrige Vineta-Sucher sollten auch eine Visite der Insel Wollin in Betracht ziehen ...

** Wismar

E 6

Landkreis: Nordwestmecklenburg
Höhe: 2 – 38 m ü. d. M.
Einwohnerzahl: 44 400

Wismar ist die zweitgrößte Handels- und Hafenstadt in Mecklenburg und mit ihren charmanten Altstadtgassen auch eine der schönsten des Landes. Mit herausragenden Beispielen gotischer Sakralbaukunst zieht sie zusätzlich Besucher an.

Geschichte

Wismar ging aus einer kurz vor 1200 gegründeten Kaufmanns- und Handwerkersiedlung hervor. Südlich der sogenannten Grube, damals noch ein schiffbarer Wasserlauf, entstanden um die Marienkirche und später um die Georgenkirche weitere Stadtteile. 1256 bis 1358 war Wismar **Residenz** der mecklenburgischen Fürsten.

Die an der alten Handelsstraße von Lübeck über Rostock zu den baltischen Küstenorten gelegene Stadt entwickelte sich bald zu einem wichtigen Handelsplatz – sowohl für Produkte aus dem osteuropäischen Raum als auch für westeuropäische Waren, die hier verschifft wurden, z. B. das bei Lüneburg gewonnene Salz. So wie der Beitritt zum Wendischen Viertel der **Hanse** (1358) die wirtschaftliche und politische Macht der Stadt förderte, so bedeutete umgekehrt auch der im 16. Jh. einsetzende Niedergang der Hanse das Ende ihrer Blütezeit.

1648 fiel die Stadt an Schweden und wurde zu einer mächtigen Festung inmitten des Herzogtums Mecklenburg-Schwerin ausgebaut. 1803 verpfändeten die Schweden Wismar für 100 Jahre an Mecklenburg, dem es ab 1903 durch den Verzicht Schwedens endgültig zugehörte. 1893/1895 wurde der Neue Hafen angelegt, Wismar entwickelte sich zu einer wichtigen Industriestadt. Bis heute sind der Hafen und die Werft die wirtschaftlichen Standbeine der Stadt. Reisende zieht es mehr ins Zentrum von Wismar: Seit 2002 zählt die herrliche Altstadt zum UNESCO-Welterbe.

SEHENSWERTES IN WISMAR

****Marktplatz mit Wasserkunst**

Mittelpunkt und Wahrzeichen der Stadt ist der Marktplatz. Allein schon seine Größe – 100 x 100 m – macht ihn so beeindruckend. Dazu kommen ringsum schön renovierte Häuser aus allen Epochen sowie ein nicht zu übersehender kunstvoller Brunnen, die sogenannte Wasserkunst: Der von einer geschwungenen Kupferhaube bedeckte Pavillon an der Südostseite des Markts zeugt von der hoch entwickelten **Wasserversorgung** der Stadt. Seit etwa 1570 wurde das Wasser der südlich von Wismar gelegenen Metelsdorfer Quellen

Wismar erleben

AUSKUNFT

Hansestadt Wismar
Am Markt 11, 23966 Wismar
Tel. 03841 1 94 33, www.wismar.de

STADTFÜHRUNGEN

Ab der Stadtinformation; Geschichte: April – Okt. tgl. 10.30 Uhr (2 Std.; 4 €); Störtebeker: Mitte März – Okt., Dez. Sa. 15.00 Uhr (2 Std.; 6 €); Nachtwächter: Mitte März – April, Sept., Okt., Dez. Fr. 18.00 Uhr (2 Std.; 6 €).

ESSEN

1 ***Reuterhaus*** €€

Am Markt 19, Tel. 03841 2 22 30
www.restaurant-reuterhaus.de
Gemütlich-rustikales Restaurant am Marktplatz. Im Sommer lädt die Terrasse zum Draußensitzen ein. Kein Ruhetag.

2 ***Seeblick*** €€

Ernst-Scheel-Str. 27, Tel. 03841 6 27 40
www.hotel-seeblick-wismar.de
Internationale und lokale Gerichte, viel Fisch. Der »Seeblick« reicht bis zur Insel Poel. Übernachten kann man im angeschlossenen Hotel. Kein Ruhetag.

ÜBERNACHTEN

1 ***Hotel Stadt Hamburg*** €€€€

Am Markt 24, Tel. 03841 23 90
www.steigenberger.com/Wismar
104 Zimmer
Modernes Ambiente hinter historischer Fassade. Restaurant mit Terrasse und Bierkeller im Gewölbekeller.

2 ***Seehotel*** €€€

Nakensdorf bei Neukloster, Seestr. 1
Tel. 038422 45 70
www.seehotel-neukloster.de, 15 Zimmer
Reetgedecktes Fachwerkhaus, idyllisch am Neuklostersee zwischen Rostock und Schwerin gelegen; ideal zum Ausspannen, breites Freizeitangebot zu Wasser und zu Lande.

3 ***Hotel Alter Speicher*** €€

Bohrstraße 12 und 12 a
Tel. 03841 21 17 46
www.hotel-alter-speicher.de, 75 Zimmer
Mitten in der Altstadt von Wismar liegt dieses komfortable Stadthotel mit historischem Ambiente. Idealer Standort für Stadterkundungen!

4 ***Hotel Reingard*** €€

Wismar, Weberstraße 18
Tel. 03841 28 49 72
www.hotel-reingard.de
2 Ferienwohnungen, 12 Zimmer
In diesem zentralen Hotel ist jedes Zimmer ein Unikat, wie man schon an den Namen erkennt: »Bauhauszimmer«, »Jugendstilzimmer« oder »Biedermeierzimmer« heißen sie beispielsweise. Sie sind alle nicht sehr groß, aber sehr individuell. Im Sommer kann man im hofseitigen Gärtchen draußen sitzen. Bar und Restaurant gibt es im Haus.

5 ***Hotel Willert*** €€

Breite Str. 10, Tel. 03841 22 73 40
www.hotel-restaurant-wismar.de
2006 neu eröffnetes, früher edelstes Hotel Wismars in der Altstadt mit gutem Restaurant und kleiner, feiner Weinkarte. Vermietet werden auch günstige Ferienwohnungen in einem auf zwei 1406 erstmals erwähnten Tonnengewölben stehenden, 1660 erbauten Fachwerkhaus über dem Wasserlauf Grube am Hafen (Runde Grube 4).

über Röhren aus Holzstämmen in einen Wasserkasten auf dem Marktplatz geleitet und gelangte von dort zu den einzelnen Häusern. Mit dem Entwurf für ein Gehäuse, das den hölzernen Wasserkasten ersetzen sollte, beauftragte man 1580 den Baumeister Philipp Brandin, der einen Pavillon im Stil der niederländischen Renaissance entwarf. 1602 war das kleine Meisterstück fertiggestellt.

Rathaus Beinahe die gesamte Nordseite des Marktplatzes beansprucht das klassizistische Rathaus, ein breiter Bau mit kurzen, von Dreiecksgiebeln bekrönten Seitenflügeln. Die Pläne für das 1819 errichtete Gebäude lieferte der herzogliche Hofbaumeister Johann Georg Barca. Von dem mittelalterlichen Vorgängerbau des Rathauses aus der zweiten Hälfte des 14. Jh.s wurden der Gewölbekeller mit seinen beachtenswerten Fragmenten gotischer Malerei im Gewölbe sowie die zweischiffige Gerichtslaube mit Kreuzrippengewölbe als Saal in den Neubau integriert. Im **Rathauskeller** ist bis Ende 2014 die Ausstellung »Wismar – Bilder einer Stadt« mit Stadtmodellen und auch Exponaten aus dem bis 2014 restaurierten Schabbellhaus eingerichtet. Gleich um die Ecke stellen Wismars Künstler in der **Galerie Hinter dem Rathaus** ihre Werke aus.

Rathauskeller: Am Markt 1, Eingang Ostseite; April – Okt. tgl. 10.00 – 18.00, Nov. – März Mo. – Sa. 10.00 – 18.00, So. bis 16.00 Uhr; Eintritt frei

Galerie Hinter dem Rathaus: Hinter dem Rathaus 8; Di. – Fr. 10.00 – 18.00, Sa. bis 16.00 Uhr; www.galeriewismar.de

****Alter Schwede**

An der Ostseite des Markts steht das älteste noch in seiner ursprünglichen Form erhaltene, um 1380 erbaute **Backsteinhaus** mit seinem herrlichen pfeilergegliederten Staffelgiebel. Zusätzlich belebt wird die Fassade durch die dunkel glasierten Ziegelsteine an den Profilen von Portal, Fenstern und Blendbögen. Seit 1878 beherbergt es die Gaststätte »Alter Schwede«. In der zum Restaurant mit Mecklenburger Spezialitäten gewandelten, 1878 gegründeten Gaststätte speiste schon Königin Silvia von Schweden.

Weitere Häuser am Markt

Das Gebäude rechts neben dem Gasthaus »Alter Schwede«, die ehemalige Hinstorff'sche Hof- und Verlagsbuchhandlung, wurde 1988 wegen Baufälligkeit abgetragen und mit großer Sorgfalt originalgetreu wieder aufgebaut. Hinstorff war der Verleger des mecklenburgischen Mundartdichters Fritz Reuter (►Baedeker Wissen S. 254), deshalb der Name **Reuterhaus**. Ein Beispiel für die Nachahmung der mittelalterlichen Architektur im 19. Jh. ist das Staffelgiebelhaus (1856) links neben dem »Alten Schweden« mit der Jugendstil-Fassadenmalerei. 1858 baute derselbe Architekt an der Südwestseite des Marktplatzes (Nr. 11; Stadtinformation) das Stadthaus mit dem Zinnenkranz als Fassadenabschluss.

Archidiakonat

Vom Marktplatz sind es nur ein paar Schritte zum Marienkirchhof. Dort steht das um 1450 errichtete Archidiakonat. Nach schwerer Beschädigung im Zweiten Weltkrieg 1962/63 wieder aufgebaut, zählt es heute zu den schönsten Backsteinbauten der Stadt. Die Zierde des Hauses bildet der steile, zinnenbekrönte Staffelgiebel mit reicher Blendgliederung; der südliche Giebel wurde modern gestaltet.

Turm der Marienkirche

Wie ein mahnender Finger ragt der 80 m hohe Turm der Marienkirche empor. Im Untergeschoss erläutert die Dauerausstellung »Wege in die Backsteingotik«. Beim Bombardement im April 1945 war das Schiff des 1339 begonnenen Gotteshauses schwer beschädigt worden. Platt gemacht wurde der stilbildende Bau 15 Jahre später. Im August 1960 ließ das SED-Regime die Kirche sprengen. Die Wrangel-Uhr im Marienkirchturm ist von 1647. Das Glockenspiel erklingt um 12, 15 und 19 Uhr mit einem von 14 Chorälen.

❶ Turmführungen (Anmeldung im Souvenirshop St. Marien): April – Okt. tgl. 11.00, 13.00, 15.00, 17.00, Juli/Aug. auch 19.00, Nov. – März. tgl. 12.00,

14.00 Uhr; Öffnungszeiten St. Marien/Ausstellung: April – Juni, Sept./Okt. tgl. 10.00 – 18.00, Juli/Aug. bis 20.00, Nov. – März tgl. 11.00 – 16.00 Uhr; Eintritt frei (Spenden-Backstein 10 €).

***Fürstenhof**

Der zweiflügelige Bau war einst die **Stadtwohnung der mecklenburgischen Herzöge**. Den als Altes Haus bezeichneten Westflügel ließ 1512/13 Herzog Heinrich erbauen. Kunsthistorisch bedeutender ist das nördlich anschließende Neue Lange Haus (1553 – 1556), ein dreigeschossiger Bau mit Tordurchfahrt und Treppenturm. Er entstand nach dem Entwurf von Gabriel von Aken und Valentin von Lira für Herzog Johann Albrecht I. nach dem Vorbild oberitalienischer Renaissancepalazzi. Der reiche bauplastische Schmuck, zu großen Teilen im 19. Jh. ausgetauscht, verrät niederländische Einflüsse. Die Pilaster und Fensterrahmungen aus Terrakotta stammen aus der Lübecker Werkstatt des Ziegelmeisters Statius von Düren. An der (nördlichen) Straßenseite des Neuen Langen Hauses sticht das Sandsteinportal der Tordurchfahrt ins Auge, das von Satyrpaaren gerahmt wird. Die unter den Fenstern umlaufenden Friese zeigen an der Straßenseite im ersten Obergeschoss Reliefszenen aus dem Trojanischen Krieg, im zweiten Porträtmedaillons berühmter Personen.

Georgenkirche wiederaufgebaut

Der 1990 begonnene Wiederaufbau der ebenfalls in der Bombennacht kurz vor Kriegsende schwer beschädigten gotischen Georgenkirche konnte 2010 erfolgreich abgeschlossen werden. Um Rückführung, Restaurierung und Neubestuhlung der Kirche und besonders eine neue Orgel kümmert sich u. a. ein Förderverein (www.georgen

Hübsche Giebel zieren die Krämerstraße in Wismar.

kirche.de). St. Georgen ist Hauptausstellungsort der Dauerausstellung »Wege in die Backsteingotik« mit dem Titel »Gebrannte Größe – Bauten der Macht« (Öffnungszeiten: wie Marienkirche; Eintritt frei). Regelmäßig treten hier die NDR-Sinfoniker mit Klassikkonzerten auf..

Heilig-Geist-Spital

Durch die Große Hohe Straße geht man hinab zur kopfsteingepflasterten Lübschen Straße. An der Ecke Lübsche Straße/Neustadt gruppieren sich um einen intimen, zur Straße abgeschlossenen Hof die Gebäude des Heilig-Geist-Spitals, das Mitte des 13. Jh.s gegründet wurde. Der schlichte Saalraum der Kirche ist vor allem wegen der bemalten Balkendecke von 1665 sehenswert. Die mit Akanthusranken und Putten bemalten Deckenfelder zeigen in der Mitte in ovalen Medaillons alttestamentarische Szenen nach den Bibelillustrationen von **Matthäus Merian** dem Älteren. Aus der Georgenkirche stammen der Schnitzaltar mit einer Madonna zwischen den Heiligen Georg und Martin, der Altar mit einer Anna-Selbdritt-Gruppe im Schrein sowie die Figurengruppe »Anbetung der Heiligen Drei Könige« (15. Jh.). Beachtenswert sind auch die schönen geschnitzten Gestühlswangen.

ⓘ tgl. 10.00 – 17.00 Uhr; Eintritt frei

BAEDEKER WISSEN ?

Stammhaus in Wismar

Die Karstadt-Kaufhäuser kennt wohl jeder, aber dass die Wurzeln des Konzerns in Wismar liegen, wissen nur die Wenigsten. Bei dem Jugendstilgebäude an der Ecke Lübsche/Krämerstraße handelt es sich um das erste Karstadt-Kaufhaus. Im Jahr 1881 hat Rudolph Karstadt hier seine Warenhauskette gegründet, also vor rund 130 Jahren.

Die **Krämerstraße** heißt nicht von ungefähr so, denn hier und in der Lübschen Straße findet man die meisten Geschäfte und auch nette Lokale. Ein Haus mit Tradition ist die **Gaststätte »Zum Weinberg«** in einem 1355 errichteten, 1575 im Renaissancestil modernisierten Gebäude. Die hohe Diele des Hauses besitzt eine sehenswerte bemalte Balkendecke aus dem 17. Jh. Durch die Bohrstraße, wo man im Galerie-Restaurant »To'n Ossen« ebenfalls in historischem Ambiente essen kann, geht es hinab zur Grube, dem Wasserkanal, der von der nördlichen Altstadt in den Alten Hafen geleitet wird. Der Wasserlauf wurde bereits im 13. Jh. angelegt und diente lange Zeit zur Wasserversorgung der Stadtbewohner und für den Mühlenbetrieb.

Zum Weinberg: Hinter dem Rathaus 3, www.weinberg-wismar.de

**Nikolaikirche

Die Dächer der nördlichen Altstadt werden überragt von der monumentalen Backsteinbasilika St. Nikolai, an der von 1380 bis 1508 gebaut wurde. Als einzige der drei großen mittelalterlichen Kirchen in Wismar blieb St. Nikolai weitgehend unversehrt. Die Kirche ist verhältnismäßig eng umbaut und lässt sich nur von der Frischen Grube aus mit dem nötigen Abstand betrachten, von wo aus man direkt auf den querschiffartigen Kapellenanbau blickt. Seinen Giebel schmücken mehrere Reihen von glasierten Formziegeln, die mithilfe eines Moduls hergestellt wurden. Zu sehen sind außerdem Fabelwesen und Grimassen schneidende Masken sowie Maria und Nikolaus, der Titelheilige der Kirche.

April, Okt. tgl. 10.00 – 18.00, Mai – Sept. bis 20.00, Nov. – März 11.00 – 16.00 Uhr

Innenraum Der Innenraum der Nikolaikirche gehört mit zum Schönsten, was die norddeutsche Backsteingotik hinterlassen hat. Das in den Marienkirchen von Lübeck und Wismar entwickelte Architektursystem wird hier mit beeindruckender Klarheit und Kühnheit weitergeführt. Durch den einheitlichen Wandaufbau von Chor und Mittelschiff werden diese beiden Räume eine Einheit. Ebenso wie im Chor lösen sich die Langhauswände im oberen Teil in Fenster- bzw. Blendfensterflächen auf, wodurch gleichmäßig Tageslicht in das Mittelschiff fällt. Mit einer Höhe von 37 m übertrifft das Langhaus der Nikolaikirche die der Marienkirchen von Wismar und Stralsund (32 m) und gehört damit zu den höchsten Kirchenschiffen Deutschlands. Von der mittelalterlichen Ausmalung aus der Mitte des 15. Jh.s blieben einige Reste in den Langhauskapellen und in den Turmhallen erhalten.

Nikolaikirche

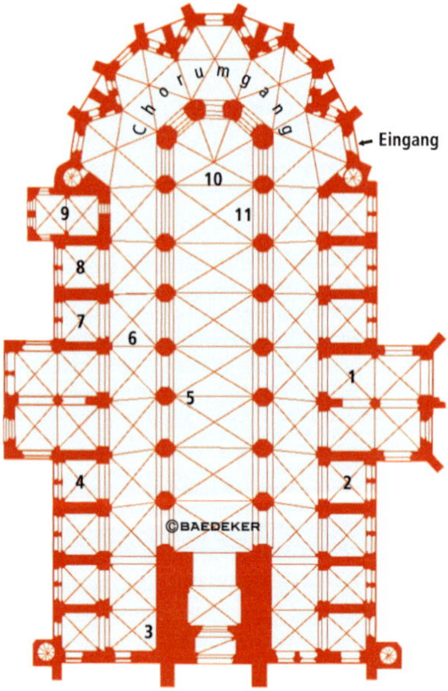

1 Krämeraltar
2 Wrangelkapelle
3 Mittelalterliche Wandmalereien
4 Kapelle mit Taufumgang
5 Kanzel
6 Bronzetaufe
7 Kapelle mit der Grabplatte von Herzogin Sophie und Thomasaltar
8 Kapelle mit Schifferaltar
9 Sakristei
10 Hauptaltar
11 Granittaufe

Zahlreiche Kunstwerke aus der zerstörten Marien- und der Georgenkirche fanden bei der **Ausstattung** der Nikolaikirche einen neuen Platz. Mit dem ehemaligen **Hochaltar** der Georgenkirche besitzt St. Nikolai einen der größten gotischen Schnitzaltäre des Ostseeraums. Er wurde um 1430 vermutlich in Wismar gefertigt und ist in geöffnetem Zustand 9,4 m breit! Aus der Marienkirche stammen u. a. die 1335 von dem Lübecker Meister Johann Apengheter

Eine besondere Ausstrahlung hat der Innenraum der Nikolaikirche.

gegossene Bronzetaufe sowie der um 1420 geschnitzte Krämeraltar mit Maria im Strahlenkranz im Mittelfeld. Die spätgotische Triumphkreuzgruppe am Übergang vom Langhaus zum Chor befand sich bis 1880 in der Dominikanerklosterkirche. Beachtenswert ist auch die hervorragend gearbeitete Bronzegrabplatte der Herzogin Sophie von Mecklenburg, welche die 1504 Verstorbene als Liegefigur abbildet. Die Kanzel, das hölzerne Taufgehäuse in der Form eines Tempiettos sowie der zweigeschossige Aufsatz des Hochaltars mit einer Kopie der Rubens'schen Kreuzabnahme stammen aus der Barockzeit.

***Schabbellhaus**

Von der Nikolaikirche ist es durch die Grube getrennt: Das sogenannte Schabbellhaus ist an seinem prächtigen, der Kirche zugewandten Volutengiebel zu erkennen. Das im Stil der niederländischen Renaissance gehaltene Backsteingebäude mit Portal- und Fensterrahmungen aus Sandstein ließ sich der Ratsherr und Brauer Hinrich Schabbell 1569/71 von Philipp Brandin bauen. Brandin hatte auch die Pläne für die Wasserkunst auf dem Marktplatz geliefert. Bis 2014 wird das Schabbellhaus restauriert und umgebaut. Es ist dann mit dem Nachbarhaus Schweinsbrücke 6 exemplarisches Beispiel eines historischen hanseatischen Bürgerhauses und dient als Ausstellungs- und Veranstaltungsgebäude des Stadtgeschichtlichen Museums (www.schabbell

haus.de). Die Museumsexponate sind bis dahin in den Ausstellungen im Rathauskeller und in der Marienkirche sowie im historischen Kontor des Karstadt-Stammhauses zu sehen.

***Wassertor, Am Lohberg**

Wismar war im Mittelalter von einer Stadtbefestigung mit Türmen und fünf Toren umgeben, die bis auf den Wasserturm und das Wassertor sowie einige Mauerreste nicht erhalten geblieben sind. Das Wassertor in der Nähe des Alten Hafens ist ein wuchtiger Torturm mit spitzbogiger Durchfahrt und schlichter Blendverzierung am Giebel (15. Jh.). Ein schmales Sträßchen, Am Lohberg, führt vom Wassertor südwärts. Hier stehen noch einige schöne alte Speicher. In den dortigen Gaststätten und Kneipen kann man u. a. auch das Wismarer Bier probieren, etwa im »Brauhaus am Lohberg«.

! BAEDEKER TIPP

Fischverkostung

Fangfrischen Fisch kann man am Alten Hafen nicht nur kaufen, sondern auch kosten. Am Samstagnachmittag stehen am Kai Wurst- und Pommesbuden. Einmalig ist aber Richard's Fischhalle mit historischen Räucheröfen (Claus-Jesup-Str. 51 – 59, Mo. – Fr. 8.00 – 18.00, Sa. 6.30 – 13.30 Uhr).

Alter Hafen

Der alte Hafen nordwestlich der Altstadt feierte 2011 seinen 800. Geburtstag. Seit dem Bau des neuen Hafenbeckens 1893 – 1895 dient er als Fischereihafen, ist nun neu gestaltet und als Flaniermeile und Ausgangspunkt für Rundfahrten, Törns mit Traditionsseglern und Ausflüge zur Insel Poel eine Attraktion. Das Hafenamt im **Baumhaus** (18. Jh.) hat nun für Kunstausstellungen Platz gemacht. Früher war von hier die Hafeneinfahrt nachts mit langen Baumstämmen gesperrt worden. Die beiden gusseisernen **»Schwedenköpfe«** vor dem Bauhaus sind Duplikate von bereits 1672 erwähnten Herkulesbüsten, die auf Dalben in der Hafeneinfahrt platziert waren.

Baumhaus: Mai – Okt. Di. – So. 10.00 – 20.00, Nov. – April bis 17.00 Uhr; Eintritt frei

Zeughaus

An die Schwedenzeit Wismars erinnert das Zeughaus in der Ulmenstraße, ein Werk des Stockholmer Ingenieurs und Festungsbaumeisters Erik Dahlberg. Erbaut wurde das jetzige Gebäude 1700, nachdem 1699 eine Explosion im Pulverturm das alte Zeughaus in die Luft gesprengt hatte. Für eine Weile Sitz des Stadtarchivs, beherbergt es heute die Stadtbibliothek.

phanTECHNIKUM

Ende 2012 hat das phanTECHNIKUM neu eröffnet, das nun die Sammlungen der Technikschau Wismar und des aufgelösten Schweriner Technischen Landesmuseums zeigt. Die Ausstellung ist nach den vier Elementen Feuer, Wasser, Erde, Luft geordnet.

● Zum Festplatz 3; April – Okt. Di. – So. 10.00 – 18.00, Nov. – März Di. – So. 10.00 – 17.00 Uhr; Eintritt: 7,50 €; www.phantechnikum.de

UMGEBUNG VON WISMAR

Neukloster

Keimzelle des 17 km vor Wismar gelegenen ruhigen Städtchens war ein Kloster, das Heinrich Borwin I. 1219 hier gegründet hatte. Etwas versteckt zwischen den hohen Bäumen des malerischen Kirchhofs liegt die ehemalige Klosterkirche, ein in der ersten Hälfte des 13. Jh.s errichteter, schlichter Backsteinbau. Die kostbarsten Ausstattungsstücke sind die 1235 – 1245 geschaffenen Glasmalereien in den Chorfenstern und der spätgotische Schnitzaltar aus dem 16. Jahrhundert. Leider schon Ruine ist der achteckige Glockenturm südöstlich der Kirche, wogegen sich die einstige Probstei, ein stattlicher Bau mit Staffelgiebeln, in gutem Zustand zeigt. Im Gewölbekeller befindet sich ein Restaurant.

***Seengebiet**

Südlich von Neukloster erstreckt sich das 43 km² große Landschaftsschutzgebiet Neukloster-Warin. Die idyllische Wald- und Seenlandschaft ist bislang vom Tourismus noch nicht erobert worden und bietet gerade deshalb gute Möglichkeiten für einen ungestörten Erholungsurlaub in einer herrlichen Umgebung. Wandern, Radfahren und Baden stehen bei den Freizeitmöglichkeiten obenan.

***Dorf Mecklenburg**

Sechs Kilometer südlich von Wismar, an der Bahnlinie nach Schwerin, liegt Dorf Mecklenburg. In einer Urkunde, von **Kaiser Otto III. 995** ausgestellt, erscheint zum ersten Mal der Name einer Burg, der Mikilenburg, der das Dorf und auch das Land den Namen verdanken. In der Urkunde war von einer slawischen Wasserburg die Rede, die bis ins 13. Jh. als Fürstensitz diente. Erhalten blieb nur der 13 m hohe Ringwall um einen Friedhof. Unbedingt sehenswert ist die Dorfkirche, die man nach Anmeldung im Pfarramt besichtigen kann (Bahnhofstraße 39, Tel. 03841 79 59 17). Der Backsteinbau, der in seinen ältesten Teilen auf das 13. Jh. zurückgeht, überrascht mit einer einheitlichen, fast vollständigen Innenausstattung aus der ersten Hälfte des 17. Jh.s, die in der Region ihresgleichen sucht.

Warin

Warin liegt 10 km südlich von Neukloster auf einer Landenge zwischen dem Großen Wariner See und dem Glammsee. Die Bischöfe von Schwerin richteten sich ab 1284 hier ihre Nebenresidenz ein, die jedoch 1838 abgebrochen wurde. Sehenswert in Warin ist das ehemalige Predigerwitwenhaus, ein schmucker Fachwerkbau aus dem Jahr 1775 (Am Markt 2) und ebenfalls am Markt das Geburtshaus (Nr. 13) des Malers und Grafikers Ernst Lübbert (1879 – 1915) sowie das Denkmal für ihn.

INSEL POEL

Anreise

Gemütlich ist eine etwa einstündige Schiffsfahrt von Wismar zur Insel Poel, die der Wismarer Bucht vorgelagert ist. Die Dampfer der

Weißen Flotte starten am Alten Hafen. Man kann aber auch auf dem Landweg dorthin gelangen, denn Poel und das Festland verbindet seit 1760 ein Damm.

***Stille Inselidylle**

Reetgedeckte Katen, Schafe auf den Wiesen, im Bodden kleine Fischerboote – das ist Poel. Mit 36 km² ist sie zwar die drittgrößte Insel Mecklenburg-Vorpommerns, doch im Gegensatz zu ihren beiden »großen Schwestern« Rügen und Usedom geht es hier noch gemächlich zu. Die Bevölkerung lebt hauptsächlich vom Fischfang – gefangen werden auch Garnelen –, von der Landwirtschaft und vom Tourismus. Dass Poel ein **Ferienziel für Familien** ist, merkt man an den vielen Schildern mit dem Hinweis auf Ferienwohnungen und Zimmervermietung. Zum Radfahren ist Poel ideal, denn Steigungen gibt es so gut wie keine – der höchste Punkt, der Kinkelberg, erreicht gerade mal stolze 26 m! Abgesehen von ein paar schmalen Küstenwäldern bedecken hauptsächlich Wiesen und Felder das flache Eiland. Noch sind die Straßen auf Poel schmal und die meisten von schönen Alleen gesäumt. Steilküsten findet man im Norden und Osten der Insel, im Süden und Westen dagegen ist das Ufer sehr flach. Die schönsten Badestrände liegen an der Seeseite der Insel. Beliebt sind die Badeplätze am »Schwarzen Busch« bei Kirchdorf und der Strand bei **Timmendorf** (hier können auch Boote und Jachten anlegen). Beliebtes Ziel ist der zur Schweriner BUGA 2009 angelegte **Schaugarten** für nachwachsende Rohstoffe der Hochschule Wismar in Malchow.

Kirchdorf

Der Hauptort von Poel liegt in einer tief eingeschnittenen Bucht. Außer einem Fischerei- und einem Jachthafen gibt es auch eine kleine Bootswerft. Schon von Weitem zu sehen ist der Turm der Dorfkirche, die aus dem 13. Jh. stammt. Von der unter Herzog Friedrich I. erbauten Festung sind noch Reste der sternförmigen Wallanlagen zu erkennen. Das Schloss und seine Nebengebäude verfielen. Über die Geschichte der Insel informiert das kleine, in der ehemaligen Dorf-Schule eingerichtete **Inselmuseum** mit Modell der Feste Poel, Galerie, Baumschule und Findlingsgarten.

Inselmuseum: Möwenweg 4, Mitte Mai – Mitte Sept. Di. – So. 10.00 bis 16.00, 15. Sept. – 14. Mai Di., Mi., Sa. 10.00 – 12.00 Uhr; Eintritt 2,50 €

Gedenkstätte Cap Arkona

Am Schwarzen Busch erinnert eine Gedenkstätte an das grausame Drama, das sich am 3. Mai 1945 hier vor der Küste ereignete. Vier Schiffe, darunter auch die »Cap Arkona«, wurden von britischen Fliegern versenkt. Die meisten der rund 4500 KZ-Häftlinge und rund 500 Seemänner an Bord des ehemaligen Luxusdampfers verbrannten oder ertranken. Diejenigen, die es vom Schiff herunter schafften, wurden noch im Wasser von Tieffliegern der Royal Air Force oder, wenn sie bis zur Küste kamen, dort von SS-Leuten erschossen.

* Wolgast

S 5

Landkreis: Vorpommern-Greifswald
Höhe: 5 m ü. d. M.
Einwohnerzahl: 13 260

Wolgast hat viel dafür getan, nicht mehr als bloße Durchgangsstation auf dem Weg nach Usedom gesehen zu werden – beispielsweise durch den zwar noch bescheidenen, aber hübsch angelegten Museumshafen oder das interessante Runge-Museum.

Geschichte

Vor allem die St.-Petri-Kirche lässt mit ihrer wuchtigen Erscheinung noch erahnen, dass die Kleinstadt am Peenestrom in früheren Zeiten eine wichtige Rolle spielte. Bischof Otto von Bamberg, der 1128 auf seiner Missionsreise nach Usedom durch Wolgast kam, ließ hier den Gerowit-Tempel zerstören. Die Wolgaster Linie der Pommernherzöge residierte von 1285 bis zum Aussterben der Linie im 17. Jh. in der Stadt. Aus Rache dafür, dass die Schweden Altona abgebrannt hatten, ließ Zar Peter I. 1713 die Stadt niederbrennen – nur die Kirche, zwei Kapellen und vier weitere Gebäude blieben damals erhalten. Im 19. Jh. erlebte die Stadt durch die Segelschifffahrt und den Getreidehandel eine erneute Blütezeit.

Wolgast erleben

AUSKUNFT

Wolgast Information
Rathausplatz 10, 17438 Wolgast
Tel. 03836 60 01 18
www.stadt-wolgast.de

Kurverwaltung Lubmin
Freester Str. 8, 17509 Lubmin
Tel. 038354 2 20 11
www.lubmin.de

SEHENSWERTES IN WOLGAST

***Peene-brücke**

Ein echtes Wunderwerk aus Stahl und Beton ist das »**Blaue Wunder von Wolgast**«, wie man die neue Klapp- bzw. Wippbrücke über die Peene liebevoll nennt. Das 255,9 m lange Bauwerk wurde in den Jahren 1995 bis 1997 nach den Plänen von Oskar Lehman für 104 Mio. DM konstruiert. Die hochmoderne Straßenbrücke verbindet den Nordwestteil der Insel Usedom mit dem vorpommerischen Festland.

Rathaus

An seinem geschweiften Giebel erkennt man das eindrucksvolle Rathaus, das am Marktplatz von Wolgast steht. Das mittelalterliche Gebäude wurde nach dem verheerenden Stadtbrand im Jahr 1713 barock erneuert.

»Blaues Wunder« nennt man die Brücke über die Peene bei Wolgast.

Stadtgeschichtliches Museum

Das Fachwerkgebäude direkt daneben, in der Mitte des 17. Jh.s als Kornspeicher erbaut, wird wegen seiner eigenwilligen Form von den Wolgastern »**Kaffeemühle**« genannt. Hier hat das Stadtgeschichtliche Museum von Wolgast seinen Sitz. Das Museum präsentiert die Zeit der Herzöge von Pommern-Wolgast, die Schwedenzeit, Schiffsbau und Handel sowie Schulzimmer, Apotheke und Handwerkerstuben (Schumacher, Bäcker). Beeindruckend ist die weltgrößte Sammlung von Pommerschen Fischerteppichen aus Schafswolle. Organisatorisch gehört auch die zwölfeckige **St.-Gertud-Kapelle** zum Museum. Das Zeugnis norddeutscher Backsteingotik zu Ehren der Schutzpatronin der Pilger entstand um 1420 nach einer Pilgerfahrt des Wolgaster Herzogs Wartislaw IX. als Teil einer Herberge vor den Toren der Stadt und bildet das hl. Grab in Jerusalem nach. Äußerlich 1995 restauriert, wartet der Innenraum noch auf die Sanierung. Ebenfalls Teil des Museums ist das Eisenbahn-Dampffährschiff »Stralsund« von 1890 im Hafen.

❶ Rathausplatz 6, Mai – Okt. Di. – Fr. 11.00 – 18.00, Sa., So. 11.00 bis 16.00 Uhr; Eintritt: 3,00 €; www.museum.wolgast.de

***St.-Petri-Kirche**

Vermutlich im späten 14. Jh. wurde die St.-Petri-Kirche errichtet – an der Stelle des slawischen Gerowit-Tempels bzw. über einem frühgotischen Vorgängerbau. Durch den Stadtbrand von 1713 verlor die Kirche einen Teil ihrer wertvollen Ausstattung. Berühmt ist der 24 Bilder umfassende monumentale **Wolgaster Totentanz**, eine Arbeit des Wolgaster Kapitäns und Reeders Caspar Siegmund Köppe. Die Arbeit entstand um 1700, angelehnt an Vorlagen von Hans Holbein d. J. aus dem 16. Jahrhundert. An der Südwand des Chors entdeckte man den Gerowit-Stein, das Flachrelief einer stehenden Männerfigur mit Lanze. Eine hervorragende Messingguss-Arbeit ist das Epitaph für Herzog Philipp I., das 1560 in der Werkstatt des Freiberger Meisters Wolf Hillinger entstand. In der Krypta sind die Herzöge von Pommern-Wolgast beigesetzt, auch der 1625 verstorbene Herzog Philipp Julius, der Letzte des Geschlechts.

***Runge-Museum**

In der Kronwiekstr. 45 wurde Philipp Otto Runge, der nach Caspar David Friedrich bekannteste romantische Maler Deutschlands, geboren. Wolgast besitzt kein einziges originales Bild des Künstlers, doch die Stadt hat aus der Not eine Tugend gemacht und Runges Geburtshaus in ein interessantes, ungewöhnliches Museum verwandelt. Mit Zeitzeugnissen, aber auch mit modernsten Medien werden Runges Neuerungen, insbesondere seine Symbolsprache und seine berühmte **Farbenlehre**, anschaulich vermittelt und sein Einfluss auf die Moderne deutlich gemacht. Im Erdgeschoss werden vor allem Runges Elternhaus und seine ersten künstlerischen Versuche beleuchtet. Da die ursprüngliche Einrichtung des Hauses nicht mehr am Ort ist, gingen die Ausstellungsmacher auch hier neue Wege, indem sie auf die einfühlsame Restaurierung der Räume vertrauten und sich auf einige ausgewählte Aspekte von Runges Jugendzeit beschränkten.

ⓘ Öffnungszeiten, Eintritt und Website wie Stadtgeschichtliches Museum

Hafen

Vom Runge-Haus sind es nur ein paar Schritte zum ehemaligen Fischereihafen, der im 19. Jh. auch eine große Bedeutung als Getreideumschlagplatz hatte. Heute legen hier keine Frachtschiffe mehr an, sondern nur noch Jachten und Ausflugsschiffe. Ein Teil der alten Hafenanlage wurde in den **Museumshafen** umgewandelt. Hier kann man u. a. direkt vom Kutter fangfrischen Fisch kaufen. Leider abgebrannt ist der historische Getreidespeicher von 1835. Einige Meter weiter liegt die Dampffähre »Stralsund« vor Anker.

UMGEBUNG VON WOLGAST

Katzow

Moderne Kunst mitten auf der Wiese – das gibt es bei Katzow, einem Dorf etwa 7 km westlich von Wolgast (Anfahrt auf der B 111 Richtung Gützkow, bei Pritzier rechts ab). Seit 1992 veranstaltet der Bildhauer Thomas Radeloff auf dem Gelände Workshops und vergrößert mit den dabei entstehenden Arbeiten den **Skulpturenpark** jedes Jahr um ein paar Kunstwerke. Mittlerweile ist das Areal, auf dem Künstler aus dem In- und Ausland ausstellen, bereits auf 10 ha angewachsen. Ausstellungen finden auch in der Kunst- und Kulturscheune statt. Der Skulpturenpark ist Teil der »Art-Route« Vorpommern, zu der auch der KunstgARTen »Stettiner Haff« (►Pasewalk) gehört.

Café

Skulpturenpark: Dorfstr. 45; Di. – Do., Sa., So. 10.00 – 17.00 Uhr, Eintritt 2 €; www.skulpturenpark-katzow.eu

Wusterhusen

Rund 10 km nordwestlich von Katzow wartet Wusterhusen mit einer schönen Dorfkirche auf, die mit ihrem kleinen Friedhof ein idyllisches Bild abgibt. In den Bau einer spätgotischen Halle wurde der Feldsteinchor der Vorgängerkirche integriert. Sehenswert ist die Innenausstattung aus dem 13. bis 15. Jh., die Renaissancekanzel und der 1650 entstandene barocke Altaraufsatz, der einen gotischen Flügelaltar einfasst.

Lubmin

Am Greifswalder Bodden, 2 km von Wusterhusen entfernt, liegt Lubmin. 1273 wurde der Ort als Besitz des Klosters Eldena (▶Greifswald, Umgebung) erstmals erwähnt. Obwohl bereits seit Beginn des 20. Jh.s Badegäste hierher kommen, ist das einstige Fischer- und Bauerndorf Lubmin ein vergleichsweise ruhiges Seebad geblieben – das benachbarte, mittlerweile stillgelegte Kernkraftwerk hat dazu sicher auch seinen Teil beigetragen. Im Vergleich mit anderen Küstenabschnitten ist der 5 km lange feinsandige Badestrand von Lubmin noch überraschend wenig frequentiert. Hinter dem Strand breitet sich erholsamer Kiefernwald aus. Schöne Wanderungen kann man in der dünenreichen Lubminer Heide unternehmen.

Seit 2009 verfügt Lubmin über eine Marina mit dem Restaurantschiff »Vaterland«. In der privaten **Heimatstube Lubmin** ist eine pommersche Küche zu bewundern. Zudem sind »Schätze des Meeres« in Form von Fossilien, Korallen, Bernsteinen und Ammoniten zu sehen. Spannend ist auch die **Heimatstube Freest**, denn in Fresst entstanden die ersten Pommerschen Fischerteppiche mit maritimen Motiven. Freests älteste Teppichknüpferei geht auf 1928 zurück.

Heimatstube Lubmin: Freester Str. 2/3; Fr. – Mi. 10.00 – 17.00 Uhr; Eintritt frei.

Heimatstube Freest: Dorfstr. 67; Mai – Sept. tgl. 10.00 – 16.30, Okt. – April Di. – Sa. 10.00 – 16.00 Uhr; Eintritt 2 €

Vom Petriturm hat man den richtigen Überblick über Wolgast.

DB
Warnemünde
Raucherbereich

PRAKTISCHE INFORMATIONEN

Welche Autobahnen führen nach Mecklenburg-Vorpommern? Und wo kann man dort mit dem Schiff fahren? Welche Zeitung liest man zum Frühstück? Mit welchen Tickets kommt man am günstigsten von Ort zu Ort? Und wie war das nochmal mit der Kurtaxe? Hier gibt es Wichtiges und Wissenswertes für einen gelungenen Urlaub!

Anreise · Reiseplanung

Mit dem Flugzeug

Internationale Flüge starten und landen in Hamburg-Fuhlsbüttel und Berlin-Tegel (bzw. am Willy-Brandt-Airport in Berlin-Schönefeld, wenn er fertig sein wird) sowie am Low-Cost-Carrier-Flughafen Lübeck (www.flughafen-luebeck.de). Wichtigster Flughafen Mecklenburg-Vorpommerns ist **Rostock-Laage** mit nationalen Direktverbindungen nach Köln/Bonn, Stuttgart (Germanwings), Frankfurt und München (Lufthansa) sowie international im Sommer auch Zürich (Helvetic Airways).

Ab dem Zentralen Omnibusbusbahnhof Rostock verkehrt die Buslinie L 127 (Ticket: 5,30 €; Shuttle-Zuschlag: 4,50 €) zum Flughafen und in Gegenrichtung. Ab dem Airport-Terminal »Hans-von-Ohain« stehen Mietwagen, Taxis sowie Bustransfers nur nach Vorbestellung (3 Tage im Voraus) in die Ostseebäder von Fischland-Darß-Zingst (19 €), nach Rügen (21 €), Kühlungsborn (17 €), bis Boltenhagen (29 €) oder zur Mecklenburgischen Seenplatte bis Rechlin/Müritz (17 €) zur Verfügung.

Hinweis
Gebührenpflichtige Servicenummern sind mit einem Stern gekennzeichnet: *0180 ...

Der Flughafen **Heringsdorf** auf Usedom ist von Mai bis Oktober mit Dortmund, Düsseldorf, Köln/Bonn, Frankfurt, Stuttgart (Air Berlin), von Juni bis September mit Bremen, München, Basel/Mulhouse, Wien (OLT Express Germany), von Mai bis September mit Zürich und im Juli und August mit Bern (Helvetic Airways) sowie im August und September mit Wrozlaw/Breslau (OLT Express Regional, früher Jet Air) verbunden (mit Autovermietung; Taxi in die Kaiserbäder: ca. 15 €).

Mit dem Schiff

Fährschiffe aus Dänemark, Schweden, Finnland und Estland legen regelmäßig im Seehafen Rostock bzw. in Sassnitz auf Rügen an. Kreuzfahrtschiffe, die in der Ostsee verkehren, haben meist auch einen Zwischenaufenthalt im **Kreuzfahrthafen** von Rostock-Warnemünde.

Auch **per Boot** kann man theoretisch nach Mecklenburg-Vorpommern kommen. Ein ausgedehntes, stark verästeltes Wasserstraßennetz ermöglicht begeisterten und halbwegs fachkundigen Freizeitkapitänen die Passage von Lübeck, Hamburg, Berlin und sogar von Dresden aus bis zu den vielen Mecklenburgischen Seen und an die Ostsee.

Mit der Bahn

Mecklenburg-Vorpommern ist recht gut in das Fernverkehrsnetz der Deutschen Bahn AG eingebunden. Am schnellsten kommt man via Hamburg oder Berlin in die Region an der Ostsee. Stationen, die vom ICE angefahren werden, sind Ludwigslust, Neustrelitz, Rostock, Wa-

FLUGHÄFEN

Flughafen Rostock-Laage
Tel. *01805 00 77 37
www.rostock-airport.de

Flughafen Heringsdorf
Tel. 03837 62 97 34
www.flughafen-heringsdorf.de

FLUGLINIEN

Air Berlin
Tel. *01805 73 78 00, www.airberlin.com

Deutsche Lufthansa
Tel. *01805 80 58 05, www.lufthansa.com

Germanwings
Tel. *0900 1 91 91 00,
www.germanwings.com

OLT Express Germany
Tel. *01805 65 86 59,www.oltexpress.de

Helvetic Airways
Tel. +41 44 2 70 85 00
www.helvetic.com

SEEHÄFEN

Hafen Rostock
Tel. 0381 35 00, www.rostock-port.de

Fährhafen Sassnitz
Tel. 0383 9 25 50
www.faehrhafen-sassnitz.de

FÄHRLINIEN

Scandlines
Tel. *01802 11 66 88
www.scandlines.de

Finnlines
Tel. 04 51 1 50 74 43
www.finnlines.com

Tallink Silja GmbH
Tel. 0451 5 89 92 22, www.tallinksilja.com

TT-Line
Tel. 04502 8 01 81, www.ttlines.com

BAHNREISEN

Deutsche Bahn AG
Servicenummer der Bahn:
Tel. *01805 99 66 33
Kostenlose Fahrplanauskunft:
Tel. 0800 1 50 70 90, www.bahn.de

Nachtzüge:
Tel. *01805 99 66 33,
www.nachtzugreise.de

Österreichische Bundesbahnen
Callcenter:
Tel. 05 17 17 (ohne Vorwahl zum Ortstarif)
www.oebb.at

Schweizerische Bundesbahnen
Rail Service:
Tel. *0900 30 03 00, www.sbb.ch

AUTOREISEN

ACE
ACE-Info-Service:
Tel. *01802 33 66 77, 0711 5 30 33 66 77
www.ace-online.de

ADAC
Verkehrs-Service: Tel. 2 24 11
Stau-Service: Tel. 2 24 99, www.adac.de

AvD
Notruf: Tel. 0800 9 90 99 09,
www.avd.de

ÖAMTC
Pannenhilfe: Tel. 120, www.oeamtc.at

ren (Müritz) und Warnemünde. Mit dem Intercity (IC) erreicht man Schwerin, Rostock, Stralsund, Ostseebad Binz, Züssow und Greifswald sowie an Sommerwochenenden das Seebad Heringsdorf auf der Insel Usedom. In Züssow haben die Intercity-Züge Anschluss zur Usedomer Bäderbahn. Regionalzüge halten u. a. in Anklam, Bad Kleinen, Demmin, Greifswald, Güstrow, Hagenow, Ludwigslust, Neubrandenburg, Neustrelitz, Pasewalk, Teterow, Waren und Wismar.

Mit dem **Ostsee-Ticket** der Deutschen Bahn AG gelangt man von Berlin und Brandenburg aus mitunter schon für 41 € an die Ostsee. Die Zielbahnhöfe sind Bad Doberan, Barth, Bergen auf Rügen, Greifswald, Lauterbach Mole, Lauterbach (Rügen), Ostseebad Binz, Ostseeheilbad Graal-Müritz, Ribnitz-Damgarten West, Rostock (Haupfbahnhof und Seehafen), Sassnitz, Stralsund, Warnemünde, Wismar, Putbus und Züssow. Die Eisenbahngesellschaft **Interconnex** lässt täglich ein Schnelltriebwagenpaar von Leipzig nach Rostock-Warnemünde über Neustrelitz, Waren (Müritz) und Güstrow pendeln. Das sind günstige Verbindungen für Touristen. Mit dem **Mecklenburg-Vorpommern-Ticket** reist man ab 21 € (zzgl. 3 € je Mitfahrer) durch und nach Mecklenburg-Vorpommern (▶Preise • Vergünstigungen).

Wer Mecklenburg-Vorpommern sozusagen »im Schlaf« erreichen möchte, kommt mit einem **DB-Nachtzug** ziemlich weit in die Region. Der Nachtzug verkehrt freitagabends ab Zürich über Basel und Berlin nach Binz und fährt von Samstag auf Sonntag in die Schweiz zurück.

Mit dem Auto

Auch mit dem Auto kommt man am schnellsten über Hamburg bzw. Berlin oder aber auf der A 24 nach Mecklenburg-Vorpommern. Bei Wittstock (nordwestlich von Berlin) zweigt die A 19 in Richtung Rostock ab. Die Ostsee-Autobahn A 20 ist ausgezeichnet an das deutsche Autobahnnetz angeschlossen. Sie führt in einem weiten Bogen und dabei in etwa parallel zur Ostseeküste von Lübeck über Wismar, das Autobahnkreuz Rostock, Grimmen und vorbei an Neubrandenburg in die Uckermark und bis nahe heran an die deutsch-polnische Grenze.

Praktische und deshalb auch stark befahrene **West-Ost-Achsen** sind die an der Küste entlangführende B 105 (Lübeck – Wismar – Rostock – Stralsund), die B 104 (Lübeck – Schwerin – Güstrow – Neubrandenburg – Pasewalk –deutsch-polnische Grenze) sowie die B 110 von Rostock über Demmin nach Anklam und hinüber zur Insel Usedom.

Zwei viel befahrene **Nord-Süd-Achsen** sind die B 194, welche Waren an der Müritz mit der Hansestadt Stralsund verbindet, sowie die B 96, die von Berlin bis zum Fährhafen Sassnitz auf der Insel Rügen führt.

Auskunft

TOURISMUSVERBÄNDE

Tourismusverband Mecklenburg- Vorpommern e. V.
Platz der Freundschaft 1, 18059 Rostock
Tel. 0381 4 03 05 00
www.auf-nach-mv.de
www.genussreich-mv.de
www.mv-tourist.tv

Bäderverband Mecklenburg-Vorpommern e. V.
Rostocker Str. 3, 18181 Graal-Müritz
Tel. 038206 7 88 50
www.baederverband.m-vp.de

Deutsche Zentrale für Tourismus e. V.
Beethovenstr. 69, 60325 Frankfurt/Main
Tel. 069 97 46 40
www.germany.travel/de

Deutsche Zentrale für Tourismus e. V.
Vertretung in Österreich
Mariahilferstr. 54
A-1070 Wien
Tel. +43 15 13 27 92 10
www.germany.travel/de/

Deutsche Zentrale für Tourismus e. V.
Vertretung in der Schweiz
Freischützgasse 3
CH-8004 Zürich
Tel. +41 44 2 13 22 00
www.germany.travel/de/

BOTSCHAFTEN

Botschaft der Republik Österreich
Stauffenbergstr. 1
10785 Berlin
Tel. 030 20 28 70
www.bmeia.gv.at/botschaft/berlin.html

Botschaft der Schweizerischen Eidgenossenschaft
Otto-von-Bismarck- Allee 4A
10557 Berlin
Tel. 030 3 90 40 00
www.eda.admin.ch

Literatur

Bild- und Reisebände

Horst Ziethen, Farbbild-Reise von der Seenplatte zur Ostseebäderküste. Mecklenburg-Vorpommern. Ziethen-Panorama-Verlag 2008.

Astrid Kloock, Güstrow. Hinstorff-Verlag 2009.

Dolores Kummer, Abenteuer, Wind und Balsam für die Sinne – Zwanzig Reisen nach Mecklenburg und Vorpommern. BOD 2010.

Dumont Bildatlas Nr. 97, Mecklenburg-Vorpommern. Mairdumont 2010.

Dumont Bildatlas Nr. 133, Mecklenburgische Seen. Mairdumont 2011.

Dumont Bildatlas Nr. 135, Ostseeküste, Mecklenburg-Vorpommern. Mairdumont 2011.

Kochbuch

Peter Knobloch, Lutz Grünke, Rügen schmeckt. Rezepte von Peter Knobloch. Rügendruck Putbus 2004.

Peter Knobloch, Kathrin Grünke, Lutz Grünke, Rügen schmeckt 2. Kochen mit Kräutern und feinstem Salz. Rügendruck Putbus 2006.

Sachbuch

Georg Dehio, Mecklenburg-Vorpommern. Handbuch der deutschen Kunstdenkmäler, Deutscher Kunstverlag 2000.

Gottfried Kiesow, Thomas Grundner, Backsteingotik in Mecklenburg-Vorpommern. Hinstorff-Verlag 2004.

Dieter Pocher, Birgit Holz, Schlösser und Herrenhäuser in Mecklenburg-Vorpommern, L & H Verlag 2004.

Jürgen Reich, Ein Jahr unter Seeadlern. Hinstorff-Verlag 2006.

Anja-Maria Scharsich, Das Mecklenburg des Uwe Johnson: Wegmarken. Edition a. B. Fischer 2008.

Jürgen Reich, Wildes Küstenland. Unterwegs in Mecklenburg-Vorpommern. Tecklenborg 2010.

Jürgen Reich, Thomas Grundner, Nationalpark Vorpommersche Boddenlandschaft. Hinstorff-Verlag 2010.

Carsten Klehn, 20 Jahre Urlaubsland Mecklenburg-Vorpommern. Klatschmohn Verlag Rostock 2010.

Michael Joseph, Matthias Schümann, Mecklenburg-Vorpommern. Anleitung für Ausspanner. Hinstorff-Verlag 2010.

? BAEDEKER WISSEN

Mecklenburg-Vorpommern im Film

- »Die Grenze« (2010): Der zweiteilige Fernsehfilm spielt zur Zeit der Wirtschaftskrise. In Mecklenburg-Vorpommern stehen die Landtagswahlen an. Die Parteien der Mitte sind bedeutungslos geworden, rechte und linke Extreme kämpfen gegeneinander und um die Stimmen.
- »Barbara« (2012): Der Film erzählt die Geschichte eines Sommers in der DDR 1980. Ärztin Barbara wird in ein Provinzkrankenhaus an der Ostseeküste strafversetzt, weil sie einen Ausreiseantrag gestellt hat. Dort lebt sie in einer Atmosphäre ständigen Misstrauens, während sie ihre Flucht über die Ostsee plant.

Olav Bartels, Architekturführer Mecklenburg-Vorpommern, Jovis-Verlag 2011.

Belletristik

Walter Kempowski, Tadellöser & Wolff. btb 1996.

Uwe Johnson, Mecklenburg: Zwei Ansichten. Insel-Verlag 2004.

Uwe Johnson, Mutmaßungen über Jakob. Suhrkamp-Verlag 2012.

Arnold Hückstädt, Gestatten? Fritz Reuter: Das Kennenlernbuch. Hinstorff-Verlag 2012.

Hörbuch

John Brinkman, Mottche Spinkus un de Pelz. Audiobook, Hinstorff-Verlag 2008.

Fritz Reuter, Gerd Lüpke, »Täuw! Dir wollen wir krigen!« Audio-CD, Hinstorff 2004.

Andreas R. Fritz, Sagen und Geschichten in Mecklenburg-Vorpommern. Audio-CD, Hörverlag Rasmus 2004.

Peggy Fuhrmann, Die Ostsee und Mecklenburg-Vorpommerns Küste: Ein akustisches Portrait. Audio-CD, Calidris-Hörbuchverlag 2004.

Medien

Radio

Die nordostdeutschen Radiosender – allen voran der NDR – bringen u. a. die aktuellsten Infos über Veranstaltungen, Verkehr und Wetter.

Fernsehen

In Mecklenburg-Vorpommern gibt es mehrere lokale Fernsehsender, z. B. Rügen TV, tv.Rostock, TV.Schwerin, Güstrow TV, Greifswald TV, FAS Fernsehen am Strelasund (Stralsund) und Vorpommern TV. Eine Liste ist bei der Landesrundfunkzentrale abrufbar (www.medienanstalt-mv.de).

Zeitungen und Zeitschriften

Die wichtigsten Tageszeitungen in Mecklenburg-Vorpommern sind die in Rostock herausgegebene Ostseezeitung mit zahlreichen lokalen Ablegern, der in Neubrandenburg herausgegebene »Nordkurier« sowie die »Schweriner Volkszeitung« mit ihrem Rostocker Ableger »Norddeutsche Neueste Nachrichten«. Daneben gibt es diverse Wochenzeitungen und wöchentlich erscheinende Anzeigenblätter. Eine breit gestreute Leserschaft haben u. a. »Der Rüganer« und der »Schweriner Kurier«. Alle diese Zeitungen und Zeitschriften enthalten täglich bzw. wöchentlich für Touristen interessante Infos, darunter Kinoprogramme, Veranstaltungshinweise etc. Zahlreiche touristische Infos über Rügen und die Hansestadt Stralsund bringt das Magazin »rügen aktuell«.

Nationalparks · Naturparks

Großschutzgebiete

Zwölf Großschutzgebiete bedecken 23 % der Landesfläche Mecklenburg-Vorpommerns und stehen unter besonderem Natur- bzw. Landschaftsschutz. Hinzu kommen 288 Naturschutzgebiete, die weitere 800 km² Fläche einnehmen, und vier geschützte Feuchtgebiete (Westrügen – Hiddensee – Zingst, Ostufer Müritz, Galenbecker See, Krakower Obersee).

Nationalparks

Nach internationalen Kriterien sind Nationalparks großflächige Gebiete, in denen natürliche Entwicklungsprozesse zugelassen werden. Da im Nordosten Deutschlands nicht alle Nationalparkflächen diesen strengen Kriterien entsprechen, werden unterschiedlich intensiv geschützte Zonen ausgewiesen. Höchsten Schutz genießen die Kernzonen, in denen die Natur sich selbst überlassen wird. In den Entwicklungs- und Pflegezonen soll der Einfluss des Menschen möglichst reduziert werden. Die Nationalparks sind im Kapitel Reiseziele von A bis Z beschrieben: ►Müritz-Nationalpark; Nationalpark Vorpommersche Boddenlandschaft ►Fischland – Darß – Zingst; Nationalpark Jasmund ►Rügen.

Naturparks

Naturparks sind großflächige Kultur- bzw. Naturlandschaften, die zwar als Erholungsräume erschlossen sind, aber durch nachhaltige Landnutzung und schonenden Umgang erhalten werden sollen. In Mecklenburg-Vorpommern verstehen sich die Naturparks aufgrund ihrer Entstehung und ihrer ökologisch wertvollen Areale eher als Naturschutzgebiete, sodass sie in ihrer Funktion den Biosphärenreservaten (s. unten) gleichen. Beschrieben sind sie u. a. unter ►Usedom, ►Feldberger Seenlandschaft, ►Nossentiner/Schwinzer Heide, ►Schaalsee und ►Elbetal. Der Geopark Mecklenburgische Eiszeitlandschaft macht in Aktionszentren mit den geologischen Grundlagen des Landes bekannt (www.eiszeitgeopark.de).

Biosphärenreservate

In diesen Gebieten geht es um den Erhalt bestehender bzw. um die Wiederherstellung traditioneller Kulturlandschaften. Biosphärenreservate sind Bestandteil des sogenannten MAB-Programms, des Programms »Mensch und Biosphäre«, das die UNESCO 1970 ins Leben gerufen hat. In den Biosphärenreservaten gibt es in der Regel Kernzonen mit besonders wertvollen Naturschutzgebieten, in denen die

NATIONALPARKS

Nationalpark Vorpommersche Boddenlandschaft
Im Forst 5, 18375 Born
Tel. 038234 50 20
www.nationalpark-vorpommersche-boddenlandschaft.de

Nationalpark Jasmund
Stubbenkammer 2a, 18546 Sassnitz
Tel. 038392 3 50 11
www.nationalpark-jasmund.de

Nationalpark Müritz
Schlossplatz 3, 17237 Hohenzieritz
Tel. 039824 25 20
www.mueritz-nationalpark.de

NATURPARKS

Naturpark Mecklenburgisches Elbetal
Am Elbberg 8–9
19258 Boizenburg/Elbe
Tel. 038847 62 48 40
www.elbetal-mv.de

Naturpark Feldberger Seenlandschaft
Strelitzer Str. 42, 17258 Feldberg
Tel. 039821 5 27 80
www.naturpark-feldberger-seenlandschaft.de

Naturpark Nossentiner/Schwinzer Heide
Ziegenhorn 1, 19395 Karow
Tel. 038738 7 02 92
www.naturpark-nossentiner-schwinzer-heide.de

Naturpark Insel Usedom
Bäderstraße 5, 17406 Usedom
Tel. 038372 76 30
www.naturpark-insel-usedom.de

Naturpark Mecklenburgische Schweiz und Kummerower See
Wargentiner Straße 4
17139 Basedow
Tel. 039957 2 91 20
www.naturpark-mecklenburgische-schweiz.de

Naturpark Am Stettiner Haff
Kastanienallee 13
17373 Ueckermünde
Tel. 039771 4 41 08
www.naturpark-am-stettiner-haff.de

Naturpark Sternberger Seenland
Am Markt 1
19417 Warin
Tel. 038482 2 20 59
www.np-sternberger-seenland.de

Naturpark Flusslandschaft Peenetal
Pasewalker Straße 27a
17389 Anklam
Tel. 03971 25 87 18
www.naturpark-flusslandschaft-peenetal.de

BIOSPHÄRENRESERVATE

Schaalsee
Amt für das Biosphärenreservat Schaalsee
Wittenburger Chaussee 13,
19246 Zarrentin
Tel. 038851 30 20
www.schaalsee.de

Südost-Rügen
Amt für das Biosphärenreservat Südost-Rügen, Postfach 1112, 18599 Binz
Tel. 038303 88 50
www.biosphaerenreservat-suedostruegen.de

Flusslandschaft Elbe-MV
▸Naturpark Mecklenburgisches Elbetal

ungestörte Entwicklung der Natur beobachtet wird, sowie Pflege- und Entwicklungszonen, die sich vor allem durch nachhaltige, umweltverträgliche Landnutzung auszeichnen. Die drei UNESCO-Biosphärenreservate Mecklenburg Vorpommerns liegen im Südosten der Insel ►Rügen, am ►Schaalsee sowie entlang dem mecklenburgischen Ufer der ►Elbe.

Notrufe

Polizei
Tel. 110

Notarzt, Ambulanz, Feuerwehr
Tel. 112

ADAC-Pannenhilfe
Tel. *01802 22 22 22
(vom Mobiltelefon ohne Vorwahl)

ACE-Notruf und Pannendienst
Tel. *01802 34 35 36
Tel. 0711 5 30 34 35 36

Preise · Vergünstigungen

Kurtaxe

Viele Seebäder und Kurorte in Mecklenburg-Vorpommern erheben eine Kurtaxe, mit der u.a. kulturelle Veranstaltungen, die Strandpflege, Instandsetzung der Seebrücken usw. finanziert werden. Der Tagespreis für Übernachtungsgäste liegt in der Regel je nach Saison bei 1,50 – 3 € und wird in der Herberge erhoben. Tages- und Kurzbesucher zahlen an Kurtaxen-Automaten oft etwas mehr. Schwerstbehinderte und Kinder sind oft von der Abgabe befreit (je nach Ort bis 12, 14, 15 oder 18 Jahre frei). Studenten, Behinderte, Arbeitslose und Rentner erhalten meist 50 % Rabatt. Für Dauergäste und Mehrfachurlauber lohnt sich eine Jahreskurkarte. Im Abschnitt Boltenhagen – Graal-Müritz erkennen die Ostseebäder die Taxe gegenseitig an, es muss nicht doppelt oder gar mehrfach pro Tag gezahlt werden.
Etliche Bade- und Kurorte halten für ihre Gäste **Kurkarten** (z. T. gebührenpflichtig) bereit, die bei diversen Veranstaltungen zu ermäßigtem oder gar freiem Eintritt berechtigen. Nähere Informationen gibt es bei den örtlichen Kurverwaltungen bzw. Touristenbüros.

Bahntickets

Bis zu fünf Personen oder Eltern bzw. Großeltern mit beliebig vielen eigenen Kindern oder Enkeln können Mo. – Fr. jeweils ab 9.00 Uhr und am Sa. bzw. So. schon ab 0 Uhr jeweils bis 3 Uhr des Folgetages mit Nahverkehrs- und Regionalzügen durch Mecklenburg-Vorpommern reisen. Das **Mecklenburg-Vorpommern-Ticket** kostet 21 €;

bis zu vier weitere Mitfahrer zahlen 3 € pro Person. Museen, Tierparks, Erlebnisbäder und andere Attraktionen gewähren teils hohe Ermäßigungen auf dieses Tickets. Mit dem **Ostsee-Ticket** kann man preisgünstig von Berlin und Bradnenburg an die Küste reisen (41,00 €).

BAEDEKER WISSEN

? *Was kostet wie viel?*

- Einfache Mahlzeit: 7 €
- Drei-Gänge-Menü: 25 €
- Eine Tasse Kaffee: 1,80 €
- Ein Glas Limonade: 1,50 €

Mit dem Nahverkehrs- und Freizeitticket **Rostockcard** kann man ab Entwertung 48 Stunden lang mit Bussen und Bahnen durch die Großstadt bis hinaus nach Warnemünde fahren. Darüber hinaus erhält man Preisermäßigungen bei Theater- und Museumsbesuchen, Stadt- und Hafenrundfahrten, Rabatte in Gastronomie und Geschäften, teils freien Eintritt in Museen und eine freie Stadtführung. Die Rostockcard gilt für einen Erwachsenen, Kinder unter 6 Jahren sind frei. Sie kostet bei 24 Stunden Gültigkeit 8 €, bei 48 Stunden 13 €.

❶ Erwerb: Tourist-Information Rostock, Tel. 0381 3 81 22 22, www.rostock.de/tourismus/rostock-card

Rügen-Stralsund-Card

Diese für Einheimische wie Gäste nutzbare Karte kostet 7,50 €, ist für bis zu fünf Personen und unbeschränkt gültig. Sie gewährt Rabatte in Höhe von 2 – 10 % in zahlreichen Hotels, Lokalen und Geschäften und verbilligt auch Tageskarten des öffentlichen Nahverkehrs auf Rügen.

❶ Erwerb: örtliche Tourismusbüros, www.ruegen-stralsund-card.de

Schwerin-Ticket

Die Landeshauptstadt bietet den »Erlebnispass« Schwerin-Ticket an, der freie Fahrt in allen Bussen, Bahnen und auf der Pfaffenteich-Fähre gewährt und auch viele Preisermäßigungen bei anderen touristischen Leistungen (u. a. Museumsbesuche, Fahrradverleih etc.) beinhaltet. Den Erlebnispass gibt es derzeit für Erwachsene und Kinder als 1- oder 2-Tage-Ticket zu 5 € respektive 7 € pro Erwachsenem und zu 3 € respektive 4 € pro Kind (bis zum vollendeten 14. Lebensjahr).

❶ Erwerb: Tourist-Information Schwerin, Am Markt 14, Tel. 0385 5 92 52 12, www.schwerin.com/Viel-erleben/Schwerin-Ticket

1000SeenCard

Über 60 Vergünstigungen, darunter auch den preisgünstigen Erwerb des Müritz-Nationalpark-Tickets (Nahverkehrsfahrausweis), umfasst die als Bonuskarte konzipierte 1000SeenCard. Sie kostet 5 €, ist für zwei Erwachsene und drei Kinder sowie von Ostern bis März des Folgejahres gültig.

❶ Service-Tel. 03991 63 46 91 (Mo. – Fr. 9.00 – 16.00 Uhr), www.mueritz.de

Reisezeit

Jederzeit eine Reise wert

Eine Reise wert ist Mecklenburg-Vorpommern zu jeder Jahreszeit. Selbst im **Winter**, wenn die Quecksilbersäule tief unter den Gefrierpunkt sinkt, schätzen Urlauber erholsame Spaziergänge am verschneiten Strand oder durch die von Raureif überzogene Landschaft. Allerdings sind in der kalten Jahreszeit (Ausnahme: Weihnachts- und Neujahrstage) viele Hotels, Restaurants und Cafés geschlossen und Museen meist nur zu stark verkürzten Einlasszeiten geöffnet. Hotels locken in der **Nebensaison** mit attraktiven Angeboten wie »Verwöhnwochenenden«, ein Erfolg ist die konzertierte Winter-Special-Aktion vieler Hotels (DZ 55 €). Zudem bieten etliche Spaß- und Erlebnisbäder auch bei kaltem oder schlechtem Wetter Entspannung. Ideal für Besichtigungstouren sind die **Frühlingsmonate**, wenn alles grünt und blüht und milde Temperaturen bereits Aktivitäten per pedes oder per pedales ermöglichen.

Im warmen **Sommer** erweisen sich sowohl die Ostseeküste als auch das seenreiche Hinterland als wahres Urlaubsparadies für Wassernixen. Von Juli bis September herrscht an den Stränden zwischen Lübeck und polnischer Grenze Hochbetrieb, sein Urlaubsquartier sollte man für diese Zeit schon lange im Voraus gebucht haben. Dies gilt auch für attraktive Ziele im Binnenland, besonders für den Nationalpark Müritz. Aber wer ein bisschen Mühe bei der Quartierbeschaffung nicht scheut, kann auch in der sommerlichen Hochsaison noch ein ruhiges Plätzchen an einem der hübsch gelegenen Seen finden.

Das Klima an der Ostseeküste zeichnet sich durch starke Luftbewegungen, gleichmäßige Temperaturen und erstaunlich **wenige Niederschläge** bei hoher Luftfeuchte aus. Die Zahl der Sonnentage nimmt von West nach Ost zu. Während es bei Poel nur 34 Sonnentage sind, können die Inseln Rügen und Usedom mit 40 bis 50 Sonnentagen aufwarten.

Analoges gilt auch für den **Wind**, der von West nach Ost deutlich schwächer wird. Am stärksten weht der Wind – und nicht selten der Sturm – allerdings am weit in die Ostsee hineinragenden Kap Arkona der Insel Rügen. Im Sommer weht hier aber meist nur leichter Seewind, der eher erfrischend wirkt.

Auch im **Binnenland** ist ein gewisser Gegensatz zwischen West und Ost erkennbar. Während im westlichen Mecklenburg ozeanische Einflüsse auf das Klima spürbar sind, merkt man im östlichen Vorpommern be-

? BAEDEKER WISSEN

Wetterbericht

Die Hotline des Deutschen Wetterdienstes ist unter Tel. *01805 91 39 13 zu erreichen. Man wird automatisch mit der nächstgelegenen DWD-Niederlassung verbunden. Daten sind auch online einsehbar oder über www.dwd.de als App abrufbar.

reits kontinentale Einflüsse. Dies gilt auch für die **Niederschlagsmenge**: Während ganz im Westen pro Jahr immerhin bis zu 650 l Regen und Schnee auf einen Quadratmeter Land fallen, sind es im Osten nur noch 500 l kühles Nass pro Quadratmeter und Jahr. Dies korrespondiert auch mit den doch sehr unterschiedlichen **Temperaturdurchschnittswerten**. Im ozeanisch beeinflussten Westen des Landes liegt die Durchschnittstemperatur im Monat Juli bei 17 °C, im Osten des Landes bei 21 °C.

Sicherheit

Gewässer

Gefahren beim Baden kann man an den von der DLRG bewachten Strandabschnitten und in seichten Ostseegewässern minimieren. Auch Hausbootfahrer müssen die **Tonnenmarkierungen** etwa im Haff oder am Peenestrom kennen. Im März 2012 hatte sich ein solches Boot verfahren: 45 km von der verpassten Einfahrt wurde es nahe der Greifswalder Oie und nur knapp vor der Ostsee gerettet.

Felsabbrüche

Auf Rügen ist an den **Kreidefelsen** mitunter Vorsicht geboten. Hier gilt es, die Warnschilder zu beachten und besonders an **schmalen Strandabschnitten** unter steilen oder überhängenden Kliffs vorsichtig zu sein und immer einen Abstand zur Wand einzuhalten. Bei schlechten **Wetterbedingungen** sollte man die Gebiete komplett meiden. Oberhalb der Abbruchkante dürfen nur die gekennzeichneten Wege benutzt werden, sonst droht die Gefahr, von der von bröckelnden Kante zu stürzen.

Sprache

Platt

Wer als Tourist nach Mecklenburg und Vorpommern kommt, hat manchmal ziemliche Mühe, die Sprache der Einheimischen etwa beim Einkauf auf dem Markt, im Bäcker- oder Fleischerladen zu verstehen. Denn im Land an der Ostsee sind das Mecklenburger bzw. Pommersche Platt als **Varianten der Niederdeutschen Sprache** durchaus noch verbreitet. Das Platt hat die zweite Deutsche (hochdeutsche) Lautverschiebung nicht mitgemacht. Außerdem findet man im modernen Platt Skandinavismen und Anglizismen, wobei das Fehlen des Präfix »ge-« recht auffällig ist. Dazu beigetragen haben dürfte die langjährige Besetzung des Landes durch schwedische Truppen im Dreißigjährigen Krieg und der zeitweise starke dänische Einfluss. Dennoch hat die plattdeutsche Sprache eine ganze Fülle von küstentypischen und landwirtschaftlichen

Ausdrücken und Redewendungen ins Hochdeutsche einbringen können. Wer sich intensiver mit dem Platt an der Ostsee beschäftigen will, dem sei dazu ein Blick ins Internet empfohlen: www.plattmaster.de.

Verkehr

STRASSENVERKEHR

Gut ausgebautes Straßennetz

Das Straßennetz von Mecklenburg-Vorpommern ist in den vergangenen beiden Jahrzehnten deutlich modernisiert und umfassend ausgebaut worden. Es gibt ein **engmaschiges Netz** von Bundes-, Landes- und Kreisstraßen. Seit 2009 führt die Küstenautobahn A 20 durchgängig von Bad Segeberg bis zum Autobahnkreuz Uckermark, wo sie auf die A 11 (Berlin – Prenzlau) trifft. Die B 166 führt dann weiter bis Schwedt/Oder. Die Fahrtzeiten aus Norddeutschland nach Rostock oder Rügen verkürzen sich so erheblich. Die Autobahn A 24 (Berlin – Hamburg) erschließt weite Teile des Hinterlands von Mecklenburg. Auch die A 19 verbindet Rostock und die A 20 über das Autobahnkreuz Wittstock/Dosse mit Berlin. A 20 und A 24 sind zwischen Wismar und Schwerin seit 2009 auch durchgängig durch die A 14 miteinander verbunden. Der Lückenschluss der A 14 vom Dreieck Schwerin bis zum Kreuz Magdeburg (A 2) soll bis 2020 erfolgen.

Alleen

Eine schöne Besonderheit im nordostdeutschen Straßennetz sind die Schatten spendenden und meist etwas engen Alleen. Zwar sind viele Alleebäume in den vergangenen Jahren abgeholzt worden, doch im stark ländlich geprägten Raum und besonders auf der Insel Rügen sind noch einige herrliche alte Alleen erhalten.

Parken

Sein Auto einigermaßen sicher und legal abzustellen ist oft ein Problem, besonders in den **verkehrsberuhigten historischen Innenstädten** und auch in den bekannten Seebädern. Etliche Städte und Gemeinden haben moderne Parkhäuser und geräumige Parkplätze eingerichtet, allerdings oft weit draußen an der Peripherie. Zudem werden für das Parken in solchen Einrichtungen mitunter recht hohe Gebühren genommen.

Taxi

In allen größeren Städten und Fremdenverkehrsorten stehen Taxis in genügender Zahl bereit. Im **dünn besiedelten Hinterland** hat man allerdings manchmal Schwierigkeiten, zu einem gewünschten Zeitpunkt ein Taxi zu erhalten.

Busverkehr

Zumindest in den städtischen Regionen gibt es engmaschige Busliniennetze, in denen Busse in akzeptablen Zeitabständen verkehren. Im ländlichen Binnenland sind die Nahverkehrsverhältnisse nicht ganz so komfortabel. Gute Verbindungen ermöglichen die Anklamer Verkehrsgesellschaft (AVG) in der Region Anklam, die Verkehrsbetriebe Greifswald, die Neubrandenburger Stadtwerke, die Verkehrsgesellschaft Mecklenburg-Strelitz, die Rügener Personennahverkehrs-GmbH, der Nahverkehr Stralsund GmbH, der Nahverkehr Schwerin GmbH, der Verkehrsbetrieb der Stadt Wismar (EVB), die Busbetriebe Wismar (BBW), die Ludwigsluster Verkehrsgesellschaft (LVG) und der Verkehrsverbund Warnow (VVW). Das Angebot von Tageskarten ermöglicht wie im Fall Rügen auch kostengünstige Rund- und Ausflugstouren.

Verkehrsverbund Warnow

Als außerordentlich leistungsfähig erweist sich der Verkehrsverbund Warnow (VVW), unter dessen Regie nicht nur Busse, sondern auch Straßenbahnen, S-Bahnen und Fähren in der Region Rostock verkehren. Der Verbund bedient inzwischen auch zahlreiche Ortschaften im mittleren Mecklenburg.

BAHNVERKEHR

Nicht weniger als **sieben Eisenbahngesellschaften** buhlen in Mecklenburg-Vorpommern um die Gunst der Reisenden. Aus diesem Grund ist das Eisenbahn-Streckennetz noch vergleichsweise engmaschig. Alle größeren Städte, aber auch die Inseln Rügen und Usedom sowie einige altbekannte Seebäder können per Bahn erreicht werden.

Deutsche Bahn AG

Die Bahnhöfe Neustrelitz und Waren (Müritz) sind mit dem ICE München – Nürnberg – Leipzig – Berlin – Rostock und zurück direkt erreichbar. In der Sommersaison fährt an Sonnabenden zusätzlich ein IC-Zugpaar von Nürnberg über Jena – Leipzig – Berlin nach Neustrelitz und Waren (Müritz). Direkte IC-Verbindungen gibt es auch aus Nordrhein-Westfalen und Hamburg nach Schwerin und Rostock. Direkte Verbindungen bestehen mit Regionalverkehrszügen u. a. von Hamburg und Berlin. Täglich im Zwei-Stunden-Takt fährt der RE 1 von Hamburg über Schwerin nach Rostock (mit Stopps u. a. in Bad Kleinen und Bützow).Von sechs Berliner Bahnhöfen starten die Züge des RE 5 nach Rostock und Stralsund. Unterwegs werden u. a. folgende Orte angefahren: Neustrelitz, Waren (Müritz) und Güstrow auf der Fahrt nach Rostock; Neubrandenburg, Demmin und Grimmen auf der Fahrt nach Stralsund. Ebenfalls von Berlin fahren im Zwei-Stunden-Takt die Züge des RE 4 nach Wismar mit Stopps u. a. in Ludwigslust, Schwerin und Bad Kleinen.

Usedomer Bäderbahn (UBB) Die Usedomer Bäderbahn (UBB) ist eine Tochtergesellschaft der Deutschen Bahn AG. Ihre Triebwagen verkehren auf der Strecke Ahlbeck auf Usedom – Zinnowitz – Wolgast – Züssow (mit DB-Anschluss) – Stralsund – Barth. 2009 wurde die grenzübergreifende Schienenstrecke von Ahlbeck ins Zentrum von **Świnoujście** (Swinemünde) eröffnet und verkehrt nun von Swinemünde bis Barth sowie auf der Strecke Zinnowitz – Peenemünde. UBB-Busse bedienen die »Kaiserbäderlinie« Ahlbeck – Swinemünde und den Anschlussverkehr ab Barth auf den Darß mit Buslinie 210.

InterConnex Täglich fährt InterConnex auf der Strecke Leipzig – Berlin – Neustrelitz – Waren/Müritz – Güstrow – Rostock-Warnemünde. Nähere Informationen gibt es unter www.interconnex.com. **Räder** werden im Gegensatz zum ICE der Bahn AG mitgenommen. Die Fahrkarte für Rad oder Fahrradanhänger kostet 5 €.

Ostseeland Verkehr GmbH (OLA) Die Ostseeland Verkehr GmbH (OLA) entstand 2005 durch die Fusion der Ostmecklenburgischen Eisenbahn GmbH (OME) und der MecklenburgBahn GmbH (MEBA). Ihre Züge verkehren in Mecklenburg-Vorpommern auf den Strecken Rehna – Schwerin – Parchim, Rostock – Laage – Güstrow, Bützow – Neubrandenburg – Pasewalk – Ueckermünde – Ueckermünde Stadthafen bzw. Pasewalk – Löcknitz – Grambow – Szczecin (Stettin) sowie Stralsund – Neubrandenburg – Neustrelitz und Stralsund – Neubrandenburg – Neustrelitz.

Ostdeutsche Eisenbahngesellschaft (ODEG) Triebwagen dieser Eisenbahngesellschaft verkehren mehrmals täglich auf den beiden Strecken Hagenow Stadt – Neustrelitz und Neustrelitz – Mirow. In Hagenow Land bestehen Anschlüsse von und nach Hamburg, in Parchim von und nach Schwerin und in Neustrelitz von und nach Berlin. Seit Dezember 2012 bedient die OEX4 nach Ausschreibungsgewinn die Strecke Wismar – Schwerin – Ludwigslust – Wittenberge – Berlin – Jüterbog mit Umsteigemöglichkeit zur R 3 (Hagenow Stadt – Neustrelitz) in Ludwigslust.

Schmalspurbahn »Molli« Täglich dampft die nostalgische Schmalspurbahn an der **deutschen Ostseeküste** entlang von Bad Doberan über Heiligendamm nach Kühlungsborn West.

»Rasender Roland« Dieser Schmalspur-Dampfzug verkehrt auf der Insel **Rügen** auf der Strecke Putbus – Binz – Granitz – Sellin – Baabe – Göhren. In der Hochsaison startet die Bahn an 100 Tagen im Jahr zusätzlich schon ab/bis Lauterbach (Mole). Spätfahrten nach 21 Uhr gibt es im Hochsommer zwischen Binz und Göhren. Seit 2009 betreibt die Bahn den Personennahverkehr auf der Strecke Lauterbach (Mole) – Putbus – Bergen auf Rügen. In Kooperation mit der Reederei Adler-

Schiffe und der UBB wird von April bis Oktober auch das **Rügenticket** angeboten (Tagesausflüge Peenemünde/Usedom – Binz/Rügen).

SCHIFF

Fährhäfen

Zwei stark frequentierte Fährhäfen im Skandinavien-Verkehr sind Rostock und Sassnitz auf Rügen. Von Rostock fahren Fährschiffe nach Gedser (Dänemark), Trelleborg (Schweden), Gdynia (Polen) und Helsinki (Finnland).
Von Sassnitz auf Rügen fahren Fährschiffe nach Rønne (auf der dänischen Insel Bornholm), Trelleborg (Schweden), St. Petersburg (Russland) und Klaipeda (Litauen).

Kreuzfahrthafen

Zahlreiche auf der Ostsee operierende Kreuzfahrtschiffe legen in **Rostock** respektive **Warnemünde** an. Für Kreuzfahrtteilnehmer werden interessante Landausflüge per Bus, Bahn oder Mietwagen angeboten, die bis nach Berlin führen. Im Kreuzfahrthafen Rostock-Warnemünde überstieg die Zahl der Ein- und Ausschiffungen von Kreuzfahrtteilnehmern 2011 erstmals die 2 Mio.

Entlang der Ostseeküste, zwischen dem Festland und den vorgelagerten Inseln sowie auf vielen Seen des Hinterlands verkehren zumindest in der Zeit von Mai bis Oktober **Ausflugsschiffe** verschiedener Reedereien. Besonders beliebt sind Schiffsausflüge entlang der Ostseeküste von Prerow aus rund um Fischland, Darß und Zingst, von Stralsund aus nach Rügen und Hiddensee, von Heringsdorf auf Usedom aus nach Wolin und Rügen sowie in die nahen polnischen Städte Swinemünde und Stettin. Im Binnenland benutzen besonders viele Touristen die Ausflugsschiffe auf den Schweriner Seen sowie im Bereich der Müritz.

! BAEDEKER TIPP

Mini-Ostsee-Kreuzfahrt

Von Warnemünde bietet die MS »Baltica« regelmäßig Abendkreuzfahrten, von Kühlungsborn und Graal-Müritz von April bis Oktober Mini-Kreuzfahrten entlang der Küste zum Darß, nach Rerik und Wustrow sowie Fahrten etwa zur Hanse Sail nach Warnemünde (Tel. 0381 5 10 67 90, www.msbaltica.de).

AUTOMOBILCLUBS

ACE
Notfall/Panne:
Tel. *01802 34 35 36
www.ace-online.de

ADAC
Pannenhilfe:
Tel. *01802 22 22 22
Medizinische Hilfe:
Tel. 089 76 76 76

Info:
Tel. *01805 10 11 12
www.adac.de

AvD
AvD-Notruf:
Tel. 0800 9 90 99 09
AvD Medical Helpline:
Tel. *01805 16 65 16
AvD-Mitgliederservice:
Tel. *01805 16 25 16
www.avd.de

EISENBAHN
Deutsche Bahn AG
Tel. *01805 99 66 33
www.bahn.de

Usedomer Bäderbahn (UBB)
Tel. 038378 2 71 32
www.ubb-online.com

InterConnex
Tel. *01805 10 16 16
www.interconnex.com

Ostseeland Verkehr GmbH (OLA)
Tel. *01805 10 19 19
www.ostseelandverkehr.de

Ostdeutsche Eisenbahngesellschaft (ODEG)
Tel. 03871 6 06 93 15
www.odeg.info

»Rasender Roland« Rügensche Bäderbahn
Tel. 03838 81 35 91
www.rasender-roland.de
www.ruegensche-baederbahn.de
www.bergen-lauterbach.com

Mecklenburgische Bäderbahn »Molli«
Tel. 038293 43 13 31
www.molli-bahn.de

MIETWAGEN
Avis
Tel. *01805 21 77 02
www.avis.de

Budget
Tel. *01805 21 77 11
www.budget.de

Europcar
Tel. *01805 80 00
www.europcar.de

Hertz
Tel. *01805 33 35 35
www.hertz.de

holiday autos
Tel. *01805 17 91 91
www.holidayautos.de

Sixt
Tel. *01805 25 25 25, www.sixt.de

AUSFLUGSSCHIFFE
Blaue Flotte Rostock-Warnemünde
Tel. 0381 6 86 31 72
www.blaueflotte.de

Weiße Flotte Schwerin
Tel. 0385 55 77 70
www.weisseflotteschwerin.de

Weiße Flotte Stralsund
Tel. 03831 2 68 10
www.weisse-flotte.com

Blau Weisse Flotte
Zur »Blau Weissen Flotte« gehören folgende Schifffahrtsgesellschaften:
Warener Schiffahrtsgesellschaft

Malchower Fahrgastschifffahrt
Mirower Schiffahrtsgesellschaft
Tel. 039833 2 22 70
www.blau-weisse-flotte.de

Fahrgastschiffe Kruse & Voss Wustrow
Tel. 038220 5 88
www.boddenschifffahrt.de

Adler-Schiffe Heringsdorf
Tel. *01805 12 33 44
www.adler-schiffe.de

FÄHRLINIEN

Scandlines
Tel. *01805 11 66 88
www.scandlines.de

Finnlines
Tel. 0451 1 50 74 43
www.finnlines.com

Tallink Silja GmbH
Tel. 0451 5 89 92 22
www.tallinksilja.com

TT-Line
Tel. 04502 8 01 81
www.ttline.com

DFDS Seaways
Tel. 038392 64 68 14
www.dfdsseaways.de

SEEHÄFEN

Seehafen Rostock
Tel. 0381 35 00
www.rostock-port.de

Fährhafen Sassnitz
Tel. 038392 5 50
www.faehrhafen-sassnitz.de

Register

A

Achterwasser **366**
Adler **18, 129, 157, 243**
Ahlbeck **360**
Ahrenshoop **159**
Alleenstraße **117**
Alt Damerow **246**
Alt Gaarz **141**
Altefähr **288**
Altenkirchen **305**
Althagen **159**
Altwarp **354**
Angeln **101**
Ankershagen **227**
Anklam **128**
Anreise **390**
Arbeitslosigkeit **20**
Arndt, Ernst Moritz **55, 173**
Auskunft **393**

B

Baabe **294**
Backsteingotik **46**
Bad Doberan **134**
Bad Stuer **250**
Bad Sülze **262**
Bäderarchitektur **50**
Bäderbahn **358**
Bädertourismus **37**
Badeurlaub **93**
Bansin **364**
Barca, Johann Georg **209, 211, 246, 255, 374**
Barlach, Ernst **114, 185, 188, 192, 336**
Barnstorf **159**
Barth **143**
Basedow **219**
Bauernlegen **36**
Belitz **350**
Bellin **195**
Benzin **251**
Bergen **309**
Bernstein **83, 259**
Bevölkerung **19**
Binz **291**
Biosphärenreservat Schaalsee **167**
Biosphärenreservat Südost-Rügen **288**
Blaudruck **83**
Blücher, Gebhard Leberecht von **221, 272**
Bobbin **304**
Boddenküste **16**
Boitin **196**
Boitiner Steintanz **114, 196**
Boizenburg **112, 199**
Boltenhagen **123, 207**
Born **162**
Braun, Wernher von **369**
Brinckman, John **53, 185**
Broda **235**
Brüel **328**
Burg Klempenow **131**
Burg Schlitz **49, 87, 221**
Burg Stargard **236**
Busch, Johann Joachim **321**
Buttel, Friedrich Wilhelm **50, 154, 217, 235, 238, 240**

C

Camping **90**
Cantnitzer Wacholderberg **151**
Cap Arkona **382**
Carwitz **153**
Crivitz **325**

D

Damerower Werder **172**
Dänholm **345**
Dargun **146**
Darß **154**
Darßer Ort **164**
Darßer Urwald **157**
Darßer Weststrand **157**
DDR **38**
DDR-Museum Tutow **146**
Demmin **144**
Demmler, Georg Adolph **50, 55, 171, 187, 197, 314, 319, 320, 321, 324**
Deutsche Alleenstraße **117**
Deviner Haken **347**
Dierhagen **158**
Dobbertin **170**
Dobbertiner Seengebiet **117**
Dömitz **131**
Dorf Mecklenburg **381**
Dorfrepublik Rüterberg **149**
Drewitzer See **171, 173**

E

Eisenbahn **390**
Eisvogel **235**
Eiszeit **15, 237, 301, 355**
Elbe **148**
Elde **222**
Eldekanal **148**
Eldena **182**
Erbsland **244**
Erdgeschichte **15**
Erdölmuseum Reinkenhagen **184**
Erlebnisbäder **103**

Essen **63**
Events **73**
Everstorfer Forst **205**

F

Fallada, Hans **55, 153**
Fallschirmspringen **103**
Fährhäfen **391**
Feiertage **72**
Feldberg **150**
Feldberger Seenlandschaft **17, 150**
Ferien auf dem Bauernhof **88**
Ferienwohnungen **88**
Feste **73**
Fisch **64**
Fischerei **21**
Fischland **154**
Fichland · Darß · Zingst **154**
FKK **90, 93, 95, 207, 358**
Fleesensee **16, 172**
Flughäfen **391**
Franzburg **184**
Frauenmark **326**
Friedland **165**
Friedrich, Caspar David **56, 173**
Friedrichsmoor **215**
Friedrichsthal, Jagdschloss **326**
Fürstenberg **153**

G

Gadebusch **167**
Galenbecker See **166**
Garz **288**
Gelbensande **261**
Germanen **28**
Geschichte **26**
Gingst **307**
Glaisin **213**
Glammsee **381**
Glowe **305**
Gnevsdorf **251**
Gnitz, Halbinsel **368**
Gnoien **147**
Göhren **294**
Güstrow **185**
Goldberg **169**
Goldberger See **171**
Goldschatz von Hiddensee **44**
Golf **102**
Golm **360**
Gothensee **365**
Graal-Müritz **260**
Grabow **213**
Granitz, Jagdschloss **293**
Greifswald **173**
Greifswalder Bodden **183, 387**
Greifswalder Oie **369**
Grevesmühlen **204**
Griese Gegend **213**
Grimmen **183**
Groß Grabow **171**
Groß Mohrdorf **347**
Groß Raden **43, 329**
Groß Tessin **171**
Groß Zicker **298**
Großer Labussee **17**
Großer Wariner See **381**
Güstrow **185**

H

Hagenow **197**
Hallenhaus, niederdeutsches **52, 260, 325**
Hanse **30, 32, 34**
Hanse Sail **74, 268, 276**
Hauptmann, Gerhart **56, 200**
Hauptmannsberg **153**
Hausboot **96**
Haussee **151**
Heidberge **349**
Heilige Hallen **151**
Heiligendamm **37, 139**
Heilkreide **102**
Heinkel, Ernst **282**
Heinrich der Löwe **29**
Heringsdorf **363**
Herrensitze **48**
Hiddensee **199, 288**
Hinstorff, Carl **328**
Hohe Düne **164, 282**
Hohendorf **347**
Hohenzieritz **235**
Hohes Ufer **159**
Hotels **85**
Hünengräber **27**

I

Industrie **21**
Insel Vilm **284**
Inselsee **193**
InterConnex **404**
Ivenack **253**
Ivenacker Eichen **253**

J

Jaromarsburg **43**
Jasmund, Nationalpark **284**
Johnson, Uwe **206**
Jugendherbergen **88**

K

Kaiserbäder **121**
Kalkhorst **208**
Kanu **93**
Kap Arkona **305**
Karlshagen **368**
Karnin **358**
Kartlow **146**
Kartoffel **63**
Katzow **385**
Kempowski, Walter **273**
Keramik **83**
Kersting, Georg Friedrich **50, 186**
Kinder **79**
Kirch Baggendorf **184**
Kirchdorf **382**
Kirchen **47**

Kittendorf **253**
Klassizismus **49**
Kleinzerlang **119**
Klink **225**
Klockenhagen, Freilichtmuseum **260**
Kloster **202**
Klöster **43**
Klütz **205**
Klützer Winkel **204**
Kölpinsee **16, 172**
Königsstuhl **303**
Körner, Theodor **215**
Koserow **366**
Krakow am See **171**
Krakower See **171**
Kraniche **18, 157, 160, 347**
Kreidefelsen **16, 50, 284, 301**
Kreuzfahrtschiffe **390, 405**
Kröpelin **142**
Krumbeck **153**
Krummin **368**
Kuchelmiß **171**
Kühlungsborn **140**
Kunstgeschichte **43**
Künstlerkolonie »Schwaan« **196**
Kur **102**
Kurkarte **398**
Kurtaxe **398**
Kummerower See **221**
Kussow **205**

L

Lancken **246**
Lancken-Granitz **293**
Land Fleesensee **216**
Landwirtschaft **20**
Lassan **130**
Lauterbach **290**
Lehm- und Backsteinstraße **246, 251**
Lenné, Peter Joseph **213, 318**
Leuchtfeuer Dornbusch **200**
Lewitz **215**
Liepe **359**
Lieper Winkel **359**
Lietzow **309**
Lilienthal, Otto **57, 129, 132**
Limes Saxoniae **28**
Literatur **53, 393**
Lobbe **298**
Löcknitz **248**
Loitz **146**
Lubmin **387**
Lubminer Heide **387**
Lübtheen **198**
Ludorf **223**
Ludwigslust **209**
Luise von Preußen **57**
Lüttenhagen **152**
Lütter See **151**
Lychen **153**

M

Malchin **218**
Malchiner See **219**
Malchow **216**
Mann, Thomas **214**
Marinas **100**
Markgrafenheide **282**
Marlow **262**
Mecklenburgische Schweiz **218**
Mecklenburgische Seenplatte **16**
Mecklenburgisches Elbetal **149**
Medien **395**
Megalithkultur **27**
Mellenthin **360**
Menkin **248**
Middelhagen **295**
Mietwagen **406**
Mikilenburg **381**
Mildenitz **172**
Molli **79, 137**
Mönchgut **294**
Morgenitz **360**
Mueß, Freilichtmuseum **325**
Müggenburg **131**
Mümmelkensee **365**
Müritz **16, 222**
Müritz-Elde-Wasserstraße **148**
Müritzeum **227**
Müritz-Nationalpark **227, 228**
Museen **79**

N

Nachtzüge **391**
Nahverkehr **403**
Napoleon **37**
Nationalpark Jasmund **301**
Nationalpark Vorpommersche Boddenlandschaft **157, 284**
Nationalparks **17, 396**
Natureum Darßer Ort **164**
Naturpark Mecklenburgisches Elbetal **149**
Naturpark Nossentiner/Schwinzer Heide **171**
Naturschutzgebiete **17, 396**
Nautineum **345**
Nehringen **145**
Neu Mukran **299**
Neubrandenburg **229**
Neubukow **142**
Neukloster **381**
Neukloster-Warin **381**
Neustadt-Glewe **214**
Neustrelitz **238**
Neustrelitzer Kleinseenplatte **16, 243**

Niederdeutsch **53**
Niehagen **159**
Niemeyer-Holstein, Otto **366**
Nienhagen **282**
Nossentiner/Schwinzer Heide **171**
Notke, Bernt **130**
Notrufe **398**

O

Obotriten **28**
Oie, Insel **157, 295**
Ostseebäder **50**
Ostseepipeline **178**

P

Parchim **245**
Parkanlagen **49**
Parken **402**
Pasewalk **247**
Patrizierhaus **46**
Peenemünde **368**
Peenestrom **358**
Peenetal **129**
Penkun **248**
Pensionen **85**
Penzlin **235**
Petermännchen **321**
Pflanzen **18**
Phänomenta **369**
Platt (Sprache) **53**
Plattenbau **52**
Plau am See **249**
Plauer See **16, 172**
Poel **381**
Pramort **165**
Preise **398**
Prerow **164**
Prora **298**
Putbus **289**
Putzarer See **166**

Q

Quilitz **359**

R

Raben-Steinfeld **324**
Radfahren **100**
Ralswiek **309**
Ranen **28**
Rankwitz **359**
Rasender Roland **287**
Raseneisenerz **213**
Recknitz **195**
Redefin **198**
Rehna **168**
Reiherberg **151**
Reimann, Brigitte **234**
Reiseplanung **390**
Reiten **102**
Remplin **221**
Rerik **140**
Residenzstädte **49**
Retschow **142**
Reuter, Fritz **53, 148, 328, 375**
Reuterstadt Stavenhagen **252**
Ribnitz-Damgarten **255**
Richter, Hans-Werner **365**
Röbel **222**
Romanik **43**
Romantik **50**
Rostock **263**
Rostocker Heide **257**
Routen **107**
Rubenow, Heinrich **180**
Ruden **369**
Rügen **282**
Rügendamm **284**
Rügen-Park **308**
Rühn **196**
Runge, Philipp Otto **58, 385**
Rustow **146**
Rüterberg **149**

S

Saaler Bodden **255**
Sagard **304**
Sanddorn **69**
Sassnitz **299**
Schaalsee **168**
Schaprode **307**
Schiffsausflüge **405**
Schinkel, Karl Friedrich **171, 293, 306**
Schliemann, Heinrich **58, 208**
Schliemann-Museum **227**
Schloss Basedow **220**
Schloss Bothmer **48, 207**
Schlösser **48, 127**
Schloss Karlsburg **130**
Schloss Kittendorf **253**
Schloss Mirow **244**
Schloss Rossewitz **195**
Schloss Spyker **304**
Schloss Vietgest **195**
Schmaler Luzin **152**
Schmarsow **146**
Schönberg **208**
Schwaan **196**
Schwarzbrotpudding **67**
Schwarzstörche **166, 243**
Schweden **31**
Schwerin **38, 310**
Schweriner See **16, 323**
Segeln **75**
Sellin **293**
Semlow **262**
Severin, Carl Theodor **137, 272**
Shopping **, 82**
Silmenitz **288**
Slawen **28**
Slawendorf **242, 330**
Spantekow **131**
Sport **93**
Sprache, niederdeutsche **53**
Steffenshagen **142**
Steinhagen **347**
Sternberg **326**

Stettiner Haff **247, 351**
Störtebeker, Klaus **59, 309**
Stralsund **331**
Strände **93**
Strandkörbe **108**
Strasburg **248**
Stremlow **184**
Stubbenkammer **303**
Stubnitz **284, 303**
Stüler, Friedrich August **220**
Surfen **93**
Swinemünde **355, 360, 362**

T

Taxi **403**
Tellow **349**
Tempzin **329**
Teterow **347**
Teterower See **349**
Theater **74**
Thiessow **298**
Tiere **18**
Tollensesee **234**
Torgelow **354**
Torgelower See **227**
Touren **107**
Tourismus **21**
Trassenheide **368**
Trebel **144, 183**
Tribsees **184**

U

Übernachten **84**
Ückeritz **366**
Uecker **351**
Ueckermünde **351**
Usedom **354, 359**
Usedom, Stadt **359**
Useriner See **16**

V

Veranstaltungen **76**
Vergünstigungen **398**
Verkehr **402**
Veste Landskron **131**
Vietlübbe **169**
Vineta **370**
Vitte **203**
Vogel, Samuel Gottlieb **139**
Vogelsang **353**
Vorpommersche Boddenlandschaft, Nationalpark **157**
Voß, Johann Heinrich **59**

W

Waase **307**
Wandern **101**
Waren **225**
Warin **381**
Warnemünde **278**
Wasserqualität **93**
Weiße Stadt **289**
Welk, Ehm **59**
Wellness **102**
Werner, Rolf **364**
Wesenberg **243**
Westfälischer Frieden **36**
Wieck **162**
Wieck (Darß) **155**
Wiethagen **261**
Wind **74**
Wirtschaft **20**
Wisent **228**
Wismar **372**
Wissower Klinken **303**
Wittenburg **197**
Wöbbelin **215**
Woblitzsee **17**
Wohlenberger Wiek **207**
Woldegk **247**
Wolgast **383**
Wolgaster Totentanz **384**
Wredenhagen **225**
Wusterhusen **387**
Wustrow **158**
Wustrow, Halbinsel **141**

Z

Zarrentin **198**
Zeitungen **395**
Zempin **367**
Zierker See **17, 242**
Zingst **154**
Zinnowitz **367**
Zippendorf **325**
Zirkow **291**
Zudar, Halbinsel **288**

Verzeichnis der Karten und Grafiken

Top-Reiseziele **2**
Mecklenburg-Vorpommern auf einen Blick (Infografik) **22**
Die Hanse (Infografik) **32**
Touren durch Mecklenburg-Vorpommern **109**
Tour 1 **111**
Tour 2 **114**
Tour 3 **118**
Tour 4 **121**
Tour 5 **124**
Otto Lilienthal (Infografik) **132**
Bad Doberan, Münster **134**
Bad Doberan **136**
Dömitz, Festung **148**
Kraniche (Infografik) **160**
Greifswald **176**
Ostseepipeline (Infografik) **178**
Greifswald, Klosterruine Eldena **182**
Güstrow **187**
Güstrow, Schloss **191**
Güstrow, Dom **192**
Ludwigslust **210**
Neubrandenburg **230**
Neustrelitz, Schlossgarten **240**
Ribnitz-Damgarten, Freilichtmuseum Klockenhagen **261**
Rostock **265**
Rostock, Marienkirche **266**
Hanse Sail (Infografik) **276**
Rostock-Warnemünde **279**
Rügen, Schlosspark Putbus **289**
Rügen, Prora (3D) **297**
Rügen, Sassnitz **300**
Schwerin **311**
Schwerin, Schloss (Grundriss) **314**
Schwerin, Schloss (3D) **317**
Schwerin, Dom **320**
Schwerin, Freilichtmuseum Mueß **325**
Sternberg, Freilichtmuseum Groß Raden **330**
Stralsund **332**
Stralsund, Nikolaikirche **338**
Stralsund, Museumshaus (3D) **343**
Usedom, Ahlbeck **362**
Wismar **374**
Wismar, Nikolaikirche **378**
Übersichtskarte **U5/U6**

Bildnachweis

akg-images: 34, 36, 51, 54, 58, 298
Baedeker Archiv: 186, 296, 297
Balzarek: 226
Bildagentur Huber: 206, Mehlig 17
Barbara Branscheid: 1, 4 (oben), 203, 334
DuMont Bildarchiv: 336
DuMont Bildarchiv/Christian Bäck: 67 (oben links)
DuMont Bildarchiv/Jörg Axel Fischer: U8, 3 (oben), 9, 47, 130, 152, 169, 172, 196, 219, 317 (oben rechts), 318, 323, 327, 350
DuMont Bildarchiv/Martin Kirchner: U2, U3 (oben), 2, 3, 6, 13, 14, 19, 26, 31, 42, 60, 99, 106, 113, 126, 141, 158, 163, 175, 180, 190, 193, 201, 203, 215, 223, 254, 258, 267, 273, 280, 290, 294, 305, 308, 324, 346, 352, 365, 376, 379, 384
DuMont Bildarchiv/Gebhard Krewitt: 7, 274, 268, 292, 359, 361, 367
getty images: Bridgeman U4 (oben), Westende61 64, AFP/Johannes Eisele 75, Hauke Dressler 84, Bridgeman 189
GlowImages: 49, 66 (oben), 67 (unten rechts), 94, 95, 116, 138, 145, 209, 216, 317 (oben links), 340
laif: Thoma Babovic 69, Clemens Zahn 78, Paul Hahn 90, Dirk Eisermann 92, Bernd Jonkmanns 104, Martin Kirchner 283, 355
Look-foto: 24, 25, age-fotostock 316
mauritius images: Novarc 40, foodcollection 62, 67 (Mitte), 67 (oben rechts), imagebroker 81, Fritz Mader 87, Torsten Krüger 342, imagebroker 343, Torsten Krüger 342
picture-alliance: ZB U4 (unten), ZB 4 (unten), Bildagentur Huber 10, ZB 35, 44, 45, dpa 65, 71, ZB 72, 80, 89, picture-alliance 188, Artcolor 251, dpa 256, 259, ZB 370, dpa 388
Schenk-Kern: 248
Jürgen Sorges: 66 (Mitte)
Szerelmy/Knöll: 29
Transit/Hirth: 5 (Mitte), 232, 241
Vario Images: imagebroker 5 (oben), Westend61 66 (unten), Chromorange U3 (unten), 74,100
Visum: Robert Kluba 39, Sebastian Pfütze 82

Titelbild: LOOK-foto/Heinz Wohner

Impressum

Ausstattung:
147 Abbildungen, 43 Karten und grafische Darstellungen, eine große Reisekarte
Text: Christine Berger, Barbara Branscheid, Ulf Hausmanns, Michael Hennemann, Dr. Cornelia Hermanns, Hannes Hofmann, Wolfgang Liebermann, Helmut Linde, Claudie Smettan, Jürgen Sorges, Dina Stahn, Andrea Wurth
Überarbeitung: Jürgen Sorges
Bearbeitung: Frank J. Müller, Verena Stindl, Julia Wilhelm (red.sign, Stuttgart), Dr. Eva Missler (Baedeker Redaktion)
Kartografie:
Christoph Gallus, Hohberg;
MAIRDUMONT Ostfildern (Reisekarte)
3D-Illustrationen:
jangled nerves, Stuttgart
Infografiken:
Golden Section Graphics GmbH, Berlin
Gestalterisches Konzept:
independent Medien-Design, München
Chefredaktion:
Rainer Eisenschmid, Baedeker Ostfildern

11. Auflage 2013
Völlig überarbeitet und neu gestaltet

Printed in China

Trotz aller Sorgfalt von Redaktion und Autoren zeigt die Erfahrung, dass Fehler und Änderungen nach Drucklegung nicht ausgeschlossen werden können. Dafür kann der Verlag leider keine Haftung übernehmen.
Kritik, Berichtigungen und Verbesserungsvorschläge sind jederzeit willkommen. Schreiben Sie uns, mailen Sie oder rufen Sie an:

Verlag Karl Baedeker / Redaktion
Postfach 3162
D-73751 Ostfildern
Tel. 0711 4502-262
info@baedeker.com
www.baedeker.com

Die Erfindung des Reiseführers

Als **Karl Baedeker** (1801 – **1859) am 1. Juli 1827 in Koblenz seine Verlagsbuchhandlung gründete, hatte er sich kaum träumen lassen, dass sein Name und seine roten Bücher einmal weltweit zum Synonym für Reiseführer werden sollten.**

Das erste von ihm verlegte Reisebuch, die 1832 erschienene **Rheinreise,** hatte er noch nicht einmal selbst geschrieben. Aber er entwickelte es von Auflage zu Auflage weiter. Mit der Einteilung in die Kapitel »Allgemein Wissenswertes«, »Praktisches« und »Beschreibung der Merk- (Sehens-)würdigkeiten« fand er die klassische Gliederung des modernen Reiseführers, die bis heute ihre Gültigkeit hat. Der Erfolg war überwältigend: Bis zu seinem Tod erreichten die zwölf von ihm verfassten Titel 74 Auflagen! Seine Söhne und Enkel setzten bis zum Zweiten Weltkrieg sein Werk mit insgesamt 70 Titeln in 500 Auflagen fort.

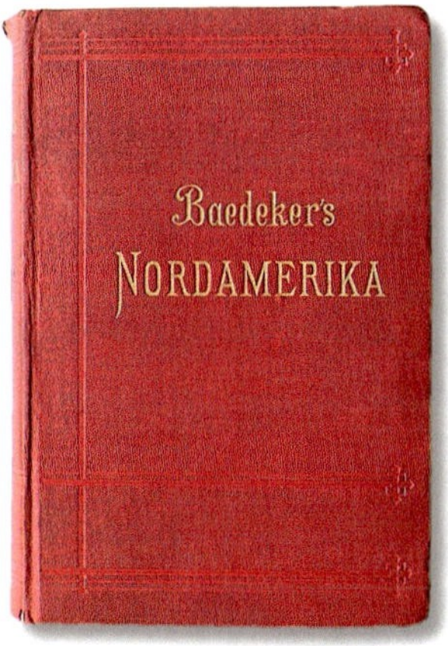

Bis heute versteht der Karl Baedeker Verlag seine große Tradition vor allem als eine Kette von Innovationen: Waren es in der frühen Zeit u. a. die Einführung von Stadtplänen in Lexikonqualität und die Verpflichtung namhafter Wissenschaftler als Autoren, folgte in den 1970ern der erste vierfarbige Reiseführer mit professioneller Extrakarte. **Seit 2005 stattet Baedeker seine Bücher mit ausklappbaren 3D-Darstellungen aus. Die neue Generation enthält als erster Reiseführer Infografiken, die (Reise-) Wissen intelligent aufbereiten und Lust auf Entdeckungen machen.**

In seiner Zeit, in der es an verlässlichem Wissen für unterwegs fehlte, war Karl Baedeker der Erste, der solche Informationen überhaupt lieferte. In der heutigen Zeit filtern unsere Reiseführer aus dem Überfluss an Informationen heraus, was man für eine Reise wissen muss, auf der man etwas erleben und an die man gerne zurückdenken will. Und damals wie heute gilt für Baedeker: Wissen öffnet Welten.

Baedeker Verlagsprogramm

- Ägypten
- Algarve
- Allgäu
- Amsterdam
- Andalusien
- Argentinien
- Athen
- Australien
- Australien • Osten
- Bali
- Baltikum
- Barcelona
- Bayerischer Wald
- Belgien
- Berlin • Potsdam
- Bodensee
- Brasilien
- Bretagne

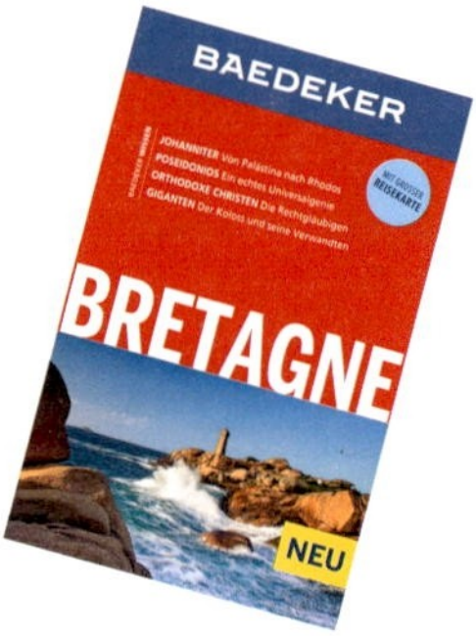

- Brüssel
- Budapest
- Bulgarien
- Burgund
- Chicago • Große Seen
- China
- Costa Blanca
- Costa Brava
- Dänemark
- Deutsche Nordseeküste
- Deutschland
- Deutschland • Osten
- Djerba • Südtunesien
- Dominik. Republik
- Dresden
- Dubai • VAE
- Elba
- Elsass • Vogesen
- Finnland
- Florenz
- Florida
- Franken
- Frankfurt am Main
- Frankreich
- Frankreich • Norden
- Fuerteventura
- Gardasee
- Golf von Neapel
- Gomera
- Gran Canaria
- Griechenland
- Griechische Inseln
- Großbritannien
- Hamburg
- Harz
- Hongkong • Macao
- Indien
- Irland
- Island
- Israel
- Istanbul
- Istrien • Kvarner Bucht
- Italien
- Italien • Norden
- Italien • Süden
- Italienische Adria
- Italienische Riviera
- Japan
- Jordanien
- Kalifornien
- Kanada • Osten
- Kanada • Westen
- Kanalinseln
- Kapstadt • Garden Route
- Kenia
- Köln
- Kopenhagen
- Korfu • Ionische Inseln
- Korsika
- Kos
- Kreta
- Kroatische Adriaküste • Dalmatien
- Kuba
- La Palma
- Lanzarote
- Leipzig • Halle
- Lissabon
- Loire
- London
- Madeira
- Madrid
- Malediven
- Mallorca
- Malta • Gozo • Comino

- Marokko
- Mecklenburg-Vorpommern

- Menorca
- Mexiko
- Moskau
- München

- Namibia
- Neuseeland
- New York
- Niederlande
- Norwegen
- Oberbayern
- Oberital. Seen • Lombardei • Mailand
- Österreich
- Paris
- Peking
- Piemont
- Polen
- Polnische Ostseeküste • Danzig • Masuren
- Portugal
- Prag
- Provence • Côte d'Azur
- Rhodos
- Rom
- Rügen • Hiddensee
- Ruhrgebiet
- Rumänien
- Russland (Europäischer Teil)
- Sachsen
- Salzburger Land
- St. Petersburg
- Sardinien
- Schottland
- Schwäbische Alb
- Schwarzwald
- Schweden
- Schweiz
- Sizilien
- Skandinavien
- Slowenien
- Spanien
- Spanien • Norden • Jakobsweg
- Sri Lanka
- Stuttgart
- Südafrika
- Südengland
- Südschweden • Stockholm
- Südtirol
- Sylt
- Teneriffa
- Tessin
- Thailand
- Thüringen
- Toskana
- Tschechien
- Tunesien
- Türkei
- Türkische Mittelmeerküste
- Umbrien
- Ungarn
- USA

- USA • Nordosten
- USA • Nordwesten
- USA • Südwesten
- Usedom
- Venedig
- Vietnam
- Weimar
- Wien
- Zürich
- Zypern

BAEDEKER ENGLISH

- Berlin
- Vienna

Viele Baedeker-Titel sind als E-Book erhältlich: shop.baedeker.com

Kurioses Mecklenburg-Vorpommern

Troja liegt in Mecklenburg, Hoffmann von Fallersleben war hier als Kuhhirte angestellt und einen Gipfel gibt es auch zu erklimmen – Mecklenburg-Vorpommern hat einige Kuriositäten zu bieten.

▸Knick in der Autobahn
Unübersehbar macht die Autobahn A 19 zwischen den Anschlussstellen Malchow und Krakow einen Bogen gen Westen. Ursprünglich geradlinig geplant, wurde der Autobahnverlauf angeblich wegen der 1982/1983 zum 70. Geburtstag Erich Honeckers zur Jagdresidenz ausgebauten Nossentiner Hütte geändert, einem 14 ha großen Areal.

▸Gipfelstürmer am Haff
Im 32 m hohen Turm des Anklamer Steintors mit dem Museum im Steintor liegt ein Gipfelbuch aus, in das sich über 70 Jahre alte Besucher eintragen dürfen. Bis oben warten 111 Stufen.

▸Ein Dichter als Cowboy
August Heinrich Hoffmann von Fallersleben (1798 – 1874), schon 1841 Dichter des »Lied der Deutschen«, wurde 1844 aus Preußen ausgewiesen und lebte bis 1848 immer wieder auf zwei Landgütern in Holdorf/Mecklenburg, wo man ihm eine neue Staatsbürgerschaft besorgte und den Professor im Zweifel als Cowboy auswies: »Der etc. Hoffmann ist Kuhhirt, hat aber im Sommer einen Stellvertreter.« Hier entstanden zahlreiche seiner 550 schönsten Kinder- und Volkslieder, von denen er 80 auch selbst vertonte.

▸Aller guten Dinge sind drei
Charlottenhof in Passow bei Lübz (Landkreis Ludwigslust-Parchim) ist der kleinste Ortsteil der neuen Bundesländer. Einwohnerzahl: 3.

▸Was Schliemann verpasste
Warum in die Ferne schweifen? Nur einen Tagesritt hätte der junge Heinrich Schliemann von seinem Wohnort Ankershagen bewältigen müssen, um ins 30 km entfernte Dörfchen Troja zu gelangen. Zwar wäre er nicht berühmt geworden, doch hätte er entdeckt, dass der Ortsname vom altslawischen »troj«, der Pluralform für »3«, entstammt und Mecklenburgs Troja schon 1793 urkundlich erwähnt wurde. Heute ist es Teil der Gemeinde Lärz.

▸Das ist spitze!
Mecklenburg-Vorpommerns Bewohner halten einige kuriose Rekorde. So stifteten sie in Karls Erlebnisdorf in Rövenhagen bei Rostock die weltweit größte Kaffeekannensammlung: 13 267 Unikate, Weltrekord! Einen Kneipp-Weltrekord stellten 1322 Enthusiasten im 7 °C kalten Ostseewasser in Heringsdorf/Usedom zu den Wellness-Tagen 2009 auf.